CORRESPONDANCE COMPLÈTE

DE

MME DU DEFFAND

II

CORRESPONDANCE COMPLÈTE

DE

Mme DU DEFFAND

AVEC

LA DUCHESSE DE CHOISEUL
L'ABBÉ BARTHÉLEMY ET M. CRAUFURT

PUBLIÉE AVEC UNE INTRODUCTION

PAR

M. LE Mis DE SAINTE-AULAIRE

TOME DEUXIÈME

NOUVELLE ÉDITION REVUE ET CONSIDÉRABLEMENT AUGMENTÉE

PARIS

MICHEL LÉVY FRÈRES, LIBRAIRES ÉDITEURS

RUE VIVIENNE, 2 BIS, ET BOULEVARD DES ITALIENS, 15

A LA LIBRAIRIE NOUVELLE

1866

Tous droits réservés

PAUL MENGIN

CORRESPONDANCE

COMPLÈTE

DE MADAME DU DEFFAND

AVEC LA DUCHESSE DE CHOISEUL

L'ABBÉ BARTHÉLEMY ET M. CRAUFURD

LETTRE CCL

DE L'ABBÉ BARTHÉLEMY A MADAME DU DEFFAND

Chanteloup, ce 24 juin 1771.

La grand'maman, qui vous écrit par madame la comtesse de Château-Renaud, est bien affligée de ce qu'elle vous refuse ce qu'elle avait obtenu pour vous. Je ne le suis pas moins qu'elle. Une lettre arrivée dans l'intervalle, a fait faire des réflexions qui vous sont toutes étrangères et toutes relatives au grand-papa. Vous les saurez en détail quand vous serez ici, et vous trouverez que la précaution, quelque extrême qu'elle soit, est bien fondée. Ce contre-temps produirait le plus grand bien possible s'il pouvait déterminer M. Walpole à venir. Et pourquoi non? Il ne connaît pas les bords de la Loire; il ne connaît pas Chanteloup; il ne connaît pas même le grand-papa. Il en serait parfaitement accueilli; je puis vous en répondre, ainsi que de la satisfaction qu'il rapporterait de son voyage. Oh! mon Dieu! tâchez de l'entraîner s'il ne veut pas venir; je partagerai mes soins entre vous et lui, et je n'oublierai rien pour lui prouver qu'on connaît le prix du mérite dans les provinces ainsi que dans les capitales. Ne semble-t-il pas à ce langage que je sois le maître du château, et que je dois recevoir M. Walpole? En vérité, en vérité, je ne sais ce que je dis ; je sais bien ce que je veux dire, et vous croyez bien que je veux parler de ma joie, de mon empressement, du désir que j'aurais de lui plaire dans les plus petites choses. Je laisserais les grandes à la grand'maman, qui a reçu une lettre de Voltaire. La voici ; elle ne lui répond pas, elle vous prie de lui répondre pour elle qu'elle est très-sensible à l'intérêt qu'il prend à sa santé ; qu'elle se porte fort bien ; qu'elle est fâchée de ne pouvoir pas lui répondre ; mais que, pour de très-bonnes raisons, elle a pris le parti de ne plus écrire du tout ; que, quand on est parvenu à un certain âge, il faut se reposer sur ses enfants d'une foule de devoirs qu'on ne peut pas rendre, et qu'elle voit avec plaisir qu'elle ne peut pas choisir une main plus agréable à M. de Voltaire que celle de la petite-fille. La grand'maman vous prie de l'excuser si elle vous procure cette importunité. Vous sentez bien qu'elle veut insensiblement rompre cette correspondance. Je n'approuve pas cette rupture, quoique je pense comme elle sur le fond des motifs qui l'occasionnent. Je crois qu'il y a une infinité de travers, de folies, d'erreurs sur lesquels il faut fermer les yeux ; sans quoi on resterait bientôt tout seul. Mais elle ne démord point de son sentiment, et je ne dis plus rien. Je reviens au manuscrit de Saint-Simon : je vous prie de ne plus le citer dans les lettres que vous m'enverrez par la poste.

M. et madame du Châtelet partent dans une heure d'ici, c'est-à-dire à minuit, du lundi au mardi. Madame de Château-Renaud part demain matin, ainsi que M. de Castries. Si vous avez occasion de voir madame de Château-Renaud, vous ne pourrez trop l'assurer combien la grand'maman a été touchée des marques d'amitié qu'elle lui a données en venant ici et pendant son voyage ; j'en ai été en mon particulier infiniment touché, mon suffrage ne lui importe point; mais je veux que vous en soyez instruite, afin qu'elle ait celui de tous ceux qui aiment la grand'maman.

Le grand-papa qui passe là dans le moment que je cachette ma lettre, me charge de vous dire des choses si tendres, si tendres, que je m'attendris en vous les rapportant.

LETTRE CCLI

DE MADAME DU DEFFAND A LA DUCHESSE DE CHOISEUL

Ce vendredi, 28 juin 1771.

Je connais trop votre bon cœur, j'ai trop de preuves de votre sensibilité, pour douter, chère grand'maman, de la répugnance que vous avez eue à m'apprendre une fâcheuse nouvelle. Je m'étais attendue à un refus quand je fis la demande; je fus charmée de m'être trompée. Je suis aujourd'hui un peu affligée; mais de tout cela il résulte beaucoup de reconnaissance de vos bonnes intentions, et une grande résignation à toutes vos volontés. De plus, vous connaissez mon attachement pour le grand-papa, l'intérêt que je prends à lui, qui va jusqu'au scrupule sur les plus petites choses où il pourrait y avoir de l'inconvénient. Je n'examine donc pas s'il y en aurait eu à m'envoyer ces livres. Il suffit que vous le pensiez pour que je ne les désire plus.

Je ne laisserai certainement pas ignorer à M. Walpole de combien de grâce vous accompagnez votre refus. Je ne doute pas qu'il n'eût un plaisir extrême à profiter de la permission que vous lui donnez de vous aller faire sa cour; mais il est infirme et un peu sauvage. Il craint la fatigue et les nouvelles connaissances. Il est peu connu du grand-papa et point du tout de madame de Grammont; il a de la timidité, beaucoup de défiance de lui-même. Ainsi, malgré son attachement pour vous, que je puis dire extrême, je ne le déterminerai jamais à m'accompagner. Il s'en dédommagera autant qu'il sera possible en me parlant de vous et en m'en écoutant parler.

Le grand-papa est bien regretté des étrangers. Son successeur est infiniment civil; mais la civilité n'est pas l'affiche de la sincérité. La duchesse-mère se conduit toujours à merveille. Son contentement ne choque personne; elle ne triomphe point, elle n'est point avantageuse. Elle me demande souvent de vos nouvelles. Il s'en faut bien qu'on la doive regarder comme ennemie; sa joie est mêlée d'affliction. Elle est forcée à ne plus voir madame d'Egmont qu'elle aime comme sa fille. Vous savez, ou vous saurez, qu'elle n'a pas voulu aller au remerciment. La sultane n'a été accompagnée que de madame d'Avaray. Le maréchal [1] est furieux; le voilà brouillé avec ses deux enfants.

On ne parle plus du chancelier. Nous avons tous les jours des édits nouveaux; ils font à peine la nouvelle du jour. Tout ce qui se passe a l'air d'un songe qui doit être suivi d'un réveil qui fera disparaître tous ces fantômes. Dieu le veuille! et que je puisse, avant la fin de ma vie, monter quarante-sept marches et me trouver dans un joli petit appartement. En attendant, je me propose bien de faire cinquante-quatre lieues et de me rendre dans un beau et grand château, d'y être reçue avec indulgence par les uns, avec bonté par les autres, et avec beaucoup de tendresse par vous.

Je tiens cette lettre toute prête pour la première occasion.

Ce mardi, 2 juillet 1771.

Cette occasion arrive. C'est madame de Poix; je lui porte bien envie. Sa belle-mère la suivra de près; vous les posséderez fort longtemps l'une et l'autre, tandis que moi je vis séparée de vous. Dieu sait si cela est juste!...

---

1. De Richelieu.

Vous a-t-on mandé l'accident arrivé à madame de La Vallière, qui n'a eu aucune suite fâcheuse? Elle avait, il y a quelques jours, mademoiselle Clairon chez elle; elle voulut la faire déclamer, et se levant précipitamment pour chercher un livre de comédies, elle entortilla ses pieds dans ses jupes et tomba de son haut sans que ses genoux pliassent; la chute fut si rude et porta tellement sur la gorge et sur le visage, qu'en la relevant on la trouva couverte de sang. Il sortit abondamment par le nez et par la bouche. Elle ne perdit pas connaissance ni même son sang-froid ordinaire. Quand le sang fut arrêté, elle fit déclamer mademoiselle Clairon. Comme elle avait perdu beaucoup de sang, on ne l'a pas saignée. Il ne lui reste de cet accident que le nez enflé, quelques déchirures à la bouche, et des meurtrissures à la poitrine. D'ailleurs elle continue à se bien porter. Je souperai après-demain chez elle avec notre prince. Ah! je crains bien pour mon pari! Ses chaînes se resserrent de plus en plus. Il va louer une petite maison de campagne; il augmente le nombre de ses chevaux; il ne quitte plus l'objet aimé. Je le vois rarement. Il prétend toujours aller à Chanteloup; il paraît honteux de n'en avoir pas encore obtenu la permission. Il devait aussi aller à Cé-sur-Saône, il n'y va point;

J'allais, j'étais, l'amour a sur moi tant d'empire!

enfin je ne sais plus qu'en penser. Vous vous ressouvenez comme le raccommodement fut subit; il en pourra bien être de même du sacrement.

Je compte vous écrire bientôt ou à l'abbé par M. de Lauzun; vous trouverez cette lettre-ci suffisamment longue; elle n'est pas *forte de choses*. On s'est moqué de cette expression, et moi je la trouve fort bonne. Pourquoi n'embrasseriez-vous pas pour moi le grand-papa? Ayez cette complaisance, je vous en supplie.

Je vous parlerai dans ma première lettre du prince incomparable, il le devient chaque jour davantage.

LETTRE CCLII

DE LA DUCHESSE DE CHOISEUL A MADAME DU DEFFAND

A Chanteloup, ce 9 juillet 1771.

Il y a si longtemps que je ne vous ai écrit, ma chère petite-fille, que je ne veux pas me priver aujourd'hui du plaisir d'occuper de vous le loisir que me laisse la promenade de ces dames. Ainsi je commence toujours ma lettre sans savoir quand je pourrai vous l'envoyer; quitte à y ajouter des additions, suivant l'occurrence. Je compte bien que madame de Beauvau m'en fournira l'occasion en m'apportant une lettre de vous comme a fait madame de Poix. C'est une étrange personne que cette madame de Poix! Jolie comme le jour, fraîche comme une rose, forte comme un Turc, polie, spirituelle, l'âme forte et le sentiment délicat; mais la nature s'est trompée en la formant, elle voulait faire un joli petit garçon et non une jolie femme [1].

J'avais voulu vous écrire par les Churchill [2]; mais je n'ai pas osé prendre la liberté de les charger de ma lettre. Vous aurez su par eux qu'ils sont venus ici. Madame Churchill voulait absolument voir Chanteloup, les papiers anglais, disait-elle, en parlant sans cesse : « *Et Chanteloup par ici, et Chanteloup par là; et M. de Choiseul y fait ceci; et il y fait cela; il faut bien que je voie ce Chanteloup si célèbre!...* » Je les y ai reçus de mon mieux, en ne les voyant pas. Mon neveu, qui

---

1. La princesse de Poix a fait jusqu'à un âge avancé le charme de la société nombreuse et choisie qui se plaisait à se réunir autour d'elle. « En vieillissant, disait-elle souvent, il faut redoubler de propreté et d'indulgence! »

2. Lady Marie Churchill, belle-sœur de M. Walpole, et sa nièce, depuis lady Cadogan.

les connaît, leur en a fait les honneurs. Je leur ai donné des calèches pour les promener partout, et nous sortions quand ils venaient, d'une chambre à l'autre, pour leur laisser voir les appartements. Je désire qu'ils aient été contents de nous, à cause de vous, à qui cela fera plaisir, et pour M. Walpole, à qui j'ai voulu rendre en leur personne. Je vous fais mon compliment sur sa prochaine arrivée. Je voudrais bien en profiter, et c'est à mon grand regret que vous m'en avez fait perdre l'espérance. Vous avez pris avec une douceur qui m'a été au cœur le mécompte qui vous est arrivé pour les Mémoires de Saint-Simon. Vous n'imaginez pas ce qu'il en a coûté au grand-papa pour vous priver d'un plaisir.

Ma lettre a été interrompue par l'arrivée de M. d'Estrehan, qui m'a appris que le prince [1] avait une permission pareille à la sienne, c'est-à-dire le roi ne permet ni ne défend. Cela s'appelle *nouveau style*, comme la manière de compter les années depuis la réforme du calendrier. J'ai cru le voir arriver sur-le-champ, et j'avais déjà fait préparer son appartement. J'en ai reçu une lettre ce soir, par laquelle il me demande s'il peut venir, parce qu'il entend dire que nous avons beaucoup de monde, et qu'il craint de nous gêner. Le grand-papa dit qu'il tire de long; c'est sa Dulcinée qui en est la cause. Ah! sans doute, il l'épousera! Vous avez grande raison de craindre pour votre pari. Je serais fâchée de vous le voir perdre, parce que ce serait de sa part un excès de faiblesse impardonnable; mais il faudra bien que je prenne mon parti sur ce malheur, comme je l'ai pris depuis longtemps sur le fond qu'on peut faire sur lui.

Je ne suis point étonnée de tout le bien que vous me dites de la conduite, des propos, du maintien de madame d'Aiguillon la mère. Je suis fort accoutumée à respecter son caractère; mais, pour son fils, je ne suis point du tout éblouie de cette

---

1. De Beauffremont.

politesse qu'il affiche, et qu'on ne cesse de me vanter. Je suis seulement ennuyée d'en entendre parler. Il fait le mort, et gare la résurrection, car les bons ne seront pas assis à sa droite.

L'accident de la pauvre madame de La Vallière, que j'ai appris par vous, m'a fait une peur horrible. Je lui en ai écrit. Je vous prie, toutes les fois que vous la verrez, ne manquez pas de lui faire des amitiés de ma part. Adieu jusqu'à l'arrivée de madame de Beauvau.

P. S. Vous mériteriez bien que je n'ajoutasse rien à ma lettre, puisque vous m'avez donné le dégoût de ne point m'écrire par les Beauvau. Il est vrai que vous avez écrit à l'abbé; mais c'était pour le gronder. A sa place, je ne m'en plaindrais pas; j'aime mieux l'injustice que l'indifférence.

J'ai été charmée de revoir M. de Beauvau. Je l'ai embrassé bien tendrement. Et puis j'ai parlé de vous, comme bien vous croyez. Il me confirme l'espérance que vous nous donnez de vous voir dès que vous le pourrez, et cette espérance me comble de joie. Quelque plaisir que me cause tout ce qui est ici, il n'y a personne qui m'empêche de vous désirer et de vous regretter. Quoique j'écrive au prince de venir quand il voudra, faites de lui ce que vous voudrez, et gardez-le jusqu'à votre voyage, si vous en avez besoin. Vous allez être bien seule; il serait dur de vous l'enlever. Ah! ma chère petite-fille, j'espère que vous vous trouverez bien ici; ménagez-vous bien pour venir vous rejoindre au sein de votre famille.

LETTRE CCLIII

DE L'ABBÉ BARTHÉLEMY A MADAME DU DEFFAND

A Chanteloup, ce 12 juillet 1771.

La lettre du baron [1], que je vous renvoie, nous a déchiré le cœur. Que je le plains! La grand'maman croit qu'il n'est pas convenable qu'elle écrive en pays étranger, et surtout à un homme chargé d'un ministère. Cependant elle voudrait que le baron fût instruit de l'intérêt et des sentiments qu'elle conserve toujours pour lui. Elle vous prie instamment de le lui mander. Je lui écrirai incessamment, et je lui dirai la même chose. Quant au parti qu'il veut prendre, c'est une folie, à moins que l'air de Naples ne soit en effet aussi contraire à sa santé qu'il le dit, et que j'ai de peine à le croire. Quelle influence pourrait avoir cet air sur des vaisseaux dilatés dans la cuisse et la jambe? Il faut opposer à cette crainte, peut-être imaginaire, la diminution énorme de son revenu, la cherté de la vie à Paris, les circonstances présentes qui rendent le séjour de cette ville si désagréable. Hélas! peut-être même qu'il ne serait pas en état de faire le sacrifice qu'il médite. Je lui ai ouï dire qu'il avait une partie de son bien en viager, et voilà que l'abbé Terray vient de décimer ces sortes de rentes. Je vous avoue que ce baron me paraît être un scandale de la nature. C'est l'homme du monde le plus aimable, le plus honnête et le plus malheureux! Je vous fais mon compliment sur l'arrivée de M. et madame Churchill. Je vous en fais un second sur celle de M. Walpole. Je regrette de n'avoir pas pu vous procurer le livre. Il serait inutile de s'adresser à Caperonnier. L'original n'est pas à la Bibliothèque du Roi, mais au Dépôt des affaires étrangères, d'où l'on a extrait ce que vous avez lu. Je reviens

1. De Gleichen.

toujours à vous protester que le refus ne vous est pas personnel, ni à M. Walpole. Des raisons trop longues à déduire, et dont la grand'maman vous a donné une idée, ont engagé à soustraire ce livre. Le grand-papa le tient sous la clef, et il l'a refusé tout récemment à des personnes qui le lui demandaient, sous prétexte qu'il l'a envoyé à Paris. Je vois avec un plaisir infini que vous passerez ce mois et le suivant dans le sein de l'amitié, et que vous viendrez de là vous replonger dans un autre sein. Mais pourquoi votre ami ne vous accompagnerait-il pas? La compagnie qui est ici partira à la fin d'août. On n'aura que peu de monde au mois de septembre, et ce peu n'effarouchera personne. Il serait aussi libre qu'à sa maison de campagne. Je pourrais, si je le voulais, passer toute la journée dans ma chambre ou à la promenade, et pour vous citer un exemple plus frappant, M. de Castellane, qui est parti il y a huit jours, a été des semaines entières sans même se mettre à table. Il paraissait un moment au déjeuner, revenait dans le salon après souper, et se retirait à minuit. C'était un petit rhume qui l'avait d'abord engagé à ce genre de vie, et comme il s'en trouvait bien, il l'a continué jusqu'à la veille de son départ. Du reste, il ne jouait jamais, car on ne force personne à quoi que ce soit, et je puis vous protester deux choses : l'une que l'on est parfaitement libre, l'autre que M. Walpole serait parfaitement bien accueilli, et que la grand'maman surtout en serait ravie.

Quant à présent, voici la compagnie de Chanteloup : M. et madame de Beauvau, madame de Poix, madame de Tessé, madame de Chauvelin, qui part demain, M. le duc d'Ayen, M. d'Estrehan, M. de Schomberg [1], M. de Boufflers, M. de

---

1. Le comte de Schomberg, lié avec Voltaire, d'Alembert et la société philosophique, était connu dans le monde par une grande bravoure, qui ne l'empêchait pas d'avoir grand'peur des revenants. Il faisait alors profession avouée d'athéisme. Il est mort à Dresde, pendant l'émigration, converti par la Révolution française à des sentiments de grande piété.

Sarlabons, M. de l'Isle qu'il ne faut jamais citer, sans compter M. de Cambray. On attend à la fin du mois M. de Bezenval, et le mois prochain d'autres visites encore. M. de Schomberg ne restera pas longtemps. Je crois que madame de Tessé, M. d'Ayen et M. de Sarlabons partiront à la fin de ce mois, mais M. et madame de Beauvau et madame de Poix comptent rester jusqu'à la fin d'août.

Nous ne connaissons pas les couplets de M. de Lauzun; je le crois très-capable d'en faire de très-jolis.

Savez-vous pourquoi je finis? C'est que je n'ai plus rien à vous dire. Je vous demande pardon : c'est de ne pas parler du projet que j'ai d'aller à Paris.

LETTRE CCLIV

DE MADAME DU DEFFAND A LA DUCHESSE DE CHOISEUL

Paris, ce 15 juillet 1771.

Les intervalles d'une de vos lettres à l'autre s'allongent à tel point, qu'il m'est impossible, chère grand'maman, de ne pas retomber dans la défiance à laquelle j'ai tant de penchant, non pour le manque d'estime que j'ai des autres, mais pour la justice que je me rends. J'ai besoin de toutes les douceurs que vous me dites pour chasser de ma pensée qu'il est bien facile de m'oublier, bien extraordinaire de me désirer, et peut-être impossible de m'aimer. Oui, chère grand'maman, je désire d'être avec vous, et, dès que mon ami sera parti[1], je me mettrai en chemin. Le temps où j'arriverai me convient extrêmement; dans ce moment-ci je ne causerais que de l'embarras, l'attention qu'on voudrait bien avoir pour moi distrairait des objets charmants et agréables; mais dans le mois de septembre, il

---

1. M. Walpole était arrivé à Paris le 10 juillet.

n'en sera pas de même, et c'est certainement mon projet de le passer avec vous.

Paris se dégarnit tous les jours. Je ne fais de visites que dans les campagnes voisines et même éloignées ; car Roissy [1], où je fus souper hier, et dont je ne revins qu'à trois heures, ne peut pas être regardé comme voisinage. J'eus bien du regret d'avoir engagé à cette partie M. Walpole. Sa santé est très-délabrée et les veilles lui sont très-contraires. Tout ce que vous me dites sur lui lui fera un extrême plaisir, mais augmentera le chagrin de ne vous point voir.

L'incomparable me fait pitié. Il est aussi aveugle que moi à sa manière. Je ne sais quel parti il prendra pour Chanteloup ; je crois réellement qu'il ferait bien de m'attendre ; il a beaucoup de honte d'avoir tant tardé, elle n'augmentera guère en retardant encore un mois ou six semaines, et je pense qu'il fera bien de m'attendre ; oui, je le répète, que ferions nous l'un et l'autre au milieu de tout ce qu'il y a de plus brillant. Quand vous n'aurez plus personne, nous deviendrons des personnages importants. Mais que le grand-papa ne se flatte point de gagner son pari ; il le perdra, c'est certain. L'incomparable est en effet incomparable dans sa faiblesse ; mais il l'a pour ainsi dire en détail, et non pas en gros. Ce sont des péchés véniels qu'elle lui fait faire, mais dont cent mille ne valent pas un péché mortel ; et ce péché mortel, il ne le fera jamais. Le grand-papa me payera son pari ; il peut s'y attendre.

Je dirai à madame d'Aiguillon tout ce que vous me dites d'elle. La fortune de son fils ne lui tourne pas la tête ; c'est, en vérité, une très-aimable femme.

Madame de Luxembourg ne quitte point les princes.

Madame de La Vallière va beaucoup mieux. Je soupe quelquefois chez elle, en très-petite compagnie. On se retire avant minuit. Je lui parle toujours de vous, et vos amis absents,

---

1. Maison de campagne des Caraman.

chère grand'maman, ne vous sont pas moins attachés que ceux
qui vous environnent. Voulez-vous bien dire pour moi mille
choses à madame de Beauvau? Vous sentez-vous capable d'embrasser le prince pour moi? J'ai la présomption de croire qu'il
m'aime. Je ne vous dirai rien de particulier pour le grand-
papa, parce que tout ce que je vous dis pour vous doit être en
commun avec lui.

Adieu, chère grand'maman.

LETTRE CCLV

DE LA DUCHESSE DE CHOISEUL A MADAME DU DEFFAND

A Chanteloup, ce 18 juillet 1771.

Comment avez-vous pu imaginer, ma chère petite-fille, de
dire des coquetteries de ma part à madame d'Aiguillon?...
Vous me mandez du bien d'elle; je vous réponds que je ne
suis point étonnée du bien que vous m'en dites, parce que
j'en ai toujours beaucoup pensé et que je respecte son caractère; mais c'est à vous que je le dis, et non à elle, ni pour que
cela lui soit redit. Quand son fils était dans une situation plus
fâcheuse que la disgrâce, et mon mari dans une position plus
flatteuse que la faveur, je devais faire connaître à madame
d'Aiguillon toute mon estime pour elle, pour adoucir l'aigreur
et rapprocher l'éloignement que la différence de nos situations
devait mettre entre nous. Aujourd'hui tout est changé. Son fils
a la puissance; il ne reste plus à mon mari que l'honneur, et
ce serait une bassesse insigne à moi de chercher à plaire à madame d'Aiguillon. J'aurais l'air de quémander sa bienveillance,
sa protection. Dieu m'en garde! Je n'ai plus besoin de plaire
à personne, puisque personne n'a plus besoin de moi. Comment n'avez-vous pas senti cela, ma chère petite-fille? Comment
avez-vous pu me compromettre d'une si étrange manière? Si
je le disais au grand-papa, il en serait aussi blessé que moi.

Grâce au ciel, nos sentiments sont conformes sur cet article, et il n'aura jamais, j'espère, à rougir des miens. Réparez donc le tort que vous m'avez fait; et si vous avez parlé, montrez plutôt ma lettre à madame d'Aiguillon que de lui laisser croire que j'ai voulu lui faire ma cour. J'aimerais mieux qu'elle sût ce que je pense de son fils, que de me supposer cette indigne intention; mais mon éloignement pour la bassesse ne doit pas me porter à l'insulte. Ce serait l'insulter que de le lui dire; et elle n'est assurément pas faite pour être insultée. Si elle est digne de ce que je pense d'elle, ma roideur ne doit ni l'étonner ni l'offenser; mais elle ne doit pas non plus se croire redevable envers moi, si mon opinion n'est qu'une justice; si elle était une erreur, que m'importe l'impression que pourrait lui faire ce qu'elle appellerait alors ma brutalité? Encore une fois, montrez-lui plutôt ma lettre, si vous avez parlé, que de me laisser compromise d'une façon aussi flétrissante pour moi; et une bonne fois pour toutes, mettez-vous bien en tête que vous ne devez faire ma cour à personne, ni m'attirer les services de qui que ce soit. Je ne sais pas à qui je pourrais souffrir l'insolente prétention de m'en rendre. Je m'attends bien que vous trouverez que je prends le carême trop haut. Mais quand vous vous supposeriez dans ma situation, vous ne mettriez pas pour cela votre caractère à la place du mien, parce qu'on ne peut voir les mêmes objets de la même manière qu'avec les mêmes yeux. Ainsi, quand j'aurais tort pour vous, il ne s'ensuivrait pas de là que j'eusse tort pour moi. Si, dans la puissance de mon mari, vous m'eussiez vue protectrice, vous auriez raison de trouver mauvais que je ne voulusse pas être protégée aujourd'hui. Si, dans sa faveur, vous m'eussiez vue haute, dominante, insultante, vous auriez raison de trouver mauvais que je ne fusse pas aujourd'hui basse, soumise, rampante. J'en appelle à M. Walpole. Si vous ne m'entendez pas, un Anglais doit m'entendre.

Je vous fais mon compliment sur le bonheur que vous avez

de le posséder. Dites-lui, je vous prie, des choses infinies pour moi, et marquez-lui bien le regret que nous avons de ne pas le voir.

J'ai embrassé le prince pour vous. J'ai fait vos compliments à la princesse. J'ai montré votre lettre à l'abbé. J'ai rendu vos amours au grand-papa. Nous vous aimons tous, nous vous désirons tous, et moi plus que personne.

LETTRE CCLVI

DE L'ABBÉ BARTHÉLEMY A MADAME DU DEFFAND

Chanteloup, ce 19 juillet 1771.

Je n'ai pas lu la lettre que vous recevrez aujourd'hui de la grand'maman; mais elle m'en a dit le contenu. Je ne crois pas que les choses honnêtes que vous avez pu dire de sa part puissent produire un mauvais effet. Mais, enfin, sa délicatesse s'en est effarouchée, et elle a cru devoir la mettre à couvert par une protestation formelle. Tout ce que je crains, c'est que vous ne soyez affligée de ce petit événement. Je le lui ai représenté. Elle en serait au désespoir. Elle me charge de vous réitérer mille et mille fois toutes les protestations de tendresse et d'amour qui sont dans sa lettre. Vous n'avez pas besoin que je vous rassure sur la justice qu'elle rend à vos intentions. Non, certainement, vous n'en devez pas douter. Je sais tout ce que vous pourrez répondre, puisque, à votre place, j'en aurais fait autant, sans prévoir ce qu'elle craint. L'idée de la bassesse lui fait peur, comme si elle pouvait en être soupçonnée! J'ai quelquefois envie de composer une satire contre elle, et de lui dire qu'elle n'aura jamais d'expérience, qu'elle ne saura jamais évaluer la bonne opinion qu'on a d'elle dans le public, et qu'elle a des défauts énormes qui viennent d'un excès de vertu, de sentiment et de raison. Ne me regardez pas comme un monstre d'ingratitude. Eût-elle cent fois plus de défauts, je ne l'en aimerais pas moins, et vous seriez aussi disposée que moi à les pardonner.

C'est une chose plaisante que l'histoire des couplets de M. de Lauzun. Je vous ai envoyé par la poste un menu de souper, mis en vers par M. de l'Isle, dont je n'ai pas écrit le nom, parce qu'il ne veut pas qu'on sache qu'il est ici. J'ai cru que vous le devineriez aisément, puisque je vous avais annoncé son arrivée; point du tout, vous lisez Lauzun au lieu de l'Isle. Vous nous parlez des couplets de M. de Lauzun, on les montre à M. de Gontaut comme étant de M. de Lauzun; tout le monde ici demande les couplets, est étonné de ne pas les recevoir, et tout finit par le souper de M. de l'Isle!

M. le duc d'Ayen et M. de Schomberg sont partis hier matin. Il reste ici madame de Tessé, qui partira dans quelques jours, ainsi que M. de Sarlabons[1], qui est venu avec elle, M. d'Estrehan de lundi en huit, M. de Boufflers vers les premiers jours d'août. M. de Beauvau va aussi en Lorraine, de là à Compiègne, et ne retournera peut-être point ici. Madame de Beauvau et madame de Poix resteront jusqu'à la fin d'août.

Je cherche dans ma poche pour voir si je n'ai plus rien à vous dire. Vous me demandez pourquoi M. de Beauffremont a loué une maison de campagne dans la vallée de Montmorency? La réponse est aisée : c'est pour manger des cerises.

LETTRE CCLVII

DE MADAME DU DEFFAND A LA DUCHESSE DE CHOISEUL

Paris, ce 22 juillet 1771.

Faites-moi la grâce, je vous prie, chère grand'maman, de me transcrire la phrase de la lettre à laquelle vous répondez.

---

1. Le comte de Meun, grand-père du marquis de Meun.

Je ne saurais concevoir ce que j'ai pu écrire. Je ne me souviens pas d'avoir parlé de vous à madame d'Aiguillon, si ce n'est avant-hier que je lui dis que je vous avais mandé que l'événement présent n'avait rien changé à sa conduite, à son maintien, etc., etc., et que vous m'aviez répondu que vous n'en étiez pas surprise, ayant d'elle la meilleure opinion à toutes sortes d'égards. Si c'est là une faute, je vous en demande pardon; mais vous m'en avez grondée d'avance, puisqu'elle n'a été commise qu'avant-hier.

Je serais bien fâchée que vous n'eussiez point d'amis plus agréables que moi; mais je voudrais que vous n'en eussiez point qui ne vous aimassent d'une façon aussi désintéressée et aussi prudente. Il y a beaucoup de gloire à vous être attachée et au grand-papa; mais ce n'est pas la gloire que je recherche. Je me contente du plaisir que j'y trouve, et d'être votre enfant. Je vis tranquille dans mon tonneau, sans le pouvoir d'obliger et la volonté de nuire. Je n'ai pas assez de crédit pour faire le bien, mais j'ai la ferme volonté de ne jamais faire le mal, et je comprends dans le mal toutes les imprudences qu'on pourrait faire en voulant servir ses amis, comme les bravades, les services indiscrets. Tout le monde, c'est-à-dire les gens dont je suis connue, savent l'attachement constant et inviolable que j'ai pour la grand'maman, pour le grand-papa, et le désir que j'ai de les aller trouver.

Voilà le compte exact de mes sentiments et de ma conduite. Je ne sais pas si j'ai la fierté anglaise, mais j'ai la noblesse française, et mes parents n'ont point à rougir de moi.

Ce 24.

J'ai écrit cela avant-hier, après avoir lu votre lettre. Je n'espérais pas avoir une occasion si prompte; mais M. de Chabot vint hier chez moi m'apprendre qu'il partirait ce matin pour Jarnac, qu'il passerait par Amboise, et qu'il se chargerait volontiers de mes dépêches.

Je n'ai rien à ajouter à ce que j'ai eu l'honneur de vous écrire, si ce n'est de vous prier d'avoir un peu meilleure opinion de votre petite-fille, et de n'être pas si susceptible des impressions qu'on voudrait vous donner contre elle. Je vous aime, chère grand'maman, et je ne le dis que parce que je le sens. Cela suffit pour vous répondre de ma conduite.

M. Walpole est pénétré de la plus vive reconnaissance de vos bontés, et du plus tendre et respectueux attachement pour celle qui a bien voulu le traiter comme son petit-fils. Il vous dirait lui-même tout ce qu'il pense, s'il ne s'était mis dans la tête qu'il ne sait pas parler français. J'ai beau l'assurer qu'il se trompe, il ne me croit pas et veut que je sois son interprète.

LETTRE CCLVIII

DE LA DUCHESSE DE CHOISEUL A MADAME DU DEFFAND

A Chanteloup, ce 26 juillet 1771.

M. de Beauvau vous a grondée, ma chère petite-fille ; l'abbé vous grondera, et moi je vous gronde de vous être inquiétée du mot « admiration [1]. » Comment peut-il être jamais pris en mauvaise part? Tout ce qui est honnête, tout ce qui est sensible est admirable à tout âge, en tous temps, en tous lieux. Du moment où vous avez pris la résolution de nous venir voir, nous l'avons *admirée;* nous en avons été touchés, nous en avons désiré l'exécution. Voilà ce qu'a voulu dire M. de Beauvau ; voilà ce que vous certifiera votre *incomparable,* qui est témoin de toute notre tendresse pour vous, et de l'impatience extrême que j'ai de vous voir ; il vous ramènera ici au mois de

---

1. Dans une lettre que nous avons omise, parce qu'elle ne contenait d'ailleurs que des répétitions, madame du Deffand, avec sa susceptibilité ordinaire, s'était montrée blessée d'un mot de M. de Beauvau, qui lui avait rapporté que l'annonce de sa prochaine arrivée à Chanteloup y avait été accueillie avec *admiration.*

septembre, à ce que vous assurez tous deux ; répétez-le-moi sans cesse jusqu'à ce temps-là, afin de me faire plaisir. J'ai été aussi étonnée que charmée de le voir, cet incomparable ; mais je suis fâchée de le garder si peu. J'ai besoin de penser, pour m'en consoler, que c'est à vous que je le renvoie. Il prétend que vous gagnerez votre pari[1] ; tant mieux pour lui, et j'espère aussi un peu tant mieux pour nous.

Le baron de Bezenval n'est point encore ici, parce qu'il s'est arrêté chemin faisant chez sa sœur. Je suis impatiente de son arrivée, à cause de la lettre qu'il doit m'apporter de vous. Je voudrais en recevoir tous les jours et vous répéter tous les jours que je vous aime de tout mon cœur.

Vous avez raison ; la correspondance secrète est faible de style et forte de choses. Quel dommage que de bons écrivains n'osent pas se permettre de démontrer que le soleil est lumineux !

Je rouvre ma lettre parce que, comme je venais de la cacheter, le comte de Chabot a passé par Amboise, et par un arrangement et un malentendu dignes de madame sa sœur[2] et de lui, il n'a vu personne d'ici ; mais heureusement il m'a envoyé votre lettre. Je vois que vous êtes horriblement fâchée contre moi, et je suis au désespoir de vous avoir fait de la peine. Mais nous nous aimons trop pour que nos petites altercations puissent avoir des suites et des conséquences, et les avances que vous pourriez faire de ma part dans la position où je me trouve, et surtout à madame d'Aiguillon, en ont beaucoup. Ainsi je ne me repens nullement de tout ce que je vous ai mandé. Je vous prie seulement de croire que je ne vous ai écrit que d'après moi. Je n'ai montré votre lettre ni la mienne à personne ; j'en ai seulement parlé à l'abbé, après vous avoir

---

1. Qu'il n'épouserait pas la marquise de Boufflers.
2. La princesse de Beauvau, sœur de M. Chabot, était alors à Chanteloup.

envoyé ma réponse. On peut diriger ma conduite, on peut me suggérer des pensées, mais mes sentiments sont à moi ; on ne me les inspire pas. Vous voulez que je vous transcrive la phrase de votre lettre qui m'avait donné des inquiétudes légitimes, et que vous avez vérifiées ; la voici :

« *Je dirai à madame d'Aiguillon tout ce que vous me dites d'elle.* »

C'est justement ce que je ne voulais pas. Vous me mandez aujourd'hui lui avoir dit que je vous ai répondu, d'après l'éloge que vous me faisiez d'elle, *que je n'en étais pas surprise, ayant d'elle la meilleure opinion à toutes sortes d'égards.* C'est justement ce que je craignais. Il me convient de l'honorer, de l'estimer également ; mais il ne me convient pas de le lui faire savoir ; et quand c'est mon amie qui le lui dit, elle doit croire que c'est au moins de mon aveu. Voilà ce que je ne puis souffrir, voilà ce qu'il faut absolument que votre amitié pour moi répare, et surtout vis-à-vis de ceux qui ont pu être témoins d'une cajolerie aussi indécente dans les circonstances présentes, et aussi éloignée de mon caractère. Je m'étais bien doutée que vous désapprouveriez ma délicatesse. Je n'ai d'autres raisons à vous en donner que celles que je vous ai déjà dites. Je puis avoir tort selon votre façon de penser ; mais je n'ai pas tort selon mon caractère, parce que ce n'est pas moi qui me le suis donné, et que c'est lui qui me conduit, et vous ne pouvez pas mettre votre caractère à la place du mien pour en juger, parce que pour cela il faudrait en changer ; mais, ma chère petite-fille, on ne s'en aime ni ne s'en estime pas moins, pour n'être pas de même opinion. Laissez-moi la mienne et ne la blessez plus, puisque je ne puis pas en changer ; et, bonne ou mauvaise, croyez qu'elle est à moi, puisqu'elle m'appartient. Elle ne vaudrait pas la peine de m'être inspirée ; mais je ne me la laisserai point enlever, parce qu'elle souffre contradiction. Sur toute chose ne croyez pas, ni que je vous en aime moins, ni que je compte moins sur votre amitié parce qu'elle vous a inspiré une chose faite pour me blesser. Je puis être affligée de l'effet sans être moins touchée du motif. Vous pouvez être blessée aussi de la franchise avec laquelle je m'en suis expliquée ; vous y aurez peut-être trouvé de la dureté. Je vous assure que ce n'était pas mon intention, et cette assurance doit suffire à ma justification. Je ne sais pas rendre à demi ce que je sens. Si je ne vous présentais pas les choses comme elles m'affectent, vous ne sauriez pas comme j'en suis affectée. L'abbé, qui est tout doucereux, rabattra de mes expressions ; mais pour moi, sans vouloir qu'elles vous affligent, ni qu'elles vous offensent, je n'en rabats rien, parce que je ne peux rien changer à mes sentiments. Je vous proteste encore que je suis tout aussi persuadée que jamais que je ne trouverai jamais d'amie plus agréable que vous ne l'êtes, et que je n'ai jamais eu plus de tendresse pour vous que j'en ai dans ce moment même, où vous êtes peut-être encore si fâchée contre moi.

Mille compliments, je vous prie, à M. Walpole, et remerciement de son souvenir.

LETTRE CCLIX

DE L'ABBÉ BARTHÉLEMY A MADAME DU DEFFAND

Chanteloup, ce 26 juillet 1771.

M. le comte de Chabot n'arriva hier qu'à huit heures du soir à Amboise. Il envoya ici un homme pour avertir de son arrivée ; madame de Beauvau, qui était à la promenade, ne fut de retour qu'à neuf heures. Elle partit tout de suite pour aller voir son frère ; il avait attendu une heure entière, et comme madame de Chabot[1] ne se portait pas très-bien, et qu'il voulait aller coucher à Tours, ils partirent un instant avant que ma-

---

[1]. Mademoiselle de La Rochefoucauld, fille de la duchesse d'Enville.

dame de Beauvau fût arrivée à l'auberge. La grand'maman, qui n'avait pas été à la promenade pour écrire, ne sut pas que madame de Chabot était avec son mari; elle aurait été la voir. Quoi qu'il en soit, vos lettres ne nous ont été remises qu'à dix heures. C'était pendant le souper. Après il ne fut pas possible d'aborder la grand'maman, et je ne pourrai peut-être pas la voir de la journée en particulier.

Celle que vous m'avez écrite m'a affligé sensiblement. Mais pour réduire la chose aux plus simples termes, je conclus de ce que m'avait dit la grand'maman et de votre réponse, que l'une et l'autre vous avez pris cette petite affaire trop au tragique. Elle, croyant qu'on pourrait abuser de ce que vous avez pu dire à madame la duchesse d'Aiguillon; vous, en donnant un sens trop étendu à des expressions échappées dans la chaleur de la composition. Croyez que la grand'maman vous aime infiniment, et qu'elle est infiniment éloignée de vous supposer la moindre lâcheté. Le jour qu'elle vous écrivit, je lui représentai que les soupçons qu'elle vous témoignait ne pouvaient être fondés par rapport à vous. « Aussi, me dit-elle, ne la regardent-ils pas; mais elle pourrait, par distraction, dire en mon nom des choses honnêtes à madame d'Aiguillon, en présence de gens qui, ne me connaissant pas ou me connaissant mal, pourraient me soupçonner de bassesse; » et cette idée, qui la révoltait, l'a sans doute animée quand elle vous a écrit. J'aurais mieux aimé qu'elle vous eût marqué simplement les inconvénients qui pouvaient résulter des confidences que vous avez pu faire à madame d'Aiguillon, en vous priant de n'en plus faire de semblables. Mais sa délicatesse l'a entraînée, et sa confiance en votre amitié ne lui a pas permis de mesurer ses expressions, ou du moins d'éviter toute application qui vous fût personnelle. La grand'maman ne s'est pas assez fiée à sa réputation, et vous à l'estime et à l'amitié qu'elle a pour vous. J'espère qu'elle vous rendra mieux compte de ses sentiments que je ne pourrais le faire; mais je puis vous attester que rien au monde ne saurait les affaiblir, et je n'en voudrais pour garant que son impatience de vous voir arriver.

C'est madame la comtesse de Tessé qui vous portera cette lettre. On est bien fâché ici de la perdre, et on a bien raison; car il est impossible d'être plus aimable. Je suis fâché que vous ne la connaissiez pas.

LETTRE CCLX

DE MADAME DU DEFFAND A LA DUCHESSE DE CHOISEUL

Ce samedi, 27 juillet 1771.

Je ne saurais perdre volontairement une occasion de vous écrire, chère grand'maman. C'est M. de Monaco qui part demain, et à qui je porte envie, qui vous rendra cette lettre. Je vois avec plaisir l'empressement général que tout le monde a de vous rendre des devoirs, et de vous marquer son attachement. Je veux me flatter que la foule n'empêchera pas d'être remarqué. Vous êtes trop capable d'amitié, vous êtes trop éclairée pour ne pas démêler les nuances des sentiments qui font agir, et à l'exemple de la parabole de l'Évangile, ceux qui arriveront à la dernière heure seront aussi bien récompensés que ceux qui sont arrivés à la première.

Je vous assure que ceux qui jouissent du plaisir de votre présence ne sont pas plus occupés de vous que ceux qui ont l'ennui de l'absence. Nous parlons sans cesse de vous, mon ami et moi, et la plus grande preuve d'amitié que je lui puisse jamais donner, c'est d'attendre son départ pour vous aller trouver.

Je ne veux pas me plaindre de la paresse de l'abbé, je me persuade que tout ce qu'il fait est bien; qu'il m'aime toujours, qu'il vous parle de moi, et que vous dites quelquefois ensemble : tous ces gens qui nous environnent sont sans doute plus aimables que la petite-fille, mais nous ne sommes pas aimés d'eux aussi tendrement que d'elle.

On dit que le R... a le plus mauvais visage du monde. On prétendait, avant-hier, qu'il avait les jambes et les mains enflées ; hier, il n'en était rien ; on ne parlait que d'une toux fréquente. On dit toujours que le Terray va sauter, et que le d'Aiguillon est furieux contre lui de ce que, sans l'avoir consulté, il a fait payer tout ce qui était dû à M. de La Chalotais. Il y a apparence qu'il n'a pris conseil que de madame de La Garde. La zizanie est entre les trois grands personnages, le d'Aiguillon veut la destruction du parlement de Rennes ; le Boynes, de celui de Besançon ; le chancelier (je ne sais pourquoi) s'y oppose. On n'enregistrera point le dixième des rentes viagères ; ce n'est pas la peine, on les retiendra sans forme ni procès. Ce ne sera pas à perpétuité, on le rendra quand on pourra s'en passer. Cette manière nouvelle sera d'une grande commodité si on la suit à l'avenir, et répondra fort bien au protocole de ces cinq mots : *tel est notre bon plaisir*. Le mien présentement est de donner à souper à madame de Château-Renaud. Je l'eus hier ; je l'aurai demain. Nous faisons un cavagnol à la poule, qui se passe sans humeur, en l'absence de l'incomparable, ce qui ne nous empêche pas de le regretter. Retenez-le cependant le plus longtemps que vous pourrez, et ne le laissez partir qu'en lui faisant faire le serment qu'il repartira avec moi les premiers jours de septembre.

Il me vient du monde, je vous dis adieu. Le fameux Randon, connu par ses richesses, vient de mourir.

Je vous fais mon compliment de tout mon cœur sur le mariage du fils de la petite sainte [1]. J'en suis réellement charmée.

---

[1]. M. de Choiseul, fils de madame de Choiseul-Betz (la petite sainte), épousa mademoiselle de Gouffier, dont il joignit le nom au sien. Il fut depuis ambassadeur à Constantinople et a écrit un voyage en Grèce.

LETTRE CCLXI

DE LA DUCHESSE DE CHOISEUL A MADAME DU DEFFAND

A Chanteloup, le 9 août 1771.

Non, ma chère petite-fille, il ne faut pas dire à madame d'Aiguillon : « *Madame, je vous ai dit que la grand'maman vous estimait, et cela n'est pas vrai : elle ne vous estime pas !* » Vous feriez un grand mensonge et une grande grossièreté ; mais il faut lui dire : « *Madame, la grand'maman a été fort fâchée que je vous eusse répété tout le bien qu'elle pense de vous, parce qu'elle trouve que le temps est passé où il lui était permis de chercher à vous plaire, même par la justice et la vérité...* » Et si madame d'Aiguillon justifie ce que je pense d'elle, elle m'approuvera ; si je me suis trompée sur son compte, peu m'importe ce qu'elle pensera de moi. L'estime doit être réciproque. Voici, ma chère petite-fille, ce que j'ai à répondre à ce que vous avez mandé à l'abbé sur ce bizarre genre de tracasserie.

Madame de Lauzun est charmante d'avoir eu l'attention de vous avertir qu'elle partait, pour m'apporter une lettre de vous ; et vous êtes charmante de lui en avoir donné une ; mais vous m'affligez toujours par vos craintes. Comment puis-je les calmer ? Je ne suis pas si généreuse que vous le pensez. C'est par pure personnalité que je vous aime et que je vous veux. Vous n'entrez pour moi, dans l'empressement que je vous marque, que pour le plaisir que vous me ferez. Quelque reconnaissance que j'aie pour les marques d'amitié que l'on donne à M. de Choiseul en le venant voir ici, vous devez être bien sûre qu'il n'y est venu personne qui me plaise autant que vous. Je pourrais sans doute mieux dire pour vous persuader, mais je vous jure que je ne pourrais pas mieux sentir.

Mille compliments, je vous prie, à M. Walpole. Je m'affligerais pour vous de son départ, si ce n'était le seul moyen de vous rapprocher de moi.

LETTRE CCLXII

DE L'ABBÉ BARTHÉLEMY A MADAME DU DEFFAND

Chanteloup, ce 10 août 1771.

Je veux profiter d'une occasion qui se présente ; mais je ne sais que vous écrire. M. de Lauzun à qui j'ai témoigné mon embarras, veut que je vous mande que nous allons à la chasse cette après-midi. Il a envoyé ce matin Chamaillé et Labrisée dans la forêt qui lui ont fait leur rapport, et sur cela il me parle de hautes aires, de rentrée, de sortie, de rembuché, etc. M. de Lauzun est bien savant, mais son savoir passe mon intelligence. Vous pouvez conclure de tout ceci que M. de Lauzun est arrivé, ainsi que madame de Lauzun. Le même jour M. et madame de La Borde arrivèrent aussi, hier madame de Ségur arriva, lundi M. de Gontaut arrivera, jeudi madame d'Enville doit arriver, et quelques jours après M. et madame de Chabot; ensuite viendra le temps des départs ; le 22 madame de Beauvau et madame de Poix partiront et d'autres successivement, et quand vous viendrez vous trouverez fort peu de monde, et vous tiendrez lieu de beaucoup. J'ai fait de votre part mille et mille compliments à madame la princesse de Beauvau, elle me charge de vous en faire deux mille, en tout quatre mille; elle est bien fâchée de ne pas se trouver ici pour le temps où vous y serez. Madame de Grammont vous promet toute l'indulgence dont vous avez besoin. M. de l'Isle partira bientôt, il est obligé d'aller rejoindre M. le comte de Coigny. J'en suis fâché. On a imprimé, dans le dernier *Mercure*, des vers qui sont de lui, et qui commencent par ce mot : *Perrette* ; ils sont fort jolis, il a un talent très-agréable [1].

---

1.   A MADEMOISELLE DE SAINT-C***
EN LUI ENVOYANT DES MIRABELLES DE METZ.

Perrette, vous avez six ans
Et les goûts de cet heureux âge.

Il faut que le prince sans pair ait bien de la vanité pour s'être reconnu sitôt à mes contre-vérités. Pour moi j'ai celle de reconnaître tout ce qu'il vaut. J'aurais été bien envieux d'entendre ce que vous aurez pu dire de moi entre vous et les deux princes. Je suis un de ces êtres inutiles dont on ne peut dire ni bien ni mal, vivant au jour la journée et traînant ma charrue comme je puis. Heureusement quand le sillon n'est pas bien fait, je ne m'en soucie guère. Je passe une partie de ma vie à la chasse et l'autre à refaire la toile de Pénélope, je veux dire à l'arrangement de la bibliothèque. A propos, nous avons reçu un ouvrage nouveau que vous lirez avec un plaisir infini, parce qu'il persuade avec volupté, tout comme la grand'maman. Ce sont les ouvrages liturgiques de Zoroastre; cela vous parle des cérémonies religieuses des Guèbres; on y trouve toutes les prières que leurs prêtres sont obligés de faire tous les jours, dans tous les moments du jour. Pour peu que vous en ayez envie, nous réciterons ensemble le bréviaire des anciens Perses.

Je suis très-fâché de n'avoir pas pu aller à Paris, mes nerfs et mon estomac en sont cause; j'en ai beaucoup souffert tous ces jours-ci. Je suis mieux parce que j'ai redoublé d'exercice et d'attention sur mon régime. J'aurais été ravi d'avoir l'honneur de voir M. Walpole, je vous prie de l'en assurer et de lui présenter avec mes regrets tous les sentiments que je lui ai voués. Vous aurez ensuite la bonté de vous dire à vous-même que personne ne vous est aussi attaché que je le suis. La grand'maman vous écrit. Je ne vous dis rien de sa part.

>Le bonbon doit être un hommage
>Pour vous au-dessus des amans.
>De votre mine enchanteresse,
>Quelque autre un jour vous parlera;
>Mais que de peines il faudra
>Pour obtenir votre tendresse;
>Trop éloigné de mon printemps,
>Je n'en pourrai plus prendre aucunes,
>Et je veux profiter du temps
>Où vous le donnez pour des prunes.

M. de l'Isle m'a chargé plusieurs fois de vous présenter ses respects.

LETTRE CCLXIII

DE MADAME DU DEFFAND A LA DUCHESSE DE CHOISEUL

Paris, ce 13 août 1771.

J'irai chercher cette après-midi madame d'Enville, chère grand'maman. Je serai ravie de voir quelqu'un pénétré de plaisir ; elle va vous trouver, en faut-il davantage pour mourir de joie. Sa porte me sera refusée. Je ne la verrai point ; je ne la verrai pas non plus à Chanteloup, non parce qu'on m'en refusera la porte, cet accident ne m'arrivera pas chez ma grand'maman ; non-seulement sa porte, mais ses bras me seront ouverts, et je m'y jetterai avec toute la tendresse imaginable. C'est donc parce que madame d'Enville ne sera plus à Chanteloup que je ne l'y verrai pas, car je suppose qu'elle partira dans les premiers jours de septembre, et ce ne sera pas positivement tout les premiers jours que j'arriverai.

La raison qui m'en empêchera est un proverbe. Je vous le donne à deviner ; mais non, j'aime mieux vous le dire : « *Qui a compagnon a maître.* » Je ne veux pas non plus vous donner à deviner quel est ce compagnon. C'est votre évêque qui, si vous le trouvez bon, sera aussi le mien. C'est l'évêque d'Arras ; il a un procédé le plus obligeant du monde ; il arrivera à Paris le 20. Il portera ma lettre à M. de La Vrillière, et demandera sa permission en même temps. Il a quelques affaires à la cour et à la ville, qui le retiendront quelques jours plus que je ne le voudrais. Mais il apportera tant d'agrément et de commodité dans mon voyage, que j'aurais mauvaise grâce à ne me pas soumettre à sa volonté. Je perdrai M. Walpole bien plus tôt, et j'aurai le chagrin de rester à Paris après qu'il n'y sera plus. C'est ce que je désirais d'éviter. Je remets à vous dire moi-même quels sont ses sentiments pour vous; il n'a oublié aucune marque de vos bontés. S'il suivait les mouvements de son cœur, il quitterait tout pour vous aller trouver. Je puis répondre de sa reconnaissance, je dirais même de sa tendresse. Cette expression lui est permise, puisque vous l'avez adopté pour votre petit-fils.

Que dites-vous de moi, chère grand'maman? tout d'un coup il me prit un désir très-vif d'écrire au grand-papa; je le satisfis; ai-je bien fait?

Je vis hier madame de La Vallière. Elle va de mieux en mieux, et je crois en vérité qu'elle se porte tout à fait bien et qu'elle pourrait sortir si elle le voulait.

Je compte aller voir aujourd'hui la petite sainte, et la féliciter sur le mariage de son fils. Je ne voulais pas le croire quand on me l'apprit. Vous croyez bien que je ne m'ingérerai pas à vous mander des nouvelles. Je compte les aller apprendre à Chanteloup. Il ne s'en débite guère à côté de mon tonneau.

LETTRE CCLXIV

DE LA DUCHESSE DE CHOISEUL A MADAME DU DEFFAND

26 août 1771.

Votre lettre à l'abbé m'a enchantée, ma chère petite-fille, parce qu'elle m'a prouvé la détermination positive où vous êtes de venir ici. Mon Dieu, que ce voyage me comblera de joie, si vous pouvez m'assurer qu'il ne vous fera pas de mal; je l'espère, avec la précaution que vous prenez des petites journées, et les soins que vous donnera notre évêque, que j'aimerai encore mieux s'il vous amène saine et sauve. Je dois vous prévenir cependant que la maison est pleine de fièvres, point dangereuses à la vérité, mais nous avons cinquante domestiques qui en sont attaqués et je ne voudrais pas que vous vinssiez prendre la fièvre ici. J'espère qu'elles seront cessées quand vous viendrez, mais je vous demande en grâce de ne pas vous mettre en route que vous n'ayez de mes nouvelles à cet égard ; je veux que ma maison soit purifiée pour vous recevoir ; l'air que vous respirerez chez moi doit être aussi pur que mon cœur. En attendant, je m'occupe d'arranger votre appartement; j'espère que vous et tous vos gens vous trouverez commodément logés. C'est l'occupation la plus agréable, ma chère enfant, que je puisse prendre. Il est bien doux d'avoir l'esprit rempli du même objet que le cœur.

LETTRE CCLXV

DE MADAME DU DEFFAND A LA DUCHESSE DE CHOISEUL

Ce mercredi, 28 août 1771.

Que j'ai de choses à vous dire, chère grand'maman ! Mais il faut commencer par celle qui m'est le plus sensible. Tous mes projets sont renversés. Je vous avais mandé mes arrangements avec monseigneur l'évêque d'Arras. Il les confirma la veille de son départ pour Compiègne. Il y allait pour quelques affaires et pour demander sa permission. Voici la copie de ce qu'il m'écrit, et que je transcris mot pour mot :

« Nos projets, madame la marquise, sont cruellement dé-
« rangés ; au lieu de la permission que je suis venu demander,
« j'ai reçu des ordres pour retourner incessamment en Artois,
« où l'on m'a adressé, il y a quelques jours, des instructions
« pour y remplir une fort mauvaise commission, dont on m'a
« fait charger par le roi, relativement au parlement de Douay.
« J'aurai l'honneur de vous voir aussitôt que je serai de retour
« à Paris, où je compte me rendre mardi prochain. Je vous
« prie de ne point prendre de parti définitif sur votre voyage,
« jusqu'à ce que j'aie pu en conférer avec vous. »

Je l'ai donc attendu toute la journée, hier 27. Il n'est point venu, et l'on m'assure qu'il est parti de Compiègne pour Arras. Me voilà tombée des nues ; nul secours à espérer de l'incomparable. Sa nymphe ne le laissera point partir, ou le congé qu'elle lui donnerait serait pour bien peu de jours. Je ne puis renoncer à mes desseins. Mais comment les exécuter ? Voyager seule serait une témérité. J'aurais cependant le courage de le risquer dans le temps que la saison est encore belle. Mais le retour serait bien embarrassant et bien difficile. Et puis, si j'allais tomber malade ! Je ne me pardonnerais pas de troubler votre tranquillité, vos amusements. Cette dernière considération n'est que par rapport à vous. Car, par rapport à moi, ce serait une consolation d'être soignée par l'amitié ; vous adouciriez mes maux, et si ma fin devait suivre, y a-t-il un plus grand bonheur que d'avoir auprès de soi, dans ses derniers moments, ce que l'on aime le mieux ? Je vous avouerai naturellement que si vous étiez seule, je passerais par-dessus toute considération. Mais votre situation est bien différente ; on m'en a fait la peinture. Enfin, toutes réflexions faites, je renonce, pour cette année, au plaisir de vous voir, sans en abandonner le projet pour le printemps. Je vais bien soigner ma santé qui, en effet, dans le moment présent, n'est pas trop bonne, mais qui ne m'aurait pas arrêtée si j'avais eu l'évêque. Cet évêque, m'a-t-on dit, et son frère le Saint-Omer, vont être conseillers d'honneur des conseils supérieurs. Qu'ils soient conseillers ou agents de l'antechrist, je m'en embarrasse peu. Oh ! je suis bien mécontente de l'Arras.

N'êtes-vous pas bien fâchée de ce qui vient d'arriver au prince [1] ? Vous en savez toutes les circonstances. Mais ce que je puis vous dire, c'est que son maintien est admirable. Il n'y a pas sous le ciel un homme plus courageux, plus noble et plus simple. On le punit ; mais il n'est pas disgracié, et il ne le sera pas. Je fais mieux que l'espérer, car je le crois.

---

1. On avait ôté à M. de Beauvau le gouvernement du Languedoc.

M. de Guines a dû quitter Londres dimanche 25. Il laissera des regrets infinis. Il y avait parfaitement réussi.

On annonce bien des remue-ménage; mais je ne m'intéresse qu'à ce qui intéresse mes parents et M. de Beauvau. Tout le reste m'est indifférent. Je n'éparpille pas ma sensibilité; elle a assez d'objets présentement. M. Walpole part dimanche. Vous comprenez quels sont mes regrets; mais vous les comprendriez bien mieux si vous aviez été témoin de sa conduite. Jamais on ne peut marquer plus d'attentions et d'amitié; il a le cœur et l'esprit excellents; mais un de ses grands mérites c'est la vénération et la tendresse qu'il a pour vous.

Ce jeudi 29.

Il m'est arrivé bien des chagrins depuis hier. Premièrement, les lettres que m'a apportées M. de Gontaut; elles m'ont brisé le cœur. Vos bontés, votre tendresse, la certitude que vous auriez du plaisir à m'avoir, tout cela s'est fait sentir si vivement, que ma situation en devient affreuse; je me trouve cruelle à moi-même de différer de vous aller trouver; je ne sais quel parti prendre, je suis prête à tout risquer. On me représente que je serai insensée, que c'est manquer d'égards pour vous, que je puis tomber malade en chemin ou bien à Chanteloup, que je vous causerais une peine infinie... Ces pensées m'arrêtent; je suis saisie de tristesse, et je voudrais être morte!... Dites-moi ce que je ferai, chère grand'maman, décidez-moi, consolez mon âme. Le départ de M. Walpole dans ces circonstances me jette dans le désespoir. Peut-on vivre abandonnée à soi-même et séparée de tout ce qu'on aime? Non, non, je le sens bien, je n'y résisterai pas!

Cet évêque d'Arras, que l'on m'avait dit parti, ne l'est pas. Il me vint voir hier. Il m'expliqua toutes les raisons de son changement. Je vois qu'il est tout à travers des opérations du chancelier. Il m'avait leurrée par ses offres; car il savait, ou du moins il devait prévoir, qu'il ne les remplirait pas. J'ai eu de la peine à me contenir. Mais à quoi auraient servi mes reproches et mes plaintes? Je ne le détournerai pas de ses projets. Mais d'où vient m'a-t-il trompée?

L'incomparable est à sa petite campagne. Il y aura demain huit jours que je n'en ai entendu parler. Il me reste quelque espoir, peut-être quand il me verra, sortira-t-il de son indécision et obtiendrai-je de l'engager à partir. Mais cette espérance est faible, je ne sais pas même aujourd'hui comment je vous ferai tenir cette lettre! Enfin, je me crois seule dans l'univers, je ne puis soutenir cet état. Oh! si j'étais près de vous, que je serais heureuse et tranquille! Que je porte d'envie à tous ceux qui vont vous trouver. Mais je ne m'aperçois pas que peut-être je vous fatigue par mes plaintes et mes regrets. Pardonnnez-les moi, consolez votre enfant, assurez-moi que rien n'altérera jamais votre tendresse et vos bontés; sans cette certitude je ne saurais vivre. Il m'est impossible de vous parler aujourd'hui sur un autre ton, de vous rien raconter. Tout ce qui se passe, tout ce que j'entends m'est indifférent; je ne pense qu'à ma grand'maman, je croyais l'aller trouver, je m'en vois séparée pour bien du temps encore; je suis au désespoir.

LETTRE CCLXVI

DE L'ABBÉ BARTHÉLEMY A MADAME DU DEFFAND

3 septembre 1771.

Nous n'avons point de vos nouvelles depuis longtemps; nous ignorons si vous avez fait des démarches, si elles ont réussi, s'il faut espérer? Cependant le mois de septembre est sonné, et vous nous laissez dans l'incertitude. Ce n'est pas la peine de faire parler de vous jusqu'en Suède. Le roi, dont mon neveu m'écrit un bien infini, le rencontra il y a quelque temps dans le Jardin Royal. Il l'appela et eut avec lui une conversation dont je vais vous dire le commencement : « Avez-vous des nouvelles de madame du Deffand? — Non, sire, je n'ai pas l'honneur de la connaître. — Comment, vous ne la connaissez pas? Mais elle m'a beaucoup parlé de vous pendant mon séjour à Paris. — Je dois cet avantage à mon oncle, qui lui est fort attaché. — Comment se porte-t-il? est-il toujours à Chanteloup? etc. » Le reste de la conversation roula sur la situation de cet enfant, et fut très-flatteuse de la part du roi. Voilà à peu près tout ce que j'ai à vous dire aujourd'hui. M. de Lauzun se chargera de cette lettre. Nous perdrons madame la duchesse d'Enville vendredi prochain; elle ne restera que six heures à Paris; de là, elle ira à La Roche-Guyon. Elle se plaît infiniment ici; elle y plaît de même. Mais quand aurai-je le plaisir de vous voir, de vous baiser les mains, de vous tourmenter?...

M. Senac [1] est arrivé ce matin. Je le connais peu. On dit que c'est un homme d'esprit. Je trouve ses paroles maniérées et recherchées.

LETTRE CCLXVII

DE LA DUCHESSE DE CHOISEUL A MADAME DU DEFFAND

A Chanteloup, ce 11 septembre 1771.

Mon cœur est encore plus triste, ma chère petite-fille, que ne l'est votre lettre. Je comptais sur le plaisir de vous voir; j'en suis privée pour cette année, et j'en suis au désespoir. Au nom de Dieu, ne vous arrangez plus avec les gens capables de faire manquer votre voyage, et ne parlons plus de cet évêque d'Arras. Non, n'en parlons plus jamais, je vous prie. Hélas! je crois qu'il m'a trompée. J'ai peu d'amis, et ceux sur lesquels je comptais me manquent au besoin et me privent de celle qui me reste, qui voulait franchir tout obstacle pour se

---

1. Senac de Meilhan, auteur des *Mémoires d'Anne de Gonzague*, princesse palatine, et de plusieurs autres ouvrages. Mort à Vienne, en Autriche, en 1803.

rejoindre à moi. Comment le prince de Beauffremont ne peut-il pas vous conduire ici?... Et cela ne s'appelle que de la faiblesse?... N'en parlons plus non plus!... Mais disons-nous à jamais qu'il y a bien peu de gens sur lesquels on puisse compter. Triste vérité, qui glace le cœur et flétrit sa jeunesse! On est vieux dès qu'on a perdu l'amour et la confiance. Si vous ne me mandiez pas que votre santé est dérangée, et si je ne craignais pas pour vous l'effet du voyage, l'approche d'une saison rigoureuse dont nous approchons et dans laquelle vous voulez retourner à Paris, j'aurais envoyé l'abbé vous prendre à Étampes ; mais je n'ose l'envoyer à Paris, de peur qu'on me le garde sous prétexte de son cabinet. C'est ce qui m'empêchera de vous l'envoyer cet automne, et j'y ai bien du regret, parce que je vous vois bien seule, bien isolée, livrée aux regrets de la perte de M. Walpole; et l'on ne peut réparer la privation d'un ami que par la jouissance d'un autre.

Convenez à présent que j'avais grande raison de vouloir que vous arrivassiez au printemps. Que n'avez-vous suivi mon conseil?... J'aurais déjà été heureuse. Je n'ai vécu que d'espérance, et il me faut encore attendre le printemps prochain. En l'attendant, ménagez votre santé, je vous prie, comme quelque chose qui m'est bien cher. Je suis tout à fait inquiète de ce que vous m'en mandez. M. de Choiseul a été au désespoir quand je lui ai annoncé que vous ne viendriez pas; il compte vous en écrire. Madame de Grammont en a été fort fâchée aussi, mais personne plus que moi; car, en vérité, personne ne peut vous aimer plus tendrement que je vous aime.

Je ne suis pas étonnée que vous soyez enchantée de la conduite du prince. Elle me le rend plus cher et plus intéressant; mais je suis comme vous, je meurs de peur qu'on ne le dédommage pas. Je trouve qu'il doit demander fort haut et fort vivement ce dédommagement qui lui est dû. On a toujours le public pour soi quand on réclame contre une injustice. On en impose par la hauteur au ministère actuel, faible, lâche et insolent; on en arrache par importunité ce qu'on ne peut pas prétendre de la justice qui lui manque.

J'ai vu dans vos lettres à l'abbé la frayeur que vous a causée l'accident de madame de La Rochefoucauld[1], à cause de moi. N'ayez pas peur; je prends les plus grandes précautions; mais vous pouvez juger de l'effroi et de la douleur qu'il m'a donnés, à cause de madame d'Enville.

Voici une lettre pour M. Stanley, que je vous prie d'engager l'ambassadeur d'Angleterre à lui faire parvenir sûrement.

LETTRE CCLXVIII

DE MADAME DU DEFFAND A LA DUCHESSE DE CHOISEUL

Mercredi, 11 septembre 1771.

... Vous avez raison, chère grand'maman, de croire que tout ce qui se passe m'affecte beaucoup. J'ai une peur affreuse de M. d'Aiguillon. Il ressemble aux méchants génies des *Mille et une Nuits*. Il prend toutes sortes de formes; on ne peut encore pénétrer quelle est la naturelle.

La situation de M. de Beauvau est terrible : des dettes considérables, un manque d'occupations, ses talents enfouis; mais ce qui me rassure, c'est son courage, sa raison et le calme naturel de son âme; et puis la considération et l'estime, qui sont de grands dédommagements; vous le savez, chère grand'maman, ainsi que le grand-papa. Je ne saurais croire qu'on refuse des secours à ce pauvre prince. La vérité et la noblesse avec lesquelles il a exposé sa situation, et l'attention qu'on a eue à l'écouter, et d'un autre côté, le zèle que sa sœur met à le servir, me donnent de l'espérance.

On attend tous les jours le renvoi du Terray, et tous les

---

1. Une chute de cheval.

jours on se trompe. Comment tout ceci se terminera-t-il? Il n'y a que Nostradamus qui puisse le dire.

N'avez-vous pas trouvé bien plaisant ce conte de l'Isle, de *mais si?* Comme c'est moi qui l'ai divulgué, je me le reproche. Je serai peut-être cause que l'auteur sera coffré, et ce pauvre diable n'y a peut-être pas entendu malice.

Vous a-t-on envoyé la *Lettre d'un homme à un autre homme?* C'est l'écrit dont je fais le plus de cas. Ai-je raison? Je ne vois tout cela que lorsqu'on me les prête. Mais quel avantage en tire-t-on? Ceux qui pourraient remédier au mal sont comme *La Couture* [1] : ils n'aiment pas le braillé et n'entendent pas le raisonné! Pourvu qu'ils aient de l'argent et satisfassent leurs vengeances, ils s'embarrassent peu du désordre et du renversement de l'État.

Je mène la vie la plus triste; pour rester chez soi, on n'en est pas moins exilé. Ce qu'il y a de plus affreux dans l'exil, c'est d'être séparé de ce qu'on aime. Vous n'avez pas ce malheur; vous vivez avec ce que vous aimez uniquement. Conservez bien votre santé, vous verrez dissiper les orages, et vous serez plus heureuse que jamais. Vraisemblablement je n'en serai pas témoin; mais je trouve du plaisir à le prévoir. Adieu; conservez-moi vos bontés et votre amitié.

LETTRE CCLXIX

DE L'ABBÉ BARTHÉLEMY A MADAME DU DEFFAND

11 septembre 1771.

Vous devez juger de notre douleur par celle que vous avez éprouvée et que vous peignez si bien dans vos lettres. Rien n'est si affligeant que de voir renversée dans un instant une

---

1. C'était le fou de Louis XIV. Il disait en parlant des sermons, qu'il n'aimait pas le braillé et n'entendait pas le raisonné. Voltaire rapporte ce mot dans une lettre à Dalembert.

espérance si douce et entretenue depuis neuf mois. S'il avait été possible de prévoir l'événement, il aurait été facile d'y remédier; j'aurais été au bout du monde pour vous procurer une satisfaction qui nous était commune. Mais qui se serait attendu à la conduite de votre évêque? Je n'ose pas condamner ses intentions. Je sais qu'en fait de procédés il faut être sévère pour soi et indulgent pour les autres; et puis comment cette honnêteté, cette franchise, cette bonhomie et tant de qualités qui inspiraient la confiance se seraient-elles démenties? Non, nous ne devons pas le condamner, et il faut s'en prendre à des circonstances qui l'ont entraîné malgré lui-même. L'avenir nous éclaircira, sans doute; je le désire et l'espère. J'espère aussi que le printemps prochain nous dédommagera de la perte d'aujourd'hui. Il est certain que le voyage sera mieux placé alors, parce qu'il sera sujet à moins de dangers, et que le retour sera moins embarrassant. Vous viendrez voir vos parents, n'en doutez pas. D'ici ce temps-là, vous aurez plus souvent de leurs nouvelles. Mais il faut aussi que vous leur donniez plus souvent des vôtres. Nous avons été plus de quinze jours sans avoir de vos lettres, et si l'on n'en avait reçu de personnes avec qui vous êtes fort liée, la tête nous aurait tourné. Je vous prie aujourd'hui, avec toute l'instance possible, de nous parler de votre santé; vous n'en êtes pas contente. Madame la duchesse de La Vallière marque la même chose à la grand'maman. Ayez pitié de notre inquiétude. Je suis au désespoir de n'être pas auprès de vous pour calmer celle de vos parents et me rassurer sur la mienne. Dans les lettres que nous reçûmes hier, pas un mot sur madame de La Rochefoucauld; ce silence est effrayant [1]. Que je plains madame d'Enville, elle était si heureuse quand elle apprit ce terrible accident; elle ne devait partir que deux jours après; peut-être même devait-elle rester quelques jours de plus. Le courrier arriva, nous fûmes

---

1. Elle avait fait une chute de cheval.

embarrassés de lui apprendre cette nouvelle; il fallut en altérer les circonstances; la grand'maman en fut si frappée qu'elle en a été indisposée pendant quelques jours. Vous sentez quel retour on peut faire sur elle-même. Cependant le cheval lui est nécessaire, et elle ne peut y renoncer sans préjudice pour sa santé. Il est impossible, du reste, de prendre plus de précautions : des chevaux extrêmement doux, dressés à merveille, exercés tous les jours, et surtout avant la promenade, un piqueur très-sage et qui lui est très-attaché, toujours auprès d'elle; vous voyez que tout cela est bien éloigné de l'indiscrétion de la pauvre madame de La Rochefoucauld. Je voudrais y joindre encore ce qui la mettrait hors de tout danger et nous hors de crainte, c'est de n'aller qu'au pas et au trot; mais lorsque le grand-papa est à la chasse, il ne peut pas se dispenser de courir; et quand il court, comment peut-elle ne pas courir après lui? Il faut renoncer à cette idée. Je voudrais que les femmes obligées de monter à cheval voulussent, comme autrefois, monter en croupe avec un excellent écuyer qui les garantirait de la plupart des dangers; mais comment embrasser son écuyer? comment supporter le ridicule et l'ennui? Il faut donc laisser les choses comme elles sont, et tâcher de se bien porter. Je vous supplie de prendre cette tâche pour vous, et de nous en annoncer bientôt le succès.

M. de Cambray partit hier pour Paris, où il ne compte rester que sept à huit jours.

LETTRE CCLXX

DE L'ABBÉ BARTHÉLEMY A MADAME DU DEFFAND

Chanteloup, 12 septembre 1771.

Je vous écrivis hier ou avant-hier. Perdreaux, le valet de chambre du grand-papa, va à Paris pour ses affaires particulières; et comme il est fort poli, il nous a demandé si nous avions quelque lettre à lui donner. Je ne puis le laisser partir sans vous écrire je ne sais quoi.

La grand'maman vous mande que si ce n'était votre santé, j'aurais été vous chercher à votre première couchée à Étampes. Je me reproche de ne vous l'avoir pas proposé plus tôt, mais je croyais être aussi sûr que vous de votre évêque. Je n'aurais pas été jusqu'à Paris, parce qu'il aurait fallu, à cause de mon cabinet de médailles, rendre compte à M. de La Vrillière et de mon voyage et de mon retour, et qu'il est essentiel pour mon bonheur qu'on n'entende pas si souvent parler de moi. Il serait si aisé de le troubler en m'ordonnant de rester à mon devoir ! Tout ceci entre nous, je vous prie. Si vous n'êtes pas effrayée de la saison, vous n'auriez qu'un mot à écrire, et vous me trouveriez au rendez-vous à point nommé. Si vous renvoyez votre voyage au printemps, personne autre que moi n'aura le plaisir de vous accompagner. Ou je partirai de Paris avec vous, ou j'exécuterai le projet d'Étampes. Mais nous en parlerons plus à loisir ; j'irai vous voir vers le milieu de novembre. Je passerai quelques semaines à Paris. Je choisis ce temps pour faire quelques apparitions à l'Académie et à la Bibliothèque. L'une et l'autre sont en vacances à présent, et mon voyage dans ces circonstances serait en pure perte pour l'une et l'autre.

Je reviens à notre évêque. Sa conduite me paraît inexplicable. J'aurais juré d'après ses principes, la nature de son esprit, son amour pour le bien, qu'il était incapable d'ambition, ou qu'il n'avait que celle de l'estime publique. A-t-il cru pouvoir l'acquérir par les moyens qu'il choisit ? Dans ce cas, il est plus à plaindre qu'à blâmer. Aspire-t-il à des places plus élevées ? il faut le blâmer, le plaindre, tout à la fois. Son âme était née malade, et toutes les bonnes qualités que nous avions admirées n'étaient que des apparences de santé. Cependant je crois qu'il ne faut pas le condamner encore. Sa physionomie, son maintien et ses manières n'annoncent aucun des caractères de l'ambitieux, qui sont ou la pétulance et l'activité, ou la finesse et la dissimulation. Il fait toujours la même profession d'attachement à vos parents. Son projet est de venir ici. Je crois qu'il a mal vu dans les commencements, et que cette erreur de l'esprit le mène plus loin qu'il n'avait cru.

La grand'maman a été un peu incommodée ces derniers jours, elle a eu quelques mouvements de fièvre assez légers et de maux de tête assez violents. Est-ce là la maladie épidémique qui règne dans ces cantons ; sont-ce des maux de nerfs? C'est ce que nous ignorons. Je crois que c'est l'accident affreux de madame de La Rochefoucauld ; il a fait sur elle une impression terrible. Elle est bien, et elle compte venir aujourd'hui à la chasse. Je dois ajouter, pour vous rassurer, qu'elle est sortie tous les jours et que son indisposition ne la prenait que le soir.

Je ne vous ai pas parlé du départ de M. Walpole. Je sens tout ce qu'il a eu d'amer pour vous. Croyez que je partage toutes vos peines. Je suis tout à fait de votre avis sur la réponse de M. le prince de Beauvau. Rien n'est si noble et si beau. C'est une lettre de caractère que le plus bel esprit du monde ne pourrait imiter; aussi l'ai-je admiré sans en être surpris. Je voudrais savoir s'il est vrai que milord Harcourt, loin de porter des plaintes contre la *Gazette de France,* a sollicité pour ses auteurs? Vous pourriez le savoir de lui.

Savez-vous que le grand-papa ayant lu une de vos dernières lettres voulait que je partisse sur-le-champ pour vous aller enlever?

LETTRE CCLXXI

DE MADAME DU DEFFAND A LA DUCHESSE DE CHOISEUL

Ce lundi, 16 septembre 1771.

La lettre que j'ai reçue par M. Perdreaux, chère grand'maman, a rempli mes yeux de larmes et a rendu ma tristesse encore plus profonde, mais plus tendre et plus douce. Oui, vous m'aimez et vous me regrettez; c'est sans aucune vanité que j'ose vous dire que vous avez bien raison. La douleur accompagnée de tendresse n'affaisse point l'âme, au contraire; j'éprouve qu'elle tire la mienne du néant de l'ennui. Quand je pense à ce que j'aime et à ce qui m'aime, quoique j'en sois séparée, je goûte un plaisir que rien de ce qui m'environne ne peut me procurer. Mon premier mouvement à la lecture de votre lettre a été d'arranger tout pour mon départ, de vous en mander le jour, et d'accepter, sans aucune discrétion, l'offre que vous me faites de l'abbé et qu'il me confirme lui-même, ainsi que l'aveu du grand-papa; mais un inconvénient qui est survenu m'a arrêtée; Wiart ne pourrait me suivre; il est un peu malade, et vous savez combien il m'est nécessaire. Il faut donc remettre à l'année prochaine. Mais je ne suis pas sans terreur sur ce délai; on murmure quelques projets de défense. Je me flatte qu'ils ne sont point fondés; mais tout me fait peur.

1.

Mathan, d'ailleurs, Mathan, ce monstre sacrilége,
Plus méchant qu'Athalie, à toute heure l'assiége..., etc.

Je vais écrire à l'abbé, je lui conterai l'histoire des gazetiers; je la sais parfaitement. Je ne veux vous parler que de vous et vous répéter mille fois que je vous aime au delà de toute expression, que mon degré d'estime et d'affection pour tout autre est le degré d'estime et d'attachement qu'on a pour vous. Je puis vous dire avec vérité que ce motif-là est une des plus fortes raisons de mon amitié pour notre Horace. Si vous le connaissiez comme moi, vous l'aimeriez beaucoup. Il y a peu de Français qui lui ressemblent par la sincérité et la bonté du cœur; mais mon capitaine peut bien lui être comparé. Ah! on ne vous l'enlèvera jamais, non jamais, la cruauté serait trop inouïe; eh! comment en pourrait-on avoir pour vous, vous dont le mérite et la vertu intéressent tout le monde et ne blessent l'amour-propre de personne? Oui, M. de Creutz a raison : *vous êtes un anche métamorphosé en femme.* Ce Creutz me doit envoyer, cette après-dînée, un petit extrait d'une lettre du comte de Scheffer. Je le lui ai demandé par écrit, ne me fiant pas assez à sa mémoire et ne voulant y rien changer.

Adieu; dites-vous souvent : « Ma petite-fille a un mérite pour moi qui supplée à tout ce qui lui manque, elle m'aime de tout son cœur, et son cœur est capable de bien aimer. »

Dites, je vous prie, au grand-papa, que je suis on ne peut pas plus flattée de ses regrets, et que je les crois sincères.

Je suis très-touchée des bontés de madame la duchesse de Grammont, j'aurais tâché de m'en rendre digne; mais j'espère qu'elle voudra bien me les conserver jusqu'à ce que je puisse, par moi-même, m'occuper à les obtenir.

Je ferai tenir votre lettre à M. Stanley.

LETTRE CCLXXII

DE LA DUCHESSE DE CHOISEUL A MADAME DU DEFFAND

A Chanteloup, ce 18 septembre 1771.

L'abbé m'avait montré, ma chère petite-fille, le comte de l'Isle; il serait bien singulier que des rapports aussi frappants eussent été trouvés innocemment, et il serait trop effronté d'avoir risqué l'histoire des roses, si publique, dans un livre avoué qui passe à la police et dont l'auteur est connu; mais ce qui est aussi plaisant que l'innocence de l'auteur, c'est celle des censeurs que ces rapports n'ont point frappés.

Vraiment oui, j'ai lu les *Lettres d'un homme à un autre homme,* et je pense absolument comme vous; c'est certainement ce que j'ai lu de meilleur et de plus fort dans ce genre; on m'a dit qu'il en paraissait des nouvelles que je voudrais bien avoir. Mais avez-vous lu à votre tour la correspondance secrète de M. le chancelier avec M. Serhouet? Le premier volume est en général d'assez mauvais ton. Mais, cependant, il y a une lettre sur le Palais-Royal, sur les conseillers de M. le duc d'Orléans, et sur les amis et conseillers du chancelier, qui est infiniment plaisante; et dans le second volume qui vient de paraître, il y a aussi des plaisanteries excellentes, quoique mêlées encore de quelques expressions de mauvais ton. On y trouve une lettre d'un avocat, qui fait le portrait du chancelier avec des couleurs vraies, mais délayées dans le fiel le plus amer; et son éloquence a la force de Démosthène. Lisez-la; elle vous fera plaisir à force d'horreur.

Oui, tous les jours j'entends parler de la chute du contrôleur général, et tous les jours je le vois remonter sur sa bête; et tout cela m'est égal, parce que je défie les gens qui ont l'administration de faire pis qu'ils ne font; et de plus, je les défie de s'associer des gens qui fassent mieux, parce que vous savez l'axiome : Où le principe est vicieux, toutes les conséquences le sont. Ce n'est donc pas à un accessoire qu'il faut s'attacher, c'est la tête de l'hydre qu'il faudrait couper. Je ne sais pas si, comme vous dites, ces gens-ci n'entendent pas le *raisonné;* mais je suis bien sûre au moins qu'ils n'aiment pas le *raisonnable,* et qu'ils fermeront leurs oreilles au braillé, s'ils ne peuvent faire main basse sur les brailleurs!

Croyez-vous, de bonne foi, que la *petite maréchale* travaille bien sincèrement pour son frère? N'obtenir que par son moyen me paraîtrait, pour M. de Beauvau, le comble de l'insulte. Il faut qu'il obtienne directement du roi et des ministres, à force de réclamations et de poursuites, de raison, de justice et de cette hauteur avec laquelle il sait si bien imposer, et qu'il ne pourra jamais mieux placer!

Croyez tout ce que vous voudrez sur l'évêque d'Arras, et laissez-m'en penser tout ce que je pourrai; je serais bien fâchée de mésestimer un homme que je croyais si estimable. Mais ne me parlez plus de lui, ne lui parlez plus de moi, et surtout écartez plutôt que de l'entretenir le projet qu'il veut vous persuader avoir encore de venir ici.

Je suis bien flattée de la bonne opinion que vous m'assurez que M. Walpole a de moi. Je vous fais mon compliment sur son départ. Je suis persudaée que c'est le chagrin de l'avoir perdu et la solitude où il vous a laissée qui vous ont plongée dans l'accablement où vous êtes. Vous vous croyez anéantie parce que votre âme l'est par le désœuvrement et l'ennui, et cet anéantissement moral vous paraît un dépérissement physique. Quelque persuadée que je sois de cette vérité, vous avez ouvert mon âme à la crainte, et vous l'avez plongée dans la tristesse où vous êtes. Dissipez-vous si vous le pouvez, ma chère petite-fille; c'est le meilleur remède à vos maux. Vous devez votre guérison à vos amis qui souffrent avec vous. Le grand-papa, le grand abbé sont inquiets de vous; ils vous aiment tendrement, je vous assure; ils s'occupent beaucoup de vous et en parlent incessamment; et vous pouvez juger si je prends part à cette conversation, moi qui vous aime au-dessus de toute expression.

LETTRE CCLXXIII

DE MADAME DU DEFFAND A LA DUCHESSE DE CHOISEUL

Ce samedi, 21 septembre 1771.

Que vous dirai-je de nouveau sur ma tendresse? Il n'y a que le Père éternel, comme dit le chevalier de Boufflers, qui ne s'ennuie point des répétitions. Toutes mes pensées, toutes mes actions, toutes mes paroles vous ont tacitement pour objet, et sans vous les diriger par des actes particuliers, elles seront toujours conformes à mes sentiments pour vous. Toute personne qui aime véritablement doit sentir, ainsi que moi, qu'on rapporte tout à l'objet qu'on aime. Je ne vous dirai donc plus de douceurs, et je bannirai de mes lettres provinciales et étrangères les effusions du cœur.

Ma santé n'est point mauvaise ; mais je m'aperçois sensiblement du déclin de l'âge. La perte de la mémoire, l'impossibilité d'une longue application, l'affaissement qui suit les mouvements de vivacité que j'ai encore quelquefois, me retracent l'état où j'ai vu le président. Je fais le même chemin et je ne saurais désirer, je l'avoue, d'arriver au même but.

Oui, je l'avoue, j'ai été bien touchée du départ de mon ami. Il n'y avait que vous au monde qui pût m'en consoler ou m'en distraire. Tout ce que je vois ici me dessèche l'âme. Je ne trouve dans personne ni vertu, ni sincérité, ni simplicité. Je me trouve par hasard liée avec des gens qui se détestent ; il faut que je sois dans une attention perpétuelle d'observer mes paroles ; chaque parti me parle très-librement, moins par confiance que par vanité. La seule satisfaction que j'en retire, c'est de sentir que l'obscurité de mon état me met à l'abri de toute tracasserie et embarras. J'eus hier une assez longue conversation avec la maréchale. Selon ce qu'elle dit, elle s'intéresse fort à son frère ; elle n'a plus le projet de se réconcilier avec lui, en sentant l'impossibilité. Mais elle est bien décidée à lui rendre les mêmes services qu'elle lui rendrait s'ils étaient dans la plus grande union. Le mariage du chevalier de Beauvau [1] produira peut-être une espèce de rapatriage. Ce soir j'entendrai un autre évangile. J'aurai à souper le prince, la princesse et les archevêques d'Aix et de Toulouse.

Il est certain que le prince a l'âme bien noble et bien courageuse. Sa position est terrible. Sept cent mille livres de dettes portant intérêt, et quatre cent cinquante mille livres de dettes criardes. Vous savez que les secours d'argent sont refusés tout net ; je crois qu'il aura les trente mille francs de lieutenant général. La maréchale dit qu'elle l'espère. Cette maréchale quitte mon voisinage, elle va s'établir dans la rue Bergère. Le

---

1. Avec madame Bonnet (mademoiselle d'Archiac). Il prit le nom de prince de Craon.

remue-ménage lui est nécessaire. Elle quitte sa maison sans l'avoir louée ; elle en prend une pour un reste de bail de trois ans. Il lui coûtera plus de quarante mille francs, tant pour le déménagement que pour les meubles ; tout cela ne lui fait rien. J'aurai beaucoup moins de communications avec elle ; mais j'éprouve des privations qui me sont trop sensibles pour pouvoir l'être beaucoup à celle-ci.

Que dites-vous du choix de madame de Cossé [1] ? J'imagine que le maréchal de Brissac aura le gouvernement de Paris, qui ne tardera pas à être vacant, et que son fils aura la survivance. Connaissez-vous la duchesse de Luxembourg [2] ? La maréchale de ce nom nous conta hier qu'une personne lui avait dit que cette duchesse ressemblait à la fille d'un petit commandant de place, qui fait la coquette et la fille de qualité, et qui disait à son galant : « Ma mère n'aime point les odeurs ; j'ai eu toutes les « peines du monde à obtenir d'elle la permission d'avoir un « bidet; elle ne veut pas que je me serve d'eau de lavande ; « mais, pour y suppléer, je râpe de la muscade ! » Je ris en écrivant cette folie. J'ai deviné de qui elle était, et vous le devinez sans doute, M. de Gontaut !...

Je tâcherai de vous avoir la neuvième lettre d'*un homme à un autre homme*. On me l'a promise, et c'est Thomas, l'ami du grand-papa. Que dites-vous de ma bêtise et de ma distraction ? Il ne me reste nul souvenir de cette lettre sur le chancelier et le Palais-Royal, qui est à la fin de la première partie de la correspondance. Je viens de finir tout à l'heure la seconde partie. Je vous avoue que la lettre de l'anonyme au conseiller ne m'a point plu ; le style en est emphatique et de prédicateur ; les injures grossières et qui ne font rien à l'affaire ; mais les

1. Elle remplaçait la duchesse de Villars auprès de madame la Dauphine. Peu de personnes passaient pour avoir autant d'esprit que la duchesse de Cossé.
2. Mademoiselle de Paulmy. Son mari n'était pas le fils du maréchal de Luxembourg, mais du duc de Bouteville, de la même maison. Il avait porté du vivant de son père le titre de comte de Royan, et prit à son mariage celui de duc de Luxembourg.

lettres du chancelier et de son ami, qui sont à la suite, le projet de l'édit, etc., etc., m'ont paru excellentissimes.

C'est M. de l'Isle qui vous portera cette lettre. C'est un très-honnête homme, et qui est bien dévoué à Chanteloup. Mon Dieu, que je voudrais y être à ce Chanteloup !...

Cinq ou six heures après ce que j'ai écrit tantôt.

Je viens de me faire relire la lettre de l'ancien conseiller au Serhouet. Je chante la palinodie; je suis totalement de votre avis. A quelques déclamations près, quelques faits inutiles, elle est admirable, et il est bien dommage que le maître n'en ait pas connaissance.

Je ne sais qui vous rendra cette lettre, si ce sera M. de l'Isle ou M. Ribot? Ce sera M. de l'Isle qui arrive dans ce moment.

LETTRE CCLXXIV

DE L'ABBÉ BARTHÉLEMY A MADAME DU DEFFAND

A Chanteloup, ce 23 septembre 1771.

M. de l'Isle arriva avant-hier avec une lettre de vous pour votre grand'maman, un instant après parut M. Ribot avec une lettre pour votre capitaine. Soyez bénie entre toutes les femmes, parce que vous êtes pleine de grâces, parce que personne ne sent et n'exprime mieux l'amitié que vous. Si vous saviez l'impression que fait sur nous ce sentiment représenté avec tant de vérité dans vos lettres, vous jugeriez de la douleur que nous causent l'absence, l'éloignement. Votre indisposition, la maladie de Wiart, les affaires de M. d'Arras!... Mais il ne faut pas s'occuper du passé. Songeons au printemps prochain, ménagez votre santé dans cet intervalle. J'irai vous enlever, n'en doutez pas. Si vous ne pouvez pas venir en quatre jours, nous en prendrons six. Je ne serai certainement pas à plaindre d'être avec vous, et le plaisir de voir vos parents vous soutiendra contre une fatigue qui chaque jour deviendra plus légère.

L'action de M. le baron de Breteuil ne m'a point surpris, parce que je trouve qu'en fait de vertu rien ne doit étonner. Mais j'en ai été ravi, parce que je lui ai des obligations relatives au neveu que j'ai en Suède, et qu'elle justifie l'idée que j'avais de sa probité. Vous avez raison de dire qu'elle tient au siècle d'or. J'ajoute qu'il est heureux pour lui qu'elle ait paru au siècle de fer. Elle en est bien plus frappante et plus propre à servir de modèle. Nous nous plaignons de notre corruption. Cependant, quel temps fut plus fertile en miracles? Il est vrai qu'ils n'opèrent d'autre effet que l'estime publique. La situation de M. le prince de Beauvau m'afflige ainsi que vous. Je m'abstiens de toutes réflexions, et je me contente de dire : Dieu nous fasse miséricorde!

Voilà madame la comtesse de Grammont qui arrive. Demain arriveront mesdames de Chabannes et d'Ossun, à ce que je crois; ensuite M. le marquis et madame la marquise de Laval. Nous avons de plus M. le baron et madame la baronne de Talleyrand, M. de Schomberg, M. de Poix, mesdames de Brionne, de Ligne et mademoiselle de Lorraine, qui partiront, je crois, dimanche; M. de Poix, demain; M. de Schomberg, dans quelques jours. Ceci est le flux et le reflux. Je crois être à l'embouchure d'un port, où je vois sans cesse aller ou venir une foule de bâtiments de toutes nations. Si j'en étais le maître, il ne serait pas si fréquenté; d'abord parce qu'on ne serait pas si envieux d'y venir; ensuite parce que le nombre des élus doit toujours être petit. Quelqu'un qui me plaît infiniment, c'est madame la comtesse de Brionne, par le caractère de son esprit, par sa douceur, son honnêteté, sa bonté et son mérite. Et puis elle aime la grand'maman! Mademoiselle de Lorraine, sa fille, est aussi aimable qu'elle est jolie et étonnante pour le progrès de ses idées et de ses principes. On peut jouer avec elle comme avec un enfant de dix ans, et causer comme si elle en avait trente. D'ailleurs sa gaieté est si douce ! Je n'aime pas les joies bruyantes, à moins qu'elles ne soient amenées. La plupart du temps je les trouve fausses, discordantes et venant plutôt du corps que de l'esprit. Quand j'entends certains éclats de rire ou de voix, je dis voilà une voix qui a besoin de faire de l'exercice ! Oh ! si l'on était ce qu'on est, on serait plus aimable. Vous ne connaissez pas Lindor ? c'est un des chiens du grand-papa : il est blanc comme un cygne, doux comme un mouton, bête comme une huître ; mais tout le monde l'aime à la folie. On le porte en manchon, en aumusse ; on lui met un bonnet sur la tête, un linge sur le corps. Le voilà malade : il ne bouge pas, et n'a que l'inquiétude de sa maladie. Enfin chacun s'intéresse à Lindor, parce qu'il n'a que de la candeur et de la vérité. J'écris tout ceci sans savoir d'où je viens et où je vais, et j'écris si vite que je suis obligé d'effacer trois lignes qui n'étaient que du rabâchage. Ce n'en serait pas un que de vous réitérer mille fois les assurances de mon attachement.

LETTRE CCLXXV

DE LA DUCHESSE DE CHOISEUL A MADAME DU DEFFAND

A Chanteloup, ce 23 septembre 1771.

C'est bien moi, ma chère petite-fille, que votre lettre a attendrie aux larmes ; ce premier mouvement de partir tout de suite pour profiter de la bonne volonté de l'abbé et répondre à ma proposition et au désir du grand-papa m'a été au cœur, et je vous assure que ce dernier en est aussi touché que moi ; mais, ma chère petite-fille, nous sommes véritablement si inquiets de ce que vous nous avez mandé du dérangement de votre santé, que nous en sommes réduits malgré nous à ne vous désirer que l'année prochaine, et dans le temps où la belle saison nous rassurera sur les inconvénients du voyage et la différence du climat, qui n'est pas fort sensible par la distance, mais qui l'est infiniment par la différence de l'habitation d'une ville dont on ne sort jamais, à celle d'une franche campagne où l'on n'a jamais vécu; différence dont l'influence peut être très-grande sur un tempérament délicat, et qui se fera sûrement moins sentir en été qu'en hiver. Ce n'est pas assurément que j'en crusse les conséquences dangereuses, mais elles vous feraient souffrir, et c'est tout que de souffrir pour celui qui éprouve la douleur; de même l'inquiétude que j'éprouve aujourd'hui du dérangement de votre santé, n'est point un sentiment de crainte, mais de chagrin de vous savoir souffrante. Je sais bien qu'il se renouvelle de temps en temps des petits accès de rage contre nous, mais comme je n'ai pas de moyen d'en prévenir les effets, ni de puissance de m'en garantir, je prends le parti de ne les pas craindre, parce que ce serait un mal de plus ajouté aux maux qu'ils me peuvent faire, et que cette crainte m'apprendrait moins à les supporter, que le courage de m'y soumettre (si je ne puis les éviter). Faites donc comme moi, ma chère petite-fille, écartez la crainte, elle ne doit pas entrer dans une âme raisonnable, et la prévoyance même n'est utile qu'autant qu'elle en est dénuée.

L'abbé m'a lu toute l'histoire que vous lui faites des gazetiers; je le savais sans qu'on me l'eût dit, comme Dieu, par ma prescience, c'est-à-dire que comme j'en connaissais les motifs, je n'avais que les détails à apprendre; quand on connaît les hommes, leurs œuvres n'étonnent jamais; ils s'y peignent toujours, on les y reconnaît toujours; il n'y a que leurs moyens qui peuvent piquer la curiosité.

Je ne vous dirai plus combien je suis sensible aux sentiments que vous me marquez que M. de Walpole a pour moi, parce que je ne veux pas rabâcher, mais croyez que j'aime à la folie à être aimée de vos amis, parce que vous devez m'aimer mieux quand on m'aime avec vous.

Le fragment de la lettre de M. de Scheffer nous a laissés fort à froid; nous ne sommes pas de même pour M. de Creutz;

son amitié pour M. de Choiseul, la noblesse avec laquelle il la fait paraître, et le courage avec lequel il la conserve nous touchent infiniment ; l'estime et la reconnaissance sont des sentiments auxquels nos cœurs seront toujours ouverts.

J'ai fait vos commissions à M. de Choiseul et à madame de Grammont ; elles ont renouvelé leurs regrets ; les miens, ma chère petite-fille, ne finiront que par votre présence, et ma tendresse pour vous ne finira qu'avec ma vie.

Mandez-moi des nouvelles de Wiart ; je serais bien fâchée que votre gouverneur vous donnât de véritables sujets d'inquiétude pour sa santé.

Je viens de recevoir votre lettre, ma chère petite-fille, par M. de l'Isle ; elle a renouvelé mon attendrissement, mais elle n'a rien ajouté à l'extrême confiance que j'ai en votre amitié, et rien ne peut ajouter à ma tendresse pour vous ; mais, pour Dieu, ne me dites plus que vous devenez comme ce pauvre président, car je vois que cela n'est pas vrai, et je suis affligée que vous le pensiez comme si cela était vrai.

LETTRE CCLXXVI

DE MADAME DU DEFFAND A LA DUCHESSE DE CHOISEUL

Ce vendredi, 27 septembre 1771.

Vous êtes trop bonne, chère grand'maman, d'être inquiète de ma santé. Je me porte beaucoup mieux. J'ai plus de force et je trouve que c'est tant pis. Je m'accommode très-fort de l'état de faiblesse ; elle engourdit l'âme. C'est un bien de n'avoir pas d'activité quand on n'a point occasion de l'exercer ; et encore un plus grand bien d'avoir peu de sensibilité, quand elle ne sert qu'à faire souffrir. Il me semble que je me trouverais fort bien d'être orme ou chêne. J'imagine qu'ils sont contents de leur situation, surtout quand ils se trouvent placés au milieu d'une forêt ; on ne les sépare pas des arbres leurs voisins, qui sont sans doute leurs amis. Je ne leur connais de malheur que celui de vieillir. Car pour l'ennui, je ne crois pas qu'ils le ressentent. Ne voilà-t-il pas une belle idée? Mais je vous conte tout ce qui me passe par la tête. Vous direz : il n'était pas nécessaire que la petite-fille fût arbre pour devenir bûche! Ah! je meurs de honte de toutes ces bêtises. Mais je n'ai pas dormi cette nuit, et je ne sais ce que je pense, ni ce que je dis, épargnez-moi la honte de montrer cette lettre.

Vous êtes donc actuellement au milieu de la jeunesse la plus brillante? Vous en êtes ravie, parce qu'elle divertit le grand-papa. Je voudrais bien, lorsque je pourrai vous aller trouver, n'être pas si désassortie que je le serais aujourd'hui à ce qui vous environne. Mais mon capitaine et la grand'maman seront pour moi, dans toutes les circonstances, un sûr appui. Avec eux, je braverais ou je me passerais de toute espèce de compagnie.

Dites-moi qui est-ce qui ira en Angleterre? qui est-ce qui aura le gouvernement de Paris? quand le Terray sera renvoyé? quel sera son successeur? Voilà ce qu'on ignore, et qu'on croit tous les jours apprendre. Si vous me demandez où est l'honneur, la gloire, la paix, le plaisir et le cœur de votre petite-fille, je répondrai : à Chanteloup, auprès de la grand'maman et du grand-papa.

Je comblerai le Creutz de plaisir, je lui dirai ce que vous pensez de lui; réellement il le mérite ; il est sincèrement attaché au grand-papa; il me rend beaucoup de soins. Je vois avec plaisir qu'il vous a pour objet. Il y a plusieurs jours que je n'ai pas vu le prince; le Raincy et le Choisy en sont la cause. Pour l'incomparable, il soupa hier chez moi. Il y avait quinze jours que je ne l'avais vu. Il ne se soucie plus de moi, et moi je m'en passe.

Je ne crois point que ce soit le chevalier de Boufflers qui ait fait imprimer ses lettres; elles l'ont été à Genève. C'est le gazetier Marin qui me les a fait avoir. On dit que la pension n'est pas encore donnée à ses prédécesseurs, quoique l'abbé Arnauld ait fait de fort jolis vers, à ce qu'on dit, pour mettre au bas d'un certain buste qui est dans le salon de peinture.

Ne soyez point en peine de Wiart; il se porte bien; mais sa fonction de secrétaire ne commence qu'à onze heures ou midi, et cette lettre est de sept heures du matin[1].

Dites, je vous prie, chère grand'maman, un petit mot de moi à M. de Stainville, et examinez s'il aura quelques remords; mais gardez-vous bien de lui faire des reproches. Rien n'est si pernicieux. Ils font toujours l'effet contraire à celui qu'on attend.

Je fais quelquefois une réflexion : l'expérience nous est-elle fort utile? Serions-nous plus heureux si nous recommencions à vivre? Je crois que non. Nous aurions le même caractère que la nature nous a donné; nous démêlerions plus parfaitement celui des autres; il nous en serait plus insupportable, et on ne jouirait pas des illusions qui nous ont rendu heureux, ou du moins la vie supportable, les deux tiers de notre âge. Pour vous, qui à la jeunesse d'Hébé joignez la sagesse de Nestor, vous n'avez jamais eu besoin d'expérience, et votre bonheur n'a jamais été l'effet des illusions. Demandez à l'abbé si ce n'est pas ce qu'il pense!

En vous écrivant, mon cœur et ma tête s'échauffent; je me désespère d'être séparée de vous. Avec qui puis-je parler, avec qui puis-je épancher mon cœur? Je ne suis environnée que de tigres, de grues, de neiges, de glaces, de pierres, d'épines, etc. Ah! les petits comités du petit appartement! Se retrouveront-ils jamais? Que je hais leurs destructeurs! Mais brisons-là!..

---

[1]. Les lettres dictées par madame du Deffand sont de deux mains. Son deuxième secrétaire écrivait très-lisiblement, mais moins bien que le fidèle Wiart, et son orthographe laisse plus à désirer.

LETTRE CCLXXVII

DE LA DUCHESSE DE CHOISEUL A MADAME DU DEFFAND

A Chanteloup, ce 29 septembre 1771.

Je ne suis pas du tout de l'avis, ma chère petite-fille, de tout le mal que vous dites à l'abbé et à moi de la lettre que vous m'avez écrite. Premièrement vous m'y apprenez que vous vous portez mieux, c'est ce qui m'intéresse le plus, et me fait le plus de plaisir.

Je vois que vous vous ennuyez, et qui est-ce qui ne s'ennuie pas? Votre ennui vient de la solitude, le mien de la foule, qui est la plus absolue et la plus pesante des solitudes? Pour comble de malheurs, je perds à l'instant la seule des femmes qui sont ici, avec laquelle je pusse parler. C'est madame de Brionne[1]. Je ne la connaissais pas, et elle me plaît beaucoup, parce qu'elle est en tout fort différente des préventions que j'avais sur elle. C'est une femme très-raisonnable, qui a beaucoup plus d'esprit et de fond qu'on ne croit, et qui joint à cela une douceur et une facilité dans la société qui la rendent infiniment aimable. Mademoiselle de Lorraine, qu'elle nous avait amenée, est un modèle de grâces et d'éducation. Je tremble que notre brillante compagnie ne fasse beaucoup de bruit, et que ce bruit ne nous fasse beaucoup de mal. N'en parlez pas, mais recueillez tout ce qu'on en dira pour me le mander. Vous croyez bien que cette foule importune est pour moi une raison de plus de vous regretter, comme elle doit être pour vous un motif de consolation.

Madame de Brionne descend; elle va partir; je n'ai que le temps de vous embrasser.

---

1. Née Rohan-Rochefort, et mère du prince de Lambesc et de mademoiselle de Vaudemont, morte à Vienne, en 1807.

LETTRE CCLXXVIII

DE L'ABBÉ BARTHÉLEMY A MADAME DU DEFFAND

Chanteloup, 29 septembre 1771.

Si quelque chose peut adoucir votre chagrin, c'est le monde qui est ici. Comment auriez-vous pu y trouver les agréments de nos anciens soupers? Je ne vois pas qu'on soit plus gai pour avoir plus de monde. Cette affluence me présente de très-grands inconvénients, et pas un avantage. Mais je ne dois pas m'en mêler, et je ne vous en parle que parce que je pense tout haut avec vous. Il ne faut pas en écrire à la grand'maman. Vous prévoyez facilement quel est son avis. Ne m'en écrivez pas, parce qu'elle voit mes lettres. Je vous envoie mille amours de sa part. Ils sont vrais, ces amours, tendres, caressants et fidèles.

Je vous envoie une fable que M. de l'Isle a faite pour mademoiselle de Lorraine. Elle est fort jolie, et l'à-propos y ajoute un mérite. Elle voulait avoir une légère idée des principales règles de la poésie; je les lui rappelai en lisant avec elle quelques pièces de vers auxquels je coupais bras et jambes, et que je mettais quelquefois en prose en rompant leur mesure. Je lui présentai hier la fable de M. de l'Isle, après avoir décomposé les vers. Elle les restitua par degré et parvint sans embarras à la conclusion.

LA JEUNE FILLE ET LES OISEAUX

FABLE

A MADEMOISELLE DE LORRAINE

Rose, dans un hameau nourrie,
Touchait à son quinzième été.
C'est l'âge où va de compagnie
L'imprudence avec la beauté.

L'une et l'autre éclataient dans la jeune bergère;
Elle aimait les oiseaux, elle en voulait avoir,
    Même en peupler une volière,
  Et s'y prit mal, comme on va voir.
Tant que dura l'été, la petite personne,
Employa tout son temps à former des filets.
L'ouvrage alla si bien qu'ils se trouvèrent prêts
    Dès les premiers jours de l'automne.
    La belle n'eut plus de repos
Qu'ils ne fussent tendus dans le champ le plus proche;
Ils le sont; et d'abord s'y jettent mille oiseaux
    Qui de l'hiver craignant l'approche,
Ensemble voyageaient vers des climats plus chauds.
Rose, en un coin cachée, en sort vite, s'approche,
Et songe à transporter ce peuple prisonnier.
Elle y songe trop tard; le premier se dégage;
Son voisin fait de même, et tous, jusqu'au dernier,
Jettent en s'agitant le frein de l'esclavage.
Pour comble de chagrin, la fillette peu sage
Entendit ses captifs dans les airs lui crier :
    Notre espèce est bien volage,
    Belle, pour la retenir,
    C'était d'abord une cage
    Dont il fallait vous munir.
    Nous voulons bien vous l'apprendre :
    Pour qui veut nous posséder,
    C'est peu de savoir nous prendre,
    Il faut savoir nous garder.
Un cœur facilement à la beauté s'engage :
Il est dans ses filets un moment retenu;
    Mais il faut, pour former la cage,
Les grâces, les talents, l'esprit et la vertu.
    Vous par qui s'embellit encore
    La demeure où nous jouissons
    Du mortel que la France adore,
    Ne prenez pas pour des leçons
    Ce conte inventé pour vous plaire!
    Les cœurs rendus à vos attraits,
Je le vois bien, ne s'échapperont guère.
    De ces oiseaux, pour faire une volière,
    Vous avez tout, la cage et les filets!...

LETTRE CCLXXIX

DE MADAME DU DEFFAND A LA DUCHESSE DE CHOISEUL

Ce 1er octobre 1771, à 4 heures
après midi.

J'avais écrit ce matin à l'abbé, uniquement parce qu'il se trouvait l'occasion de M. de Boufflers, n'ayant rien du tout à dire ; et voilà votre lettre du 29 qui m'arrive. Je vous dirai d'abord, chère grand'maman, que je ne suis nullement honteuse de vous écrire des bêtises. Je veux que vous me voyiez telle que je suis, tantôt bête, tantôt sotte, tantôt folle, tantôt gaie, tantôt triste ; mais toujours permanente et immuable à vous aimer de toute mon âme,

Je n'ai pas douté un instant de l'effet que vous faisait votre bruyante et brillante compagnie ; mais d'où vient les recevez-vous ? votre condition est-elle pire que celle du charbonnier ? Suffit-il que le roi ne le *défende* ni ne *l'accorde* (ce qui cependant devrait arrêter ceux qui ne sont point conduits par l'amitié) ? Ne faut-il pas votre consentement et celui du grand-papa ? Je sais que la sultane en est mécontente, et il n'est pas douteux que le Bacha[1] ne l'aigrisse. Vous pouvez être sûre que tout ce que je croirai pouvoir vous être de quelque utilité, je ne vous le laisserai pas ignorer. Pour moi, quand j'entends parler de cette grande affluence, je dis que je plains mes parents, et qu'on devrait bien ne les point aller trouver sans leur demander leur consentement ; qu'alors, ils ne le donneraient qu'à leurs amis particuliers ; que toutes sortes de raisons ne devaient point laisser douter que cette affluence de monde leur fût convenable, ni agréable ; mais qu'il serait injuste de leur en faire un crime, parce qu'il était impossible de soupçonner que ce fût l'effet de leur empressement et de leur recherche.

1. Le duc d'Aiguillon.

Mais il y a longtemps que je pense que plusieurs amis du grand-papa, ou d'autres se disant tels, lui ont fait plus de mal que quelques autres qui ont l'affiche d'être ses ennemis. Vous savez que je suis en liaison avec quelques-uns de ce dernier genre. J'ai avec eux toute la discrétion que vous pouvez désirer, et la réserve que j'observe nuit sans doute à ce que je pourrais apprendre par eux. Mais comme je ne suis à portée d'être d'aucune utilité, ni de rendre aucun service, je n'interroge point, je me borne à écouter ce que la vanité et l'indiscrétion laissent échapper; mais je dois cet hommage à la vérité : la petite maréchale n'a nul venin contre le grand-papa ni contre vous; elle aime toujours beaucoup son frère; elle a en horreur sa belle-sœur. Il n'y a point de haine plus forte ni plus réciproque; elle emploierait son crédit pour servir son frère (quoique sa belle-sœur en dût profiter), si elle en avait un véritable. Mais elle n'en a que pour elle personnellement; pour obtenir quelque argent qu'elle dissipe au même instant. C'est une mauvaise tête, beaucoup d'esprit et d'agrément, nulle solidité ni nulle tenue.

La mère du Bacha [1] est d'un autre genre; elle est franche, désintéressée; tous ses sentiments sont honnêtes. Elle fit hier une action qui ne vous paraîtra pas une preuve de ce que je dis; elle dîna chez la sultane. Il y avait huit jours qu'elle résistait au Bacha; elle se serait brouillée avec lui, si elle avait persisté à résister. J'ai déjà écrit sur cela à l'abbé [2].

Ma lettre vient d'être interrompue par un valet de chambre de madame de Brionne, qui m'a apporté une lettre de l'abbé, avec laquelle est la fable de De l'Isle que je trouve parfaitement jolie. J'avais reçu deux heures auparavant votre lettre par un des gens de M. de Gontaut.

1. La duchesse d'Aiguillon.
2. A ce dîner, où se trouvaient tous les ministres et les ambassadeurs, sauf les représentants des cours d'Espagne et de Naples, figuraient encore les personnes les plus considérables de la société, mesdames de Montmorency, de Choiseul et de Valentinois, résignées à voir madame du Barry leur faire les honneurs.

J'ai regret d'avoir manqué l'occasion de faire connaissance avec madame de Brionne. Puisqu'elle vous aime, il n'est pas douteux qu'elle ne me plût beaucoup, et peut-être son amitié pour vous ferait que je ne lui serais pas désagréable. J'ai chargé son valet de chambre de lui dire que je lui demandais la permission de lui faire ma cour. Si elle ne me fait rien dire, ce sera une avance perdue. Si elle y répond, j'en serai fort aise. Il y a cependant la tante de Ligne que je connais assez pour ne pas désirer de la connaître davantage. Mon Dieu! mon Dieu! qu'il y a peu de gens aimables! D'où vient, quand on ne l'est pas soi-même, est-on si difficile sur les autres? C'est le cas où je me trouve.

Je ne vois plus l'incomparable. Il restera à sa campagne jusqu'au 15 de ce mois. C'est une poule mouillée. Il est doux, il est poli; par delà cela, rien du tout.

Adieu, chère grand'maman.

LETTRE CCLXXX

DE LA DUCHESSE DE CHOISEUL A MADAME DU DEFFAND

A Chanteloup, ce 3 octobre 1771.

Vous avez beau dire, ma chère petite-fille, madame d'Aiguillon s'est souillée, et je rabats de l'estime. Il n'y a point d'autorité ni de considération qui puisse excuser une infamie [1].

J'ai été touchée des avances que vous avez faites à madame de Brionne, parce que j'ai bien senti que j'en étais l'unique objet. Mais comme je ne vois que vous où vous ne voyez que

---

1. « Nos confédérés sont étrangement scandalisés du dîner que la grosse duchesse d'Aiguillon fait à Lucienne. La grand'maman dit qu'*elle s'est souillée*. La crainte qu'elle me paraît avoir de le céder en chaleur et en animosité aux dominations (c'est ainsi que je nomme les dames de Beauvau et de Grammont) la fait tomber dans des exagérations ridicules et risibles. » (Lettre à Walpole du 9 octobre 1771.)

moi, j'ai été fâchée que vous eussiez fait cette démarche, parce que madame de Brionne peut être fort bonne pour moi ici, et ne l'être pas pour vous à Paris, où elle a des sociétés, des rapports, des intérêts tout différents des vôtres. Si elle répond à vos avances, comme je n'en doute pas, elle vous ennuiera. Si elle n'y répond pas, elle vous choquera, et voilà comment l'empressement produit souvent des mécomptes. Cet avis convient fort d'une grand'mère à son enfant, qu'elle veut former à l'usage du monde. Mais ne le trouverez-vous pas trop sévère et trop pédant? Je pourrais même dire qu'il est inutile. Votre expérience vous en apprendra plus que mes raisonnements, et je désire fort qu'elle me condamne. Je suis bien aise que vous ayez goûté la fable de De l'Isle. Il y a de l'esprit, de la grâce, un peu de longueur. Ce n'est point là le parfait; mais où est-il? et qui est-ce qui le possède? La Fontaine même ne l'a atteint que dans un petit nombre des siennes. Il ne faut donc pas être si difficile. C'est ce que je me dois dire à tout moment sur bien d'autres choses que sur des fables. J'ai souvent besoin de me rappeler le seul précepte que ma mère m'ait jamais donné : « *Ma fille, n'ayez pas de goût!* » Je vois tous les jours que le défaut de goût nuit si peu à l'esprit, que je serais tentée de croire que l'esprit nuit au goût.

J'approuve et j'admire votre prudence, et je vous invite à la maintenir. Il vaut mieux en moins savoir que d'en trop apprendre aux autres. Vous serez toujours assez instruite pour mon utilité de tout ce qu'il me sera nécessaire de connaître, et je ne doute pas de votre exactitude à m'en instruire. C'est le seul service que je vous demande : car je serais bien humiliée qu'aucune de celles que vous me nommez prétendît à m'en rendre. Ce que madame la maréchale de Mirepoix peut faire de mieux pour moi, c'est son indifférence. Le souverain mépris qu'elle m'a inspiré est ineffaçable, et je plaindrais fort M. de Beauvau s'il avait le malheur d'avoir quelque obligation à une personne si méprisable.

Oui, notre incomparable n'est rien. Il y a déjà longtemps que je m'en aperçois. J'en ai d'abord été fâchée ; j'ai pris le parti de l'oublier. Faites de même ; tant de lâcheté ne mérite pas un regret. Il ne faut s'attacher qu'à ceux qui savent aimer. C'est pour cela que je vous serai fidèle, et toujours également tendre pour vous.

J'ai revu avec plaisir l'écriture de Wiart ; je vous fais mon compliment sur le retour de sa santé. Elle m'intéresse fort aussi, car il est « de tous nos secrets le vrai dépositaire. »

LETTRE CCLXXXI

DE MADAME DU DEFFAND A LA DUCHESSE DE CHOISEUL

Paris, ce 7 octobre 1771.

N'en doutez pas, chère grand'maman, je reçois avec plaisir et reconnaissance tous vos avis, toutes vos leçons et même vos réprimandes. Je me suis faite votre vraie petite-fille, et en dépit de mon âge, je la suis à toutes sortes d'égards : par l'esprit, par la raison, par l'expérience... etc. Je n'ai pas été à portée, par la différence de ma situation à la vôtre, de connaître le monde aussi bien que vous ; j'ai été toute ma vie dans le cas ou de m'établir, ou de me maintenir, et dans la nécessité d'avoir un appui. Je l'ai toujours cherché dans l'amitié, et, sans vous, je croirais avoir perdu mon temps à chercher la pierre philosophale, si vous n'aviez pas réalisé ce que sans vous je croirais une chimère.

Venons à madame de Brionne. Le bien que vous et l'abbé m'en aviez écrit, l'amitié que j'apprenais qu'elle avait pour vous, m'avaient donné de l'engouement pour elle. La lettre qu'elle m'envoya me fit dire à son valet de chambre, en le chargeant de mes remercîments, que je serais fort aise qu'elle me permît de lui faire *ma cour*. Ce terme ne me parut pas bas ; il est souvent usité ; je l'ai trouvé dans bien des lettres que j'ai reçues de gens qui n'étaient point faits pour s'en servir avec moi. Il m'a paru presque synonyme *à l'honneur de vous voir*. Il ne peut donc y avoir que l'*empressement de faire connaissance* qui soit répréhensible. Mais, supposé que ma commission ait été rendue, comme elle n'a point été soutenue par aucune suite, elle sera parfaitement oubliée par la princesse, aussi bien qu'elle l'est par moi.

Voltaire a dit :

> Qui n'a pas l'esprit de son âge,
> De son âge a tous les malheurs !

Je ne les aurai pas tous, à ce que j'espère. Je n'ai plus aucun goût de la jeunesse ; je ne me plais que dans mon tonneau ; je me contente de la société qui vient me chercher, et je connais bien peu de gens qui soient dignes qu'on les recherche ! Madame votre mère avait bien raison de souhaiter que vous n'eussiez point de goût ! Il ne devrait pas m'être permis, ainsi qu'à vous, d'en avoir un délicat et difficile ; mais cependant, j'ai le malheur de n'être satisfaite de rien, ou de bien peu de chose. En fait de gens, en fait de livres, il y a toujours beaucoup à désirer, et encore plus à rejeter. J'avais une vieille tante qui disait que, pour supporter la vie, il fallait prendre le temps comme il vient et les gens comme ils sont. Cela est vrai, mais cela n'est pas toujours facile. Il faudrait, pour user de cette recette, avoir votre courage, ou avoir plus de patience que je n'en ai. Enfin la vie se passe, et quand on est parvenu à l'instant où elle finit, il n'y a plus de différence des gens heureux aux malheureux. La vie alors paraît n'avoir été qu'un songe, et le passé ne l'est-il pas de même pour le moment présent ? et ma lettre n'est-elle pas un grand radotage ?

Ce vendredi 11.

J'attendais une occasion; je croyais que je vous écrirais par la petite sainte; mais vous savez ce qui l'a empêchée de partir mardi passé. Elle partira mardi prochain, et sera apparemment trois ou quatre jours en chemin. Je ne veux pas que vous soyez si longtemps sans entendre parler de votre petite-fille. J'enverrai cette lettre chez M. d'Estrehan qui doit partir lundi.

Les Beauvau vont samedi à Fontainebleau. Ils y resteront un mois. Je ne saurais croire que le prince n'obtienne pas l'article du ressort de M. de Monteynard. Mais il aurait besoin d'un secours plus prompt. Sa tranquillité, sa fermeté sont admirables et d'autant plus qu'il n'y a ni exagération, ni bravade.

Paris va être désert. Heureusement j'ai pris l'habitude de ne point sortir. Je suis quelquefois six ou sept jours de suite sans bouger de mon tonneau, m'en rapportant au hasard pour la compagnie. Je soupe de temps en temps chez madame de La Vallière. Les Caraman vont revenir de la campagne. L'incomparable va quitter la sienne. Voilà avec qui je passerai le temps de Fontainebleau. Si j'avais des livres, je prendrais patience, mais toute lecture m'ennuie. Je relis les *Métamorphoses* d'Ovide, traduites par Martignac. Il décrit la terreur que produisit un prodige. « Les portes du temple, dit-il, tremblèrent et *pâlirent!* » Mais n'importe, cette lecture n'est pas ennuyeuse.

Avez-vous lu le discours d'un M. de Pézé, qui a concouru avec Laharpe? C'est un prodige d'impertinence qui ne fait pas *pâlir* le lecteur, mais qui met en colère contre le mauvais goût du siècle. Il trouve des approbateurs, et il a été imprimé.

La fable de M. de l'Isle est jolie; mais il y a dans l'application quelque embarras, quelque entorse; et puis elle est un peu trop longue.

Je crois que vous ne lisez guère, et vous faites bien. Tenez-vous-en à beaucoup écrire et surtout à votre petite-fille, vos lettres me charment; indépendamment du plaisir qu'elles me font, elles me sont d'une utilité extrême; elles me rendent heureuse et raisonnable. Il y a longtemps que je n'en ai reçu de l'abbé; mais je ne le gronde pas. On n'est pas toujours en disposition d'écrire; je le sais par expérience. Adieu, chère grand'-maman.

LETTRE CCLXXXII

DE MADAME DU DEFFAND A M. WALPOLE

9 octobre 1771, à midi.

Quelle nuit j'ai passée!... il n'y a point eu de sommeil depuis six heures. Je fus hier si abattue toute la journée, que j'espérais une bonne nuit. Ah! vous m'avez rendu un grand service en me faisant renoncer à mon voyage. Je n'aurais pas pu soutenir la fatigue, et tout ce qu'on me racontait hier du séjour ne me donne aucun regret. J'aurais été dans une contrainte perpétuelle pour ne pas contrarier tout ce que j'aurais entendu. Vous êtes d'excellent conseil, aussi je ne veux que les vôtres. Je voudrais que vous fussiez un aussi bon médecin du corps que vous l'êtes de l'âme. Je vous demanderais une recette pour dormir; celle que vous me donneriez serait peut-être de ne pas penser à vous. Mais à quoi voulez-vous que je pense? Ne voyez-vous pas, par ce que je vous ai écrit dans mon insomnie, combien j'ai l'esprit et les sens engourdis. Ah! on pourrait me mettre la bride sur le col, me donner mes coudées franches, je n'en abuserais pas. Je suis bien plus près de l'imbécillité que de la folie. Peut-être quand j'aurai reçu de vos nouvelles sortirai-je de cet état; si vous me dites quelques paroles douces, elles me réveilleront, me ressusciteront; l'esprit et le cœur contents contribuent beaucoup à la santé. Tout ce que je désire le plus, c'est que vous me disiez que vous êtes très-content de moi. Je le suis extrêmement de vous, et jamais je n'ai été aussi persuadée que je le suis dans ce moment, qu'un ami sincère et sévère est le plus grand bien de la vie. Je me moquais hier au soir de la vivacité, de la violence même de la princesse de Beauvau ; je pensais que si elle avait un ami aussi sage que celui que j'ai et qu'elle l'aimât autant que je l'aime, elle serait plus prudente et plus mesurée. Je fus fort contente d'elle par rapport à moi, elle me marqua beaucoup d'amitié ; mais je suis fâchée de la situation où se trouve son mari ; elle peut bien y avoir quelque part.

Voilà une bien longue lettre et qui n'est pas *forte de choses* (c'est une expression de Fontenelle). C'est une petite consolation que je me donne de causer avec vous. Je n'en userai pas de même à l'avenir ; je sais que vous n'aimez point les lettres, et celle-ci serait capable de vous en faire perdre le goût, quand vous les aimeriez autant que je les aime. Enfin je dois finir ; mais si je m'en croyais, je continuerais à écrire jusqu'à ce que je reçusse un billet de vous.

LETTRE CCLXXXIII

DE L'ABBÉ BARTHÉLEMY A MADAME DU DEFFAND

14 octobre 1771.

Je dois vous rassurer contre l'effroi que pourrait vous causer la nouvelle d'un petit accident arrivé samedi au soir, sur les huit heures et demie.

Nous venions de nous mettre à table ; nous entendîmes un bruit sourd comme des meubles qui roulaient au-dessus de nos têtes. Une minute après le bruit recommença, et fut accompagné de cris, parmi lesquels madame la comtesse de Grammont crut reconnaître la voix de ses enfants ; elle court aussitôt au vestibule, et n'ayant pas la force d'aller plus loin, elle rentre à l'instant et se jette demi-morte sur une chaise. La terreur s'empara alors de tous les esprits ; nous nous précipitons dans ce vestibule. Des gens effrayés viennent au-devant des dames et leur crient : « N'avancez pas, n'avancez pas ! » Vous pouvez aisément vous représenter cette terrible situation. Heureusement elle ne dura pas longtemps. Nous apprîmes aussitôt qu'une partie du commun s'était écroulée, parce que l'entrepreneur chargé de creuser un fossé au pied du mur, pour y construire un aqueduc, avait oublié d'en étayer les fondations, quoiqu'il eût été averti ce jour même par M. Le Camus. Le plancher de la pâtisserie était tombé ; le pâtissier y était ; il s'était réfugié dans un coin ; il avait crié de toutes ses forces. Les marmitons, de la cuisine qui est placée tout auprès, avaient crié ; ensuite les cuisiniers, les officiers, les laquais, tout ce qui accourait au bruit, avait crié sans savoir pourquoi. On enfonça la porte de la pâtisserie, et on fit sortir cet homme qui n'avait pas la moindre égratignure et qui avait été un peu étonné de voir le plancher se baisser gravement au-dessus de sa tête ; car le mur de face avait glissé si doucement dans le fossé, que les meubles des appartements ont peu souffert, et qu'on a trouvé dans les décombres des flacons entiers. On frémit quand on pense que cet accident, arrivé un quart d'heure plus tôt, aurait été affreux. M. Gayot avait passé et repassé dans un petit corridor par où on entre dans les appartements détruits. Ces appartements étaient ceux de M. de Mondomaine, écuyer de la grand'maman, de M. Le Camus, de M. Pevol, chirurgien, et du maître d'hôtel Le Sueur. Ils étaient tous chez eux jusqu'à huit heures un quart. Je reviens au vestibule où j'ai laissé ces dames. J'y trouvai la grand'maman, ne pouvant parler ni se soutenir et tremblant de toutes ses forces ; madame de Grammont à peu près dans le même état, et les autres plus ou moins affectées, à raison de la sensibilité de leurs nerfs. Vous demanderez ce que faisait le grand-papa ? Quelques affaires l'ayant retenu chez lui, et son appartement étant fort éloigné du lieu de la scène, il n'avait rien entendu. Il était venu ensuite fort tranquillement, en passant par la salle de billard. Il avait vu une bille qui présentait un coup difficile ; il avait essayé de la faire, et après avoir réussi, il était entré dans la salle à manger et s'était mis à table, croyant que cette solitude était l'effet d'une plaisanterie ou de l'arrivée de quelqu'un. A la fin pourtant il était venu dans le vestibule, et, apprenant tout ce qui s'était passé, il avait été voir le dégât avec la même tranquillité ; et reprenant tout son monde en passant, il s'était remis à table avec sa gaieté ordinaire. La perte ne sera pas grande. C'est une affaire de dix à douze mille livres ; mais quantité d'appartements sont hors d'usage.

Voilà un détail bien circonstancié et bien long. Il ne peut être excusé que par le plaisir que j'ai à vous écrire et par l'intérêt que vous prenez à tout ce qui regarde Chanteloup. Je comptais que le comte de Coigny partait plus tôt et que ma lettre, dont il veut bien se charger, préviendrait toutes les nouvelles. Mais M. de l'Isle m'a dit qu'il vous avait écrit par la poste. L'idée ne m'en est pas venue. Cependant, il n'y avait pas de danger à vous écrire par ce canal qu'une partie de maison était tombée.

La grand'maman vous écrit. Elle vous parle aussi de cet événement, qui, dans un lieu paisible, fait l'effet des grandes révolutions dans l'histoire !...

LETTRE CCLXXXIV

DE LA DUCHESSE DE CHOISEUL A MADAME DU DEFFAND

A Chanteloup, ce 14 octobre 1771.

Si l'on vous dit, ma chère petite-fille, que notre maison est tombée et que nous avons tous péri par la faim, la soif, le fer de l'ange exterminateur, le feu du ciel et le débordement des eaux, n'en croyez rien. Nous nous portons à merveille et nous en sommes quittes pour la peur que nous a faite la chute d'un pan de mur d'une vieille aile qui n'était pas fondée et qu'on avait déchaussée imprudemment pour la conduite d'un aqueduc. Ce mur a emporté dans sa chute trois croisées de la façade de cette aile, les appartements qu'il couvrait et une partie du corridor derrière ces appartements; mais il n'y avait pas un chat ni dans le corridor ni dans aucun des logements, le pâtissier qui travaillait au rez-de-chaussée sur lequel tous ces planchers sont tombés n'a pas seulement eu une égratignure; les gens qui occupaient ces logements n'y ont perdu ni une obole, ni un chiffon, ni un vêtement. Le toit de la mansarde et les fenêtres sont restés suspendus en l'air comme par miracle; toutes les boiseries, glaces, tentures cheminées qui étaient dans le fond des chambres ou sur les murs de refend n'ont point souffert; une porcelaine même est arrivée entière du troisième étage dans la cour et à mesure que l'on a débarrassé les décombres, on s'apercevait que les meubles et les parquets ne sont presque pas endommagés; de sorte que cet accident, qui aurait pu être funeste, n'a coûté un soupir à personne et sera réparé à très-peu de frais. On peut compter qu'il n'y a péri de fait qu'un pot de confitures. Voilà à quoi vous devez vous en tenir, ma chère petite-fille, si l'on vient vous en faire un récit exagéré propre à vous effrayer; mais si on ne vous en parle pas, il vaut mieux vous en taire, parce que je n'aime pas à occuper la ville et la cour des nouvelles de Chanteloup, et qu'elles y prêtent aux commentaires.

Je compte que M. d'Étréhan, qui arrive demain, m'apportera de vos nouvelles et j'en attends avec l'impatience du sentiment, parce qu'il y a longtemps que je n'en ai eu.

Ce 15.

M. de Coigny, que je charge de ma lettre, ne part que ce soir au lieu de ce matin, et M. d'Étréhan, qui vient d'arriver dans l'intervalle, prétend que vous avez dû partir aujourd'hui; j'en suis à la joie de mon cœur, ma très-chère petite sainte; mais comme je ne suis pas aussi sûre de cette nouvelle que je le voudrais être, je donne toujours ma lettre au comte de Coigny, en cas que vous soyez encore à Paris, ou bien il vous la rendra en chemin, s'il vous rencontre.

Vous voyez, ma chère petite-fille, que le post-scriptum de ma lettre n'est pas pour vous; je m'étais méprise de la vôtre à celle de la petite sainte, je vais réparer cette erreur en l'ajoutant à la sienne.

LETTRE CCLXXXV

DE MADAME DU DEFFAND A LA DUCHESSE DE CHOISEUL.

Paris, ce vendredi, 18 octobre 1771.

Je suis dans le plus grand étonnement, chère grand'maman. Vous n'avez pas reçu ma lettre, qu'est-elle donc devenue? Je la remis en main propre à M. de Fresne, le samedi 12. Il se chargea de la donner à M. Ribot, qui la devait mettre dans le paquet que vous portait M. d'Étréhan. Je vis lundi au soir la petite sainte qui me dit qu'elle partait le lendemain matin. Elle se chargea de tous mes compliments, et je lui dis que je vous avais écrit, ainsi qu'à l'abbé par M. d'Étréhan, et je vois que mes lettres ne sont point parties; il y avait une lettre du baron avec celle qui était pour l'abbé. Il n'y a de fâcheux dans ceci que le mal que vous avez pensé de moi. Je passerai ce soir à l'hôtel de Choiseul pour éclaircir ce fait.

J'appris mardi par M. de l'Isle le désastre qui est arrivé, et j'ai tremblé de l'effroi qu'il vous avait causé. La lettre de l'abbé me rassure entièrement. Vous vous portez bien, personne n'a été blessé, et le dommage n'est pas si grand que je l'avais imaginé. Cet accident était connu ici dès le lundi au soir, et sans l'attention de M. de l'Isle je n'aurais su de vos nouvelles qu'aujourd'hui vendredi. J'ai un peu à me plaindre de l'abbé.

Je suis ravie que vous ayez avec vous la petite sainte. Ne pouvant pas y être moi-même, j'aime à la savoir auprès de vous; une amie véritable vaut bien mieux qu'une foule d'indifférents. Vous seriez bien injuste si jamais vous me placiez au rang de ceux-ci. Mon cœur est à vous, et pour toute ma vie; c'est l'espérance que j'ai de vous en assurer moi-même qui me soutient et me fait supporter la vie. Ne me soupçonnez jamais d'aucun refroidissement. Je ne puis vivre sans vous aimer, et qui pourrais-je aimer autant que vous?

Voulez-vous bien dire mille choses pour moi au grand-papa. Je boude un peu l'abbé, mais cela ne durera pas; je lui écrirai sous peu.

LETTRE CCLXXXVI

DE LA DUCHESSE DE CHOISEUL A MADAME DU DEFFAND

A Chanteloup, ce 20 octobre 1771.

Je vous fais réparation, ma chère petite-fille, vous n'avez pas de tort; vous n'avez pas oublié vos parents, vous les aimez toujours, et vous m'aviez écrit par M. d'Étréhan. Mais votre lettre, ainsi que celle à l'abbé, avait été mise dans le paquet de Ribot, qui était allé faire des vendanges, et qui ne nous les a remises qu'à son retour; celle pour l'abbé un moment avant le départ de M. Bertin; ainsi il aura pu vous en accuser la réception; mais la mienne ne me fut rendue qu'après que M. Bertin fut parti. C'est pourquoi vous n'avez entendu parler que de mes plaintes. Soyez donc sans inquiétude sur le sort de cette lettre, et pardonnez-moi mes injustices. Votre lettre m'a attendrie par votre douceur, et votre modestie m'a bien fait sentir toute l'impertinence de ma petite capacité. Ce n'était pas le cas de me louer, et vous me louez beaucoup; j'en ai rougi. Ah! ma chère petite-fille, vous ne savez pas ce que vous valez, et je ne vaux pas ce que vous croyez! Mais qu'importe notre valeur pourvu que nous nous aimions? Le sentiment a toujours raison, parce qu'il est fondé sur une vérité relative à ce qu'il sent.

La plupart de vos réflexions sont pour le moins sérieuses, mais elles sont justes. C'est dommage que la philosophie soit ordinairement si grave et la vérité si souvent triste. Je vous plains d'avoir perdu le goût de la lecture; je trouve qu'elle fait supporter l'ignorance et la vie; la vie, parce que la connaissance des maux des siècles passés nous apprend à supporter ceux du nôtre; l'ignorance, parce que l'histoire ne nous montre que ce que nous avons sous les yeux. Il n'y a rien de nouveau dans le monde; les moteurs ont péri et se sont succédé; les formes ont changé; mais les mobiles et les effets sont les mêmes. Cette découverte guérit de la curiosité pour l'avenir. Que sert-il de savoir, quand la science n'apprend rien?

Vous avez raison de croire que je lis peu. Cependant j'ai la tête tournée dans ce moment-ci des Mémoires de Sully. J'en aime jusqu'à la vanité de l'auteur, parce qu'elle est d'une grande vérité; puis je trouve dans les intrigues de la cour de ce temps, dont il était le plastron, un si grand rapport avec celles dont M. Choiseul a été... je dis la victime pour ne pas dire le héros, que ce rapport me les fait lire avec plus de plaisir que la première fois. Sully avait de grandes qualités et de grands défauts; M. de Choiseul a de grand talents et de grands agréments; mais Sully avait affaire à Henri IV!...

Vous pourrez me rendre la pareille, et me dire que mes lettres sont pour le moins sérieuses. Ce sont celles de l'abbé qui sont vraiment charmantes. Il a l'esprit d'être gai; c'est un talent. Pour moi, je ne sais pas faire cette marchandise-là. Il me suffit d'être contente pour être heureuse. Je souhaite que tous les gens gais soient contents. Je ne suis que raisonnable, et j'ai toujours trouvé que la raison était l'esprit des sots. Je souhaite que vous ne me trouviez pas aussi une raisonneuse. M. de l'Isle, qui ne raisonne pas parce qu'il a mieux à dire, vous témoignera de l'amour qu'on a ici pour vous. De ma part ce sentiment est une vérité au-dessus de toute expression.

LETTRE CCLXXXVII

DE MADAME DU DEFFAND A LA DUCHESSE DE CHOISEUL

Ce mercredi, 23 octobre 1771.

M. de l'Isle me remit hier votre lettre, chère grand'maman, et je m'entretins beaucoup de Chanteloup avec lui. Je lui fis mille questions sur vous. Il y satisfit bien, et je vois avec plaisir que vous êtes aussi parfaitement heureuse que vous méritez de l'être. Votre bonheur est bien plus parfait que celui des saints; vous avez, comme eux, la jouissance éternelle de l'objet aimé, et vous n'avez pas, comme eux, l'ennuyeuse uniformité des êtres qui les environnent. Ceux qui passent sous vos yeux se succèdent, se renouvellent; ils vous amusent, et cette variété conserve le goût et le tact qui peut, quand il n'est pas exercé, se perdre, ou se rouiller, ou s'émousser.

Toutes réflexions faites, je ne vois personne qui ait été si complétement et si continûment heureuse que vous; la nature et la fortune vous ont donné libéralement tout ce que les autres cherchent vainement à acquérir; toutes les situations par où vous avez passé ont été agréables, amusantes, vous ont exposée au grand jour, et vous ont acquis, pour ainsi dire dès votre enfance, une réputation dont on se contenterait bien à trente ans [1]. Vous avez passé ensuite à la plus grande élévation qui a servi à faire connaître votre modestie, votre bonté, votre

---

1. Plus d'un témoignage contemporain confirme ces éloges que madame du Deffand donne à la duchesse de Choiseul. Dans un essai publié en 1795, sur la vie de l'abbé Barthélemy, le duc de Nivernais, bon appréciateur, et qui se trouvait à Rome pendant l'ambassade du duc de Choiseul (alors comte de Stainville), parle en ces termes de l'ambassadrice. « Madame de Stainville secondait son mari avec zèle et succès; âgée de dix-sept ans, mais formée par des réflexions toujours justes, et mieux encore par l'heureux instinct d'un caractère qui ne lui laisse dire, penser et faire que ce qui est bien, elle jouissait déjà dans Rome d'une haute considération, et elle y acquit bientôt cette vénération que l'on n'accorde d'ordinaire qu'à un long exercice des vertus. »

sagesse, et qui, par un prodige dont il n'y a point eu d'exemples, ne vous a fait aucun ennemi, aucun envieux. Vous êtes aujourd'hui dans la disgrâce, et cette disgrâce met le comble à votre bonheur et à votre gloire. Un article que je suis bien loin d'oublier, c'est l'ami que le ciel vous a donné ; vous en sentez tout le prix, et vous savez ce que j'en pense. Vous avez éprouvé quelques peines et quelques chagrins, mais ils ont été de peu de durée ; ils ont servi à fortifier et à augmenter votre raison, et à vous faire assurer une paix et un bonheur imperturbables !...

Voilà le tableau fidèle de la personne au-dessous de laquelle j'ai l'humilité de me placer. Ne vantez donc plus ma modestie ; non, non ! elle n'est pas si grande que vous vous l'imaginez. Je cède volontiers aux autres tous les avantages dont ils se prévalent et dont je ne fais pas grand cas, mais je m'estime plus qu'eux à d'autres égards, et il n'y a que vous de qui je reconnaisse la supériorité.

Je ne puis me résoudre à vous mander des nouvelles ; je me persuade que je pourrais les apprendre de vous.

Je vis hier la princesse de Beauvau. Elle me paraît un personnage du poëme de Milton. Cependant son époux ressemble plus à Adam qu'elle ne ressemble à Ève ; ce n'est pas à Ève non plus que je la compare, c'est son éloquence que je trouve qui est du genre de... de celles des héros de ce poëme [1].

Je vous félicite de la visite que vous allez avoir [2]. Le grand-papa a écrit si souvent, a marqué tant d'empressement, a fait des invitations si vives, qu'on s'y rend avec très-grand plaisir. On partira lundi. On évitera, par conséquent, la rencontre de tout vendredi pour le départ, la route et l'arrivée. Je la chargerai d'un petit billet ostensible.

Nous apprîmes hier le gouvernement de Paris au maréchal

---

1. Adam et Ève ne sont pas les seuls personnages du poëme de Milton ; le diable en est un des héros.
2. Celle de la maréchale de Luxembourg.

de Brissac, celui d'Aunis au duc de Laval, et la lieutenance du Languedoc au comte de Bissy. Et vogue la galère tant qu'elle..., etc., etc.

Vous avez raison d'aimer les Mémoires de Sully. Je voudrais que le grand-papa donnât les siens; mais tant qu'il aura chez lui de jeunes et jolies dames, et la passion du billard, on ne pourra pas l'y résoudre.

Je ne hais pas la lecture, mais je hais tous les livres nouveaux, excepté la *Rivalité* (que vous ne voulez pas lire) et quelques articles de l'*Encyclopédie* de Voltaire. Je rabâche les anciens livres; je me viens d'imposer la contrainte de relire *Télémaque*. Ma grand'maman, il est ennuyeux à la mort. Ce n'est pas du véritable bon temps du siècle de Louis XIV. Il avoisinait celui de Fontenelle et Lamotte. Son style est long, lâche; il vise à une certaine onction qui n'a point de chaleur. Toujours des préceptes, des descriptions, point de sentiments, point de mouvement, point de passion. Je crois bien que l'auteur était un très-bon homme et très-estimable; mais je doute qu'il m'eût tourné la tête. Je finirai pourtant ce *Télémaque*; mais que lirai-je après?

LETTRE CCLXXXVIII

DE LA DUCHESSE DE CHOISEUL A MADAME DU DEFFAND

A Chanteloup, ce 27 octobre 1771.

M. de La Ponce vient d'arriver, ma chère petite-fille, qui m'a fait grand plaisir en me remettant votre lettre. Voilà bien des nouvelles; bien des grâces données et assurément bien placées. N'est-il pas vrai que le maréchal de Brissac est un singulier gouverneur de Paris? Les étrangers le prendront pour un comédien de campagne. Voilà encore le gouvernement d'Auvergne vacant par la mort de M. de Bouillon. Je trouve qu'on ne pourrait mieux faire que de le donner à M. de Beauvau, son beau-frère [1], à qui l'on doit un dédommagement. Mais je parierais bien qu'on ne le lui donnera pas; car cela serait juste; et il me semble qu'on évite soigneusement l'ordre, la convenance, la justice, et surtout la décence. Vous me faites rire avec l'éloquence de madame sa femme. Je conviens qu'elle est *embrasée*, pour me servir d'une expression poétique, puisque vous aimez la poésie.

Dites-moi, je vous prie : croyez-vous de bien bonne foi à ces lettres si empressées, pour attirer ici une certaine maréchale [2]? Je désire qu'elle le croie; je m'efforcerai à en prendre l'air pour la recevoir; je ferai de mon mieux pour lui plaire; mais j'ai bien peur de ne pas réussir. Que tout ceci demeure entre nous; car vous savez que je crains les tracasseries autant que vous pouvez les craindre.

Adieu, vous ne pouvez pas savoir à quel point je vous aime.

LETTRE CCLXXXIX

DE L'ABBÉ BARTHÉLEMY A MADAME DU DEFFAND

27 octobre 1771.

M. d'Étréhan part demain, ainsi que M. Gayot. Je prierai l'un ou l'autre de se charger de cette lettre que je ne sais pas commencer. Votre position est charmante pour une correspondance. Vous avez toujours sous votre main des édits, des cassations, des exils, des morts. Nous avons eu pour tout événement la chute d'une maison; encore n'est-elle pas tombée en entier.

M. de La Ponce arrive dans le moment. J'ai lu votre lettre

---

1. Le prince, depuis maréchal de Beauvau, avait épousé en premières noces Marie-Sophie-Charlotte de la Tour d'Auvergne, sœur du duc de Bouillon, dont il eut la princesse de Poix. Il s'était remarié en 1764 avec Marie-Charlotte-Sylvie de Rohan-Chabot, veuve elle-même du marquis de Clermont d'Amboise.
2. De Luxembourg.

à grand'maman ; je suis de votre avis sur ce que vous dites d'elle au commencement. Je ne le suis pas si pleinement à l'égard du *Télémaque*. Il est diffus à la vérité, un peu monotone et trop chargé de descriptions, mais il est plein d'une grande morale ; non de celle que tout le monde sait ou que tout le monde oublie à force de la savoir, mais de celle qui rendrait un roi et son peuple également heureux. Cette morale est l'unique objet de l'auteur et fait l'essence du livre. Si M. de Fénelon n'avait voulu faire qu'un ouvrage d'agrément, et que son état lui eût permis de mettre en jeu tous les intérêts du cœur, je suis persuadé qu'il aurait mieux réussi. Ce n'était pas un poëme qu'il voulait fabriquer, mais un roi ; et comme il parlait à un prince destiné à le devenir, il fallait qu'il lui dît cent fois la même chose. Vous répondrez que son intention ne justifie pas l'ennui que vous éprouvez; mais ce n'est pas pour nous qu'il écrivait; c'était pour nos maîtres. Il est arrivé ensuite que nous l'avons lu, et que nos maîtres se sont bien gardés de le lire. Ils ont raison, car il les ennuierait encore plus que nous.

Vous ne savez plus que lire après *Télémaque?* Je serais fort embarrassé de vous donner un conseil ; je n'ai jamais réussi quand j'ai voulu proposer des lectures agréables. Ce n'est pas que je croie avoir moins d'esprit qu'un autre : c'est que chacun a le sien, et que nous nous prévenons, sans le savoir, contre un livre dont on nous dit du bien. J'ai beaucoup lu et relu depuis que je suis ici. De tout ce qui m'a passé par les mains, il n'y a qu'un livre que je serais assez hardi pour conseiller : c'est l'histoire de de Thou, que je n'ai pas encore finie, et que j'aime, parce que je n'y trouve jamais l'auteur, et toujours le fait énoncé clairement et sans prétention. Je ne dirai pas la même chose de la *Rivalité*, quoique vous l'aimiez beaucoup. Je vous avoue que je n'ai pas pu l'achever. Il ne me reste rien de précis quant au fond, et je voyais dans la forme cette *manière* dont l'auteur aura de la peine à se défaire. Je préfère, à bien des égards, son François Ier. J'ai peut-être tort; mais quand cela serait, vous en aimerais-je moins et Gatti reviendrait-il plus tôt de Florence? Ce vilain Gatti, il s'en va pour deux mois, et après cinq ou six mois d'absence et trois ou quatre mois de silence, il nous avertit, par des lettres arrivées hier, qu'il ne viendra qu'au printemps prochain. Il ne se porte pas bien; il a fait une chute. Sa plaie ne veut pas se fermer; il faut qu'il aille aux eaux de Pise. J'en suis affligé; je crains toujours l'hiver pour la grand'maman. Gatti est le seul qui sache comment il faut la conduire. La grand'maman, qui ne pense jamais à sa santé et qui ne veut pas qu'on lui en parle, m'a chargé de lui écrire aujourd'hui de ne pas se mettre en chemin jusqu'à ce qu'il fût entièrement rétabli. Ainsi, la voilà à soixante lieues de Paris, n'ayant pour ressource qu'un médecin d'Amboise, qui a de l'esprit, mais qui est jeune et qui ne connaît que le courant de la Faculté. Mais comme il n'y a point de remède à cet incident, je vous prie de ne pas m'en parler, parce qu'elle s'impatienterait en voyant que je vous ai communiqué mes craintes.

Voilà une lettre aussi longue et aussi diffuse que le *Télémaque*. J'ai oublié pourtant d'y insérer quelques descriptions. Vous saurez donc qu'il fait depuis quelques jours le plus beau temps du monde; l'aurore, ce matin, en ouvrant les portes de l'Orient, s'est montrée avec la fraîcheur du printemps. Le soleil, qui marchait sur ses traces, a répandu la clarté la plus brillante. Toute la nature était dans le repos, lorsque le héros Christophe, couvert d'une robe légère et blanche comme la neige, a conduit sur le gazon deux superbes taureaux suisses qui, s'étant lancés l'un contre l'autre, ont fait trembler la terre et l'Olympe, ou si vous l'aimez mieux, l'avant-cour et le château. Je finis faute de papier.

LETTRE CCXC

DE MADAME DU DEFFAND A LA DUCHESSE DE CHOISEUL

Ce 27 octobre 1771.

M. de Jarnac est un drôle de courrier. Je ne reçois qu'aujourd'hui votre lettre du 23. Par la poste je l'aurais reçue le 25.

L'éclaircissement de votre méprise de lettre m'explique ce que je trouvais incompréhensible. Dans deux petits billets que j'ai reçus de vous depuis votre aventure, vous ne m'en disiez pas un mot; j'en étais étonnée, mais je me disais que vous saviez que l'abbé et M. de l'Isle me l'avaient racontée.

Je vous félicite, chère grand'maman, du plaisir que vous avez dans ce moment; non pas de lire ma lettre, mais de la recevoir par madame la maréchale. Je voudrais bien être à ses côtés et partager la joie qu'elle a d'être à Chanteloup; y être avec elle serait le comble du bonheur. Vous ne la garderez pas aussi longtemps que vous le désirerez; rien qu'une semaine, à ce qu'elle dit. Mais vous la ferez changer de résolution [1].

Ne trouvez-vous pas singulier qu'il n'y ait que moi qui n'aie encore pu arriver à la terre promise? Suis-je condamnée à périr dans le déser? Oh! non, s'il plaît à Dieu. L'arrivée de la première hirondelle vous apprendra la nouvelle de mon départ.

Vous verrez l'incomparable dans quinze jours, à ce qu'il m'a dit hier soir. Je ne m'en soucie plus. Il est doux, il est facile; mais il n'a nul caractère, nul sentiment. C'est une ma-

---

1. A propos de cette visite de la maréchale de Luxembourg, madame du Deffand écrit à Walpole : « Madame de Luxembourg partit lundi pour Chanteloup, elle y restera huit jours. Rien n'est plus comique et plus singulier que cette visite : c'est pour qu'elle soit placée dans ses fastes. Ce n'est assurément pas l'amitié qui en est le motif... Elle était l'ennemie des Choiseul, et comme il est du bel air, actuellement, d'être dans ce que nous appelons aussi l'*opposition*, elle a employé toutes sortes de manéges pour se réconcilier avec eux... »

chine qui n'agit que par le ressort qu'on lui donne, et qui n'en peut avoir par elle-même ; et, malheureusement, l'ouvrière qui règle aujourd'hui cette machine ne vaut pas grand'chose. Je suis un peu dégoûtée, je vous l'avoue, de tout ce train-là. Que j'aurai de choses à vous dire quand je vous verrai ; qu'il y a loin d'ici là !

Adieu ; il faut que j'écrive un mot à l'abbé. Je n'ai point dormi cette nuit, et je suis tant soit peu hébétée.

LETTRE CCXCI

DE MADAME DU DEFFAND A L'ABBÉ BARTHÉLEMY

Ce 2 novembre 1771.

Toutes réflexions faites, je n'userai point de votre recette ; je ne me casserai pas la clavicule, en voici la raison ; c'est que les gens de Paris ne sont pas si bons que ceux de Chanteloup. On me laisserait à moi-même avec ma fracture. Je conserverai mes os ; je ne veux pas dire et ma chair, car il y a longtemps que j'en suis débarrassée.

J'admire votre gaieté ; elle est communicative. Je suis de bonne humeur pendant deux ou trois jours quand j'ai reçu de vos lettres. Reprenez votre gazette, mon cher abbé, dès que vous le pourrez. Ayez la générosité de donner sans exiger qu'on vous donne. J'aurais beaucoup de plaisir à vous écrire de jolies choses, mais il faudrait le pouvoir. Je pourrais dire comme mademoiselle Lemaure : Je ne pense pas plus qu'un cheval mort.

Si je vous racontais ce que je fais, ce que j'entends et ce que je dis, je vous ferais tomber en léthargie ; je vous glacerais le sang. Notre pauvre baron [1], qui est encore plus triste que moi, vient de me quitter. Il est à la cour, où il ne

---

1. De Gleichen.

fera que de l'eau claire, et peut-être des vers blancs. Il passera l'hiver à Montpellier et peut-être le carême à Chanteloup, et puis il me reviendra. Il me manque beaucoup. Son esprit m'impatiente et m'amuse. Il me parle beaucoup de tous ses maux. Je ne lui dis rien des miens, et cependant je me crois plus malade que lui. Je ne dors point, je maigris beaucoup, et je suis bête. Si j'étais avec vous, il me semble que j'engraisserais, que je dormirais, que je penserais, parce que je me divertirais.

Vous allez avoir la maréchale. Je ne puis m'accoutumer à la savoir à Chanteloup. Quelle raison s'en donne-t-elle à elle-même? Je suis parfaitement bien avec elle; elle me répète tous les bons mots qu'elle a dits; je ne lui en volerai aucun. Elle m'a avoué qu'elle était plus à son aise avec la femme qu'avec la sœur. Elle vous trouve très-aimable. Elle sera très-bénévole, et elle se laissera retenir un mois tout entier.

Vous voyez bien que je vous dis tout cela faute d'avoir rien de mieux à vous dire. Mais c'est abuser de votre patience.

Adieu, l'abbé.

LETTRE CCXCII

DE LA DUCHESSE DE CHOISEUL A MADAME DU DEFFAND

A Chanteloup, ce 4 novembre 1771.

J'imagine, ma chère petite-fille, que vous devez être fort contente de l'exactitude de notre correspondance, car l'abbé vous a écrit hier, et me voici aujourd'hui occupé à vous entretenir. L'abbé vous aura fait la relation de la visite de l'éléphant, je vais vous faire celle de la visite de la maréchale; elle n'est point arrivée ici avec cet air de confiance que devaient lui inspirer les pressantes sollicitations qu'elle vous avait dit avoir reçues. La première soirée a été contrainte de toute part, quoiqu'elle s'efforçât d'être aimable et que nous nous efforçassions à lui plaire. Elle avait le portrait de M. de Choiseul en carton.

C'était, disait-elle, sa boîte de voyage [1]. Le lendemain, il en parut une autre superbe. Le médaillon de M. de Choiseul y était entouré de perles; c'était la boîte de gala. Elle était renfermée dans un petit sac dont on la tirait à chaque prise de tabac. M. de Choiseul se prosternait, se confondait à cette galanterie. Mais sa reconnaissance était maussade. Le pauvre homme était tout honteux. Cependant la confiance s'est établie, et l'aisance avec elle. Comme vous m'aviez mandé que vous m'écririez par la maréchale une lettre ostensible, je lui ai dit que vous m'annonciez que son projet était de nous donner bien peu de temps, et je lui en ai marqué beaucoup de regrets. M. de Choiseul et madame de Grammont se sont joints à moi pour la presser de rester davantage, et, par la protection de madame de Lauzun [2], nous avons obtenu quelques jours de plus; mais le nombre n'en est pas encore déterminé; je compte vous écrire encore par elle, et que vous lui direz les belles choses que je vous écrirai d'elle, et que vous lui marquerez beaucoup de reconnaissance de notre part. Je n'aurai pas de peine à vous en dire du bien si sa belle humeur se soutient. Elle n'a pas encore eu l'apparence d'inégalité; mais, malgré la patte de velours qu'elle m'a toujours montrée, je ne puis me défendre de la crainte de la griffe dont on m'a tant parlé [3], et cette crainte me donne une contrainte insurmontable, et vrai-

---

[1]. Ces tabatières, qui furent alors fort à la mode, portaient d'un côté le portrait de Sully et de l'autre celui du duc de Choiseul. Mademoiselle Arnould disait qu'on y avait mis en regard la recette et la dépense.

[2]. Sa petite-fille.

[3]. La maréchale de Luxembourg avait toujours soupçonné le comte de Tressan d'être l'auteur du fameux couplet :

> Quand Boufflers parut à la cour,
> On crut voir la mère d'amour...

Un jour, dans sa vieillesse, elle dit devant lui qu'elle trouvait la chanson si jolie que non-seulement elle l'avait depuis longtemps pardonnée à l'auteur, mais que si elle le connaissait elle serait tentée de l'embrasser. M. de Tressan crut pouvoir se laisser aller à un aveu qui fut aussitôt payé d'un bon soufflet.

semblablement insupportable, qui doit ajouter encore à ma maussaderie naturelle ; de sorte qu'elle aura toute raison de ne pas me trouver à beaucoup près aussi aimable que je trouve qu'elle l'est. Elle doit surtout me trouver fort bête ; je ne parl pas parce que ma contrainte est telle qu'il ne me vient pas une idée ; ou si je veux parler pour être de quelque chose, je ne fais que répéter les derniers mots de la dernière phrase de madame de Grammont. Quand je m'aperçois de ce ridicule, je veux le réparer en disant quelque chose de moi, et comme je ne peux pas exprimer ce que je veux dire, je reste court au milieu de ma phrase. Si la maréchale m'interpelle en disant : « Madame, ne pensez-vous pas cela? » Mes réponses sont : « Oui... assurément... madame la maréchale a bien raison... je « suis de l'avis de madame la maréchale... » D'autres fois elle me dit : « Madame, que pensez-vous de cela? » Alors l'embarras est extrême, parce qu'il faut absolument avoir un avis, et avoir le sien, et je suis absolument comme M. Gobe-Mouches. « Je pense que... oui... mais... cependant... je crois... » Au bout du demi-quart d'heure, l'heureuse bavarderie de la comtesse de Grammont vient me tirer d'affaires. Hier, M. de Choiseul lisait une lettre de Sedaine, qui me mandait, en m'envoyant son dernier petit opéra-comique, *le Faucon*, qu'il cherchait à justifier le nom que je lui avais donné du La Fontaine du théâtre. La maréchale me demanda pourquoi je l'avais appelé ainsi? Il m'aurait été trop difficile de le dire. Je répondis qu'il n'était pas vrai que je lui eusse donné ce nom. Enfin, je ne finirais pas à vous raconter toutes mes bêtises ; et, si vous en étiez témoin, vous mourriez de honte d'avoir une grand'mère aussi bête. Pour madame de Grammont, elle est aussi à son aise avec la maréchale que si elles eussent passé leur vie ensemble, et par conséquent elle est très-aimable et plaira sûrement beaucoup.

J'attends votre incomparable que vous m'annoncez, et je l'attends comme il mérite de l'être, sans impatience, sans désir, sans inquiétude. Je le verrai avec plaisir, je le quitterai sans regrets. Ah! ma chère petite-fille! ce n'est pas comme cela que je vous aime.

LETTRE CCXCIII

DE MADAME DU DEFFAND A L'ABBÉ BARTHÉLEMY

Ce mercredi, 4 novembre 1771.

Je ne pourrais sans scrupule, mon cher abbé, ne pas profiter de toutes les occasions qui viennent à ma connaissance sans écrire à Chanteloup. C'est à vous aujourd'hui, que j'adresse la parole. Ne serez-vous pas bientôt en état de vous servir de la belle main? C'est ainsi qu'on appelle la main droite[1]. Mon pauvre ami, de qui j'ai reçu des nouvelles hier, a les deux siennes bien enflées et bien douloureuses, ainsi que les deux pieds. Il y a plus d'un mois qu'il garde le lit, et il est d'une faiblesse extrême. J'en suis fort inquiète, vous le croirez aisément, et je compte assez sur votre amitié pour être assurée que vous partagerez ma peine.

J'ai toujours oublié de vous dire que mademoiselle Sanadon a été fort inquiète de vous; il n'y a point de jours qu'elle ne m'ait priée de vous parler d'elle.

Voulez-vous bien parler de moi à madame de l'Indre, et lui demander si je peux espérer les dentelles qu'elle avait promis de me faire avoir.

Dites-moi s'il est vrai que madame de Grammont n'a pas vendu ses diamants, et si elle en est parée journellement? si elle en a dans sa tête, à ses oreilles, à son col, à ses bras et à ses doigts? Il n'y a rien là-dessous, c'est une pure curiosité, parce que je soupçonne la personne qui m'a dit lui avoir vu

---

1. L'abbé Barthélemy avait fait une chute de cheval et s'était cassé la clavicule.

tous ses diamants, d'avoir menti. Ne vous faites pas de scrupule de satisfaire à ma question, je ne ferai nul usage de votre réponse.

Si vous étiez à Paris, mon cher abbé, je vous proposerais de souper ce soir avec moi. Nous serions presque tête à tête. Nous n'aurions que mademoiselle Sanadon pour tiers. Le jour que je pourrai l'être entre vous et la grand'maman n'arrivera-t-il jamais? Dites-lui mille et mille choses pour moi. J'aurai demain le plaisir de parler d'elle avec la petite sainte, chez qui je souperai. Je voudrais y trouver son fils[1], qui, en vérité, est fort aimable. Demandez à madame la maréchale de Luxembourg ce qu'elle en pense, et engagez-la à le dire à la grand'maman. Rappelez-moi à son souvenir et à celui du grand-papa. Dites-lui bien que je le prie de m'adresser toutes ses épigrammes, elles me feront toujours un vrai plaisir, dussent-elles être contre moi. Quand reprendrez-vous vos gazettes?

LETTRE CCXCIV

DE LA DUCHESSE DE CHOISEUL A MADAME DU DEFFAND

A Chanteloup, ce 16 novembre 1771.

L'abbé part après-demain, ma chère petite-fille, je veux lui consacrer en entier ma journée de demain, c'est pourquoi je vous écris aujourd'hui; s'il arrive quelque événement dans l'intervalle, comme l'arrivée du Prince dont cependant je n'entends pas parler, ou une lettre de vous, l'abbé suppléera à la mienne ce que l'événement m'aurait fourni à vous dire.

Vous allez lui faire bien des questions et surtout sur le voyage de la maréchale. Son amabilité s'est soutenue jusqu'à

---

1. Le comte de Choiseul. Il venait d'épouser la dernière héritière de la maison de Gouffier, dont il joignit le nom au sien. Le comte de Choiseul-Gouffier, ambassadeur à Constantinople et auteur du *Voyage en Grèce*, se remaria avec Hélène de Beauffremont, nièce de l'incomparable.

la fin. La confiance de M. de Choiseul est revenue. Ils ont parlé de leur ancien temps; ils ont ri; et vous savez qu'ils sont tous deux de nature à aimer les choses et les gens qui les font rire; ainsi ils ont été parfaitement bien ensemble. Elle a plu beaucoup à madame de Grammont, qui certainement lui aura plu de même. L'aisance a été établie entre elles du premier jour. Je ne serais pas étonnée qu'il se formât une liaison solide. Mais moi je suis restée aussi gênée, aussi bête, aussi maussade. Je n'ai sûrement pas réussi, quoiqu'on ne m'ait montré que des grâces. Je crois qu'en tout elle aura été assez contente de son voyage. On l'a pressée pour rester davantage. On lui a marqué de l'empressement pour son retour et du regret de son départ. Elle avait elle-même l'air d'être fâchée de s'en aller. Enfin cette visite a généralement bien réussi.

Jouissez bien de mon abbé, pendant que je me désolerai de son absence; j'en suis déjà si triste que j'en ai perdu toute idée; vous vous en apercevrez à mes lettres qui doubleront de platitude; mais je jouirai de votre bonheur, de la confiance que vous parlerez de moi ensemble, et qu'il vous dira combien je vous aime.

LETTRE CCXCV

DE MADAME DU DEFFAND A LA DUCHESSE DE CHOISEUL

Ce 19 novembre 1771.

Il y a un siècle que je ne vous ai écrit, chère grand'maman, j'en suis tout étonnée; je m'en demande la raison, je n'en trouve point, si ce n'est que n'ayant cessé de parler de vous j'en ai moins senti le besoin de vous écrire.

Je ne puis vous dire avec quel plaisir je me propose d'interroger l'abbé; peut-être arrivera-t-il aujourd'hui; depuis trois ou quatre jours il est ma première pensée. Cependant rien n'est si vrai que je suis fâchée et très-fâchée de ce que vous en serez privée pendant quelques jours. Je sens plus que jamais que le plus grand bien de la vie est d'avoir un ami; la bonne santé n'est qu'au second rang, et au troisième la fortune; j'entends par ces deux derniers l'exception des douleurs et de la pauvreté, car rien ne rend supportable l'un et l'autre; mais je ne croirais pas acheter trop cher un véritable ami par quelques infirmités supportables, comme les insomnies, les langueurs, etc.; la privation du superflu, de pouvoir satisfaire ses goûts, ses fantaisies, etc.; ne pensez-vous pas de même? Eh bien, il est pourtant vrai que bien peu de personnes pensent comme nous, et qu'en général on peut dire qu'il n'y a point d'amis et qu'on ne sait pas même ce que c'est, et que rien cependant n'est si vrai que cette apostrophe de Voltaire à l'amitié :

Sans toi, tout homme est seul.

La maréchale parle à merveille de son séjour chez vous, elle se loue de tout, elle approuve tout, elle a été contente de tout, mais de vous plus que de tout; elle est, comme vous savez, livrée à corps et esprit perdus à tous les princes. On démêle qu'elle n'est pas pleinement satisfaite sur la considération qu'elle en voudrait tirer. Je jouis d'une sorte de plaisir, qui est d'observer l'orgueil et la vanité de tout le monde; il n'y a presque personne qui ne prétende à jouer un rôle; il y a peu de bons acteurs.

Ce serait un bien grand plaisir pour moi, chère grand'maman, de pouvoir causer avec vous, je tremble que ce bonheur ne m'arrive jamais; si vous étiez seule j'aurais assez de confiance en vous pour n'être arrêtée par aucune considération, j'irais vivre et mourir entre vos bras, mais il n'y a que pour vous que je pourrais hasarder une telle marque de confiance. Je raisonnerai à fond avec l'abbé; je ne lui cacherai aucune de mes pensées, aucune de mes réflexions; il vous portera mon âme tout entière, vous y lirez tout ce qu'elle renferme; j'ai la plus parfaite opinion de celle de l'abbé et je persiste à dire que son attachement pour vous est votre plus grand bonheur. Ce sera lui, pendant qu'il sera ici, qui entretiendra notre correspondance : il vous dira bien mieux que je ne pourrais le faire tout ce que je pense. Je n'ai pas le talent de me bien exprimer, toutes mes expressions sont toujours fort en deçà de mes sentiments.

J'ai vu aussi la petite sainte, c'est une personne fort raisonnable et que j'estime beaucoup; et puis vous l'aimez, c'est tout ce qu'il faut pour que j'en fasse grand cas. Je suis pour vous comme le père Malebranche était pour Dieu : je vous vois dans tout, et je vois tout en vous. — Adieu, chère grand'maman, — vous aurez l'incomparable samedi 23.

LETTRE CCXCVI

DE MADAME DU DEFFAND A LA DUCHESSE DE CHOISEUL

Ce samedi, 23 novembre 1771.

Je suis enrhumée du cerveau, j'ai du bruit dans les oreilles; de la fluxion dans la tête, de la paralysie sur l'esprit. Jugez si je suis en état d'écrire? C'est cependant de quoi je ne puis me dispenser. Il serait beau que l'incomparable arrivât à Chanteloup sans porter au moins un billet de la petite-fille à ses parents.

L'abbé vous rendra compte de tout, il vous dira si j'ai eu du plaisir à le revoir; mais il ne vous dira peut-être pas le regret que j'ai de ce que vous ne le voyez pas en même temps. Nous faisons un duo et c'est : « Si la grand'maman était ici!... Si nous étions tous les trois dans le petit appartement! » Et puis je dis : « Si je me trouve jamais à Chanteloup!... » L'abbé dit : « Vous vous y trouverez. — Je suis bien vieille. — Qu'est-ce que cela fait? — Me viendrez-vous chercher? — Oui, je vous le promets. — Si j'allais y mourir. — Eh non ! vous vous y porterez bien. » Voilà une partie de nos conversations. L'incomparable ne vous dira pas grand'chose de moi ; nous sommes fort bien ensemble, mais nous ne nous voyons guère. Il est entièrement livré à ce qu'il adore ; elle est tout pour lui, excepté d'être sa femme, ce qui, je crois, ne sera jamais !...

L'abbé vous raconte sans doute l'aventure du petit-fils de madame Geoffrin [1] ; elle est dans la *Gazette d'Amsterdam*, mais beaucoup moins circonstanciée que le récit que nous en fit hier le Caraccioli. Le connaissez-vous ? C'est un drôle d'homme. Il est de bonne humeur, bredouilleur, grand parleur ; je l'aime assez.

Le Creutz est toujours onctueux et bon homme. Pour votre petit dévot, je ne vous en dirai rien, c'est un ours. Personne ne le voit, ni ne sait où il est, ni la vie qu'il mène. On prétend qu'il va prendre la maison que la maréchale vient de quitter. J'aimerais autant un père de la Trappe pour voisin.

Adieu, chère grand'maman, je tousse, je mouche, je crache, j'éternue et je ne sais ce que je dis.

LETTRE CCXCVII

DE LA DUCHESSE DE CHOISEUL A MADAME DU DEFFAND

A Chanteloup, ce 24 novembre 1771.

Hélas ! oui, ma chère petite-fille, je me suis très-bien aperçue qu'il y avait un siècle que vous ne m'aviez écrit, et par l'ennui et par la douleur de la privation. Vous êtes actuellement en pleine jouissance de l'abbé, vous êtes contente de lui, vous n'avez rien à lui reprocher. Pour moi, j'en suis fort mécontente ; je n'ai point encore eu de ses nouvelles depuis son départ ; je ne lui écris point aujourd'hui par mon neveu, parce que je le

---

1. On désignait ainsi le roi de Pologne.

boude, cependant dites-lui qu'un jour en sortant de chez vous il passe chez madame de Château-Renaud qui est à votre porte ; elle sait qu'il est à Paris, elle m'a écrit qu'elle comptait le voir, et s'il lui donnait un mécompte, il s'en ferait un ennemi irréconciliable ; il faut bien que je m'intéresse à lui malgré ses torts, et que je l'aime malgré ses défauts ; car, comme vous le dites fort bien, il faut bien aimer, sans cela que devenir ?...

Pourquoi craignez-vous, ma chère petite-fille, de ne jamais causer avec moi ? Je n'aime point vos craintes, je n'aime point vos inquiétudes ; elles m'inquiètent, elles me troublent, elles m'affligent ; parlez à l'abbé, il vous guérira, et il me remettra du baume dans le sang en me parlant de vous.

Je suis bien aise que la maréchale se loue de son voyage ici, mais quoique vous le disiez, je ne puis croire qu'elle ait été contente de moi ; l'abbé vous dira combien j'ai été maussade avec elle.

Votre incomparable n'est point encore ici, quoique vous me l'annonçassiez pour hier ; pour celui-là j'ai pris le parti de ne l'aimer que quand je le verrai ; mais pour vous, ma chère petite-fille, je vous aimerai dans tous les temps, dans tous les moments de ma vie.

Le grand-papa me charge de vous dire qu'il vous adore.

LETTRE CCXCVIII

DE MADAME DU DEFFAND A LA DUCHESSE DE CHOISEUL

Ce dimanche, 1ᵉʳ décembre 1771.

...J'eus hier un cercle où l'abbé fit nombre. A côté de mon tonneau, mesdames d'Aiguillon et de Mirepoix, et puis je ne sais qui ; de l'autre côté, le prince de Beauvau et puis d'autres. L'abbé était au milieu. Nous fîmes la lecture de la Saint-Barthélemy, parfaitement détaillée dans le second tome des Mémoires de Villeroy. Le prince partit, et tout de suite la princesse épouse arriva, et, contre son ordinaire, elle n'eut pas le ton assuré. Les dames de ma gauche partirent les premières ; il ne resta plus que cette princesse avec l'ambassadeur de Naples. Elle reprit toute son éloquence, lui raconta des détails de la soirée du 24 décembre et du voyage du 25 avec tant de chaleur et d'intérêt, que l'ambassadeur fut charmé de ses sentiments et de son esprit. Cet homme vous plairait. Il est très-gai, il dit des choses plaisantes, il tiendrait bien sa place dans nos petits comités, s'ils pouvaient revenir.

Je soupe ce soir, avec l'abbé, chez madame de La Vallière. Demain je donne à souper aux Beauvau. J'ai invité M. de Stainville ; mais je n'ai pas sa réponse. Mardi ou mercredi, je passerai la soirée tête à tête avec l'abbé et puis après je vous le renverrai ; c'est-à-dire, je le verrai partir sans être tentée de le retenir, quand je le pourrai. Ah ! je sais combien un véritable ami est nécessaire, et à quel point on est à plaindre quand on n'en a point, et combien on est déchiré quand on est séparé ! J'espère que l'abbé vous parlera de moi. J'ai exigé qu'il m'accordât un troisième tête-à-tête, pour qu'il ne me restât rien sur le cœur dont il ne pût vous informer. Il est content de mes sentiments pour vous, et il est en droit d'y être très-difficile. Je suis fort portée à croire qu'il n'y a que lui et moi qui sachions bien ce que c'est que d'aimer.

La maréchale de Luxembourg est charmée de la lettre qu'elle a reçue du grand-papa. Elle doit me la montrer. Je suis fort contente de son discernement. Elle a bien senti, elle a bien jugé. Si on pouvait séparer l'ivraie d'avec le bon grain on aurait de l'excellent et du détestable. Mais ces deux choses réunies ne sont pas propres à faire un bon pain quotidien.

Je ne doute pas que le mariage de M. de Lambesc et de mademoiselle de Montmorency ne se fasse incessamment. La maréchale fut hier à Versailles pour vaincre la résistance de M. de Tingry, qui voudrait quelque délai. Jadis le Tingry était son ennemi; mais l'amour du grand-papa a fait bien des changements.

Adieu, chère grand'maman.

LETTRE CCXCIX

DE LA DUCHESSE DE CHOISEUL A MADAME DU DEFFAND

A Chanteloup, ce 1ᵉʳ décembre 1771.

Vous savez, ma chère petite-fille, que je commence toujours mes lettres quand je le peux, ainsi vous ne devez point être étonnée d'en recevoir dont la date soit fort ancienne. Celle-ci ne partira que par madame Chauvelin; mais je compte bien y ajouter avant de la fermer, et que le baron de Bezenval, qui arrive mardi, m'apportera de quoi fournir à mon supplément.

Je vois que vous aviez compté que ce serait le prince qui m'apporterait votre dernière lettre. Point du tout, c'est madame du Châtelet qui me l'a remise. Ce dernier trait m'avait persuadée que je pouvais faire mon deuil de lui pour cette année; mais il est arrivé le lendemain, propre, reposé, comme s'il sortait de son lit. Il croit n'être pas sorti d'ici depuis que nous y sommes. Il y était établi en arrivant, et malgré son grand amour, je crois qu'il ne faudrait qu'un prétexte pour l'y retenir, ou seulement lui laisser oublier d'en partir. Il ne s'amuse ni ne s'ennuie; il n'est point content, il est heureux; excepté quand on lui persuade qu'il a des affaires, parce qu'il craint d'avoir à s'en inquiéter un jour. Il est déjà dégoûté de sa maison de campagne, parce qu'il y faut aller et qu'il faut en revenir; parce qu'il n'a pas pu avoir un prêtre pour dire dans sa chapelle une messe qu'il n'aurait pas entendue; parce qu'il faut savoir qui il aura à souper, le dire à son cuisinier, peut-être voir ses comptes tous les mois et s'apercevoir qu'il est volé sans oser le dire. Mais comme il a pris cette maison sans goût, il la gardera de même, par l'embarras de s'en défaire, et il ira quand on l'y mènera. Il prétend que c'est pour moi qu'il l'a prise, et il ne l'a cependant que depuis mon exil. J'en ris, et il trouve très-bon qu'on ne fasse pas plus de fond sur ce qu'il dit qu'il n'en fait lui-même. Tout le monde lui convient, et il convient à tout le monde. Il sera philosophe ou caillette, ignorant ou lettré, spirituel ou stupide; tout cela se trouve dans la même boutique, s'y laisse voir sans se montrer et se produit également sans effort. Tel est votre incomparable, ma chère petite-fille, et véritablement incomparable, en ayant cependant l'air de ressembler à tout le monde. Le calme de son âme repose la mienne. C'est de l'eau qui dort et qui ne croupit pas; mais je voudrais qu'elle s'éveillât quelquefois, ne fût-ce que pour connaître son cours. Vous me direz que sa pente est vers madame de B...[1]. Si vous voulez! parce qu'il la trouve là; mais une autre la remplacerait, ce serait la même chose. C'est une vertu de roi qu'il partage avec les maîtres du monde. Je lui ai dit que vous vous plaigniez de ne le point voir. Il prétend n'être pas sorti de chez vous, et il en prend à témoin votre cavagnol, auquel il croit avoir perdu deux mille francs à trois louis par jour. Mais laissons là le prince, pour parler de l'abbé qui ne dort pas si bien, mais qui aime mieux! C'est celui-là qui est une bonne et aimable créature. Je vous sais bon gré de la générosité que vous avez de me plaindre d'en être privée, quand vous avez le plaisir de jouir de sa présence. Toutes ses lettres sont remplies de vous. Il parle de ce qu'il aime le mieux à celle qui vous aime le plus. J'aime bien que vous concertiez avec lui vos projets de voyage pour venir ici. Mais je n'aime pas que vous y mêliez des idées tristes qui m'inquiètent et m'affligent. Ne songeons qu'au plaisir que nous aurons de nous rejoindre, et comptez sur l'abbé pour vous conduire, si vous avez besoin de lui. Il aurait été vous chercher cet automne si vous aviez pu venir. L'abbé est bon à tout et fait tout ce qui est bon.

1. La marquise de Boufflers.

Pourquoi appelez-vous le roi de Pologne le petit-fils de madame Geoffrin? Est-ce parce que vous êtes ma petite-fille? Me prenez-vous pour madame Geoffrin, ou vous croyez-vous roi de Pologne? Quittez cette folle ambition. Vous êtes plus sûrement dans votre tonneau que sur un trône, et je vous aime mieux en Diogène que je ne vous aimerais en Alexandre.

Je suis bien aise que vous soyez contente du Caraccioli. Je le connais fort peu; je l'ai vu à Turin et dans deux ou trois petits voyages qu'il a faits à Paris. Il m'a paru assez aimable. L'amour qu'on m'a dit qu'il professait pour M. de Choiseul me le fait aimer. Je vous serai bien obligée de le bien traiter.

Dites toujours des amours pour nous au bon Creutz et quelques petites galanteries au révérend père dom Souza[1] que vous allez avoir pour voisin, échappé de la Grande-Chartreuse. Si vous écrivez à notre pauvre baron de Gleichen, ne manquez pas de lui parler de ma sensibilité pour ses malheurs. Ils me font sentir bien vivement celui de ne pouvoir pas lui être utile.

Je compte que le baron de Bezenval m'apportera des nouvelles de votre rhume, et je compte qu'il m'apprendra qu'il est guéri. Je n'ai pas trouvé qu'il vous rendît si bête que vous le prétendiez. Je vous aime dans tous les temps et de toutes les manières. Il n'y a que vos maux que je n'aime pas. Si vous pouviez vous en corriger, je ne trouverais rien à redire en vous. Adieu jusqu'au départ de madame Chauvelin.

Ce 4.

Votre lettre est bien triste, ma chère petite-fille, l'abbé me l'avait bien annoncé, mais votre tristesse est si tendre qu'elle m'a arraché des larmes de sensibilité et de reconnaissance. Je veux croire que vos vapeurs seules causent l'incertitude où vous êtes encore sur votre voyage, et mêlent des alarmes à l'espoir de nous rejoindre : sans elles comment pourriez-vous

---

1. Le ministre de Portugal, que madame du Deffand appelle le petit dévot. Il est mort en France. Il avait épousé en premières noces mademoiselle de Canillac.

craindre de porter le dégoût et le trouble dans une maison où votre présence apportera le bonheur? Vous en devez jouir pour nous et avec nous, sans quoi vous seriez bien ingrate, et vous ne l'êtes pas, puisque vous m'aimez autant! Rapportez-vous-en à mon abbé. Rien n'est caché dans une maison où l'on vit continuellement ensemble; il connaît mes sentiments les plus secrets; vous connaissez sa franchise! Croyez-le donc, il vous dira que tout le monde vous désire ici, et que moi je vous aime autant et plus que jamais; que je ne vous dis pas combien vous me seriez nécessaire, parce que je ne veux pas déterminer par mon seul intérêt un voyage pénible pour vous, qui vous fatiguera, vous éloignera pour un temps assez considérable de vos amis, devenus d'autant plus précieux, que le nombre en est plus restreint; qu'il vous donnera des privations momentanées et peut-être des regrets; mais qu'il fera mon bonheur. Croyez-le, ma chère petite-fille; je ne le répéterai plus par discrétion, et pour n'avoir pas de reproches à me faire. Je m'en rapporte du reste à votre courage, et j'espérerai toujours, sans me plaindre jamais.

On dit que l'abbé arrive demain; je ne fermerai pas ma lettre aujourd'hui pour pouvoir vous annoncer son arrivée. Cependant je n'y compte pas encore assez sûrement. Il me mande *la fin de la semaine*, et je ne la trouve pas encore assez avancée pour l'espérer si tôt. Vous-même vous me dites que vous souperez peut-être encore avec lui aujourd'hui. Dans cette incertitude, je n'ose lui écrire par une occasion particulière une lettre qui lui serait renvoyée par la poste. S'il est encore avec vous, dites-lui donc pourquoi je ne lui écris pas. Dites-lui que la nouvelle de son retour a répandu une joie générale dans la maison; dites-lui aussi que j'ai été un peu enrhumée, mais que ce rhume, qui était dans son principe très-peu de chose, tire déjà à sa fin, et que j'espère qu'il n'en sera plus question à son retour; que je serai charmée de le revoir et de parler de vous avec lui.

Ce 5.

L'abbé n'est point arrivé; il faut fermer ma lettre. Recevez de nouveau les très-tendres embrassements de la plus tendre des grand'mères.

Mon rhume va bien.

LETTRE CCC

DE MADAME DU DEFFAND A LA DUCHESSE DE CHOISEUL

Ce jeudi, 5 décembre 1771.

Je vous rends votre abbé, chère grand'maman. Je suis trop véridique pour vous dire que ce soit sans regrets; mais je suis trop à vous pour m'être permis le désir de le retenir un moment de plus. Quand vous aurez épuisé avec lui toutes les questions solides et importantes, et que vous en serez venue à celles d'un autre genre, j'y trouverai ma place, et je me flatte, et j'attends de vous, que vous voudrez savoir ce que je pense, ce que je dis, ce que je fais; et comme l'abbé m'a lue à livre ouvert, vous n'ignorerez rien de moi, et il vous dira si je vous aime, si je désire de vous revoir, si rien vous remplace; enfin, vous apprendrez tout ce que vous voudrez savoir bien mieux par lui que je ne pourrais vous le dire moi-même. Nous avons fait trois soupers tête à tête sans discontinuer de parler de vous; nous ne traitions que les choses qui pouvaient y avoir rapport. Je ne le vis point hier; je compte qu'il me viendra dire adieu aujourd'hui, et que je lui remettrai moi-même ce billet. Il n'a point pu voir madame de Château-Renaud; elle a toujours été à Versailles. Je lui rendrai témoignage du désespoir qu'il en a eu, et je n'oublierai rien pour prévenir ou affaiblir sa jalousie. Elle n'est pas faite pour l'éprouver; c'est elle qui l'inspire. Elle cause une séparation après trente-un ans de made compliments, et moi je n'en use pas de même, car je vous prie de lui dire un million d'amitiés. Ne trouvez-vous pas que sa présence est délicieuse, quoique son absence ne soit pas insupportable?

Vous apprendrez toutes les réformes que va faire M. le duc d'Orléans. Il donne un exemple qu'on sera bien forcé de suivre. Son courage ne peut être qu'applaudi. Mais combien de malheureux va-t-il faire? La mère des Machabées[1] (l'abbé vous dira qui c'est) nous fit hier des détails qui font frémir. Pour moi, je soutiens encore mon grand état; mais gare la gratification! Je crains qu'elle ne coure grand danger. Le dixième des rentes viagères n'a été qu'une brèche; le reste serait une destruction. Devinez quelle est la protection que j'emploie auprès de M. Terray pour me faire payer? Son architecte, mon bon ami Carpentier. Il négocie cette affaire; mais comme je n'en entends point parler, je soupçonne qu'il ne réussira pas.

Les Beauvau vont demain à La Roche-Guyon. Le fils cadet du comte de Chabot a la petite vérole. Ils reviendront mercredi, et jeudi ils souperont chez moi. Madame de Luxembourg va dimanche à Montmorency, où elle restera quinze jours.

On vous dira la pension de madame de Fontenille : neuf mille francs à perpétuité et quinze mille francs pendant vingt ans, pour le payement de cent mille écus qui lui sont dus, et dont elle consent d'être remboursée dans l'espace de vingt ans. Cela vaut mieux que l'hôpital qui lui était justement dû, et dont M. de Laval a trouvé à propos de négocier ainsi l'échange.

Je crois que je me suis méprise à la parabole et que c'est celle du mauvais riche.

---

1. Madame de Beauvau.

gens. Je suis bien éloignée de ressembler à l'incomparable qui porte son bonheur partout, et qui voit les objets avec des lunettes qui les lui rendent tous semblables. Ah! mon Dieu, mon Dieu, que je suis loin de là! Demandez à l'abbé ce que c'est que mademoiselle Sanadon? C'est la personne avec qui je vis le plus, qui m'est la plus agréable, parce qu'elle m'est la plus nécessaire, et de qui je reçois le plus de soins et d'attentions. Vous jugerez par là de la vie que je mène et quels sont mes plaisirs.

Vous garderez vraisemblablement l'incomparable tout ce mois-ci. Ses chevaux qu'il a laissés à sa dame la consolent de son absence. Je la vois beaucoup plus souvent.

J'ai dit au Caraccioli que vous me félicitiez de ce que je le connaissais. Il est dans les bons principes. Il parle de vous et du grand-papa avec amour et admiration. Pour le bon Creutz, il est tout confit de tendresse; mais sa poitrine va mal. Il est encore douteux que le révérend père Souza devienne mon voisin. Il ne voit plus personne.

La maréchale de Luxembourg va aujourd'hui à Montmorency avec tout le temple et toutes les idoles qu'il renferme. On ne parle ici que de la ruine des princes, des réformes auxquelles ils sont forcés. Madame Machabée et son époux sont à La Roche-Guyon pour la rougeole ou petite vérole du plus petit des Chabot[1]. On pourra dire d'elle comme de Jézabel :

Ses malheurs n'avaient point abattu sa fierté.

Elle est plus brillante que jamais. Elle me persuade que le courage des martyrs était moins une grâce de Dieu qu'une vertu de tempérament; si elle était née de leur temps, elle aurait renversé tous les temples et leurs idoles. Passe pour cela! Il

---

1. Le comte de Chabot, qui fut massacré à l'Abbaye, dans la nuit du 2 au 3 septembre 1792.

y a du mérite à soutenir soi-même la persécution : mais il ne faut pas l'attirer sur les autres. C'est une chose difficile, je l'avoue, que de trouver les limites dans toutes les choses, et du zèle au fanatisme on ne connaît guère l'intervalle. Pour moi, qui ne suis point courageuse, je m'afflige des malheurs, mais j'en déteste tout bas la cause. L'abbé vous rendra compte de ma façon de penser et de ma conduite; il me semble qu'il l'a approuvée.

Peut-être ajouterai-je quelque chose à cette lettre; elle ne doit partir que mardi.

Ce lundi 9.

La mère Ségur[1] soupa hier chez moi, et me raconta le Palais-Royal. Le duc d'Orléans n'avait point encore reçu la réponse du roi sur les représentations qu'il lui a faites. Il n'y a encore de réforme dans sa maison qu'une grande partie de son écurie et son équipage du cerf.

Le Souza ne prend point la maison de mon voisinage. Ce sera, dit-on, la maréchale de Biron, et lui ira loger dans le faubourg Saint-Honoré.

Je ne vous dis rien de l'abbé de Voisenon ; l'abbé vous aura tout conté. Ce qui a mis le comble à sa consternation, c'est sa visite au duc d'Orléans. Il affirma qu'il n'avait point fait les couplets. « Pourquoi en avez-vous donc reçu les remercîments? — Je n'en ai pas reçu, c'est une calomnie; me retirerez-vous vos bontés? — Quand on est assuré de celles du chef de la justice on peut se passer de toute autre. » Et on lui tourna le dos...

J'eus hier la visite de M. Dupuis. Il ne m'apporta point de lettre de Voltaire. Il est mécontent de mon silence, et moi je me montrai mécontente du sien. Il fit de grandes protestations pour lui et pour Voltaire, de respect, d'attachement et de

---

1. Fille de M. le Régent, mère du maréchal de Ségur.

reconnaissance pour vous et pour le grand-papa, des justifications, etc. Je lui promis de vous en rendre compte. Voilà tout ce que je sais. Je n'écris point à l'abbé, mais vous voudrez bien lui dire que je l'aime plus que jamais.

LETTRE CCCII

DE MADAME DU DEFFAND A L'ABBÉ BARTHÉLEMY

Ce mercredi, 11 décembre 1771.

Vous avez donc trouvé la grand'maman très-enrhumée. Je reçus d'elle une lettre le jour de votre départ; elle me confiait son rhume et elle me défendait de vous en parler, en cas que vous ne fussiez pas parti; elle prétendait que c'était peu de chose, et je vois qu'elle me trompait. Savez-vous, l'abbé, ce qui me désespère, c'est de n'être pas partie avec vous? je perds le seul temps où rien ne manquerait à mon bonheur à Chanteloup. Je n'examine point si j'aurais eu la force de soutenir le voyage; je ne pense qu'au plaisir que je perds; je soignerais avec vous cette chère grand'maman. Je comprends les convulsions de votre diaphragme, l'inquiétude est bien propre à les causer; le mien en souffre beaucoup par l'absence. Je ne sais quelle idée vous aurez donnée de mon état à mes parents; si vous leur avez persuadé qu'il était heureux vous les aurez trompés sans le vouloir. Non, l'abbé, il n'est point heureux; et comment pourrait-il l'être? Ne suis-je pas séparée de tout ce que j'aime? Et quelle espérance puis-je avoir de voir finir cette séparation? Ah! oui, toute ma consolation est celle des gens qui sont au désespoir. Je n'articule pas le mot, il est par trop triste.

Je ne sais rien à vous mander de ce qui se passe; il me semble qu'il n'y a rien de nouveau. J'aimerais bien vous rendre compte de la visite d'un grand prince à une belle dame qui a perdu depuis peu son beau-frère; je vous la conterai un jour; pour aujourd'hui je n'ai pas l'esprit assez délibéré. Vous ne connaissez jamais l'embarras ; vous dites toujours librement et nettement tout ce que vous voulez, tout ce que vous pensez; moi, je suis souvent dans un épaississement dont je ne puis me tirer ; alors je me crois bête à manger du foin, j'ai une grande répugnance à écrire, je sens que je ne dirais que des lieux communs, cet état me devient presque habituel; j'y suis en plein aujourd'hui. Ne m'en aimez pas moins, mon cher abbé, et ne souffrez pas que la grand'maman se dégoûte de son enfant.

Adieu.

LETTRE CCCIII

DE L'ABBÉ BARTHÉLEMY A MADAME DU DEFFAND

13 décembre 1771.

Vous savez tout ce qui se passe chez nous: Le grand-papa a envoyé sa démission il y a quelques jours; on attend la réponse. La grand'maman n'a pas eu un moment pour vous écrire tous les détails de cette affaire; elle est bien fâcheuse ; mais ils n'en sont pas abattus. La grand'maman désire que vous soyez aussi tranquille qu'elle l'est elle-même. Son rhume est sur sa fin ; elle toussote encore un peu le soir. On prétend qu'il faut que je retourne à Paris ; je partirai lundi ou mardi. Je vous prie de n'en rien dire. La grand'maman me donnera une lettre pour vous. Je vous répète mille tendres choses de sa part, et de la part du grand-papa qui se porte à merveille.

LETTRE CCCIV

DE LA DUCHESSE DE CHOISEUL A MADAME DU DEFFAND

A Chanteloup, ce 15 décembre 1771.

Ce que femme veut Dieu veut, dit le proverbe ; et il me semble que la volonté du roi est comme celle de Dieu ; elle est irrésistible. Il faut bien souffrir ce qu'on ne peut empêcher! Ainsi M. de Choiseul a envoyé au roi la démission de sa charge [1]. Je pourrais, ma chère petite-fille, vous débiter des proverbes comme Sancho Pança jusqu'à la fin de ma lettre; mais vous ferez mieux d'écouter l'abbé; il vous racontera toutes les circonstances de cet événement qui sans doute vous occupe beaucoup; il vous rassurera, si vous êtes effrayée, il vous consolera, si vous êtes affligée, en vous assurant que votre grand-papa n'en est pas moins gai, et que votre grand'-maman n'en est pas moins heureuse. Mais l'abbé oubliera peut-être de vous parler de lui; il est aussi intéressé que nous pour lui-même à ce qui nous arrive; il y a à parier qu'on le dépouillera comme nous, et il y perdra en comparaison plus que nous; sa constance est admirable, son sort me touche infiniment, et son sentiment m'attendrit aux larmes. Ce sera pour lui une consolation de vous voir, et je trouve à son absence celle de savoir que vous parlerez encore de moi ensemble; il vous dira que vous avez raison de m'aimer, ma chère petite-fille, parce que je suis pour vous la plus tendre des grand'mamans.

LETTRE CCCV

DE MADAME DU DEFFAND A LA DUCHESSE DE CHOISEUL

Ce mardi, 17 décembre 1771.

Ah! vous n'êtes pas si affligée que moi; vous avez du courage, vous êtes avec ce que vous aimez, vous avez la satisfaction de le voir, de vous consoler avec lui, tout est commun entre vous; il n'est point de véritables malheurs dans une telle position. C'est moi qui suis véritablement à plaindre; je suis

---

1. De capitaine général des Suisses; l'abbé Barthélemy en était secrétaire général.

séparée de tout ce que j'aime, de vous, chère grand'maman.

J'attends l'abbé, j'ai besoin de le voir. Ah! ce pauvre abbé, je ne suis cependant point en peine de son sort; quand on est aimé de vous, on n'a rien à craindre pour soi, on ne peut avoir de malheurs que les vôtres, je connais votre cœur; il n'y en a pas un autre qui lui ressemble. Comment puis-je vivre séparée de vous? Aussi, chère grand'maman, je ne vis que pour souffrir.

Je prévoyais il y a longtemps ce qui vient d'arriver; mais je l'ai cependant appris avec surprise et saisissement. La conduite du grand-papa est bien courageuse et bien noble; j'ignore encore ce qu'elle produira. Je n'appris rien hier, et comme je ne vis personne de la journée que je pusse croire bien instruit, je ne sais ce que je dois penser et prévoir; mais vous n'attendez pas de moi des nouvelles.

Je vis vendredi la petite maréchale; elle ne savait aucun détail. Le lendemain, je soupai chez les Beauvau; la princesse est toujours héroïque; je l'admire, mais je la trouve inimitable; je n'ai pas l'âme si romaine. Si l'abbé vous a dit tout ce que je pense, vous devez juger de l'impression que me font tant de vertus. Quand les liaisons commencent, on ne prévoit pas quelles seront leurs suites. Oh! je fais bien des réflexions dans mon tonneau; que ne suis-je dans celui qui m'attend à Chanteloup! Je n'ose me flatter de l'occuper jamais; trop de raisons m'arrêtent. Mais passer sa vie sans vous voir, chère grand'maman, est une idée que je ne puis supporter. Je veux me flatter qu'il arrivera quelque événement; que du bouleversement qui ressemble au chaos il se formera un nouvel arrangement qui remettra tout dans l'ordre; il est impossible que tout ceci subsiste. Il ne peut y avoir de concorde entre les méchants, ils doivent nécessairement tourner leurs armes contre eux-mêmes et être détruits l'un par l'autre. Mais qu'ils se hâtent et que je puisse être témoin de leur ruine!

Mais votre santé, chère grand'maman, voilà ma plus grande

inquiétude. Vous vous portez mieux, m'écrit l'abbé; mais vous toussez toujours. Il n'est plus auprès de vous pour vous soigner; cela empoisonne le plaisir que j'aurai de le revoir; vous n'avez que le pauvre prince, faible ressource. Si cela ne vous fatigue pas trop, prenez quelque moment dans la journée pour m'écrire; ne vous rebutez point de l'insipidité de mes lettres; soyez assez judicieuse pour ne pas exiger qu'elles ressemblent aux vôtres. Qui est-ce qui a votre esprit, votre âme, votre chaleur, votre énergie; ce n'est pas moi. Dénuée de toutes ces qualités, j'ai de plus un âge, des infirmités et des malheurs qui éteignent et détruisent le peu que la nature m'avait donné. Vous ne m'en aimerez pas moins, n'est-ce pas? Vous vous souviendrez que je suis votre enfant et un enfant qui a pour vous tous les sentiments du cœur le plus tendre.

Je n'écris pas au grand-papa; je vous supplie d'être mon interprète. S'il ne compte pas sur mon attachement, il a grand tort; personne ne lui est plus dévoué que moi.

LETTRE CCCVI

DE MADAME DU DEFFAND A LA DUCHESSE DE CHOISEUL

Paris, ce 20 décembre 1771.

Voilà donc le sort du grand-papa décidé. Il n'est pas tel que je l'aurais désiré; mais ce que j'ai fort approuvé avec tout le public, c'est que la pension vous soit réversible. Il n'y entre aucune vue d'intérêt; le témoignage de considération est tout ce que je vois, et ce qui a généralement paru juste. Je crois vous entendre me reprocher cette façon de penser. Je sais que vous ne vous comptez pour rien, que vous ne voulez jamais qu'il soit question de vous. Mais cessez de prétendre que cela soit. Plus vous cherchez à vous cacher, plus vous vous faites connaître. Votre modestie vous rend plus célèbre et plus respectable que l'éclatant héroïsme des autres. Vous pouvez vous flatter d'être très-singulière, très-originale, et qu'il n'y aura jamais de vous aucune bonne copie. Tout malheur cesse quand on le partage avec vous. Je suis bien sûre que le grand-papa ne me dédira pas; pour l'abbé il s'oublie si parfaitement lui-même, que je suis plus affectée que lui de la perte qu'il va faire. Je la crois inévitable. Comprenez-vous que la charge ne soit pas encore donnée? Toutes les raisons qu'on imagine, toutes les spéculations que l'on fait sont absurdes. On serait honteux de deviner aujourd'hui ce que l'on fera demain. Pour moi, je crois que si ce n'est pas le puîné [1], ce sera le Bacha [2]. Pourquoi pas ce dernier? Plus son élévation est rapide, plus sa chute semble prochaine. Tout ceci ne saurait subsister. Dans deux ans d'ici on croira avoir fait un mauvais rêve. Je désire vivre le temps qu'il faudra pour être témoin de ce changement!...

Je vis hier l'abbé; nous sommes bien d'accord dans nos sentiments et notre façon de penser. Je l'aime doublement; je l'aime pour lui et je vous aime en lui. Mais savez-vous qui je hais? C'est moi, surtout quand je n'ai pas dormi. Les insomnies me font faire des pas de géant vers un terme qui n'est pas le château de Chanteloup. Pourquoi ne suis-je pas née habitante d'Amboise? Je voudrais être tout ce qui pourrait me rapprocher de vous!

Ce samedi 21.

C'est par M. d'Esterhazy que vous recevrez cette lettre. Je ais qu'il a du mérite. J'avais un commencement de connaissance avec lui qui n'a point eu de suite. J'imagine qu'il cherchera à vous plaire. Je serais bien aise qu'il eût envie de me connaître. Donnez-lui-en la pensée. Je n'aime que les gens raisonnables; ils sont bien rares. J'ai beaucoup de peine à me former une société supportable, ce qui me serait bien néces-

---

1. M. le comte de Provence.
2. Le duc d'Aiguillon.

saire, ne sortant presque plus et détestant ce qu'on appelle le monde.

J'eus hier la princesse. Son mari va aujourd'hui à Trie chasser avec M. le prince de Conti. Il n'en reviendra que mardi, veille de Noël, jour d'une époque[1] qui ne sortira jamais de ma mémoire, où tout mon bonheur a été renversé.

Je fus hier longtemps tête à tête avec l'abbé. Je sens combien il doit vous manquer. L'incomparable ne le remplacera point. Eh! qui pourrait le remplacer? Adieu.

LETTRE CCCVII

DE LA DUCHESSE DE CHOISEUL A MADAME DU DEFFAND

A Chanteloup, ce 29 décembre 1771.

Ce sera l'incomparable qui vous remettra cette lettre, cet incomparable que j'avais chargé de vous écrire par la dernière occasion qui ne m'en laissait pas le temps; j'ai chargé l'abbé de réparer ses torts et mon malheur.

La société de votre incomparable est si douce, qu'on ne peut pas la perdre sans regret, c'est une consolation pour moi de vous le renvoyer; il vous dira que l'abbé a eu tort de vous effrayer sur mon rhume; il est tout à fait passé, et je me porte fort bien. Vous savez aussi que le grand-papa a eu une attaque de sa colique néphrétique dont il est bien aussi; il se purge demain.

J'ai un peu plus d'espérance que les affaires de l'abbé tourneront bien, que je n'en avais quand il est parti; mais je vous demande en grâce, ne le laissez pas revenir qu'il ne les ait terminées ou assurées; je crains toujours qu'il ne gâte tout par sa précipitation, et il devrait bien savoir qu'il n'y a rien qui m'intéresse autant que ses affaires. Il doit vous avoir dit ce

---

1. La disgrâce de M. de Choiseul.

que je pense sur cette réversibilité de pension dont vous me faites compliment ; sans la crainte de nuire à M. de Choiseul, par un refus qui pourrait déplaire et dont on se vengerait sur lui, et l'espérance de pouvoir lui en procurer un jour des avantages en l'abandonnant à son profit, je la refuserais. Il faudra donc me justifier du vernis odieux qu'elle jettera sur moi, et qui blesse également mon honneur et mon sentiment ; si l'on eût eu égard à mon refus, on m'aurait épargné l'humiliation d'une justification ; tout eût été dans l'ordre ; il n'y aurait eu rien à dire, j'aurais fait mon devoir et l'on n'aurait pas parlé de moi.

Vous avez écrit une lettre charmante au grand-papa ; vous avez bien fait de lui écrire. Je crois qu'il vous répond aujourd'hui par le prince.

Je vous ménage M. d'Esterhazy qui me paraît flatté de votre recherche ; je voudrais bien vous procurer des plaisirs, ma chère petite-fille, en attendant que j'aie celui de vous voir, qui sera le plus grand pour mon cœur rempli de tendresse pour vous.

LETTRE CCCVIII

DU DUC DE CHOISEUL A MADAME DU DEFFAND

A Chanteloup, ce 29 décembre 1771.

Je suis très-fâché du départ du prince, ma chère petite-fille. Qu'est-il nécessaire qu'il aille soigner si promptement sa future femme ? Si elle a mal au talon, la chanson dit qu'elle n'a qu'à se le gratter par le trou de la pochette. Mais le prince part, et nos instances ne peuvent le retarder.

Vous seriez plus avisée que moi si vous aviez prévu ce qui vient de m'arriver. Je ne m'y attendais pas du tout au bout de l'année. Quoi qu'il en soit, et sans me laisser aller à des complaintes inutiles, j'ai pris mon parti sur les Suisses comme si je n'en avais jamais eu la charge. Je sens même de la douceur à n'avoir plus à combattre l'inquiétude de mes amis sur ces objets. Je doute que l'on puisse me rien ôter dorénavant et je vais m'arranger pour, en dépit de la méchanceté et des méchants, vivre heureux avec ce qui me reste. J'ai tout lieu d'espérer que l'abbé gardera sa place. Je ne crois pas qu'il soit l'ennemi de M. d'Aiguillon, c'est-à-dire que M. d'Aiguillon ait un intérêt à lui faire du mal. Cette place de l'abbé est la seule chose qui m'intéresse sensiblement dans ce moment-ci, relativement aux Suisses ; et relativement à mon bonheur, je désire bien vivement que ma chère petite-fille me conserve les sentiments que j'éprouve d'elle depuis si longtemps, et qu'en la revoyant un jour je puisse en jouir tranquillement.

Votre grand'maman vous écrit sans doute.

LETTRE CCCIX

DE MADAME DU DEFFAND A LA DUCHESSE DE CHOISEUL

Ce 31 décembre 1771.

Je souhaite la bonne année à la grand'maman, au grand-papa. Je fais mille vœux pour leur conservation et autant pour leur retour. Je leur demande leur bénédiction ; je leur promets d'être bien sage et de mériter, par ma bonne conduite, la continuation de leurs bontés. Je les prie de trouver bon que je leur présente des fruits du jardin de notre monastère. La pomme est pour le grand-papa ; les marrons pour la grand'maman. Je les envoie tout cuits. Elle n'en donnera point à sa chienne, et, en les mangeant, elle pensera à sa petite-fille qui ne cesse de penser à elle et d'en parler avec le grand abbé.

Je n'ai pas trop bonne opinion des affaires de ce pauvre capitaine. Il en a moins d'inquiétude que moi. Il me confirme bien ce que je savais déjà, qu'un véritable attachement tient lieu de tout. Il ne pense qu'à retourner à Chanteloup. Pourvu qu'il ne soit jamais séparé de vous, ni du grand-papa, rien ne pourra altérer sa bonne humeur et son bonheur. Je penserais bien de même si je n'avais que soixante ans et que je n'eusse besoin du secours de personne. Je serais toujours auprès de vous et auprès du grand-papa, et je quitterais tout le reste sans pousser un soupir, sans verser une larme.

Je vous enverrai par l'abbé une chanson que j'aime à la folie et que je chante à merveille. J'y ai fait faire un accompagnement de clavecin et de flûte. Vous me manderez si vous la trouvez jolie ; c'est une traduction de *Metastasio*, par M. de Saint-Lambert. Elle lui aurait obtenu ma voix pour l'Académie bien plutôt que ses *Quatre Saisons*.

Je reçus l'autre jour une lettre d'Horace. L'abbé vous dira dans quels termes il parle de vous et de l'événement présent. Ah ! je ne l'aimerais pas tant s'il ne pensait pas pour vous comme il fait ! L'abbé vous rendra compte de tout ce qui se passe dans mon âme; il y a lu à livre ouvert. C'est pour moi un délice que de pouvoir parler avec confiance. J'étouffe de tout ce que je ravale ; mais j'ai eu avec lui une grande évacuation, et elle m'a fort soulagée. A chaque chose que je lui dis : « Vous le direz à la grand'maman ! » J'ai pour vous, ainsi que lui, une amitié très-éclairée, et nous nous piquons de vous connaître et de vous juger mieux que personne.

Votre petite sainte depuis quelques jours a eu un peu de fièvre; elle a été saignée. Les nouvelles que j'en ai eues ce matin étaient qu'elle se portait mieux. Adieu.

LETTRE CCCX

DE LA DUCHESSE DE CHOISEUL A MADAME DU DEFFAND

A Chanteloup, ce 4 janvier 1772.

Vous avez traité le grand-papa comme une Vénus en lui envoyant la pomme, vous me traitez comme un chat en m'envoyant les marrons à retirer du feu : votre pomme et la belle bourse qu'elle renfermait, vos marrons et tous les jolis petits bouchons d'or qu'ils renfermaient, et qui feront un parfilage charmant[1], la charmante et odorante corbeille qui renfermait tout cela, forment l'ensemble du plus joli présent du monde ; mais, ma chère petite-fille, pourquoi nous donner des étrennes ? Je suis devenue si provinciale que je ne sais plus comment on les reçoit, et vous m'avez réellement affligée et embarrassée.

Ce qui arrive à l'abbé n'est-il pas bien piquant ? Y a-t-il jamais eu espérance mieux fondée que celle que j'avais qu'il conservât sa place ? Je suis vraiment au désespoir aujourd'hui de la lui voir perdre, après m'être flattée qu'il la conserverait ; je vous recommande toujours de ne pas le laisser partir que

---

1. Le parfilage continuait à faire fureur. Cette mode dura très-longtemps, et il en est souvent question dans cette correspondance. C'est à cette époque qu'il faut placer la chanson suivante, trouvée dans les papiers de madame du Deffand, et dictée par elle à Wiart.

Sur l'air : *Attendez-moi sous l'orme.*

Vive le parfilage !
Plus de plaisir sans lui !
Cet important ouvrage
Chasse partout l'ennui.
Tandis que l'on déchire
Et galons et rubans,
L'on peut encor médire
Et déchirer les gens.

Autrefois dans la vie
L'on n'avait qu'un amant ;
Maintenant la folie
Est d'en changer souvent.
On défile et partage
L'amour comme un ruban ;
Et, même au parfilage,
On met le sentiment.

Tel qui lit une page
Peut paraître un savant,
S'il a du parfilage
Le secret imposant.
La plus petite idée
Qu'on attrape en passant,
Étant bien parfilée,
Tiendra lieu de talent !

son affaire ne soit terminée ; je crains toujours qu'il ne se nuise par trop de générosité ou de précipitation. Pourquoi faut-il, ma chère petite-fille, que j'attende son retour pour avoir cette chanson que vous chantez si bien? Je suis bien inquiète de la petite sainte et de madame d'Enville qui est aussi malade. Les maux et les malheurs de mes amis font mon tourment; cela doit vous engager à vous ménager, ma chère enfant, en faveur d'une grand'maman qui vous aime bien tendrement.

Le grand-papa vous embrasse et a été enchanté de sa bourse.

LETTRE CCCXI

DE LA DUCHESSE DE CHOISEUL A MADAME DU DEFFAND

A Chanteloup, ce 10 janvier 1772.

Je vous remercie, ma chère petite-fille, de commencer par me donner des nouvelles de la santé de mes amies. C'est certainement ce qui m'intéresse le plus...

Je ne suis pas du tout contente de la tournure qu'a prise l'affaire de l'abbé. Le petit comte d'Artois[1], qui me paraît un enfant charmant, voulait qu'il gardât tout; et on ne lui donne que la moitié. Je voudrais qu'on lui donnât un dédommagement pour le reste, et je voudrais le revoir.

Je vous suis obligée de vouloir bien vous charger d'envoyer en Angleterre l'échantillon de mon bureau. Je ne puis vous dire le prix que j'en voudrais, parce qu'il m'a été donné; mais j'entends dire que ces ouvrages sont estimés en Italie, qu'ils y sont devenus assez rares. J'ai imaginé qu'on en ferait plus de cas en Angleterre qu'ailleurs. Si le prix qu'on m'en offrira me convient, je donnerai le bureau ; s'il ne me convient pas, je le garderai. Voilà tout ce que j'en peux dire, parce que je n'ai nulle idée de sa valeur; peut-être n'en a-t-il pas; peut-être en

1. Le roi avait donné la charge de commandant-général des Suisses à monsieur le comte d'Artois.

a t-il beaucoup? c'est M. de Cambray qui en a ramassé les tableaux pendant qu'il était en Italie, et la plupart lui avaient été donnés. C'est parce que ce bureau me vient de M. de Cambray que sa vente est un secret.

A propos, je mets une condition à la vente de mon bureau : c'est que M. Walpole ne l'achètera pas; sans cela je croirais que ce n'est que pour me faire plaisir, et je ne le lui vendrais pas.

LETTRE CCCXII

DE MADAME DU DEFFAND A LA DUCHESSE DE CHOISEUL

Ce lundi, 13 janvier 1772.

Je ne pourrai vous écrire qu'un mot, chère grand'maman, je m'éveille et il est près de cinq heures. Mon sommeil est si impertinent, si désordonné, qu'il dérange toute ma vie, ma santé, ma conduite. Ne concluez pas de là que je sois malade : il n'en est rien. Je ne comprends rien à ce dérangement. Je me porte bien le jour; je ne dors point la nuit, et j'ai de temps en temps, mais rarement, des excès de sommeil.

Je vais me hâter de vous rendre compte de ce qui vous intéresse. D'abord madame d'Enville se porte bien. La petite sainte vient de me mander tout à l'heure qu'elle se porte mieux. J'ai pensé comme vous; je n'ai cessé de dire qu'il faut absolument qu'elle aille à Barèges. Insistez, chère grand'maman; il est très-important de l'y déterminer.

J'aurai bien de la peine à retenir l'abbé. Il n'est pas impossible que son affaire traîne encore quelque temps. Il y a toute apparence qu'il est question de supprimer la place. Il faudrait bien dans ce cas-là qu'on lui laissât les appointements en entier. Je vais lui conseiller de faire un tour à Versailles. Il faut qu'il voie d'Affry et madame de Durfort. C'est à vous à lui défendre de partir pour Chanteloup, car je n'ai ni la force ni le pouvoir de le retenir.

J'écrirai à M. Walpole suivant vos ordres. Je lui ai mandé de me faire savoir ce qu'on en offrirait; je vous le ferai savoir; mais je voudrais que vous disiez à quel prix vous le voulez laisser. Si, par hasard, on n'en offrait que 50 ou 60 louis, apparemment que vous ne voudriez pas vous en défaire.

On ne sait si le mariage de mademoiselle de Béthune est rompu. On doute qu'il y ait un premier écuyer; enfin on ne sait rien.

Adieu, chère grand'maman, je m'en rapporte à l'abbé; il vous informera de toutes les nouvelles bien mieux que moi, et même de mes sentiments. Adieu, adieu. Il faut que je me lève.

LETTRE CCCXIII

DE LA DUCHESSE DE CHOISEUL A MADAME DU DEFFAND

A Chanteloup, ce 18 janvier 1772.

Je suis persuadée que l'abbé sera parti dès qu'il aura su son affaire expédiée. C'est ce qui fait que je ne lui écris pas. Dites-le-lui, s'il est encore à Paris. Je suis comme un enfant du plaisir de le revoir, et j'ai besoin de joie au milieu de toutes les occupations tristes que j'ai. Le prince vous les dira. Je lui en écris aujourd'hui une longue lettre. Si vous trouvez le moyen de me placer quelques-uns de mes pauvres gens réformés, vous me rendrez un grand service; j'ai le cœur serré de cette réforme.

Je vous répondrai toujours de même pour mon bureau. Je ne sais ce que j'en veux; je ne sais ce qu'il vaut, mais cinquante ou soixante louis ne vaudraient certainement pas la peine de l'envoyer en Angleterre. Ce que je sais, c'est que des tableaux en mosaïque de Rome, qui ne sont que des pierres de composition, de même grandeur que la plupart de ceux de mon bureau, coûtent ce prix-là; que les miens sont en pierres fines, ouvrage de Florence très-estimé et devenu très-rare. Mais ces sortes de choses ne sont point connues ici. Mon petit tapissier s'est avisé de le faire estimer, je ne sais pas pourquoi. On l'a estimé douze cents livres, qui est le prix de la cage dont les bronzes et la marqueterie sont assez maussades, et que j'estime rien. Si l'on fait cas de ces sortes d'ouvrages en Angleterre, je le vendrai, si le prix qu'on m'en offrira vaut la peine que je le vende. S'il ne le vaut pas, je garderai le meuble et j'y aurai toujours gagné de savoir que je n'ai rien, au lieu de l'erreur de croire que j'avais quelque chose.

Adieu, ma chère petite-fille; on me presse et je n'ai que le temps de vous embrasser bien tendrement.

LETTRE CCCXIV

DE MADAME DU DEFFAND A LA DUCHESSE DE CHOISEUL

Ce 21 janvier 1772.

L'abbé espère partir jeudi; vous l'aurez vu avant que de lire cette lettre; c'est lui qui vous la remettra; le voilà bien content. La sûreté de pouvoir vous dévouer tous les moments de sa vie le console de la perte qu'il fait de la moitié de son bien; je penserais bien de même et je ne croirais pas trop acheter le plaisir de vivre avec vous. Oui, chère grand'maman, je puis vous en assurer et sans exagération; ma tendresse pour vous augmente tous les jours et me fortifie dans le dégoût que j'ai pour tout le reste du monde. Pourquoi faut-il que Chanteloup soit à soixante et tant de lieues d'ici? Et pourquoi cette distance est-elle le moindre inconvénient? Pourquoi mon âge et mon infirmité me donnent-ils de si justes défiances? Et pourquoi faut-il que je ne prévoie que malheur pour l'avenir? Mais je ne veux point vous ennuyer ni vous attrister; je ne vous parlerai donc plus de moi. Je remets à l'abbé le soin de vous dire tout ce que je pense, tout ce que je fais, tout ce que je désire, tout ce que j'appréhende, etc., etc.

J'ai appris par le public tous les sacrifices que vous faites, nouveau sujet d'admiration, mais non pas de surprise; il n'y a rien qu'on ne puisse attendre de vous; personne n'a autant que vous de droit à la gloire et personne ne la recherche moins. Mais si vous avez le cœur content et satisfait, vous n'achetez pas trop ce bonheur; et si vous en jouissez réellement, vous serez une personne unique dans tous les genres, et par le mérite et par le bonheur.

J'ai fait plusieurs petits soupers avec l'abbé et le président de Cotte; nous disions à tout moment : si la grand'maman était ici! Je vois partir cet abbé avec joie puisque c'est vous qu'il va trouver, mais je le regrette infiniment; je n'aurai plus personne à qui parler; j'ai besoin d'épanchements, je ne suis pas assez forte pour renfermer tout ce que je pense, et c'est cependant le parti qu'il faut prendre. Qu'est-ce que c'est que les amis que l'on a? La plupart des ennemis déguisés qui écoutent volontiers le récit de nos chagrins, parce qu'ils s'applaudissent de n'en point avoir, croyant le devoir à leur bonne conduite, à leur esprit et à leur raison. Si l'on a quelque contentement, ils vous portent envie et vous font entrevoir tout ce qui peut le diminuer; enfin quelqu'un disait l'autre jour qu'à présent tout le monde se haïssait. J'ai peur qu'il ne dise vrai.

J'ai envoyé par M. de Guignes l'échantillon de votre bureau; je ne peux pas encore en avoir de réponse; j'ai marqué à M. Walpole tout ce qu'il devait faire, que vous ne vouliez point qu'il en fît l'emplette pour lui, qu'il eût à me mander combien on l'estimait; il faut, de votre côté, que vous me fassiez savoir à quel prix il peut le laisser. J'attends de ses nouvelles demain, je ne fermerai ma lettre qu'après l'arrivée de la poste, et je vous manderai ce qu'il m'aura écrit.

Ce mercredi 22, à 2 heures.

Je soupai hier pour la dernière fois avec l'abbé chez madame de La Vallière; il m'a promis de me voir un moment aujourd'hui. Je lui donnerai cette lettre; il vous la portera et je voudrais bien qu'il m'emportât avec lui. J'ai véritablement une grande peine à résister à l'extrême désir que j'ai de vous revoir.

Je reçus hier votre lettre fort tard. Je n'ai point vu le prince, je l'attendais pour le questionner ; je crus que ce prince était M. de Beauvau ; comme je vis celui-là, je l'interrogeai, mais c'était de l'incomparable dont vous vouliez parler. Je compte le voir aujourd'hui. Notre liaison ne se resserre point, tout au contraire ; il ne voit presque plus aussi madame de La Vallière ; ce n'est pas qu'il aime mieux sa dame, mais c'est qu'il est tout d'habitude, son âme est immobile ; il est étonnant qu'il soit d'aussi bonne société avec aussi peu de sentiment ; aussi on le trouve et on le perd sans s'en apercevoir. Qu'il y a peu de gens qu'on puisse aimer ! Il n'y en a guère davantage qu'on puisse estimer. Quand vous serez vieille, chère grand'maman, vous en serez bien convaincue.

Je voudrais bien pouvoir rendre service aux gens dont vous vous défaites. Je vous plains de ces retranchements ; votre plus grand malheur est pour ainsi dire le bien que vous ne pouvez plus faire. Cette pauvre Mlle de Caumont, que deviendra-t-elle ? Et le petit de Lindre ? Et tant d'autres ? Je ne puis m'empêcher de regretter vos diamants, quoique je sois bien persuadée que c'est le moindre de vos sacrifices. La seule chose dont je sois satisfaite, c'est que vous ne quitterez point votre maison ; tout mon désir, c'est de vivre assez de temps pour me retrouver encore dans ce petit appartement ; je ne puis me rappeler le moment où je vous y ai embrassée pour la dernière fois sans être prête à pleurer. Quand on est vieille, chère grand'maman, on aime bien peu de chose, mais on est bien fortement attachée à ce que l'on aime.

Vous possédez le comte de Jarnac ; vous aurez, le 4 du mois prochain, le comte de Chabot [1] ; vous allez avoir aussi le

---

1. Le comte de Chabot prit en 1775 le titre de duc de Chabot, et hérita de

marquis de Laval; vous ne passerez point l'année sans voir madame de Luxembourg. M. et madame de Beauvau vous iront trouver immédiatement après la Chandeleur, et moi, chère grand'maman, où serai-je tandis que tous ces gens-là seront avec vous? Comme le sort arrange toutes choses!

Le facteur vient d'arriver, il n'y a point de courrier d'Angleterre, peut-être arrivera-t-il demain, mais vous attendrez sans impatience des nouvelles de votre bureau.

Adieu, chère grand'maman, ne vous refroidissez jamais pour votre petite-fille.

LETTRE CCCXV

DE MADAME DU DEFFAND A LA DUCHESSE DE CHOISEUL

Ce lundi, 27 janvier 1772.

Je me trouve cent fois plus éloignée de vous, chère grand'-maman, depuis le départ de l'abbé, il me semblait qu'il n'y avait que lui entre vous et moi, qu'il vous tenait d'une main et me tenait de l'autre; il m'a échappé, s'est tourné vers vous et me voilà toute seule.

Je vous écris par madame de Poix, qui vous dira tout ce qu'elle sait, et elle en sait certainement plus que moi.

Je reçus hier un billet de la maréchale pour me dire d'avertir son frère d'aller à Versailles pour une troisième indigestion, je ne sais pas quelle suite elle aura eue, et c'est ce que madame de Poix vous dira [1].

---

celui de duc de Rohan en 1791, par la mort de son cousin germain, Louis-Marie Bretagne-Dominique, duc de Rohan, dernier de sa branche. — Le comte de Jarnac, frère du comte puis duc de Chabot, et de la princesse de Beauvau, mort en Angleterre, en 1812. Il avait épousé mademoiselle de Pons, dont la mère (mademoiselle de Betz) était sœur de la comtesse de Choiseul, la petite sainte. M. de Jarnac eut de sa première femme une fille qui devint madame de Castellane, mère du maréchal de Castellane, et de sa seconde femme (mademoiselle Smith), le vicomte de Chabot.

1. Le Roi était malade.

J'ai encore passé cette nuit-ci sans dormir, et parmi toutes les idées qui m'ont passé par la tête j'ai entrevu qu'il ne serait peut-être pas impossible que je me retrouvasse dans le petit appartement. Mon système est que l'estomac est le siége de l'âme, que c'est de lui que partent tous les ordres du destin, que c'est lui qui régit l'univers; pourquoi ne pas espérer en lui ?

Je ne m'accoutume point, chère grand'maman, à voir partir tout le monde pour vous aller trouver, tandis que je reste dans mon tonneau. Je fais l'application de deux vers des prophéties d'Athalie, vous êtes la Jérusalem nouvelle et je dis :

> D'où lui viennent de tous côtés
> Ces enfants qu'en son sein elle n'a point portés?

Oh! que j'ai d'envie que vous vous retrouviez au milieu de vos enfants légitimes !

La pauvre marquise du Crussol est morte cette nuit; c'était une femme sans défauts et qui était de cette classe si peu nombreuse de gens qui n'ont jamais fait de mal à personne; il y avait cinquante-cinq ans que je la connaissais; j'avais toujours été bien avec elle, je la voyais souvent, je pouvais dire : elle est mon amie, elle avait deux ans plus que moi; je l'estimais ; enfin, c'est une perte.

Mais je suis dans la crainte d'en faire une plus grande, le pauvre Pont-de-Veyle a la fièvre depuis six jours; son médecin, M. Pomme, est malade de son côté, il n'a de confiance qu'en lui. Ce serait un très-grand malheur pour moi si je perdais cet ancien ami; l'inquiétude est un grand mal, et je ne sais pas la supporter.

J'espère, chère grand'maman, recevoir aujourd'hui ou demain une lettre de l'abbé, et qu'il me dira clairement à quel prix on pourra laisser votre bureau. J'attends cette réponse pour écrire, c'est jeudi jour de poste, et si je n'écris pas ce jour-là, cela renvoie au lundi. J'ai déjà mandé, selon vos ordres, que vous ne vouliez absolument pas que M. Walpole l'achetât pour lui. S'il peut le vendre, ce sera vraisemblablement à quelque millionnaire de leur Compagnie des Indes. Je crains que ce meuble ne soit pas de leur goût, et que même dans cette bagatelle je ne puisse vous être bonne à rien.

Vous m'aviez renvoyée, chère grand'maman, pour être au fait de vos arrangements, c'est-à-dire de vos retranchements, au *prince*, je n'ai su de quel prince vous vouliez parler, si c'était de Beauvau, ou l'incomparable; vous n'avez écrit ni à l'un ni à l'autre, et par delà M. et madame de Fresne, je ne sais rien de plus.

Je compte que l'abbé m'informera de tout et qu'il m'adoucira l'absence autant qu'il sera possible; il a passé un mois qui doit lui avoir fait juger combien elle est difficile à supporter. Il vous aura dit la vie que je mène. De tout ce que je fais, ce qui me plaît le plus, c'est de souper chez madame de La Vallière; c'est une très-bonne femme; je passai l'autre jour une soirée chez elle avec M. de Gontaut[1], nous fûmes le mieux du monde ensemble; il doit souper chez moi un de ces jours avec la maréchale de Luxembourg. Dans tout ce que je fais, je n'y trouve de plaisir qu'autant que cela a quelque rapport à vous, soit *peu ou prou*.

De demain en huit vous aurez les Beauvau, je serai privée du prince, je le trouverai fort à dire, je le vois souvent et je l'aime; j'aime fort la princesse aussi, mais je la vois si rarement que je m'apercevrai peu de son absence.

J'attends que vous ou l'abbé me mandiez ce que je dois faire de votre lettre à M. Barthélemy; M. de Creutz n'a point d'occasion prochaine, faut-il l'attendre ou bien la mettre à la poste?

Lisez-vous beaucoup, chère grand'maman? Pour moi, ce qui me désespère, c'est de ne trouver aucune lecture qui m'a-

---

1. Le duc de Gontaut, père du duc de Lauzun.

muse et me divertisse. J'ai quatre ou cinq sortes de livres sur ma table, je les prends, je les rejette ; si ce sont des voyages, si ce sont des mémoires, je m'étonne que les auteurs aient pu se persuader que les détails dans lesquels ils entrent pourraient intéresser la postérité ; je n'aime que les lettres, l'abbé pourra vous avoir dit que je lis avec assez de plaisir celles de Bussy, je passe celles au Roi, j'aime son style sans aimer sa personne.

Vous voyez, chère grand'maman, combien j'aime à causer avec vous ; je me ferais scrupule d'une telle causerie si vous aviez beaucoup mieux à faire, mais autant vaut écouter votre enfant que le babillage de tant d'autres. Adieu, chère grand'-maman, je n'écris point aujourd'hui à l'abbé, ce sera pour la première occasion.

LETTRE CCCXVI

DE MADAME DU DEFFAND A LA DUCHESSE DE CHOISEUL

Ce jeudi, 30 janvier 1772.

Je ne peux pas souffrir, chère grand'maman, que vous me disiez de me calmer, de ne me pas tant tourmenter pour votre bureau, je vois que vous me croyez une tatillonne qui me tourmente, qui me tracasse, que je pense à avoir l'affaire la plus importante du monde à traiter, qu'il s'agit de l'échange d'une province, etc., etc. Ah ! vous vous trompez. Il fallait que je répondisse aux questions que l'on me faisait, j'ai la mémoire infidèle, et j'ai transcrit les réponses que vous m'avez faites. Je doute que le marché puisse se conclure. Les Anglais, *en général*, sont comme la belle-mère de madame d'Amblimont, *ils ne jettent pas les gigots par la fenêtre*. Ils perdent tous leurs biens au jeu et se détournent de quelques lieues pour éviter de payer cinq sols. Tous les hommes sont fols, rien n'est si rare que de trouver un sage. Gardez bien celui que vous avez, cela ne vous coûtera guère, un seul de vos cheveux sera une assez forte chaîne; il s'entend à aimer, mais il n'y a pas grand mérite, sans vous il n'aurait pas acquis cette science, vous seule la savez enseigner, mais sans votre existence on ne pratiquerait jamais cette science. Oh! cela est vrai, chère grand'maman; aujourd'hui tout le monde se hait, personne n'est aimable, ceux en qui l'indifférence domine sont les plus recherchables; je ne m'afflige point d'être vieille, je serais fâchée d'avoir à rétrograder et d'avoir à repasser par le chemin que j'ai fait; celui qui me reste à faire ne saurait être bien long et c'est tant mieux. Si vous reveniez ici, je ne penserais pas de même, mais être séparée de vous, c'est un grand ennui. Ah! oui, je me persuade, le plus qu'il m'est possible, que j'irai vous voir, mais je fais plus, je me persuade que vous viendrez me retrouver; et pourquoi pas? L'estomac, les entrailles, c'est d'où partent les oracles qui décident du sort des humains; ils commencent à vouloir parler[1], je suis fort attentive à ce qu'ils diront; ils peuvent s'expliquer de plus d'une manière; en attendant voici des vers pour mettre au bas du portrait de la dame.

> En écrivant ici : portrait de la plus belle,
> Je vois que l'Amour a souri.
> Ces mots, jadis, source d'une querelle,
> En vont produire une nouvelle;
> L'un dira c'est Vénus; l'autre, c'est Du Barry.

Ne croyez pas, chère grand'maman, que je sois contente de la louange que l'abbé me donne en disant que je chante ma chanson aussi bien que pourrait faire Géliot; mille fois mieux, monsieur l'abbé, et je suis au désespoir que la grand'maman ne me l'entende pas chanter, elle parviendrait peut-être à m'imiter, et avec sa jolie voix ce serait une merveille. Puisque

---

1. Allusion à l'indisposition du Roi.

je viens d'apostropher l'abbé, souffrez, ma grand'maman, que je continue à lui parler.

J'ai vu hier madame Ménage, je l'ai déjà proposée à plusieurs personnes, à M. le prince de Conty; j'ai cru qu'il l'allait prendre, et puis il a dit que non; à M. le maréchal de Richelieu, qui en a eu aussi beaucoup d'envie, mais comme c'était en présence de madame d'Aiguillon, et qu'il aurait renvoyé une ménagère qu'elle lui avait donnée, elle s'y est opposée. L'évêque de Saint-Omer qui voudrait l'avoir pour lui ou pour un de ses chanoines, c'est sur quoi l'on pourrait compter, mais elle ne veut pas s'éloigner de son mari. Si on peut placer ce mari dans la même ville, cette affaire sera bientôt conclue. Comme vous me dites que je suis tout le monde pour vous, je tâcherai de bien remplir ce rôle.

Votre style de prophète m'a extrêmement plu, vous êtes un vrai Protée; je ne sais de quelle forme je vous aime le mieux, parlez comme lui ou comme Isaïe, et dites-moi si cette année je reverrai la grand'maman.

En voilà assez pour vous, l'abbé, je reviens à elle.

Vous montrez donc mes lettres au grand-papa? Et vous m'exposez à sa moquerie et à rougir d'avoir une si sotte petite-fille? J'ai toute honte bue avec vous, il n'en est pas de même avec lui, il sait bien que j'ai dit :

> Dès qu'on cesse d'être gentille,
> On est rayé de la famille
> Du grand-papa.

Puisque vous me faites entendre qu'il se soucie de moi, dites-lui que je l'aime et l'aimerai toute ma vie à la folie.

Je ne sais ni quand et par qui cette lettre partira, j'écris toujours en attendant, peut-être sera-ce les Beauvau qui vous la porteront et que j'y ajouterai tous les jours quelque chose, je suis résolue d'écrire tout ce qui me passera par la tête, fût-ce les plus grandes bêtises!

Ce lundi, 3 février.

Que pourrais-je ajouter? Des nouvelles que les Beauvau sauront mieux que moi et qui, peut-être, changeront d'ici à demain. Il n'y a point eu de nomination, par l'opposition (dit-on) du tyran breton, il ne voulait point le Monteinard ni le marquis de Chauvelin; le Roi voulait l'un et l'autre; on prétend que la dame fut fort surprise en apprenant hier matin qu'il n'y aurait point de nomination. J'espère que vous apprendrez mercredi au soir qu'il n'y a plus de La Vauguyon. Je lui donne la place de maître des logis dans l'autre monde.

LETTRE CCCXVII

DE LA DUCHESSE DE CHOISEUL A MADAME DU DEFFAND

A Chanteloup, ce 4 février 1772.

Demain, c'est madame de Beauvau; il faudra n'être occupée que d'elle et l'être tout le jour; jeudi, M. de Liancourt part de grand matin, il aura fait trois ou quatre postes avant que je sois éveillée. Point de temps donc pour écrire à ma chère petite-fille si je ne m'y prends dès aujourd'hui; je ne veux pas qu'il en arrive comme à la dernière occasion où je n'en eus pas le temps, parce que les choses se trouvèrent arrangées comme aujourd'hui, et il ne faut pas que cette chère petite-fille se croie abandonnée de ses parents, elle que j'aime tant, qui m'aime tant, qui est isolée, triste, malheureuse, parce qu'elle a perdu une amie, et qu'elle craint pour un autre. Ma chère enfant, que je vous plains d'avoir perdu une amie, puisque vous savez aimer, et qu'on trouve difficilement à faire l'emploi de ce sentiment! Je suis bien aise d'avoir l'abbé, mais je regrette que vous l'ayez perdu dans un moment où il vous était si nécessaire. Mandez-moi des nouvelles de M. de Pont-de-Veyle, je m'y intéresse et pour vous et pour lui; parlez-moi, parlez-moi beaucoup de tout ce qui vous touche; je le partage, non pas du bout des lèvres, mais du fond du cœur, c'est-à-dire que vous lui faites éprouver toutes les impressions des sentiments qui vous agitent.

Oui, madame de Poix nous a tout dit et ne nous a pas dit grand'chose; le roi était malade, il ne l'est plus. Eh bien! qu'est-ce que cela fait? Madame du Barry, à ce qu'on dit, est malade aussi; on craint la rougeole, peut-être n'est-ce rien aussi; mais qu'elle meure ou qu'elle vive, le sort en est jeté. Nous ne sortirons pas d'ici, à moins de grands événements, et ce n'est pas dans le petit appartement qu'il faut attendre votre grand'maman; c'est ici qu'il faut la venir chercher, et où vous la verrez plus heureuse que partout ailleurs.

Enfin, le prince incomparable a reçu ma lettre, j'ai sa réponse; il vous l'aura communiquée, et je vous remercie d'avance de vos bontés pour mes pauvres réformés; je ne sais par quel hasard ma lettre à M. Barthélemy vous est tombée; il n'y a autre chose à faire que de la mettre à la poste; c'est une réponse, un compliment de bonne année.

Je suis charmée de vos nouvelles amours avec M. de Gontaut; je vous en suis obligée à tous deux; il me semble que vous vous aimez en moi; il s'était déjà vanté ici du souper que vous devez lui donner.

Vous demandez si je lis. Guère, parce que je n'en ai pas le temps; j'en suis à présent à Le Vassor, il m'amuse quelquefois par son humeur; vous aimez la prévention et moi j'aime l'humeur, pourvu que je n'en souffre pas; il m'intéresse de temps en temps, mais le plus souvent il m'ennuie, et, quand il m'ennuie, c'est à mourir.

Je ne lirai point les lettres de Bussy; je n'aime plus les rois, et je n'ai jamais aimé les courtisans.

Vous voyez, ma chère petite-fille, que je réponds à tous les articles de votre causerie; c'est que je m'y plais, c'est qu'elle m'est agréable en soi, c'est que rien ne m'est plus cher que son auteur.

LETTRE CCCXVIII

DE L'ABBÉ BARTHÉLEMY A MADAME DU DEFFAND

5 février 1772.

Monsieur et madame la princesse de Beauvau viennent d'arriver un moment avant souper. On s'est mis tout de suite à table. Nous voilà dans le salon où il y a un bruit effroyable. Je me mets dans un petit coin pour vous écrire. Le prince m'a dit que vous vous portez bien ; mais point de lettre de vous ! J'étais au désespoir quand la grand'maman m'a montré une lettre, moitié pour elle, moitié pour moi.

Je vous remercie des bontés que vous avez eues pour madame Ménage ; je vous en remercie infiniment. J'aime à vous devoir, parce que je ne serai jamais embarrassé de la reconnaissance que je vous devrai. Au nom de Dieu ne renoncez pas au projet de venir. Cette espérance est si douce pour vous, pour la grand'maman, pour moi ! J'irai vous chercher à Étampes, à Paris s'il le faut. Monseigneur l'évêque d'Arras viendra avec nous. Vous serez avec un évêque et un bachelier en théologie ; car je l'étais autrefois, et je crois l'être encore. Cette qualité est plus inamovible que celle de secrétaire-général des Suisses. A propos de secrétaire, la grand'maman veut que je lui en serve pour répondre à la lettre qu'elle a reçue ce soir. Elle vous avait écrit dans la journée, et elle ne veut rien ajouter à ce qu'elle vous avait dit. Elle me charge donc de vous assurer qu'elle a trouvé votre lettre charmante, les assurances de votre amitié charmantes aussi ; mais elle est surprise de ce que vous ne lui avez pas parlé de M. de Pont-de-Veyle. Elle en est inquiète, et pour l'intérêt qu'elle prend à sa santé, et pour l'amitié que vous avez pour lui. J'aurais beaucoup de regrets à vous exprimer. Et les soupers chez madame de La Vallière, et les petits soupers chez vous, et les visites de l'après-midi!... La vie n'est qu'une continuité de sacrifices. Heureux qui n'en a point à faire! Mais où se trouvent ces gens-là? En tout cas, ils ne seront jamais mes amis.

LETTRE CCCXIX

DE MADAME DU DEFFAND A LA DUCHESSE DE CHOISEUL

Ce mardi, février 1772.

Il faut, ma grand'maman, que je vous raconte tous mes triomphes; le fier, l'inaccessible, l'invincible Gontaut, que je voulais depuis si longtemps conquérir, qui avait résisté à toutes mes entreprises, s'est enfin rendu; il est venu hier chez moi, chère grand'maman, avec toute sa gaieté et ses grâces naturelles; il a fait plus : il s'est engagé à souper chez moi lundi, 17; je suis actuellement occupée du choix de la compagnie; la maréchale et la belle-fille, cela va sans dire; je vous rendrai compte de tout. Mais savez-vous ce qui m'a plus charmée de sa visite? C'est la lettre que vous lui avez écrite; il faisait semblant de ne pas vouloir la montrer; mais il aurait été bien attrapé si je n'avais pas insisté; et pour sauver son indiscrétion, il a dit qu'il vous devait cette vengeance, que vous lisiez ses lettres en plein salon. Si ces lettres sont de la tournure de la vôtre, il a bien raison d'être en colère.

Vous êtes charmante, chère grand'maman, et je vois avec un plaisir infini que vous êtes parfaitement gaie et heureuse; je dis comme le confesseur de l'Épigramme, quand on me raconte ce que vous dites et ce que vous faites :

Quel diable de train! quelle chienne de vie[1]*!* Vous croyez bien que je n'omets pas la fin de l'Épigramme.

Tandis que vous vous amusez si bien, nous pleurons ici la perte (il faut croire irréparable) du grand duc de La Vauguyon;

---

1. Elle finit ainsi : *Je parle de la mienne!*

il ne faut jamais perdre son billet d'enterrement, pour que l'on ne puisse point ignorer dans l'avenir qu'il a existé un aussi puissant seigneur, qui, dédaignant, comme de raison, le titre de Très-Haut, a eu assez de modestie pour ne pas prendre celui de plus que Très-Haut. Je vois un certain goguenard d'abbé, qui pouffe de rire, et qui dit : « Voilà le second tome du testament de Robert Walpole ; elle s'étonnait qu'il n'eût pas dit l'âge où il était mort, et elle croit que celui-ci a fait son billet d'enterrement. » Oui, monsieur l'abbé, on dit qu'il l'a fait, et il me plaît de le croire.

Pont-de-Veyle se porte beaucoup mieux ; il n'a plus de fièvre, il sort, il vient tous les jours chez moi ; il est pénétré de reconnaissance de ce que je lui ai dit de votre part.

Ne montrez point mes lettres, je vous supplie, chère grand'-maman ; j'ai toute honte bue avec vous et avec l'abbé ; cela ne s'étend pas plus loin.

Dites mille choses, je vous prie, au grand-papa, à la princesse et au prince ; il m'avait promis de m'écrire. Dites à M. de l'Isle que j'ai vu madame de Luxembourg, et que je n'ai rien vu de plus joli. Je suis tout émerveillée de vos vastes génies, c'est à qui aura le plus d'esprit. Vous devriez mourir de honte, chère grand'maman, d'avoir une si sotte petite-fille ; je m'en prends à mes insomnies ; je crois que ce sont elles qui me rendent si bête, mais vous ne m'en aimerez pas moins, n'est-ce pas ?

LETTRE CCCXX

DU CHEVALIER DE BOUFFLERS A LA DUCHESSE DE CHOISEUL

Nancy, ce 13 février 1772.

Je n'ai pas eu d'autre désir en arrivant en France, madame la duchesse, que d'aller tout de suite à Chanteloup. Les plus sages de mes amis m'ont arrêté en m'apprenant qu'il fallait passer par Paris, et demander une permission qu'on ne donne ni ne refuse. Ce sera toujours avec regret que je me soumettrai dans ce cas-là à toutes les formalités qui pourraient me retarder. Il me semble que la reconnaissance, le respect et l'amitié devraient jouir de toutes les immunités possibles dans un État bien policé, et qu'en général il n'y aurait aucun inconvénient à accorder le libre exercice de tous les sentiments honnêtes.

Je compte partir dans huit ou dix jours pour Paris, après avoir réglé (comme je règle) quelques petites affaires que j'ai trouvées à mon arrivée, et qui ont exigé quelques petits voyages dans mes possessions ecclésiastiques. De Paris je me mettrai bien vite en marche pour ce pays nouvellement découvert, où on dit que tout le monde est aimable et même que tout le monde est heureux. Ce sont deux choses dont je ne serai pas fâché de prendre ma part.

J'ai fini par supposer que madame la duchesse n'avait pas reçu une lettre où je lui faisais part du souvenir de l'impératrice; j'avais même eu l'honneur de vous envoyer deux mots écrits de sa main, à propos d'une de vos lettres que je lui avais fait parvenir, et ces deux mots allemands signifiaient que vous êtes charmante. Cela ne m'a pas donné meilleure opinion de vous, madame la duchesse, mais bien de l'impératrice.

Recevez, madame la duchesse, mes tendres et respectueux hommages, et offrez-les à celui que vous aimez tant sans que personne vous en ait jamais blâmée. Je me souviens que madame de Gramont a bien voulu se souvenir de moi, et je me réjouis bien de l'en remercier dans peu.

LETTRE CCCXXI

DE L'ABBÉ BARTHÉLEMY A MADAME DU DEFFAND

18 février 1772.

Vous devez être étonnée de mon silence. Depuis quinze jours je suis dans une disette d'idées inconcevable. Vous souvenez-vous de ce perroquet qui se trouva par hasard au combat de La Hogue, et qui fut si étourdi du bruit du canon qu'il en resta muet pendant trois semaines? Après quoi on l'entendit crier pendant trois autres semaines : Pon! pon! pon! La même chose m'est arrivée, et je sens que je dirai à mon tour : Pon! pon! pon!

Ma stupidité ne m'empêche pas de sentir tout le prix de vos bontés. Je vous remercie infiniment des soins que vous voulez bien vous donner pour chercher une condition à madame Ménage. Je vous supplie de les continuer, cependant sans vous en inquiéter. Je serai ravi de vous avoir encore cette obligation, mais je serais au désespoir d'être indiscret. Vous avez daigné vous souvenir de mon petit séminariste d'Aix. Je crois son archevêque plus petit que lui; il est vrai qu'il a un défaut que l'archevêque n'a pas, car il sait du grec! Du reste, on en fera ce qu'on voudra!

Ne convenez-vous pas que M. de L...[1] a un véritable talent? Je vous envoie les deux couplets qu'il a faits pour madame de Poix. Vous les connaissez peut-être déjà; mais je me reprocherais de ne vous les avoir pas envoyés. Je les trouve charmants, et la grand'maman en raffole!

1. De l'Isle.

LETTRE CCCXXII

DE M. LE PRINCE DE BEAUVAU A MADAME DU DEFFAND

Chanteloup, le 19 février 1772.

Vous vous êtes tirée si glorieusement, madame, de la recherche que je vous avais priée de faire, que je regrette de n'avoir pas d'autres commissions littéraires à vous donner. Je ne vous demanderai pas non plus votre avis sur les *Pélopides* de Voltaire, car il me semble que la pièce est toute décidée mauvaise. Madame de Choiseul prétend n'être pas si intempérante que vous la croyez; je ne saurais en juger, car je mange tout seul à trois heures, n'ayant pas encore l'appétit ouvert à midi lorsqu'on déjeune, et ne pouvant pas attendre à sept heures du soir pour faire mon premier repas en soupant avec la compagnie; il a fallu, pour que mon régime parût extraordinaire, que je tombasse dans une maison où on ne dîne point, ce qui n'est pas commun à présent.

Nous avons depuis hier M. et Madame d'Invault.

Tout le monde se porte et se convient fort bien; on rit, on chasse, on cause, on joue au billard; la vie se passe, et l'époque très-agréable pour moi où je vous reverrai s'approche.

DE MADAME LA PRINCESSE DE BEAUVAU.

Quoique je ne profite pas aussi souvent que M. de Beauvau des occasions de vous voir, madame, je n'y trouve pas moins de plaisir. Aimez-le plus que moi, madame, mais aimez-moi avec lui, même pour lui, et parce que je vous aime de tout mon cœur.

LETTRE CCCXXIII

DE MADAME DU DEFFAND A L'ABBÉ BARTHÉLEMY

Ce jeudi, 20 février 1772, à midi.

Depuis le 4 et le 5, date de mes dernières lettres de la grand'maman et de vous, je n'ai reçu qu'une lettre datée du 9 de M. le prince de Beauvau. Je vous ai écrit à tous les trois, et pas un mot de réponse. Si je n'étais pas sûre que tout le monde se porte bien, la tête me tournerait; mais n'allez pas croire que je sois sans inquiétude; j'ai trop de disposition à la crainte pour n'en avoir pas beaucoup du silence que tout le monde garde. Est-ce que l'on ne m'aime plus? Est-ce que l'on est las d'une correspondance qui ne produit aucun amusement, qui n'apprend rien de nouveau, et qui peut bien être en effet très-ennuyeuse, si l'amitié ne la fait pas désirer ou du moins supporter?

Je ne me plains pas de la grand'maman, je sais que c'est pour elle une fatigue que d'écrire; mais vous, l'abbé, vous n'êtes pas assez délicat pour ne pouvoir pas prendre cette peine un quart d'heure, du moins tous les huit jours. J'ai patienté le plus que j'ai pu, et comme j'ai plus d'une crainte, celle d'être importune m'a retenue; mais je suis tellement troublée de ce long silence que je n'y peux plus tenir. Ne tardez pas à m'en expliquer la raison. C'est par hasard que je sais que M. Lesueur est à Paris et qu'il doit partir demain; ce serait encore matière à reproche de ce que je n'ai point été informée de son arrivée, et que c'est par hasard (comme je vous l'ai dit) que je le sais et que j'ai appris son départ. Vous êtes un ingrat, l'abbé, et tandis que je m'occupe de vous, que je cherche à faire tout ce qui peut vous être agréable, vous me laissez là sans me donner signe de vie. Vous croyez bien que je ne suis pas dans la disposition de jaser; je ne vous parlerai ni de

M. Billard, ni de M. de Gontaut, ni de madame Ménage, ni des chansons de M. de l'Isle, ni des *Pélopides* de Voltaire, enfin de rien au monde. Adieu.

A 4 heures.

Voilà une lettre, mais je me garderai bien de jeter la mienne au feu; il est bon que vous voyez toute ma colère, quoiqu'elle soit finie et que je vous pardonne. Ah! je crois bien que vous dites : Pon! pon! pon! et moi je dirai : Tarare ponpon.

C'est très-volontairement que je n'ai pas écrit par M. d'Invault, c'est-à-dire par humeur, par mécontentement, et puis, je l'avoue, par aridité. Je connais cette maladie, mon abbé; je l'attribue quelquefois à mon âge, mais le mal vient de plus loin. Je n'ai pas attendu à être vieille pour l'éprouver; je ressemble quelquefois beaucoup à celui dont nous sortons, à notre premier père le néant.

Avez-vous lu les *Pélopides?* C'est le néant qui me les rappelle. Je suis sûre qu'il bâillait (Voltaire) en les composant; il n'était pas condamné à cet ouvrage, et il n'a pu le faire pour son amusement ni pour son plaisir, et ce qui est encore de plus certain, c'est qu'il ne l'a pas fait pour celui des autres [1].

Je dis bien le contraire des chansons de M. de l'Isle, elles sont charmantes. Ainsi que la grand'maman, j'en suis folle. Et le premier couplet des *Drapeaux*, y a-t-il rien de plus joli? Le second est bien aussi, le troisième ne vaut rien, mais il n'est pas si mauvais que mon souper à M. de Gontaut; il se passa bien, sans grande gaieté, mais sans ennui; il doit se répéter le mercredi des Cendres, à M. de Stainville près, qui sera ce jour-là sur le chemin de Chanteloup.

Je compte envoyer cette lettre à l'hôtel; mais en cas que M. Lesueur soit parti, on la mettra à la poste.

---

1. Sa vanité s'est imposé, comme une espèce de tâche, de refaire toutes les tragédies de Crébillon, et pour la plupart il en est résulté deux mauvaises pièces pour une. Il s'arrêta devant *Rhadamiste*.

Mille amours à la grand'maman; je me la figure une petite princesse, entourée de Dives et de Péris, autrement dit de génies et de fées. A propos de cela, l'abbé Grisel a vu sortir de la bouche de M. de La Vauguyon, en rendant le dernier soupir, un ange.

Je crois que l'évêque d'Arras prend votre ménage ou plutôt tous vos ménages, père, mère et enfant; je n'en suis cependant pas bien sûre, il y a longtemps que je ne l'ai vu; je fais grand cas de lui, mais il ne doit pas faire cas de moi, je suis inepte sur les choses qui l'occupent; mais je ne suis pas comme la plupart des ignorants, je ne méprise point les connaissances que je n'ai pas; il n'y a aucun art, aucune science que je ne voulusse avoir. Mais, l'abbé, il faut que je m'en tienne à beaucoup de conformité avec mon premier père. Vous me direz pourquoi je traite le néant de père, puisque quelque chose n'a jamais été fait de rien ; mais c'est que je ne suis point une chose. Qu'est-ce donc que je suis? Rien, moins que rien; mais toutefois, mon abbé, votre petite servante et votre très-bonne amie, à condition que vous ne serez jamais plus de huit jours sans me donner de vos nouvelles, et de celles de la grand' maman et du grand-papa. Pour tout le reste : Tarare ponpon! Adieu.

LETTRE CCCXXIV

DE LA DUCHESSE DE CHOISEUL A MADAME DU DEFFAND

A Chanteloup, ce 22 février 1772.

L'abbé vous a envoyé la chanson sur madame de Poix, ma chère petite-fille; il est toujours si pressé qu'il n'y a plus jamais rien à faire après lui; il se dépêche d'avoir tous les mérites, afin que ceux qui viennent après lui ne trouvent seulement pas à vivre en glanant. C'est en voyant cette chanson que vous aurez bien dit que nous sommes des gens de génie.

Oui, avec notre teinturier de l'Isle, il invente l'étoffe et la couleur. Vous avez été contente de sa chanson à madame la maréchale de Luxembourg, mais vous ne me dites pas si elle l'a été.

Le grand Gontaut [1], le fier Gontaut, que vous avez conquis, est un de vos sujets les plus soumis; il se vante de sa défaite encore plus que vous ne vous vantez de votre conquête. Ses chaînes lui paraissent des trophées. J'ai su par lui le succès du souper que vous lui avez donné; mais pourquoi a-t-il été vous montrer ma lettre? Cela n'a pas le sens commun, et si j'avais de la vanité comme vous, j'en serais fâchée. Non, non, ma petite-fille, je ne montre pas les vôtres, et elles mériteraient bien cependant que je vous jouasse ce tour. M. de Choiseul n'en a vu qu'une, parce qu'il me l'a arrachée pendant que je la lisais. C'était assez pour se plaindre de n'y être pas nommé; il est beaucoup plus content de ce que je lui ai dit des dernières, et comme sa petite-fille est toujours gentille, elle est toujours aussi de sa famille, et il lui dit mille tendresses.

Le prince dont vous vous plaignez prétend avoir seul à se plaindre; il dit qu'il vous écrit et que vous ne lui répondez pas. La princesse vous rend compliment pour compliment, et le tout de fort bonne grâce. Comme je serais facilement éclipsée par toutes ces grâces-là, je ne puis mieux faire que de me taire. Mais avant de quitter ma chère petite-fille, je veux au moins l'embrasser de tout mon cœur.

LETTRE CCCXXV

DE MADAME DU DEFFAND A LA DUCHESSE DE CHOISEUL

Paris, ce 25 février 1772.

Tout s'embellit en passant par vos mains, chère grand'-

---

[1]. Le duc de Gontaut, père du duc de Lauzun, et frère du maréchal, duc de Biron. Il avait épousé la sœur de la duchesse de Choiseul.

maman; mais, dans cette occasion-ci, je pourrais vous dire :

> Vous remportez des victoires nouvelles,
> Quand je fais des amants nouveaux;
> Si mes conquêtes semblent belles,
> Vos triomphes en sont plus beaux.

L'attaque, la victoire, tout a été en votre nom; c'est vous qui avez fait cette nouvelle liaison; mais votre présence serait bien nécessaire pour y donner de la consistance. Le souper se répétera le mercredi des Cendres; il y aura, de plus, une seconde maréchale [1], qui, dans ce moment-ci, a la tête bien troublée. Madame de Mazarin a obtenu, après plus de dix-huit mois de persévérance, la grâce, la faveur, l'honneur d'être admise aux voyages; elle est depuis hier à Bellevue, ce qui déplaît excessivement à celle dont elle devient la compagne, et c'est au point qu'elle prend le parti de bouder. J'ai pris la liberté de la désapprouver, et je lui ai dit qu'elle ne pouvait sauver et soutenir sa conduite qu'en montrant une grande indifférence pour tout ce qui l'environnait, que son unique objet était le maître, qu'elle devait n'y être que pour lui, et bien afficher qu'elle ne prenait pas garde au reste. C'est bien dommage que tant d'esprit et d'agréments soient si mal employés; mais il n'y a plus de remède; elle a perdu la cadence, elle ne peut plus retrouver la mesure. Sa situation me semblerait effroyable, si je ne voyais pas que son caractère en diminue beaucoup le malheur; le jeu, la dissipation, la dépense, la distraient et la consolent. Ceux qui la haïssent doivent être contents. Pour moi, j'avoue qu'elle me fait grande pitié; mais je le lui cache, il y aurait de la cruauté à l'humilier. Elle n'est point allée à Bellevue; il en résultera une brouillerie et un rapatriage, ce qui sera une honte de plus.

1. De Mirepoix.

L'autre maréchale triomphe, et surtout de sa correspondance avec le grand-papa; elle me lut hier les vers qu'il a dû recevoir. Les derniers sont assez jolis; les *Trois Temples* sont bien trouvés. Vous verrez combien elle a été charmée des couplets de M. de l'Isle. Le monde est bien comique, chère grand'maman; le meilleur rôle est d'être spectateur.

Je soupai hier chez madame de La Vallière; il y eut un homme qui nous conta que milord Sandwich, soupant avec un comédien nommé Foote, le regarda très-fixement. Foote lui dit: Pourquoi me fixez-vous ainsi? — C'est que je cherche quelle sera ta fin: si tu mourras de la... ou si tu seras pendu. — Cela dépend, milord, si j'embrasserai votre maîtresse ou vos principes.

On dit que tout est ici en grande fermentation, on ne sait que désirer; mais les choses sont au point que le remède, tel qu'il puisse être, ne sera jamais pis que le mal. D'un autre côté, il serait bien doux pour moi, chère grand'maman, d'être avec vous; c'est ma pensée dominante; tout le reste n'est que distraction. Chanteloup renferme non-seulement tout ce que j'aime et j'estime, mais tout ce qui peut contribuer au bonheur et à l'agrément de la vie, indépendamment même de tout sentiment. Je ne sais si je me trompe, mais je m'imagine que vous et même le grand-papa n'avez jamais été aussi heureux que vous êtes à présent. Si vous avez perdu le pouvoir sur la fortune, vous l'avez acquis sur les esprits. Il n'y a point d'alliage d'intérêt dans tous les soins qu'on vous rend; c'est le cœur qui fait agir les uns, et la vénération les autres. Enfin, il y a deux choses dans ce siècle-ci dont il n'y a point d'exemple dans tous les précédents: la disgrâce du grand-papa et ses suites, et la fortune du cardinal de La Roche-Aymon. En considérant d'où il est parti, de sacristain des Minimes au degré le plus haut, sans mérite, sans appui, et, pour ainsi dire, sans intrigue, il est le triomphe de la médiocrité. On dit: Il a rampé. Mais qui sont ceux qui, par cette voie, se soient élevés aussi haut? La fable du *Lièvre et de la Tortue* semble avoir été faite pour lui[1].

Je compte avoir demain des nouvelles d'Angleterre; je n'ai point voulu les attendre pour vous écrire, parce que je veux profiter de l'occasion de M. de Cambray. La poste n'arrive que l'après-dîner, fort tard, et on m'a dit qu'il partira demain de grand matin.

Envoyez-moi, je vous prie, tout ce que produiront les grands génies de Chanteloup. Quand nous rendrez-nous le prince et la princesse? Je ne me plains point d'eux, mais je les plaindrai quand ils vous quitteront; je voudrais bien prendre leur place; je ne dis pas les remplacer, ce serait trop téméraire.

Vous me flattez quand vous me dites que le grand-papa se fâche quand je ne parle pas de lui; mais je veux le croire, pour avoir droit de l'embrasser et de lui dire mille tendresses.

Obligez ce grand abbé à m'écrire toutes les balivernes qu'il voudra.

LETTRE CCCXXVI

DE L'ABBÉ BARTHÉLEMY A MADAME DU DEFFAND

26 février 1772.

Vous avez bien raison : le meilleur parti à tirer de : Pon!

---

[1] Un recueil du temps confirme ce portrait du cardinal de La Roche-Aymon : « C'était un de ces hommes auxquels tout avait le plus réussi; il est vrai qu'il ne s'y était pas épargné. Quand l'ambition est tenace, la médiocrité n'y nuit pas, parce qu'elle admet moins les distractions. Il sacra le roi Louis XVI qu'il avait baptisé et marié. Dans le mandement qu'il publia à l'occasion du sacre, et où il rappelle cette circonstance, il parut dire son *Nunc dimittis*. Mais il désirait cependant encore une chose, et il l'obtint : c'était que son neveu fût un des quatre otages à la cérémonie du sacre. Pour y parvenir, il imagina de mettre en avant une promesse du feu roi, dont il avait eu, assurait-il, la promesse positive, ce qui était plus plaisant que probable, et surtout difficile à vérifier. (*L'Espion anglais*, t. I, p. 324.)

pon! pon! est d'en faire ; Tarare! Il n'y a que cette philosophie d'aimable et de solide. J'y joindrais pour être heureux de recevoir souvent de vos lettres. Les miennes ont été moins fréquentes depuis mon retour. J'ai eu des maux d'estomac, et puis je me suis promené, et puis je ne savais que dire, et puis je ne sais ce que sont devenus les jours où je ne vous ai point écrit. Vous serez plus contente de moi à l'avenir, et si vous placez mon ménage en entier ou en partie, je vous écrirai tous les jours. Je serais enchanté que Mgr l'évêque d'Arras pût s'en accommoder.

Comment pouvez-vous croire que vos lettres ennuient? Nous les aimons mille fois mieux que tout ce qui s'imprime, se dit et se pense tous les jours. La grand'maman les garde avec soin. Je veux en faire un extrait auquel je mettrai une belle préface qui commencera par ces mots : Comme ainsi soit que le public est accoutumé, depuis quelque temps, aux apparitions d'esprits, et qu'il converse tous les jours avec ceux de Fontenelle, de Montesquieu et de Voltaire, j'ai cru, ami lecteur, devoir vous procurer la connaissance d'un esprit qui en vaut bien un autre.....

Je n'ai point encore lu les *Pélopides*. A propos de vers, nous en avons vu de fort jolis en réponse de ceux de M. de l'Isle à madame la maréchale de Luxembourg. Je pense comme vous sur les trois couplets de M. de l'Isle. Il fait ici un temps affreux depuis sept à huit jours; on ne peut pas sortir, et on dit que, si ces pluies continuent, les grains pourriront, les labours languiront, les *mars* ne se feront pas, et nous mourrons de faim. En attendant, j'aurai du moins le plaisir de vous dire cent fois que je vous suis attaché plus que personne au monde.

LETTRE CCCXXVII

DE LA DUCHESSE DE CHOISEUL A MADAME DU DEFFAND

A Chanteloup, ce 29 février 1772.

Les Suisses, les provinciaux et les sots sont exacts, parce qu'ils ont la tête vide ; ils suivent le plan, la marche qu'on leur indique ; ils ne s'en écartent jamais. Cette manière d'être, qui a sa commodité pour eux, a quelquefois aussi son agrément pour les autres, quoiqu'elle manque habituellement de trait et de piquant. Or, j'ai été femme d'un colonel-général des Suisses ; je suis aujourd'hui provinciale, et, dans aucun temps, je ne me suis écartée des vertus des sots. Voilà, ma chère enfant, bien des droits à l'exactitude. J'ai à répondre à deux de vos lettres, et je commencerai par la première. Chacun à son tour, dirait Sancho. Cela est juste. Vous demandez pourquoi l'abbé n'est pas si exact que moi ? C'est qu'il n'est pas si sot. Ce qu'il fait dans le salon ? Il coupe du papier, se roule sur le tapis avec Lindor, fait des niches à tout le monde, ou se tient dans un coin sans rien dire à écouter ce qu'on dit pour s'en moquer. Voilà à quoi l'heureux abbé passe sa vie, et ce qui l'empêche de vous écrire.

Vous avez raison de juger que ma contenance est dans mon fauteuil ; je ne sors guère avant le soir de celui où je m'établis le matin, et vous avez grande raison de croire que votre place serait auprès de ce fauteuil. Mon Dieu ! je voudrais bien la voir occupée.

Je vous fais mon compliment sur le rétablissement de votre ami Pont-de-Veyle. Je suis toujours inquiète de la pauvre petite sainte, quoiqu'on la dise mieux. Je voudrais qu'elle allât à Baréges. J'ai eu aussi une lettre du chevalier de Boufflers, qui était aussi fort jolie, que je voulais vous envoyer aussi ; mais je la cherche et ne la trouve pas.

Seconde lettre.

Vous voilà donc au Gontaut pour toute nourriture. Je vous en fais mon compliment à tous deux. Je suis bien aise de m'être trouvée de votre avis sur les vers que madame la maréchale de Luxembourg a envoyés à M. de Choiseul. Les *trois Temples* en sont certainement le trait; mais ce trait est bien choisi, piquant et rendu avec beaucoup de grâce. Je suis enchantée que cette maréchale soit contente de M. de Choiseul. Vous avez raison, ma chère petite-fille,

> Le monde, chère Agnès, est une étrange chose;

il n'y a d'autre parti à prendre avec lui que de le laisser aller comme il va, et d'en rire sans prétendre le réformer; de livrer l'autre maréchale à sa légèreté, à sa hauteur, à sa bassesse, à son inconséquence, sans s'en embarrasser.

J'aime à la folie la réponse du comédien anglais au milord.

C'est par dégoût que je ne réponds pas sur les brouilleries du ministère. Cela n'empêche pas que j'aime qu'on me les raconte.

Vous avez bien raison, ma chère enfant, de croire que nous n'avons jamais été si heureux que nous le sommes ici. Rien ne manquerait à notre bonheur si nous pouvions vous y posséder. Vous comparez les deux choses les plus opposées : le cardinal de La Roche-Aymon et M. de Choiseul, et cette opposition rend votre comparaison d'autant plus piquante qu'elle est juste dans ses rapports. Je l'ai dit au grand-papa, qui en a ri. Il vous embrasse.

Nos génies ne produisent plus rien; je crois leur verve tarie; si elle se ranime, je vous en enverrai les résultats.

Vous me faites une si belle phrase sur le prince et la princesse, que je ne puis me dispenser de la leur lire en original; je suis persuadée qu'elle aura un grand succès; mais, pour moi, je ne conviens pas de la proposition. Ils partent mercredi, madame de Poix aujourd'hui.

Madame de Gramont a eu des attaques de coliques depuis trois jours. On vient de me dire qu'elle a bien passé la nuit; je l'en crois quitte.

Adieu, chère enfant; je vous aime de tout mon cœur. Vous voyez bien qu'il me reste encore le sentiment quand vous ne fournissez plus à mes idées.

LETTRE CCCXXVIII

DE MADAME DU DEFFAND A L'ABBÉ BARTHÉLEMY

Ce lundi, 2 mars 1772.

Je ne prétends pas vous écrire aujourd'hui; mais je me souviens qu'il y a plus de deux mois que M. Blacquer m'avait chargé de vous dire qu'il a trouvé le ballot de livres dont vous lui aviez parlé. Que voulez-vous qu'il en fasse?

Je prévois que nous n'aurons pas le débit de notre marchandise, et que l'échantillon nous sera incessamment renvoyé. On n'a point encore fait d'offre, parce que personne n'a été tenté; mais il y a une petite considération : c'est que tout ce qui passe du pays de *Papimanie* au pays de *Papefigue*, paye 75 pour 100. Ainsi, ce que l'on vend 100 fr., on n'en touche que 25. Il n'y a point de grâce ni de faveur à espérer.

J'ai reçu une lettre de notre pauvre baron. Je vous l'enverrai dès que j'y aurai répondu.

Ce sera un bel ouvrage que l'extrait de mes lettres, et le titre donnera une grande curiosité. On le placera à côté des *Proverbes* de Carmontel, de l'*Observateur français*, etc., etc.

Je relis *Clarisse*. Je suis en colère contre l'abbé Prévost. Il aurait bien pu mieux faire; il ne s'est pas donné la peine de resserrer son style. Il aurait souvent pu rendre en deux ou trois lignes ce qu'il délaye en vingt ou trente. Cette lecture est attachante, mais fatigante.

Que dites-vous de l'épître de Boileau à Voltaire? Moi, je tranche tout net : je la trouve mauvaise.

J'eus l'autre jour à souper une accolade d'évêques, grands par leur stature et grands en vérité par leur mérite. Nous parlâmes beaucoup de vous. Nous vous regrettâmes, et je pensais que vous leur seriez très-bien assorti, à quelques pouces près que vous avez de plus, pour la taille et le mérite. Ils ont beaucoup de bonne volonté pour vos trois ménages, et j'espère qu'ils les placeront.

Venez, l'abbé, souper avec moi après-demain. J'aurai M. de Gontaut; mais, sans compliment, rien ne vous remplace.

Adieu. Cette lettre n'est qu'en attendant que je sois en train d'écrire, c'est-à-dire que je me porte mieux; car je suis comme vous, j'ai des langueurs. Je ne sais d'où elles me viennent, mais elles me rendent stupide. Je ne puis écrire dans cet état. Quel extrait pourriez-vous faire? Moquez-vous de moi, cela me divertit; ne craignez point d'être en reste, je vous promets de vous le rendre. Vous nous rendez donc prince et princesse! J'en ferai bon usage, et je les questionnerai de la bonne sorte. Vous savez que le R. P. Souza sera ambassadeur la semaine prochaine.

Finissons, finissons! Mes amours à la grand'maman.

LETTRE CCCXXIX

DE L'ABBÉ BARTHÉLEMY A MADAME DU DEFFAND

3 mars 1772.

La grand'maman m'a dit de votre part de vous écrire des balivernes. J'en conclus que c'est le nom que vous donnez à mes lettres et que vous avez toujours le mot propre. Si je n'avais pas cette ressource, que pourrais-je vous écrire d'un lieu où règne l'uniformité quoique sans ennui? Si quelqu'un était chargé de faire l'histoire du bonheur du ciel, il serait, je crois, bien embarrassé, tandis que l'histoire de l'enfer serait pleine de passion et de mouvement; et voilà ce qui fait que nous n'avons jamais rien à vous dire et vous toujours à nous raconter. La grand'maman rend ses lettres intéressantes, parce qu'elle a une grande facilité à exprimer ses pensées et ses sentiments. Pour moi, je ne pense point, et quand je vous ai dit que je vous aime infiniment, je ne sais plus que vous dire. Je pourrais bien le répéter une fois, deux fois, autant de fois que je me le redis à moi-même, sans en être plus avancé. De plus, les *Pélopides*, que je viens de finir, m'ont glacé. J'imagine que l'auteur a fait cette pièce tout en rêvant, et qu'il s'est trouvé là par hasard un secrétaire qui a copié ce qu'il a entendu et qui a supposé le reste, à peu près comme un grand garçon noir que je vois d'ici, copiant les prospectus de la convulsionnaire Thérèse, quand elle était sur la croix. Les chansons de M. de l'Isle valent bien mieux que les *Pélopides* et les prophéties de Thérèse. On avait envoyé celles de madame de Poix à M. de Besenval, qui répondit que c'étaient des vieilleries. M. de l'Isle lui écrivit comme un auteur piqué qui demande justice, et que lui seul a pu découvrir qu'un cœur n'est pas une fille. M. de Besenval lui a envoyé une prétendue chanson tirée des *Chevilles* de maître Adam. La voici; elle est sur le même air :

> Ne pense mi, gentil Manon,
> Qu'en trémoussant de ton bâton,
> Tu fasses sauter l'affiquet.
>   Ta gentillesse
>   Frappe sans cesse
>   Son bâtonnet.
>
> Le diable ne faut invoquer
> Pour ceci pouvoir expliquer.
> Bâtonnet que suit ton ardeur,
>   Tant douce fille
>   Pour qui je grille,
>   Pas n'est un cœur.

De l'Isle a cru un moment qu'en effet ces vers étaient du menuisier de Nevers. Il a fallu faire venir les *Chevilles* de maître Adam, où vous pensez bien que cette jolie parodie ne se trouve pas; mais nous ignorons qui en est l'auteur.

Il est aussi excellent pour les proverbes que pour les couplets. Mais quelqu'un qui vous étonnerait pour le premier de ces genres, c'est M. de Lauzun; il est impossible de voir plus de variété, de chaleur, de vérité et de bonne plaisanterie.

Vous demandez à la grand'maman ce que je fais dans le salon. Rien du tout. J'effile, parfile et défile, je ne sais lequel des trois. J'écoute sans attention et ne dis pas un mot. J'ai connu par mon expérience ce qu'on était quand on était de marbre; ce n'est pas un état fort amusant, mais il est assez solide. Je me place donc comme un bloc dans un coin, et je vois ceux qui vont, viennent et agissent, comme un rocher qui voit à ses côtés bondir des chevreuils. Quand il a passé quelques heures dans cette situation, le bloc revient dans sa chambre, et quand il en trouve l'occasion, il vous renouvelle ses sentiments, qui, en vérité, ne sont point froids, mais qui sont aussi stables que son essence.

LETTRE CCCXXX

DE MADAME DU DEFFAND A L'ABBÉ BARTHÉLEMY

Ce dimanche, 8 mars 1772.

Je comprends très-bien qu'on n'est pas toujours en train d'écrire; ce serait une tyrannie d'exiger des autres ce qu'on ne peut pas faire soi-même. Ainsi, mon abbé, consentons mutuellement à ne point nous gêner. Ne m'oubliez pas, c'en est assez pour que je sois contente.

Le prince et la princesse soupèrent hier chez moi. Vous vous doutez bien de toutes mes questions. Nous parlâmes des couplets, mais il y en a de vous que vous ne m'avez pas envoyés; j'en suis très en colère, ne tardez pas à réparer cette faute. Je me suis donné les airs de faire un changement dans le second couplet, et le voici. Au lieu de :

> Hier elle en alla chercher,
> La raison, etc., etc.

je dis :

> Cherchant ce qui peut l'empêcher,
> Elle consulte un grand docteur, etc.

Vous trouverez peut-être que cette correction ne vaut rien, et moi je suis prêt à trouver que vous avez raison. Mais je prie le grand-papa et la grand'maman de me passer mon admiration pour la conduite de madame de Mazarin, puisqu'elle a trouvé le moyen de se distinguer entre toutes les femmes. On ne peut pas se mettre plus au-dessus du qu'en dira-t-on, et pousser l'héroïsme du ridicule et de la bassesse à un plus haut degré. Elle est, dit-on, chassée. La princesse de Montmorency a déclaré qu'elle se retirerait si elle était admise. « C'est assez, dit-elle, d'avoir une femme entretenue, sans en avoir une qui entretient!... » C'est un prodige que cette femme-là. Certainement elle est douée par quelque fée ou génie.

On donna hier une nouvelle pièce : les *Druides*. Elle est tombée tout à plat. Que dites-vous de l'épître de Boileau? Selon moi, elle mérite le même sort. Avez-vous lu dans le dernier *Mercure* les articles de La Harpe ? N'en êtes-vous pas très-content, et ne convenez-vous pas que c'est lui qui écrit le mieux aujourd'hui?

Je n'ai plus rien à vous dire. Ainsi, je finis. Adieu.

LETTRE CCCXXXI

DE MADAME DU DEFFAND A L'ABBÉ BARTHÉLEMY

Paris, ce jeudi 12 mars 1772.

Si nous étions du temps des apôtres et que notre justice fût semblable à la leur, vous seriez mort subitement en me racontant l'histoire des couplets; vous en avez supprimé avec la plus mauvaise foi la meilleure partie, qui sont les deux vôtres. Je n'ai vu qu'un instant M. de l'Isle, mais il a eu le temps de me tout dire. Chanteloup fournit plus de matière à lettre en une semaine que Paris ne pourrait faire en un an pour une personne qui, ne pouvant être d'aucune utilité dans la politique, a pris le parti de ne s'en point occuper; et quand on ne s'occupe point de politique, il ne reste pour la conversation que les spectacles, où je ne vais point, que les livres nouveaux, que je ne lis point, ou la chronique scandaleuse, qui ne m'amuse guère et qui souvent me cause des vapeurs par la connaissance qu'elle me donne des vices, des ridicules des uns, et de la malignité, de la méchanceté des autres, et par le plaisir que ces autres prennent à déchirer et à avilir les gens avec qui ils vivent et qu'ils comblent de caresses.

Ah! vous avez raison, ce séjour, c'est l'enfer; mais comme la punition que j'y endure est l'ennui, il ne me fournit rien à vous dire.

Ce sera M. de Gontaut qui vous portera cette lettre; s'il exécute son projet, elle ne sera ouverte que quelques heures après que vous l'aurez reçue; il vous faudra pour le moins une heure pour les éclats de rire que vous fera faire sa figure. Jamais imagination ne peut être aussi fertile que la sienne en inventions burlesques. Je le trouve réellement très-aimable; sa gaieté est d'un genre singulier et qui lui est naturel. C'est une obligation que j'ai à la grand'maman d'avoir dissipé le nuage qui était entre lui et moi; il a cru lui plaire en ne m'évitant plus. Ainsi j'ai à cette grand'maman toutes sortes de genres d'obligations, et il n'y a point d'occasions de me faire du bien dont elle ne fasse usage; aussi, l'abbé, je l'aime plus que jamais. Elle fait tout à la fois le bonheur et le tourment de ma vie. Il n'est pas besoin de vous expliquer comment s'accordent ces deux contraires : *amitié* et *séparation;* mais cette dernière durera-t-elle éternellement? Voilà ce que j'ignore, et voilà ce que je crains. Si je me laissais aller à vous peindre ma situation, tout ce que vous avez vu de plus triste en votre vie ne serait rien en comparaison; il vaut cent fois mieux que je me taise. Dans la disposition où je suis, comment pourrais-je hasarder de vous mander des riens? Il n'y a que la gaieté qui leur donne quelque prix. C'est à vous à qui il convient de conter des *balivernes,* et si je donne ce nom à vos lettres, il doit devenir le terme qui exprime l'agrément, l'excellence, etc., etc.

Je reviens à vos couplets; ils sont charmants, charmants, et la plaisanterie du baron est très-jolie : j'aurais eu bien du plaisir à vous voir sa dupe. Vous êtes très-heureux, l'abbé, et votre plus grand bonheur est de contribuer infiniment à celui de la grand'maman; je me figure que je n'y nuirais pas si j'étais entre elle et vous; c'est tout ce que je me permets de penser, car pour y rien ajouter, c'est de quoi je ne me flatte pas.

Il est bien doux de passer sa vie avec ce que l'on aime, et bien insipide, bien triste d'être seul dans l'univers. Voltaire l'a dit en apostrophant l'amitié : *Sans toi tout homme est seul.* Je n'en dirai pas davantage, tous les maux sont sans remèdes; s'il en est un, c'est de s'en distraire.

Je vous crois trop érudit pour ne pas posséder les *Actes des Apôtres* et ne vous pas souvenir *d'Ananie et de Saphi.* Peut-être estropiai-je leurs noms.

Adieu, l'abbé; que cette lettre soit pour vous et la grand'maman. Je compte ne la faire partir que par M. de Gontaut, et comme son départ n'est pas prochain, peut-être y ajouterai-je quelque supplément.

Ce dimanche.

Je ne pourrais que vous répéter ce que j'ai écrit à la grand'maman. Je la prie de me prêter un piano-forte, si elle en a laissé un à Paris; pour peu que cela lui déplaise, je ne serai nullement fâchée qu'elle le refuse; ainsi mettez-la bien à son aise sur cette demande. Je vous dis en confidence que c'est pour faire plaisir à mademoiselle Sanadon. Peut-être m'en amuserai-je, mais je n'en suis pas bien sûre.

Oh! qu'il paraît un beau livre : *Essai sur le caractère et les mœurs des femmes des différents siècles*. Lisez cela, et vous conviendrez que vous n'êtes qu'une bête, et que M. Thomas mérite à juste titre le surnom de grand. Ah! oui, c'est un grand Thomas. Il est parmi les beaux-esprits ce qu'était l'autre grand Thomas au milieu du Pont-Neuf, l'objet de l'admiration du peuple bel-esprit.

Lisez-vous dans le *Mercure* les articles de La Harpe? N'en êtes-vous pas content? On ne parle que des *Druides*. Vous en saurez autant que moi qui ne l'ai point entendu. Adieu, l'abbé, je n'ai plus rien à dire.

Comme on cachetait cette lettre, on m'en apporte une du 13 qui me prouve combien je me répète, car vous répondez à toutes les questions que je fais aujourd'hui à vous et à la grand'maman.

Votre correction du second couplet de de l'Isle est très-bonne; vous conservez cependant mon vers : *Cherchant ce qui peut l'empêcher*; mais ce qui le précède et le suit en ôte la platitude. Madame de Mirepoix, à qui j'ai chanté les couplets, a été charmée de la rime *poule* et *boule*. Elle m'a fait aussi un grand plaisir.

L'apparition et la disparition sera suivie d'une réapparition [1].

---

1. De madame de Mazarin à la cour.

Soyez persuadé qu'il n'y a point de tripot où il se passe des choses aussi ridicules qu'où vous savez; elles sont toutes ensemble comme chien et chat, c'est à qui se surpassera en dédain et en mépris l'une pour l'autre, et à qui s'en rendra le plus digne. Je suis réellement affligée de ce que mon ancienne amie joue un pareil personnage, elle qui était faite pour être une des plus aimables et estimables personnes du monde. Heureusement pour elle, elle est peu sensible.

Ah! mon abbé, que je tiendrais mal ma parole si je m'engageais à ne vous point écrire! Je ne puis me passer de votre amitié et de votre souvenir, c'est ce qui me soutient, c'est ce qui me fait sentir que je ne suis pas encore morte.

Je n'ai rien à vous dire sur le baron que ce que j'en ai écrit à la grand'maman ou à vous; mais pour que vous soyez mieux instruit, je vous envoie sa dernière lettre.

L'abbé, soyez persuadé de ce que je vais vous dire, c'est que vos lettres valent mieux que celles de qui que ce soit; je suis fort loin d'en excepter celles du chevalier de Boufflers. Vous êtes plaisant sans y tâcher; nulle recherche : on n'est point embarrassé de vous répondre; nulle affectation : elles sont comme il plaît à Dieu, comme elles vous viennent. Si vous avez de l'esprit, ce n'est pas votre faute; vous n'y prétendez pas, vous ne vous imposez pas la fatigue d'en montrer. Lisez, lisez M. Thomas, et faites le parallèle de vous à lui; malgré vos six pieds de haut, vous verrez comme vous êtes petit. Adieu, l'abbé.

LETTRE CCCXXXII

DE MADAME DU DEFFAND A LA DUCHESSE DE CHOISEUL

Ce vendredi, 13 mars 1772.

Cette lettre ne partira que lundi ou mardi; elle vous sera portée par M. de Gontaut; ne tardez pas un moment, chère grand'maman, à me faire le récit de ce que sa figure aura produit. S'il ne paraît pas avec l'éclat qu'il se propose, c'est que vous aurez chez vous des intrus qui l'en empêcheront. Ce serait grand dommage. Je ne puis m'empêcher d'éclater de rire de l'idée qu'il a eue; s'il ne la réalise pas, au moins il vous la contera. On peut lui dire que la superbe lui a monté à la tête. Sa gaieté est très-naturelle, très-vraie et d'un genre qui lui est particulier. Je n'oserais encore dire que je l'aime beaucoup, on me croirait trop de présomption, et que je donne à des manières honnêtes un prix qu'elles n'ont point pour objet. Cette phrase n'est-elle pas un peu précieuse, un peu tournée? J'ai cherché à m'expliquer plus simplement et plus clairement, je n'y ai pas réussi; il n'y a pas grand mal; vous ne me trouverez point ridicule, et si vous me le trouvez, vous ne le direz qu'à moi.

Pouvez-vous me faire un plaisir, chère grand'maman? Si vous avez laissé un piano-forte à Paris, voulez-vous bien me le prêter? J'en aurai grand soin. Ne faites nulle difficulté de me le refuser, c'est un amusement dont je puis fort bien me passer : il serait reporté chez vous dans l'instant que vous l'ordonnerez. Si cette demande est indiscrète, je vous répète encore que je ne serai nullement fâchée du refus.

Je n'ai point encore de réponse d'Angleterre, mais je n'en attends pas de favorables; et puis il y a une circonstance bien fâcheuse quand même on trouverait un acquéreur, c'est que ce qu'on envoie à Londres paye soixante-quinze pour cent. Ainsi une chose qu'on vend cent louis, on n'en reçoit que vingt-cinq. Le tiroir vous reviendra, au grand déplaisir de mon ami, qui aura bien du regret de ne pouvoir pas vous être bon à quelque chose.

Le marquis a reçu votre lettre; je le vis hier, mais je ne causai point avec lui. J'avais un cercle. Le pauvre homme me paraît bien triste; il ira vous trouver le mois prochain. J'en connais de plus misérables, mais c'est sur quoi je ne veux point peser; je veux dévorer mes chagrins; comme je connais que je ne peux pas contribuer au plaisir de ce que j'aime, je dois éviter avec soin de causer de l'ennui.

On parle d'une nouvelle dame qui a soupé avec madame du Barry en maison particulière; on ne sait si c'est une introduction pour être admise ailleurs : c'est ce que je pourrai bien savoir avant de fermer cette lettre; et puis, chère grand'maman, M. de Gontaut ne vous dira-t-il pas tout?

La princesse de Beauvau a eu deux jours une grande migraine; je compte souper chez elle lundi. Elle ira sur la fin de la semaine au Raincy passer cinq à six jours, et puis le quartier sera bien près.

Je n'ai presque pas vu M. de l'Isle; il est pourtant venu deux fois chez moi, mais on ne cause qu'en soupant ensemble. Je souperai ce soir chez madame de La Vallière avec l'incomparable et le pauvre Creutz, qui est pénétré de douleur de tout ce qui se passe en Suède. Je ne sais si ce qui se passe en Danemarck sera favorable ou contraire à notre pauvre baron; il me le mandera. Il doit venir ici avant la fin de l'année, à ce qu'il me promet.

Ce dimanche 15.

Je serai au désespoir si M. de Gontaut supprime sa plaisanterie; aussi pourquoi, chère grand'maman, avoir toujours M. et madame de Voyer? On a si peu occasion de rire de bon cœur que je serai réellement très-fâchée si M. de Gontaut a perdu ses frais. Il n'y a que lui qui pouvait faire valoir le parfilage; sans lui ce serait la plus sotte imagination qu'il y ait jamais eu, un moyen bien froid de faire parade de sa magnificence et de sa libéralité. Quelle différence d'effiler! on est presque créateur, de rien on fait quelque chose; avec de petits haillons on habille de grands seigneurs; demandez à M. de Gontaut si mon tricot n'est pas joli. Mais quelque plaisir, quelque vanité que je tire de cet ouvrage, j'ai pourtant une honte à laquelle je suis bien sensible. Je n'ai pu obtenir un seul cordon du grand-papa; mais laissons l'effilage, le parfilage, et apprenez-moi le défilage des gens de votre voisinage.

A propos, j'ai encore une grâce à vous demander, c'est par le conseil du prince de Beauvau. Je voudrais obtenir que vous me fassiez voir des lettres de M. de Gontaut. Il dit qu'elles sont incomparables. Je vous les renverrai très-exactement et très-promptement. Procurez-moi ce plaisir, j'en suis si dépourvue, si dénuée! Vous ne pouvez faire une meilleure œuvre; Dieu vous en récompensera en vous envoyant à la fin de la semaine, devinez qui? Le chevalier de Boufflers. Il arriva hier. Je puis vous répondre de l'empressement qu'il a de vous aller trouver.

Vous ne m'avez pas mandé si vous aviez chanté mon air : *Sans dépit, sans légèreté*, et si le grand-papa l'aura accompagné de sa flûte. Ce grand abbé me dit toujours qu'il ne me dit rien parce qu'il n'a rien à me dire. Pourquoi ne me rend-il pas compte de tout? Quand on écoute sa paresse, on n'est plus bon à rien, on devient pour soi et pour les autres comme si l'on était mort. C'est un parti qu'il me conviendrait fort de prendre, mais non pas à ce grand abbé, qui nage dans la joie et dans le bonheur et, pour dire en un mot, qui est avec ma chère grand'maman.

LETTRE CCCXXXIII

DE LA DUCHESSE DE CHOISEUL A MADAME DU DEFFAND

A Chanteloup, ce 20 mars 1772.

« Ne tardez pas un moment, chère grand'maman, à me faire le récit de l'effet qu'aura produit la figure de M. de Gontaut... » Cela est bien aisé à dire : ma chère petite-fille, *ne tardez pas un moment*. Mais il n'est pas si facile de vous obéir. Avez-vous oublié que je ne confie pas à la poste, ni mes sentiments, ni mon indifférence, ni mes affaires, ni mon désœuvrement, ni mon esprit, ni ma bêtise, ni mes amusements, ni mon ennui.

Je n'ai que faire que madame du Barry, qui voit tout comme Dieu, aille gloser sur tout cela. J'attends les occasions; elles se présentent comme elles peuvent, ce qui fait que j'arrive presque toujours à contre-temps. Cependant, vous saurez par moi, si vous ne le savez pas déjà par d'autres, que la perruque de M. de Gontaut a produit l'effet que vous vous en promettiez, des éclats de rire immodéré; elle a été ensuite déposée sur ma toilette pour mon usage; le moment d'après on a apporté une grande machine longue, mince, qui avait une grosse tête, et qui ressemblait dans son étui à un fusil. Développée, cette machine s'est trouvée être un balai pour le service de la chambre de madame de Grammont. Chacun a eu ainsi sa part de la surprise, de la magnificence et de l'admiration de la fécondité du génie de M. de Gontaut [1]. M. de Beauvau a raison; ses lettres sont aussi curieuses que ses présents; mais je ne puis vous en donner le plaisir, parce que, comme elles n'ont guère que le mérite de cet à-propos que je manque toujours, je ne les garde pas; mais quand il m'en viendra de dignes de vous, je vous les enverrai. Je lui ai dit tout ce que vous me mandez de lui et pour lui, à l'exception des lettres qu'il ne me pardonnerait pas de montrer, et je vous assure que vos cajoleries ont le plus grand succès; il se vante d'être du plus grand bien avec vous, il prétend y être encore mieux, il veut qu'on en parle; il vous ménage un petit souper fin chez lui.

Vous me désespérez, ma chère petite-fille, de désirer mon piano-forte. Hélas! il est ici; mais si vous dites un mot, je vous l'enverrai.

---

[1]. La mode du parfilage était une vraie fureur. Grimm parle d'objets en or, tels que fauteuils, cabriolets, cabarets garnis de tasses, basses-cours complètes avec poules et dindons qu'on dépeçait et parfilait impitoyablement. L'or qu'on en tirait n'équivalait pas à la valeur du quart du prix d'achat. Aussi était-ce un plaisir fort cher, et qui n'avait en dernière analyse que la destruction pour objet. Les femmes les plus considérables poussaient souvent l'indiscrétion jusqu'à couper, pour les parfiler, les galons et brandebourgs en or que les hommes portaient à leurs habits; et on raconte qu'à Villers-Coterets, M. le duc d'Orléans fit un jour la plaisanterie d'en porter de faux or pour déjouer les dames de la société.

Je renonce à l'idée de vendre mon bureau en Angleterre, et cela ne me fait rien du tout. Ainsi, on peut m'en renvoyer le tiroir quand on voudra.

Vous me comblez d'humiliation en me rappelant que je n'ai pu vous obtenir un seul des cordons bleus de M. de Choiseul ; mais, en revanche, je vous garde toute la soie du parfilage de M. de Gontaut ; c'est tout ce qui est en mon pouvoir.

Le dernier courrier a beaucoup fourni à mes plaisirs. J'ai une grande lettre de vous, l'abbé en a eu une, vous lui en avez envoyé une du baron qui me fait grand plaisir, quoiqu'elle ne m'apprenne pas grand'chose. J'étais inquiète de lui ; je craignais que la révolution ne lui eût nui, et je vois au contraire qu'elle peut lui être favorable.

L'abbé et moi croyions que vous nous aviez trouvés si bêtes, que vous nous aviez donné notre congé, parce qu'il y avait longtemps que nous n'avions eu de vos lettres ; elles sont notre aliment et notre plaisir. Je joins souvent à ma bêtise le malheur d'être horriblement pressée ; c'est ce que j'étais quand je vous ai écrit par M. de l'Isle, c'est ce que je suis encore aujourd'hui. J'attends encore de vos nouvelles par le chevalier de Boufflers, et ce sont deux choses qui, l'une portant l'autre, me feront toutes deux grand plaisir. Adieu, chère petite-fille ; bête ou spirituelle, aimez votre grand'maman ; c'est le devoir d'une petite-fille bien née et le prix dû à mon sentiment pour vous.

LETTRE CCCXXXIV

DE MADAME DU DEFFAND A LA DUCHESSE DE CHOISEUL

Ce mercredi, 25 mars 1772.

Voilà un nouvel ambassadeur qui vous portera mes dépêches, chère grand'maman ; leur importance ne répondra pas à la dignité du ministre. Pas la plus petite nouvelle, pas la moindre bagatelle à vous mander, excepté les morts et les mariages desquels je pourrais me fier à la *Gazette*. Cependant, il y a un mariage auquel je prends une sorte de part, qui se fit hier à huit heures du matin par l'archevêque de Toulouse, de madame de Valbelle et de M. d'Adhémar; il n'y avait de spectateurs que les quatre témoins : MM. de Périgord, de Ségur, de Vaudreuil et de Brancas. La mariée est folle de joie; le marié est, dit-on, fort de sang-froid. Dieu les bénisse. Mais ce n'est pas là où j'irais chercher le bonheur; je le crois tout entier où vous êtes, et s'il en reste quelques petites portions, c'est dans la famille des Brienne; ils vivent tous ensemble dans la plus grande paix, dans la plus parfaite union et dans l'abondance. Ils s'en vont tous, à mon grand regret, passer huit ou dix jours à Brienne; ils y bâtissent un beau château, font des jardins magnifiques; ils ont un haras, un équipage de chasse, un théâtre [1], enfin tout ce que de grandes richesses et beaucoup de bon sens peuvent procurer de bonheur et d'amusement. Rien ne leur manque. Ce sont des gens heureux, ou je suis bien trompée. Vous direz peut-être : La petite-fille voudrait être là. Non, chère grand'maman, ce n'est pas là où elle désirerait d'être.

Vous êtes la bonté même : m'offrir de m'envoyer votre piano-forte! Me croiriez vous capable de l'accepter? Je vous en croyais deux, un d'Angleterre, un de Strasbourg. Mais, à propos, vous n'avez donc point chanté mon air favori auquel j'ai fait faire un accompagnement de flûte pour le grand'papa. Il n'y a point d'air plus charmant; c'est vilain à l'abbé de vous l'avoir si peu vanté, je l'ai cependant vu se pâmer en me l'entendant chanter.

---

1. L'archevêque de Toulouse, décidé à faire de Brienne un lieu considérable, outre les divers établissements dont parle ici madame du Deffand, y avait fondé un collège de Minimes. M. de Saint-Germain, pendant son ministère, lui persuada de transformer ce collège en une école militaire, que l'éducation de Napoléon a depuis rendue célèbre.

Savez vous que Duclos se meurt? Ce sera une seconde place à l'Académie. La Harpe ne vous paraît-il pas tout fait pour le remplacer? On parle d'une tragédie de Lemierre dont le sujet est le supplice de Barnevelt, le grand Pensionnaire. En voici un trait qui vous plaira. Son fils le va trouver dans sa prison après que sa sentence lui a été prononcée, il lui porte un poignard, son père le rejette, le fils le presse, le père résiste, sur ce qu'il n'est pas permis de se donner la mort. *Caton se la donna*, dit le fils. *Socrate l'attendit*, répond le père. Avouez, chère grand'maman, que ce trait est beau, et que quoique je vous le rende très-mal, il ne laisse pas de vous faire plaisir.

Il paraît un livre nouveau qui fait grand bruit, et dont on arrête le débit; il a six volumes in-8° et pour titre : *Histoire philosophique de l'établissement des Européens dans les Indes*. On m'en a lu trois articles: un sur le roi de Prusse qui est un peu oratoire, mais cependant beau; un autre sur le gouvernement de Suède qui m'a fort plu; le troisième sur la Hollande qui ne m'a fait nul plaisir parce qu'il est poétique, emphatique, et qu'il n'en reste rien. On fait mystère de l'auteur, mais cependant il est avéré que c'est l'abbé Raynal, qui jusqu'à ce moment semblait fait pour être le pendant de M. Thomas. Voilà les nouvelles littéraires; les politiques sont au-dessus de ma science et de mon génie.

J'aurai ce soir à souper des gens mieux instruits que moi, les Beauvau et d'autres qui ne sont pas de la même catégorie que la leur et la mienne; mais le proverbe est faux: *Qui s'assemble se ressemble.*

N'avez-vous pas le chevalier de Boufflers? Je le soupçonne parti d'hier et qu'il a eu le mauvais procédé de ne m'en faire rien dire. Chapitrez-le un peu, je vous supplie.

Je suis ravie des succès de la perruque et enchantée de tout ce que vous m'apprenez des bonnes dispositions où le nouvel et brillant Apollon est pour moi. La maréchale est toujours très-enrhumée; madame de Lauzun, qui ne la quitte pas, ne laisse pas ignorer ses nouvelles.

Adieu, chère grand'maman, voilà une lettre éternelle; l'abbé sera compris dans cette éternité. Je loue ses lettres, sans doute, mais de premier mouvement, par le plaisir qu'elles me font, mais sans art, sans finesse, point à la manière de la fable pour lui faire tomber son fromage; s'il m'en écrit davantage, tant mieux, mais je ne veux rien devoir à l'industrie ni à l'astuce. Je lui souhaite le bonjour, à ce grand abbé. Je ferai demain un petit souper fin en commémoration des soupers du petit appartement : deux grands évêques et un président. Ah! pour le coup, adieu. C'est trop bavarder.

Je viens de relire ma lettre, il y a une grande abondance de *mais*, mais c'est, chère grand'maman, que je ne sais pas écrire, mais que cela ne vous fait rien, mais que, par conséquent, je ne m'en soucie pas.

LETTRE CCCXXXV

DE LA DUCHESSE DE CHOISEUL A MADAME DU DEFFAND

Ce 30 mars 1772.

Le chevalier [1], ma chère petite-fille, est arrivé en même temps que votre ambassadeur; celui-ci, par dignité, dans une énorme et maussade berline fort ressemblante à un coche, l'autre sur un mauvais petit cheval, à travers champs, comme un chevalier errant. Cet autre n'a point été prendre vos ordres parce qu'il est parti de Versailles. L'ambassadeur m'a apporté votre lettre, et c'est ce qu'il pouvait faire de mieux; il est vrai qu'il me l'a fait attendre longtemps, et c'est ce qu'il pouvait faire de plus mal. J'ai cru qu'il voulait me la garder pour mes œufs de Pâques.

1. De Boufflers.

J'aime beaucoup vos nouvelles littéraires, le trait de la tragédie de *Barnevelt* me paraît sublime. J'avais déjà entendu parler de l'*Histoire philosophique de l'établissement des Européens dans les Indes*; j'ai envie de l'avoir; il faut que je dise à l'abbé de tâcher de me la procurer. Je n'ai pas pu me résoudre à rien lire de *l'Éloge des femmes*, par M. Thomas. Je n'aime pas plus que vous l'emphatique, le poétique : tout cela me paraît de l'amphigourique, et je crois qu'il n'y a que les sots qui entendent les amphigouris. Si par malheur je croyais en entendre un, ce serait par prétention que je ne l'avouerais pas.

Bon Dieu! que vous fait le mariage de M. d'Adhémar et de madame de Valbelle? Dieu bénisse l'archevêque qui les a bénis. Je parie qu'il ne s'en soucie guère non plus. Je suis bien aise de tout ce que vous me dites du bonheur des Brienne, parce que j'espère que l'archevêque en a sa bonne part, et que j'aime l'archevêque. J'espère qu'il ne sera pas impossible que nous le voyions un jour ici : peut-être s'y trouvera-t-il avec vous, et alors le proverbe que vous dites être faux : *Qui se ressemble s'assemble*, se vérifiera, en changeant qui *se ressemble* en qui *s'aime*. Je ne pense pas de sang-froid au bonheur de vous voir ici; c'est alors que vous verrez si nous sommes heureux.

Est-ce que je ne vous ai pas dit que j'avais chanté votre chanson, que je trouve charmante, mais que personne ne s'est encore pâmé à me l'entendre chanter, et que je n'ai pas encore pu la faire accompagner au grand-papa, parce que depuis quelque temps il a fort abandonné la flûte? Je la lui ferai reprendre en votre honneur. Pourquoi ne voulez-vous pas de mon piano-forte? Je vous l'enverrais de tout mon cœur, mais je vous avertis que c'est le plus mauvais instrument du monde; il est toujours discord.

J'ai ri de tous vos *mais*. Je crois que c'est un tic que vous tenez de votre grand'maman. J'en dis quelquefois vingt de suite; je ne sais si j'en écris autant.

Savez-vous que vous verrez peut-être bientôt l'abbé? Il veut aller voir son nouveau bibliothécaire. Ce voyage ne m'accommode pas trop, mais il vous accommodera. En attendant, je le désespère tous les soirs en le faisant jouer à un jeu qui l'ennuie à mort et qui s'appelle le domino; c'est le jeu des hussards, des laquais et des filles. On dit que je le joue supérieurement. Je voudrais bien savoir d'où me vient cette analogie avec ces trois ordres.

J'ai fait lire votre lettre à l'abbé; j'imagine qu'il prendra la peine de répondre à ce qui le regarde, et je me garderai bien de prévenir sa réponse.

Votre Apollon est très-flatté du nouveau titre qu'il doit à sa perruque et à votre poétique. Le grand-papa vous embrasse, et moi, ma chère petite, je vous aime toujours à la folie.

LETTRE CCCXXXVI

DE LA DUCHESSE DE CHOISEUL A MADAME DU DEFFAND

A Chanteloup, ce 1er avril 1772.

Pour cette fois, chère petite-fille, j'espère que vous serez bien contente de moi, et que vous trouverez que votre grand'-maman a bien soin de vous; c'est du nouveau que je vous envoie, du très-nouveau. Cette production ne paraît que de ce matin, j'ai voulu en avoir les gants et vous en donner les prémices : c'est un portrait du chevalier de Boufflers fait par l'abbé; un de ses mérites est un mécanisme qu'il faut que vous deviniez. Cela produira. Le chevalier a été enfermé toute la journée pour y répondre. Nous vous enverrons tous les fruits de cette première semence. Adieu, chère petite-fille, je vous livre à l'abbé; examinez-le, retournez-le, commentez-le; il vaut mieux que moi à approfondir, quoique vous ne découvriez cependant en lui que la plus petite chose du monde; mais moi, je ne vaux rien que par ma tendresse pour vous.

LETTRE CCCXXXVII

DE MADAME DU DEFFAND A LA DUCHESSE DE CHOISEUL

Ce dimanche, 5 avril 1772.

Vous ne vous trompez pas, chère grand'maman, je suis parfaitement contente de vous, et j'ai raison de l'être ; les attentions prouvent l'amitié, les protestations vagues ne sont rien. Je sais par expérience que l'on dirige toutes ses actions pour l'objet qu'on aime, et qu'on n'a pour tout le reste que des semblants et des paroles. Vous pensez bien de même, chère grand'maman, et tous ceux qui connaissent véritablement l'amitié pensent ainsi ; mais que le nombre en est petit!

Vous m'annoncez une nouvelle bien agréable, un voyage de l'abbé. La première chose que je lui dirai, ce sera pour lui demander l'explication de la fin de votre dernière lettre, qui me paraît ineffable, inintelligible, et qui certainement signifie quelque chose qu'il m'est absolument impossible de deviner. C'est à l'occasion du portrait du chevalier de Boufflers, dont je suis contente. Je ne sais pourtant pas ce que veut dire ce sixième sens. J'ai fort envie de voir la riposte du chevalier ; il y a quelque chose à tout cela que je n'entends pas. Je ne veux point faire de commentaire sur ce portrait avant que d'être plus au fait.

Hélas! chère grand'maman, le tiroir m'est revenu ; je le garde pour le remettre à l'abbé. Le pauvre Horace est désolé de n'avoir pu vous rendre ce médiocre service. Je suis bien sa caution de son attachement et du désir qu'il aurait de vous le prouver.

On ne s'entretient que de l'aventure de madame de Tavannes ; sans doute qu'on vous l'aura racontée. La séparation est faite ; on lui donne vingt-deux mille francs. Elle ne sera pas chargée de ses enfants, elle restera à madame la dauphine, ce qui déplaît fort à son mari. Tout ceci m'a bien étonnée. Je la croyais une dame *honesta*, et elle n'est rien moins.

On parle beaucoup ici de la réconciliation des princes; il y a toute apparence qu'ils ne se rendront pas difficiles. Pour moi, j'imagine qu'on leur fera un sacrifice qui aura beaucoup d'éclat, qui ne coûtera guère et n'apportera pas un grand changement en bien au fond des affaires : pour m'expliquer plus clairement, je crois qu'on ôtera les sceaux au chancelier pour les donner au Boynes; qu'on rappellera quelques anciens membres du Parlement, qu'on en expulsera quelques-uns du nouveau, et que, sans rétablir l'ancien ordre, les princes seront contents. Tout ceci part de mon imagination, et vous semblera peut-être n'avoir pas le sens commun.

Voici une petite chanson [1] que vous ne montrerez, s'il vous plaît, qu'à l'abbé, et qui a été faite avant le projet de réconciliation, sur l'air : *Vive le vin! vive l'amour* :

> Du chancelier, du d'Aiguillon,
> Lequel est le plus grand fripon,
> Lequel perdra plus tôt sa place?
> D'Aiguillon a pour lui la garce
> Et demi-douzaine de sots.
> Le chancelier a pour lui les dévots,
> La sœur Louison [2] et son audace.

Si vous aimez mieux, à la place de *la sœur Louison, tous les coquins*, vous êtes la maîtresse.

Tout est pitoyable ici, chère grand'maman : amis, ennemis, personne n'a le sens commun. Ah! que je causerai bien avec l'abbé! On ne peut pas écrire tout ce qu'on pense. Que j'aurais de plaisir de me trouver entre vous et lui! J'y admettrais volontiers le marquis de Castellane, quoiqu'il soit un peu dur et mal léché : vous l'aurez après Pâques, et l'incomparable

---

1. Elle est de madame du Deffand.
2. Madame la princesse Louise, la carmélite.

à la fin de la semaine prochaine. Et moi, quand m'aurez-vous? Hélas! je n'en sais rien. Je suis comme les fiacres, je m'emporte dans la descente; je fais de si grands pas vers la décrépitude que je serai bientôt hors d'état d'en faire un seul pour quitter mon tonneau. Je vous dirai pourtant *confidemment* que, s'il n'y avait que vous et les vôtres, je risquerais tout ce qu'il en pourrait arriver. Votre amitié me rassurerait sur les inconvénients. Mais, ma grand'maman, je me représente souvent la contenance que j'aurais à travers la compagnie qui vous environne, tout ce que la politesse engagerait à me dire, toute la bêtise de mes réponses, quel serait mon embarras, combien je me trouverais déplacée, tous les soins que vous prendriez pour me rassurer, la contrainte des autres à ne vous pas désobliger en ayant pour moi des attentions forcées. Je n'en pourrais juger, il est vrai, par le regard; mais le ton de la voix y suppléerait, et, sans être trop méfiante, je serais dans un malaise continuel; je vous causerais mille embarras. Tout cela est vrai, chère grand'maman; je sais ce que votre amitié, vos bontés vous feront me répondre; mais, dans le fond, vous et l'abbé trouverez que j'ai raison. Cependant je n'abandonne point totalement le projet de vous aller trouver; peut-être quelques circonstances pourront m'y déterminer. Rien n'est si vrai que ma situation présente m'est insupportable, et, malgré mon âge, je ne commence pas une journée que je ne désire l'avoir finie; que rien ne m'intéresse, ne m'occupe, ni ne m'amuse; qu'enfin je suis dégoûtée de la vie presque autant que tous ceux qui se tuent ou se noient. Vous voyez que je vous parle à cœur ouvert; aussi je vous demande en grâce qu'excepté l'abbé, personne ne voie cette lettre; c'est une sûreté qu'il faut établir sans aucune modification entre nous. Ma confiance doit vous prouver combien je vous aime et combien je me flatte d'être aimée de vous.

J'écrirai à l'abbé quand il m'aura écrit.

LETTRE CCCXXXVIII.

DE MADAME DU DEFFAND A L'ABBÉ BARTHÉLEMY

Lundi, 6 avril 1772.

Il n'y a pas sur terre une plus grande étourdie que moi. J'écris hier à la grand'maman, je récapitulais depuis cinq ou six jours ce que j'avais à lui mander, je crois n'avoir rien oublié, je ferme ma lettre, je la donne à quelqu'un qui vient de la part de madame Ribot me dire qu'il y a une occasion pour demain; hier au soir par bonheur on me parle de Voltaire, tout à coup, je me souviens que j'ai une lettre de lui que je voulais envoyer à la grand'maman : la voilà, mon grand abbé, et j'y joins ce que je lui ai répondu; il faut que la grand'maman me dicte exactement ce qu'elle veut que je lui écrive, je ne veux rien dire de moi-même. Ce n'est point lui qui a fait les vers au chancelier qu'on a parodiés.

Autre oubli : je ne sais s'il est de votre part ou de la mienne. Vous ai-je mandé que M. Blacquer avait trouvé la caisse pleine de livres dont vous lui aviez parlé et qu'il désirait savoir ce que vous vouliez qu'il en fît? vous ne m'avez sûrement pas répondu, mais peut-être ne vous l'ai-je pas mandé.

L'évêque d'Arras n'est plus ici, il reviendra immédiatement après Pâques. Je goûte fort sa sorte d'esprit, et j'ai bonne opinion de son caractère; mais c'est sur quoi on précipite trop souvent son jugement.

La séparation de M. et de madame de Tavannes n'est pas encore faite, mais on croit qu'elle se fera; ceux qui se mêlent de cette affaire se conduisent fort bien.

On a répandu la plus grande fausseté en disant qu'une demoiselle de Lévis, qui n'a point de bien et qui est en Languedoc, allait épouser un certain vicomte[1] : il n'en est rien; ce

---

1. Du Barry.

bruit s'est répandu sans qu'on y ait donné le moindre lieu; c'est un petit trait de malignité qui augmente l'aigreur et qui assurement n'est utile ni pour les uns ni pour les autres.

En vérité, mon cher abbé, quand on n'est ni auteur ni acteur, et qu'on est spectateur et observateur, on ne saurait s'affliger d'avoir peu de temps à vivre dans un monde si pervers et si corrompu.

Avez-vous lu le livre de M. Clément? Que dites-vous de ce faquin qui voudrait placer Quinault à côté du cocher de M. de Verthamon [1]? Il croit, en débitant les principes de Despreaux, avoir son goût et son génie. Tout ce que je lis me met en colère : ne saurait-on se taire quand on n'a point d'idée? mais non! on saisit celles des autres, on les rend tout de travers; on est fort content de soi, en faisant périr d'ennui ses lecteurs.

Que dites-vous du choix de l'historiographe [2]? Les encyclopédistes ont acquis un nouveau et puissant protecteur; d'Alembert s'en trouvera bien, à moins que l'oncle ne contrecarre le neveu : c'est ce qu'on saura jeudi, c'est le jour que se doit faire l'élection du secrétaire. Pour celle des deux académiciens [3], il n'en est pas encore question; que ne venez-vous chasser tous ces vendeurs du temple!

Adieu, l'abbé, mon intention n'était pas de vous écrire, je voulais attendre une de vos lettres.

---

[1]. C'était le coryphée des poëtes et des chanteurs des rues, pour lesquels il composait des chansons. Voltaire en a parlé dans la *Fête de Belesbat* :

> Le cocher si fameux à la cour, à la ville,
> Amour des beaux-esprits, père du vaudeville,
> Dont vous auriez été le très-digne aumônier,
> Près Saint-Eustache encore est pleuré du quartier.

[2]. Marmontel succéda à Duclos, qui avait succédé à Voltaire. Moncrif, qui avait écrit l'*Histoire des chats*, avait eu précédemment des prétentions à cette charge; quand il parla au maréchal de Richelieu de son désir d'être historiographe : « Tu veux dire historiogriphe, » lui répondit le maréchal.

[3]. Deux places étaient vacantes par la mort de MM. Bignon et Duclos.

Le portrait du chevalier de Boufflers est fort bien, j'attends celui qu'il aura fait de vous.

La grand'maman vous annonce, dites quand vous viendrez; j'ai, je vous assure, bien de l'impatience de vous voir.

LETTRE CCCXXXIX

DE LA DUCHESSE DE CHOISEUL A MADAME DU DEFFAND

A Chanteloup, ce 14 avril 1772.

Je vais commencer ma lettre par tout ce que j'ai d'ennuyeux à vous dire, ma chère petite-fille, afin d'en être débarrassée. D'abord la lettre de Voltaire que vous avez envoyée à l'abbé et à laquelle il faut que je vous fournisse une réponse : il faut lui mander que comme la disgrâce n'ôte pas le goût, nous avons conservé la même admiration pour lui; mais que la circonspection que notre position exige ne nous permet pas d'être en commerce avec un homme aussi célèbre, et qu'elle nous fait désirer qu'il ne parle de nous ni en bien ni en mal dans aucun de ses écrits publics ou qui peuvent le devenir, que son silence est le plus grand égard qu'il puisse marquer à notre situation et la marque d'amitié qu'il puisse nous donner à laquelle nous serons le plus sensibles.

Ensuite je vous dirai que je ne me soucie pas du tout que mon bureau n'ait pas été vendu; mais ce à quoi je ne suis pas indifférente, c'est à la bonté que M. de Walpole a eue de s'occuper de me le faire vendre et dont je vous prie de le bien remercier de ma part. Vous pourrez rendre le tiroir à l'abbé quand il ira à Paris, et il part mercredi, dont bien me fâche et bien vous duit. Voilà comme on ne peut pas contenter tout le monde à la fois, et ce qui prouve qu'il faudrait que tous les gens qui s'aiment se réunissent une bonne fois pour toutes pour ne se plus séparer. Moi qui ne connais plus d'autre bien que de vivre en paix et aise dans mon château, au coin de mon feu, au fond de ma province, je n'aspire qu'au bonheur d'y réunir tous mes amis.

La réconciliation des princes est très-certainement manquée, et on assure qu'elle n'aura plus lieu; malgré ce qu'on en dit, je ne répondrais pas que par la suite ils ne réalisent vos spéculations.

Une bonne fois pour toutes je vous demande en grâce, ma chère petite-fille, de ne jamais me dire : *vous savez*, parce que je ne sais jamais rien; il faut au contraire me dire : *je vous apprends*, et l'expression sera presque toujours juste et l'annonce me fera toujours plaisir, parce que je suis curieuse. Tout le monde s'est donné le mot pour nous écrire : « vous savez l'histoire de madame de Tavannes, » comme si chacun était convenu de ne point nous la dire, de sorte que sans le baron de Talleyrand, qui vient d'arriver et à qui nous l'avons demandée, nous ne la saurions pas encore, car on avait beau nous mander que nous la savions, cela ne nous l'apprenait pas. A propos de madame de Tavannes, il est pourtant très-vrai que le vicomte Adolphe[1] épouse mademoiselle de Lévis et qu'il est premier écuyer; quelle infamie!

Je n'ai jamais rien vu de si joli que votre chanson, il faut avouer mon indiscrétion. Je n'ai pas pu me tenir de la chanter au grand-papa, et le grand-papa de la chanter en plein salon où elle a reçu un applaudissement universel; mais j'ai défendu qu'on en prît des copies et personne ne sait qui me l'a envoyée. Gardez-vous bien de changer sœur Louison, c'est le trait. Ce que vous proposez d'y substituer serait une injure. Nous nous sommes seulement permis une petite correction : vous faites Louison de deux syllabes, il est de trois, de sorte que nous retranchons l'article pour retrouver la mesure, et cette suppres-

---

1. Du Barry, neveu du mari de la favorite; il épousa mademoiselle de Tournon, qu'il laissa veuve. Elle quitta alors les armes et les livrées de cet ignominieux mari. Un procès lui fut intenté par la famille pour l'obliger à les reprendre.

sion fait très-bien parce qu'elle ajoute au dénigrement, ainsi chantez donc *Sœur Louison et son audace*, au lieu de *la Sœur Louison* et je vous réponds que la chanson et vous, vous en trouverez fort bien.

Qui vous a donc révélé le mécanisme du portrait du chevalier de Boufflers? J'étais bien sûre que vous ne l'aviez pas découvert, puisque vous n'aviez pas entendu la fin de ma lettre. Ne trouvez-vous pas aujourd'hui avec moi que c'est la plus petite chose du monde? L'abbé a reçu hier votre lettre sans monosyllabes qui nous a tous fait rire, mais il y a une faute, *Quelques-uns*.

Savez-vous que le grand-papa et madame de Grammont se demandaient, l'autre jour, pourquoi vous ne veniez pas, et que le grand-papa, sans avoir lu votre lettre que je n'ai montrée qu'à l'abbé, répondait précisément tout ce qu'elle contient? Je parie, disait-il, que c'est par timidité, par enfantillage, parce qu'elle se fait des fantômes de tout, qu'elle croit qu'elle ennuierait, qu'elle importunerait, et madame de Grammont de combattre victorieusement tous ces fantômes, et tout le monde de convenir qu'il n'y a personne qui ne vous désire, qui ne fût charmé de vous voir, qui ne s'occupe de vous pour son plus grand plaisir, et pour conclusion que vous aviez très-grand tort de n'y être pas, parce que vous y seriez fort bien pour vous et encore mieux pour nous. L'abbé vous contera tout cela, ma chère petite-fille; mais ce qu'il ne vous dira jamais assez, c'est combien nous vous aimons.

LETTRE CCCXL.

DE MADAME DU DEFFAND A LA DUCHESSE DE CHOISEUL

Paris, ce 18 avril 1772.

Oh! l'indiscrète grand'maman, qui a montré la chanson! et comment l'abbé n'en a-t-il pas fait la critique? Comment n'a-t-il pas vu que *place* et *garce* ne rime point? je l'ai reconnu, moi qui ne suis qu'une ignorante, je l'ai corrigé.

Voici deux façons à choisir :

> Du d'A***, du Ch***,
> Lequel pendra-t-on le premier?
> Comment finira cette farce?

Le reste de même. Voici l'autre :

> Du C***, du D***,
> Le règne sera-t-il bien long?
> Combien durera cette farce?

Le reste de même.

Sans doute qu'il est fort heureux qu'il y ait trois syllabes à Louison, cela vaut cent fois mieux.

Je vous envoie, chère grand'maman, un écrit théologique qui vous fera plaisir. Vous en reconnaîtrez bien l'auteur.

J'attends l'abbé avec impatience, j'aimerais mieux le partager avec vous que de vous l'enlever, je ne suis que trop persuadée de la satisfaction que j'aurais auprès de vous. Le grand-papa se trompe en pensant que la timidité m'arrête : ce n'est pas le sentiment qu'on a quand on est vieille et aveugle, on n'a plus la prétention de plaire, on ne craint plus le ridicule; mais on ne veut occuper personne, on est mal à son aise de sentir qu'on n'est bonne à rien, on se croit déplacée dès qu'on est hors de chez soi. Mais je remets tout raisonnement pour l'arrivée de l'abbé.

J'ai reçu une seconde lettre de Voltaire fort semblable à des articles de son Encyclopédie : il répète encore qu'il parle sans cesse de son attachement pour vous et le grand-papa, et cette personne considérable à qui il en a fait la déclaration c'est M. de Richelieu. Je lui envoie la copie de ce que vous m'avez écrit.

J'ai lieu de croire que l'on fera quelque chose pour M. de Beauvau; j'espérais que cela allait être tout à l'heure; le retardement me déplaît, mais on assure qu'on ne changera pas d'intention et qu'elle est actuellement telle qu'on peut la désirer. Je vous promets, chère grand'maman, de vous dire tout ce que je saurai, et de ne plus écouter la crainte de vous redire ce que vous pourriez déjà savoir; pour aujourd'hui je ne sais rien, sinon que je n'ai pas plus dormi cette nuit que les autres et que je suis un peu plus stupide qu'à l'ordinaire.

Au nom de Dieu, le plus grand secret pour cette misérable chanson. Voyant assez souvent la mère, je serais cent fois plus coupable. Adieu, chère grand'maman. J'aime beaucoup le grand-papa. J'achèterais bien cher le plaisir de me trouver entre vous et lui.

Le marquis de Boufflers soupa hier chez moi, je le questionnai beaucoup; il n'est pas tout à fait aussi abondant que son frère le théologien [1].

LETTRE CCCXLI

DE MADAME DU DEFFAND A LA DUCHESSE DE CHOISEUL

Ce samedi, 18 avril 1772,
à 5 heures du soir.

Les espérances que je vous ai données dans ma lettre de ce matin n'ont pas tardé à être remplies. Je viens d'apprendre par le prince que le roi lui accorde vingt-cinq mille francs de gratification annuelle, en attendant un grand gouvernement. Ce fut hier au soir, au travail de M. de Monteynard. La maréchale m'avait dit, mardi dernier, que cette grâce serait accordée; mais elle m'en avait demandé le secret. Je suis persuadée qu'elle a rendu de très-bons offices.

---

1. Le chevalier de Boufflers avait porté le petit collet.

On s'attendait à plusieurs distributions de grâces, c'est-à-dire de places, auprès de M. le comte d'Artois. Il n'en est pas question dans ce moment.

Je ne me porte pas bien, chère grand'maman, je ne puis écrire plus longtemps.

LETTRE CCCXLII

DE LA DUCHESSE DE CHOISEUL A MADAME DU DEFFAND

A Chanteloup, ce 19 avril 1772.

Je vous écris aujourd'hui, ma chère petite-fille, quoique je n'aie pas de lettre de vous et que je n'aie rien à vous dire, parce que je ne veux pas vous écrire par l'abbé, qui vous verra cette semaine; il sera ma lettre et vaudra beaucoup mieux qu'elle. Il ne faut pas vous jouer à tous deux le mauvais tour d'interrompre par mon bavardage les premiers moments du plaisir que vous aurez à vous revoir.

Que dites-vous de votre incomparable, que j'attendais il y a eu hier huit jours, puis mercredi dernier; qui avait juré ses grands dieux qu'il passerait sa semaine sainte avec nous, et qui prétend être retenu par des affaires, et que je ne verrai plus que quand il plaira à Dieu ou aux beaux yeux de sa belle? Ah! votre incomparable est incomparablement faible et insupportable pour ceux qui, comme moi, ont du faible pour lui; mais il faut le prendre comme il est, avec ses défauts, et l'aimer en dépit d'eux.

M. de Gontaut m'a encore envoyé des bouquets de parfilage, et à madame de Grammont un oignon; son imagination est intarissable; je suis bien aise de la liaison qui s'est établie entre vous. Il doit vous amuser, et je suis bien aise quand je crois que ma chère enfant s'amuse, car je l'aime comme il faut aimer, avec détail.

LETTRE CCCXLIII

DE MADAME DU DEFFAND A LA DUCHESSE DE CHOISEUL

Ce dimanche, 26 avril 1772.

L'abbé m'arriva vendredi, à trois heures. J'en fus surprise; je ne l'attendais plus que dans le courant de cette semaine. Mon petit doigt m'avait dit que vous étiez enrhumée. Sa présence, avant qu'il m'eût parlé, m'apprit que vous vous portiez bien; il me l'a confirmé. Il soupa hier chez moi avec mesdames de Luxembourg, de Lauzun, et M. de Gontaut.

Mais, ma grand'maman, vous ne m'avez point confié tous vos bonheurs. Vous aurez mercredi au soir madame de Luxembourg; rien n'est si plaisant! je prévois qu'elle deviendra aussi fort amie de madame d'Enville. Elle va de conquête en conquête. Vous la garderez trois semaines ou un mois. Je vous demande en grâce qu'il ne soit pas question du couplet. L'auteur serait inconsolable s'il courait; il m'avait extrêmement recommandé de ne le confier qu'à vous; rien n'est plus important pour lui que personne n'en ait connaissance.

L'abbé me paraît avoir bien des affaires, et je ne prévois pas le voir autant que je le voudrais. Il soupera jeudi chez moi avec madame de Beauvau, et le lendemain vendredi peut-être tête à tête.

Ce sera M. de La Rochefoucauld qui vous rendra cette lettre. Il est le plus assidu courtisan de mademoiselle de l'Espinasse[1]; je ne sais si c'est cette liaison qui a nui à ma connaissance avec lui et avec madame d'Enville, mais je les vois

---

1. Il est curieux de remarquer combien le souvenir de son ancienne compagne est désagréable à madame du Deffand, et avec quel soin elle évite de le rappeler. Voilà la première fois que son nom se trouve prononcé dans la correspondance avec la duchesse de Choiseul; il ne l'est pas une seule fois avec Voltaire, et rarement avec Walpole.

plus rarement qu'autrefois. L'abbé, à qui je confierai tout, vous rendra compte de tout. Peut-être vous écrirai-je encore demain. Je suis pressée aujourd'hui, parce qu'il faut que je donne cette lettre cette après-dînée à M. de La Rochefoucauld qui viendra la chercher, et que mon secrétaire est prié à dîner et qu'il est plus de deux heures.

Au nom de Dieu, un grand secret sur le couplet.

LETTRE CCCXLIV

DE MADAME DU DEFFAND A LA DUCHESSE DE CHOISEUL

Ce lundi, 27 avril 1772.

Je devrais ne vous point écrire, chère grand'maman; je suis dans une disposition de corps et d'esprit fort contraire à pouvoir rendre une lettre agréable. Je n'ai que des pensées tristes, des regrets du passé, un dégoût affreux du présent et nul espoir pour l'avenir. Je vois partir tous ceux qui vont vous trouver, avec une douleur extrême; je voudrais être à leur place. Sentiront-ils le bonheur d'être avec vous? Quel sentiment les y conduit? Pourquoi faut-il que moi qui vous aime si véritablement, tendrement, sois la seule condamnée à ne vous point voir? Venez! me direz-vous. Vous me répéterez ce que vous m'avez dit cent fois dans vos lettres, et que je crois très-sincère. Mais, malgré cela, si vous ne revenez pas bientôt, je suis condamnée à ne plus vous revoir. Je n'aurais pas la force de faire le voyage, et si j'arrivais, ce ne serait vraisemblablement que pour vous donner le plus triste spectacle. Non, non; il n'y faut plus penser!

Je n'ai point encore eu le moment de causer avec l'abbé. Je le vis vendredi environ une demi-heure. Il arriva chez moi le samedi comme on allait se mettre à table, il ne s'y mit pas; après souper la conversation fut générale, je ne le vis point hier. Il devait souper avec moi jeudi avec madame de Beauvau;

mais elle vint me prier hier au soir de remettre ce souper au samedi, à cause de quelque changement dans les voyages du roi. Voilà mon histoire par rapport à l'abbé. Ainsi que vous voyez, je n'ai pas tiré jusqu'à présent grande consolation de lui. Gardez-vous bien de lui en faire le plus petit reproche. Il est accablé d'affaires, et certainement il me verra dès qu'il aura des moments de libre. Il a de l'amitié pour moi; et puis avec qui pourrait-il parler de vous comme il aime à en parler? Ainsi, je vous le répète, gardez-vous de lui dire un mot qui puisse le contraindre à se gêner. Tous les moments qu'il passerait avec moi pourraient apporter du retardement à l'expédition de ses affaires, et retarder son retour auprès de vous; et en jugeant de vous par moi-même, je sens que le plus grand des malheurs est d'être privé de ceux dont on est parfaitement aimé, et dans lesquels on a une entière confiance.

Vous allez donc avoir la maréchale avec les La Rochefoucauld. On ne peut pas dire que tout ce qui s'assemble se ressemble. Je pense souvent à la fermeté de votre caractère, à votre courage. Il me paraît incompréhensible qu'avec autant de sensibilité on puisse se soumettre si absolument et si entièrement à la raison, se rendre heureuse en se rendant indépendante de tous les événements, de toutes les situations, de toutes les circonstances. Ne serait-ce pas parce que votre cœur est parfaitement satisfait? Mais est-il possible de jouir d'un tel bonheur? S'il vous a été réservé, il ne pouvait l'être pour personne qui le méritât plus que vous!

Changeons de propos. Il m'est venu une idée sur l'abbé, que je n'ai pu encore lui communiquer. Pourquoi ne penserait-il pas à l'académie? ne m'allez pas dire que le moment n'est pas favorable; pardonnez-moi, il l'est, et mille choses peuvent vous le prouver. Votre disgrâce, si on peut l'appeler ainsi, loin de refroidir pour vous vos amis, a redoublé l'amour et la vivacité de ceux qui vous étaient attachés, et vous a fait un nombre infini de nouveaux prosélytes qui se servent de vous pour faire sentir leur haine pour les autres. La plus grande partie de l'Académie embrasserait avec ardeur un choix qui ferait honneur à leur discernement et prouverait leur courage et leur fierté. Il est très-possible que la cour, par de certains motifs, se fît honneur de laisser les suffrages libres. Enfin c'est une idée qui m'a passé par la tête, et que je vous communique. Il faudrait sans doute sonder les esprits avant de laisser soupçonner qu'on y pense. Peut-être ceci vous paraît une vision? Mais je vous dis tout, et si je m'interdisais ce plaisir et cette liberté, je deviendrais automate.

Je crois cette lettre abominable, mais elle ne vous dégoûtera pas de moi. Votre amitié est plus solide; on ne la perd pas pour quelques moments d'ennui qu'on vous donne.

Adieu, chère grand'maman. Vous avez une petite-fille bien tendre; mais cela ne l'empêche pas d'être bien sotte.

Je suis bien étonnée de n'avoir point encore eu de réponse à la lettre dans laquelle je vous ai envoyé les monosyllabes du chevalier.

LETTRE CCCXLV

DE LA DUCHESSE DE CHOISEUL A MADAME DU DEFFAND

A Chanteloup, ce 28 avril 1772.

En m'envoyant la girandole des monosyllabes, vous m'avez envoyé aussi la girandole de vos lettres; il y en avait trois à la fois, et par conséquent celle où vous m'annonciez la gratification de M. de Beauvau. Mais j'en avais déjà fait compliment et reçu la réponse. J'ai été charmée, comme vous croyez bien. Je craignais seulement que la grâce ne fût pas suffisante; mais comme elle n'est qu'en attendant mieux, tout est bien, et je souhaite que le mieux que j'attends soit le gouvernement de Lyon, car on nous menace de ne pouvoir pas encore conserver longtemps le duc de Villeroy.

M. de Boufflers m'a raconté votre embarras à l'apparition de madame de Valentinois, et la séparation qui s'était faite dans la chambre. Vos vues ont été remplies, car votre embarras vous a fait beaucoup plus d'honneur que sa visite ne vous aurait fait tort [1].

Comme j'avais montré la chanson au grand-papa, je lui ai aussi montré les variantes; mais nous préférons toujours la faute aux corrections. N'ayez pas peur, cette chanson ne fera pas plus de chemin que celui que je vous ai avoué. Je n'ai pas montré l'autre chanson au grand-papa, parce que je suis discrète; mais j'ai ri et de ce que vous l'aviez faite, et de ce que vous ne voulez pas la donner à celle pour qui vous l'avez faite. Vous avez eu peur qu'elle ne se reconnût qu'aux épines [2]. On dit qu'elle va venir ici, cette rose ou cette chatte. Elle n'a point eu d'épines l'année passée; je souhaite qu'elle fasse patte de velours cette année-ci. Oui, nous allons avoir assez de monde, et dans tout cela, comme vous dites, ma chère petite-fille, je ne vous trouve pas. J'espère que l'abbé vous dira bien, d'après lui et pour moi, que tout ce que vous dites sur votre voyage n'a pas le sens commun.

A propos de voyage, je sais pourquoi vous ne voulez pas croire à celui de madame de Grammont à La Ferté : c'est qu'on dit dans le tripot de la cour qu'elle et moi sommes brouillées; que madame de Mirepoix vous aura rapporté cette nouvelle, et que vous aurez cru que le voyage de La Ferté en était une preuve et une suite. Mais madame de Mirepoix ne sait ce qu'elle

---

1. On a vu que madame de Valentinois était de la petite cour de madame du Barry.

2. COUPLET A MADAME DE LUXEMBOURG.

J'ai préféré, dans ce bouquet,
La marjolaine et le muguet
A la fleur dont on craint l'épine ;
L'emblème aisément se devine :
On ne veut pas craindre en aimant ;
On veut qu'Amour devienne un bon enfant,
Qui, sans blesser, toujours badine.

dit. Madame de Grammont et moi ne sommes pas brouillées ; elle ira à La Ferté, et alors il vous paraîtra tout simple qu'elle y aille.

Je finis, parce qu'on m'appelle ; puis vous avez l'abbé ; avec lui vous n'avez besoin de rien ; il ne faut pas vous en détourner : renvoyez-le-moi pourtant le plus tôt que vous pourrez. Adieu, chère petite-fille, ni lui ni moi ne pourrons jamais assez vous dire combien je vous aime.

N'avez-vous pas réellement été bien contente de la petite pièce de monosyllabes ? Je la trouve charmante ; je la garde à l'abbé.

LETTRE CCCXLVI

DE MADAME DU DEFFAND A LA DUCHESSE DE CHOISEUL

Ce dimanche, 3 mai 1772.

Après avoir passé une occasion d'écrire à ma grand'maman, je serais indigne d'être sa petite-fille d'en laisser passer une seconde. Je voulais écrire par M. de Castellane ; j'avais commencé une lettre, mais il ne plut pas à mon indigne génie de me la faire continuer, il me refusa toute expression, toute pensée. Je ne sais pas ce qu'il fera aujourd'hui ; je suis dans sa dépendance, et c'est un sot et fantasque gouverneur. Vous croirez aisément tout le mal que je vous en dis..

Savez-vous, chère grand'maman, que depuis que l'abbé est ici je ne puis plus vous écrire ? Je n'aime point que mes lettres arrivent avec les siennes ; vous recevez par lui la fleur de toutes choses, et moi je ne vous donne que le marc et la lie. Mais laissons cela.

Ce n'est pas madame de Mirepoix qui a imaginé votre brouillerie ; elle a été répandue dans Paris je ne sais par qui. Les gens sensés, du nombre desquels je suis, n'en ont rien cru, et moi, je vous assure, moins que personne ; votre union avec madame de Grammont n'est point de celles qui peuvent jamais se rompre par des caprices et des fantaisies. La convenance l'a établie et la soutiendra. Les événements l'ont formée; il n'y a que des événements contraires qui puissent y nuire; alors comme alors. Mais tant que la situation présente subsistera, je suis bien sûre qu'il n'y aura pas le moindre changement. Le voyage de La Ferté m'a surprise sans que j'en inférasse rien qui pût autoriser les bruits qui avaient couru. L'abbé vous dira comme je pense; je lui parle à cœur ouvert. Je me figure que vous entendez tout ce que je lui dis, et c'est ce qui m'ôte le besoin d'écrire.

Ah! je ne doute pas que la chatte rose n'emploie tous ses charmes. Comment s'accordent-ils avec ceux de madame d'Enville? Il doit y avoir de grandes dissonances; mais, ainsi que dans le duo du *Déserteur*, l'accompagnement produit l'accord. A propos de ce duo, j'ai changé ma chanson; elle n'est plus sur l'air de : *Vive le vin*, etc., j'en ai choisi un plus court; j'ai pris celui du *Prévôt des marchands* :

> J'ai préféré, dans ce bouquet,
> La marjolaine et le muguet
> A la fleur dont on craint l'épine.
> Ce choix n'a rien de surprenant ;
> L'emblème aisément se devine :
> On ne veut point craindre en aimant.

C'est là tout ce que je voulais dire. Le premier air, qui a un vers de plus, m'avait forcée à y ficher l'amour, qui n'avait que faire là.

L'abbé vous dira des couplets où l'on en peut ajouter mille.

En voici un sur *O filii et filiæ* :

> Lequel est le plus grand fripon,
> Du Ch***, dû d'A*** ?
> C'est celui-ci, c'est celui-là. Alleluia.

En conservant le refrain, on peut passer en revue les sept péchés mortels, etc., etc.

L'abbé soupa hier chez moi avec douze ou treize personnes, la dominante des dominations[1], sa belle-fille[2], son petit frère, sa belle-sœur, la fille de cette belle-sœur, MM. de Ligne, de Caraccioli, etc. Ce dernier est un drôle de personnage; c'est toute la comédie italienne : bonhomme franc, gai, naturel, assez d'esprit pour en paraître beaucoup à ceux qui n'en ont guère, et le plus grand admirateur de la dominante, qui est extrêmement flattée de cette nouvelle conquête.

Le monde est bien sot, chère grand'maman; il le devient tous les jours de plus en plus. Je me plairais bien à en faire la critique avec vous et avec M. de Castellane. J'ai la superbe de croire que nous ferions souvent chorus. Je sens tous les jours combien un trait qui est dans une comédie de feu M. de Forcalquier, est excellent. Un valet de chambre, en parlant de la conduite de son maître avec les femmes, dit : « N'en pouvant estimer aucune, il a pris le parti de les aimer toutes. »

C'est un sentiment pareil qui fait supporter tout le monde.

Je vous envoie un nouveau conte de Voltaire[3]; il fait l'admiration de tous nos beaux-esprits, tant mâles que femelles. Nos seigneurs et maîtres les encyclopédistes le trouvent admirable.

Adieu, chère grand'maman; je ne suis qu'une bavarde. Je vous donne mon blanc-seing pour dire tout ce que vous voudrez à M. de Castellane; ne donnez point d'autres bornes au bien que je pense de lui que la connaissance que vous aurez de ce qu'il pense pour moi.

Je n'aime pas cette phrase, je ne la trouve ni facile, ni ni claire; mais vous me traduirez. Il serait peut-être convenable que vous dissiez quelque chose de moi à la chatte rose et

---

1. La princesse de Beauvau.
2. La princesse de Poix.
3. *La Bégueule*, un des jolis contes de Voltaire.

à sa petite-fille, même au marquis de Boufflers, et cent mille amours au grand-papa, mais à la condition qu'il ne verra pas cette lettre.

Ma grand'maman, je vous écris au milieu de ma nuit; je voudrais bien que ce fût entre deux sommeils : le premier a été bien court, et le second est bien douteux.

LETTRE CCCXLVII

DE LA DUCHESSE DE CHOISEUL A MADAME DU DEFFAND

A Chanteloup, ce 6 mai 1772.

Je trouve très-bon, ma chère petite-fille, que vous ne m'écriviez pas quand vous n'avez rien à me dire, pourvu que je sache de vos nouvelles, et j'en ai toujours su. Et qu'est-ce qui a quelque chose à dire ? Ce n'est pas moi, en vérité ; je ne sais rien ; et quand je sais quelque chose, je ne pense rien. Je suis donc très-indulgente sur les absences de l'esprit, mais non pas sur celles du cœur. Le marquis m'avait dit que vous ne m'aviez point écrit par lui parce que vous étiez fâchée contre moi, à cause qu'il y avait longtemps que je ne vous avais écrit. J'aime bien mieux l'explication que vous me donnez de votre silence par la lettre que m'a apportée madame d'Achy, que celle-ci. Il ne faut pas, ma chère petite-fille, que vous soyez fâchée contre moi quand vous êtes longtemps sans recevoir de mes lettres. J'écris quand je le puis, c'est-à-dire quand il y a des occasions, et jamais par la poste. Je ne veux rien changer à ma méthode, pour me laisser oublier entièrement de ces messieurs de la poste, qui vraisemblablement ne pensent plus à moi depuis qu'ils ne voient plus mon écriture. Vous m'avez écrit une lettre si triste par la maréchale, que j'avais besoin de celle que m'a apportée madame d'Achy pour me tranquilliser, non pas sur votre santé, car je sais certainement qu'elle est bonne, mais sur votre état. Vous avez des vapeurs, des insomnies. Ma chère petite-fille, tout cela m'afflige infiniment, parce que tout cela est infiniment triste; mais tout cela ne m'inquiète pas, et je vois que vous êtes mieux à cet égard, à en juger par les différences de votre style. Vous voulez donc renoncer absolument à nous venir voir ici. Ce parti me mettrait au désespoir, si je n'avais passé ma vie à me sacrifier pour ce que j'aime. J'avais attaché mon bonheur à l'espérance de ce voyage; j'aime mieux y renoncer que de hasarder votre repos, votre tranquillité et votre santé. Mais croyez que mes regrets sont proportionnés à mes désirs passés, et que ceux-ci l'étaient à mon sentiment pour vous, qui est infiniment tendre.

Vous avez bien peur que je ne parle de ce couplet. Au nom de Dieu, rassurez-vous, il est déjà oublié, hors de moi. Je n'en ai parlé qu'avec le plus profond secret, et passé le premier moment, il n'en a plus été question.

Vous avez bien fait d'ôter l'amour de votre bouquet, car, comme vous dites fort bien, il n'a plus que faire là. Je suis fâchée que vous ne me donniez qu'une esquisse des *Alleluia*; ils doivent être fort piquants; envoyez-m'en la suite par l'abbé. Non, je n'ai point fait de reproche à l'abbé de ce qu'il ne vous avait pas vue davantage, parce que je ne suis point une indiscrète, puis parce que j'étais bien sûre qu'il n'avait pas tort, et que ce pauvre abbé était plus malheureux que vous de ne vous pas voir.

La chatte rose [1] est tout aussi douce et aussi aimable cette année que l'année passée. Je ne vous dirai point si madame d'Enville s'en accommode; je puis seulement vous assurer qu'elle s'y prête fort bien. La discordance ne s'est point fait sentir encore, mais je ne puis me flatter d'être, comme vous dites, la base de l'accord.

Je suis assez de votre avis sur ce que vous pensez de l'union

1. La maréchale de Luxembourg.

qui est entre madame de Grammont et moi ; je suis persuadée comme vous qu'elle durera autant que notre situation ne changera pas ; mais je ne répondrais pas de ce qui arriverait si elle changeait. Cela soit dit entre nous. Je suis bien aise de me rencontrer aussi souvent de votre avis ; je le suis grandement sur ce que vous pensez du monde en général, et en particulier des personnages dont vous me parlez. Vous savez combien les dominations pèsent à ma faiblesse ; celle-ci pourtant paraît la ménager. Je lui en suis obligée et je dois être contente d'elle.

J'ai vu aussi avec plaisir que vous n'étiez pas plus contente que moi du conte de Voltaire ; *notre Dégoûtée* n'est assurément pas de bon ton. Comme il le dit lui-même, ses lendemains ne valent pas ceux qu'il chantait autrefois ; et cette faible imitation est cependant ce que j'aime encore le mieux de sa pièce ; telle qu'elle est, je vous suis pourtant fort obligée de me l'avoir envoyée. Je la connaissais ; mais je ne l'avais point en ma possession.

Si le chancelier, comme on le dit, est renvoyé, ne croyez-vous pas que Voltaire sera bien piqué d'avoir fait les *Lois de Minos* en son honneur? Il devrait se désabuser de chanter les ministres, ils ne durent pas assez pour qu'il puisse être payé de ses chansons. A propos de lui, vous ai-je mandé que la maréchale m'a apporté son portrait en girouette de parfilage, et à madame de Grammont celui de l'abbé de Voisenon pareillement? Chaque girouette avait son couplet ; mais on ne me les a chantés qu'une fois, parce que l'on ne voulait pas que je les retinsse ; et en effet, je ne les ai pas retenus. Vous n'aviez pas besoin, ma chère petite-fille, de me recommander de ne pas montrer votre dernière lettre au grand-papa ; il y avait mille choses qui n'étaient pas bonnes pour lui, et j'étais bien incapable d'une pareille imprudence ; mais je lui ai fait vos compliments, qui, je vous assure, ont été bien reçus et parfaitement rendus. Je les ai faits ensuite à la société, dans la proportion convenable à chaque personnage; et je vous assure que le marquis en méritait sa bonne part.

Adieu, chère petite-fille, parce que le jour et mon papier finissent; mais mes sentiments pour vous ne finiront jamais.

LETTRE CCCXLVIII

DE MADAME DU DEFFAND A LA DUCHESSE DE CHOISEUL

Ce dimanche, 10 mai 1772.

L'abbé part demain, chère grand'maman; je ne me permets pas d'en être fâchée, je sens trop combien il vous est nécessaire. Si j'avais le pouvoir de le retenir, je ne le retiendrais pas; recevez donc le sacrifice que je vous en fais, comme s'il était absolument volontaire, et soyez, dans cette occasion, semblable à Dieu, qui nous sait gré de notre soumission à ce que nous ne pouvons pas empêcher.

Il vous rendra compte de mes pensées, sentiments et actions; il a lu dans mon âme à livre ouvert. Vous saurez par lui si je suis affligée d'abandonner le projet de vous aller trouver, et si rien me dédommage de vous, et si j'apprécie comme je dois tout ce qui m'environne. Je le verrai cette après-dînée. Je lui donnerai une lettre de Voltaire pour vous et une très-grande lettre pour moi, que je reçus hier en rentrant chez moi : à peine l'ai-je lue. Vous me la renverrez par la première occasion. Si vous ne lui faites pas réponse, prenez la peine de me dicter ce que vous voulez que j'écrive de votre part. Je trouve que vous êtes un peu trop rigoureuse, et ses torts ne me paraissent pas aussi graves que vous vous le persuadez.

J'appris hier, en quittant l'abbé, ce qui s'était passé à l'Académie [1]. J'avoue que j'en fus bien aise; c'est une petite

---

1. Le roi refusa d'approuver les deux élections : l'abbé Delille à la place de M. Bignon, et Suard à la place de Duclos. M. de Beauvau, protecteur de Suard, avait fait au roi des représentations inutiles. L'exclusion fut maintenue, pour le

mortification pour la dominante : ce sont tous ses sujets que ces gens-là.

Les *Alleluia* sont un canevas aisé à remplir; ce doit être, comme le parfilage, l'ouvrage de tout le monde.

Je vais rester bien seule, chère grand'maman; toutes mes connaissances se dispersent. Je crains les vapeurs que l'ennui produit infailliblement, mais je me fais une loi de n'en point parler. Songez, chère grand'maman, au plaisir que j'aurais de vous aller trouver dans ce moment-ci; il ne manquerait aucune circonstance à mon bonheur. Mais le bonheur n'est pas fait pour moi, il ne faut pas y prétendre, il ne faut pas y penser.

Adieu, chère grand'maman.

J'ai prié l'abbé de m'envoyer un fromage par l'occasion la plus diligente, c'est-à-dire par la personne qui voyagera le plus vite. Ce temps-ci est favorable.

A 3 heures après midi.

Vous jugerez bien qu'hier au soir je n'avais fait que parcourir les lettres de Voltaire. C'est celle de sa propre écriture qu'il voulait que je vous envoyasse, et j'ai cru qu'il y en avait une qui était directement à vous, et c'est ce qui m'a fait vous dire : *Si vous ne lui faites pas réponse.* Je m'aperçois de ma méprise[1]; je vous envoie toutes les deux, qui sont toutes deux pour moi.

moment du moins, car l'abbé Delille et Suard furent renommés et reçus un peu plus tard.

1. M. Beuchot a commis la même méprise que madame du Deffand. En rapportant la lettre de Voltaire, du 4 mai, il met en note que le billet qui y était inclus pour la duchesse de Choiseul, manque. Ce billet n'est autre que la lettre de Voltaire à madame du Deffand, que M. Beuchot a placée à la date du 12 mai suivant, et qui accompagnait celle du 4 et était de la même date.

LETTRE CCCXLIX

DE LA DUCHESSE DE CHOISEUL A MADAME DU DEFFAND [1]

A Chanteloup, ce 20 juin 1772.

Ah! ma chère petite-fille, que j'avais le cœur serré hier en vous quittant! M. de Choiseul voulait me persuader, sans doute pour adoucir mes regrets, que vous ne les partagiez pas; mais je ne l'ai pas cru. Il ne le disait pas lui-même d'un ton qui pût vous déplaire, qui marquât le moindre doute de vos sentiments. Que ma toilette a été solitaire! Je n'ai plus retrouvé votre tonneau, et le salon m'a paru démeublé. Au souper, je n'avais plus personne à soigner; après le souper il n'y avait plus de point de ralliement. J'ai joué sans intérêt. Je me suis couchée tristement; je me suis levée plus tristement encore. Hier au soir j'avais fait avec l'abbé la partie de vous aller voir à Blois avant que vous ne vous remissiez en route; mais on m'a dit qu'il faudrait être parti à neuf heures du matin, et que je ne vous trouverais peut-être plus quand j'y arriverais. J'ai renoncé à mon projet avec un regret extrême. J'espère au moins que monseigneur l'évêque d'Arras nous donnera de vos nouvelles d'Orléans, comme il nous l'a promis. Si vous aviez voulu attendre que madame de Brionne fût partie, je vous aurais accompagnée jusque-là; ç'aurait été charmant. Dites mille choses pour moi à l'évêque. Je n'oublierai jamais l'obligation que je lui ai de vous avoir amenée. Vous savez combien je l'aimais avant : jugez de ce que ce bienfait a dû ajouter à mes sentiments pour lui.

Tout ce qui est ici vous regrette et veut que je vous le dise, et être nommé chacun particulièrement. Je ne vous parlerai

---

1. Madame du Deffand était partie le 15 mai pour Chanteloup, où elle resta jusqu'au vendredi 19 juin. Elle arriva à Paris le 22.

que du grand-papa et de l'abbé ; je me flatte que ce sont eux qui vous intéressent le plus, comme ceux qui vous aiment le mieux. Le marquis mérite cependant bien que je vous le nomme, et ce serait manquer à madame de Grammont que ne la nommer pas. Mais puis-je parler des autres quand j'aurais tant à dire pour moi !

LETTRE CCCL

DE L'ABBÉ BARTHÉLEMY A MADAME DU DEFFAND

21 juin 1772.

Nous ne pouvons nous accoutumer à votre départ. Vous nous aviez habitués à un genre de vie très-agréable. Je n'ai pas osé, dans les derniers jours, insister sur les suites de cette séparation. Votre parti était pris, et mes représentations n'auraient servi qu'à augmenter vos regrets et les nôtres. Vous vous êtes attendrie en montant dans la voiture. La grand'maman est rentrée l'âme remplie d'une douleur que j'ai partagée. Le grand-papa a éprouvé un véritable chagrin, et tout le monde, sans exception, regrette les agréments que vous mettiez dans la société. La grand'maman vous écrivit hier. Elle a donné sa lettre à M. le duc de Noailles, qui vous trouvera peut-être à Étampes. Celle-ci vous parviendra sans doute le lendemain de votre arrivée. Nous attendons de vos nouvelles avec une impatience extrême. Monseigneur l'évêque d'Arras a promis de nous écrire d'Orléans. Vous nous écrirez sans doute dès que vous serez à Paris. Songez quelle doit être notre inquiétude sur un si long voyage ! Nous nous rassurons sur l'état de votre santé ; mais enfin on ne sera tranquille que lorsqu'on vous saura établie dans votre tonneau. Je ne vous parlerai pas de la reconnaissance que vous avez inspirée, on ne tarit point sur cet article. Recevez des compliments de tout le monde. Recevez en particulier ceux de M. de Castellane. Recevez les miens, et soyez persuadée qu'ils sont dictés par l'attachement le plus tendre et le plus inviolable. Je devrais ajouter le plus respectueux; mais dans ce moment-ci je suis plus occupé de ce que je sens que de ce que je vous dois.

LETTRE CCCLI.

DU MADAME DU DEFFAND A LA DUCHESSE DE CHOISEUL

Ce mardi, 23 juin 1772.

Non, non, chère grand'maman, je ne vous parlerai pas de mes regrets ni de ma reconnaissance. Je ne trouverais pas d'expression qui pût me satisfaire. Demandez à l'abbé s'il est content de mes sentiments pour vous; il est juge. Je voudrais qu'il voulût bien se charger de toutes mes commissions. Primo : De dire au grand-papa que je l'aimais depuis que je le connaissais, mais que depuis Chanteloup, je le révère, je l'adore. Il est, sans le savoir, le plus grand philosophe qui ait jamais été. Il est aussi sage qu'il est aimable, aussi indulgent que bon connaisseur, aussi simple qu'il est grand. Enfin, il est parfait sans prétendre à l'être[1]!...

Secundo : A madame la duchesse de Grammont, que je suis infiniment touchée de toutes les marques de bonté qu'elle m'a

---

1. Ces éloges étaient sincères. On le voit par la lettre du 16 juin de madame du Deffand à Walpole : « En vérité, il faut les voir ici (le duc et la duchesse de Choiseul) pour connaître parfaitement tout ce qu'ils valent; je dis l'un et l'autre, car le mari est aussi excellent dans son genre qu'elle l'est dans le sien... Elle n'a que des vertus, pas une faiblesse, pas un défaut;... lui s'amuse de tout; on ne peut être plus aimable, plus doux, plus facile... Il a trouvé en lui tous les goûts qui pouvaient remplacer les occupations; il semble qu'il n'ait jamais fait d'autre étude que de faire valoir sa terre. Il bâtit des fermes, il défriche des terrains; il achète des troupeaux dans cette saison, pour les revendre au commencement de l'hiver, quand ils auront engraissé les terres et qu'il aura vendu leur laine. Je suis intimement convaincue qu'il ne regrette rien et qu'il est parfaitement heureux. Je suis ravie d'en avoir jugé par moi-même; je n'aurais pas cru tout ce qu'on m'en aurait dit... » Il est difficile de comprendre pourquoi M. Walpole témoigna tant d'humeur de ce voyage de madame du Deffand à Chanteloup, et le lui reprocha avec tant d'amertume.

données. Mon plus grand désir est d'en obtenir la continuation. Pourquoi ne présenterait-il pas mes hommages à madame la comtesse de Brionne? Pourquoi ne dirait-il pas à madame la comtesse de Tessé que je l'ai trouvée charmante, et que je me reproche de ne lui pas avoir laissé voir combien je désirais lui plaire? Et à M. le marquis de Castellane? Il faut lui dire tout ce qui peut augmenter la disposition que je me suis flattée qu'il avait à m'aimer un peu, et entretenir M. Dubucq[1] dans sa bonne intention sur les manuscrits.

Venons à mon voyage. Il s'est passé à merveille. Je suis arrivée hier à cinq heures du soir, nullement fatiguée; mais je n'ai pas fermé l'œil de la nuit. J'aurai bientôt perdu toute la beauté que j'avais à Chanteloup; le contentement, le plaisir sont un excellent fard pour toutes sortes d'âges.

Je n'ai vu personne hier qui m'ait pu dire des nouvelles. J'exécuterai aujourd'hui vos commissions; mais dans ce moment-ci il faut que je tâche de dormir. J'écrirai à l'abbé dans quelques jours, et jamais au grand-papa, par une respectueuse discrétion.

LETTRE CCCLII

DE MADAME DU DEFFAND A L'ABBÉ BARTHÉLEMY

Paris, ce 23 juin 1772.

Mon Dieu, l'abbé, quelle étourderie! j'ai écrit ce matin à la grand'maman par le domestique, qui ne m'avait point suivie. Il a été tout de suite faire des commissions et aura sans doute porté ma lettre à la poste. Je l'ai fait chercher, on ne le trouve point. J'ai oublié de rendre compte de la commission des robes à Arpajon: la reconnaissance du père était tendre et sé-

---

[1]. Il avait été premier commis de la marine pendant le ministère du duc de Choiseul, et passait pour un homme de beaucoup d'esprit.

rieuse; celle de la mère exprimée plus vivement, celle des filles par des transports de joie. Le pauvre père disait d'une voix basse: « Je les aimerai toute ma vie; » et la mère et lui répétaient : « Toute ma vie; » et chacune des filles disait en chorus : « Oui, oui, toute ma vie. » Et moi dans ce moment je dis : « Veillerai-je toute ma vie? » Et pour voir ce qui en sera, je vous quitte pour essayer de dormir.

LETTRE CCCLIII

DE MADAME DU DEFFAND A L'ABBÉ BARTHÉLEMY

Paris, ce 24 juin 1772.

Ah! mon cher abbé, quelle différence du tonneau de Chanteloup à celui de Saint-Joseph! d'avoir à côté de moi la grand' maman ou une madame de Saint-Sauveur, qui me quitte dans l'instant et qui m'a si fort engourdie que je n'ai plus la moindre petite pensée! Mais on m'annonce madame de Luxembourg.

Ce jeudi 25.

Je n'ai pu reprendre ma lettre plus tôt. La maréchale venait d'arriver de Villers-Coterets. Elle y retournera dans peu de jours, parce qu'elle n'a pas encore la maladie de la vieillesse qui fait sentir que, quelque agrément qu'on puisse trouver chez les autres, le propre domicile devient nécessaire. C'est cette fâcheuse maladie qui m'a arrachée de Chanteloup, c'est-à-dire au plaisir, au bonheur, pour venir m'ennuyer, m'attrister, perdre ma beauté et peut-être ma santé. Jamais je n'ai tant aimé la grand'maman; jamais je n'ai été aussi heureuse qu'à Chanteloup! « Eh bien! pourquoi l'avoir quitté? Ne vous a-t-on pas assez pressée de rester? Trouvez-vous que l'on ne vous ait pas assez fêtée? Que pouvait-on faire de plus? Vous a-t-on fait sentir que vous étiez vieille, ennuyeuse? N'avez-vous pas reçu de tout le monde des soins et des attentions infinis? Trouvez-vous dans vos meilleurs amis de Paris la centième partie des agréments que vous aviez ici?... » Non, monsieur l'abbé! j'ai quitté l'âge d'or pour l'âge de fer. Il faudrait que je n'eusse pas de cœur et point d'amour-propre pour m'y méprendre. Mais ces soins, ces attentions, ces bontés dont on m'a comblée, loin de me tourner la tête et de me rendre contente de moi-même, m'ont fait sentir combien il fallait me rassurer pour m'empêcher de me trouver déplacée au milieu de tant de personnes aimables, à qui j'étais si éloignée de ressembler. J'ai eu en moi ce sentiment confus dont le contentement que j'avais me distrayait, et que l'ennui présent me fait démêler. Voilà le compte exact de ce qui se passe en moi. Revenons à la maréchale.

Elle aurait assez la propension à retourner à Chanteloup. On y mène une vie si douce, on y est si bien accueillie, si bien traitée! Mais il faut craindre de se rendre importune!... « Oh! madame, vous ne sauriez l'être, vous ne sauriez douter qu'on ne vous trouve telle que vous êtes, agréable, charmante!... — Oh! point du tout; et puis on va avoir beaucoup de monde... — Cela est vrai, madame, on en attend beaucoup, et le temps que vous avez choisi pour y retourner, qui est le mois d'octobre, est celui où il y en aura le moins. » Et puis il a été question des couplets sur le pigeon. Elle les avait tous vus, et celui qu'elle préfère est celui du marquis de Boufflers. Elle pourra bien souper ce soir chez moi avec madame de Beauvau et l'archevêque de Toulouse. J'ai demandé à celui-ci ses harangues pour vous les envoyer. Je compte qu'il me les apportera ce soir.

Il y a des nouveautés de Voltaire que je n'ai point encore vues. Quand je les aurai, voulez-vous que je vous les envoie? Il me semble que l'on ne s'en soucie guère. Je soupai hier chez madame de La Vallière, entre madame de Berthelot et elle; elle ne se porte pas très-bien et j'ai trouvé sa surdité considérablement augmentée. C'est un grand malheur et qui me la rend très-intéressante. Silva[1] disait qu'il n'y avait que les pauvres qui faisaient l'aumône. Il n'aurait pas dit cela s'il m'avait vue à Chanteloup! Mais, en général, cela est vrai : il n'y a que ceux qui éprouvent le malheur qui sentent celui des autres, qui les plaignent et les soulagent.

Je n'ai pas appris la plus petite nouvelle, mais j'ai vu madame Poirier. Je lui ai rendu le plus pathétiquement que j'ai pu tous les sentiments du grand-papa, de la grand'maman et de madame de Grammont. J'ai cru qu'elle me dévorerait les bras et les mains. Elle aurait fait un mauvais repas ! Elle les a baisés cent fois en fondant en larmes, et m'en a presque fait verser en me racontant la visite qu'elle a eue de M. de Lauzun le jour de Noël[2], qui venait chercher un coffre pour madame de Grammont. Réellement cette femme a le cœur excellent. Elle fera raccommoder la théière de la grand'maman : on l'attendra pour emballer tout le reste avec.

La table à thé n'est point faite et ne se fera point, selon l'ordre que j'en ai donné. Voilà, ce me semble, tout ce que j'ai à vous dire.

Votre lettre et celle de la grand'maman, que je reçus mardi matin, me firent le plus grand plaisir. Mon cher abbé, accordez-moi la grâce de parler quelquefois de moi à la grand'maman, et de lui dire ce que vous me dites quelquefois, que je sais bien aimer. Ah! cela est vrai! mais pour que cette faculté soit heureuse, il faut l'employer pour

---

1. Médecin fort à la mode alors. Voltaire a dit de lui :

Il sait l'art de guérir autant que l'art de plaire.

Toutes les jolies femmes de Bordeaux se plaignaient d'être attaquées de maux de nerfs; Silva, sans prescrire aucun remède, imagina de leur dire que ce pourrait bien être l'épilepsie! Aucune n'osa plus en parler, et toutes se trouvèrent guéries. On lui demandait un jour quel était le premier médecin de l'Europe? « Chirac, » répondit-il, puis il ajouta : « Dumoulin est le troisième!... »

2. Lors de l'exil de M. de Choiseul.

vous, pour la grand'maman et pour le grand-papa. Pour tout autre elle ne causerait que du *chagrin* et du *repentir* [1].

Je suis un peu fâchée contre le grand-papa : il dit à la grand'maman que je ne partage point les regrets de notre séparation. Quelle cruelle injustice! Je veux croire que ce n'était qu'une plaisanterie ; mais était-elle bien placée dans un moment si douloureux pour moi? Cependant je lui pardonne; je l'aime si tendrement que je ne puis me fâcher contre lui.

Faites mes très-humbles compliments à madame de Grammont ; j'aurai le plaisir, ce soir, de beaucoup parler d'elle, de raconter toutes ses bontés pour moi, et d'en laisser prendre à madame de Beauvau toute la part qui lui est due.

Adieu, mon cher abbé; à vos heures de loisir pensez à moi, et me mettez au fait de tout ce qui se passe à Chanteloup, pour que j'en sois le moins séparée qu'il sera possible.

LETTRE CCCLIV

DE LA DUCHESSE DE CHOISEUL A MADAME DU DEFFAND

A Chanteloup, ce 26 juin 1772.

Pourquoi voulez-vous, ma chère petite-fille, que j'interroge l'abbé pour apprécier vos sentiments pour moi? j'ai un meilleur juge que lui; c'est mon cœur qui les sent et qui vous les rend. Je crois que vous me regrettez. Mais pourquoi avez-vous préparé vos regrets et excité les miens? Vous allez vous ennuyer à Paris; vous ne vous seriez peut-être pas ennuyée ici; mais vous aviez chaque jour et à toute heure le plaisir de vous voir aimer.

J'ai lu au grand-papa l'article de votre lettre qui était pour lui; il en a été bien touché et bien flatté; il n'y trouve à redire que le parti que vous avez pris de ne lui point écrire. Il me

---

[1]. Walpole l'avait bien grondée de ce voyage à Chanteloup.

charge de tant de choses et si tendres pour vous, que je ne puis vous les redire. Je me suis acquittée, d'ailleurs, de toutes vos commissions. Madame de Tessé prétend qu'elle a été bien maussade avec vous et qu'elle en a été d'autant plus fâchée qu'elle vous a trouvée bien aimable. M. du Bucq assure qu'il ne vous oubliera pas et je le crois.

Madame de Brionne, mademoiselle de Lorraine, madame de Grammont, toutes ces dames veulent que je vous parle d'elles et que je vous en parle beaucoup, parce qu'elles me parlent beaucoup de vous. Le marquis[1] mérite bien son petit article à part. Il nous quitte bientôt et c'est encore un de mes regrets. Il m'a chargé de lui donner souvent de vos nouvelles.

Je vous renvoie billet pour billet pour notre évêque. Dites-lui encore mille tendres choses pour moi! je n'oublierai jamais que je lui ai dû le bonheur de vous voir. Tâchez de dormir, ma chère petite-fille, pour conserver votre beauté et surtout votre santé, dont j'ai besoin pour ma tranquillité et pour vous revoir l'année prochaine; continuez à m'aimer comme vous faites, et soyez assurée que ma constance égalera ma tendresse.

Il faut que vous n'ayez pas reçu une lettre que je vous avais adressée à Étampes par le duc de Noailles. A propos, j'ai fait mon début à la comédie. J'ai pensé m'évanouir de frayeur sur le théâtre.

LETTRE CCCLV

DE MADAME DU DEFFAND A L'ABBÉ BARTHÉLEMY

Paris, ce 30 juin 1772.

Je suppose, mon cher abbé, que la grand'maman a fait son petit voyage à Orléans, que vous l'y avez suivie, et que c'est la cause que je n'ai point de vos nouvelles.

---

1. De Castellane.

Je vous écris par M. de La Ponce. Je n'ai rien de bien particulier à vous mander, si ce n'est une visite que doit faire le chancelier à l'abbé de Breteuil. L'accommodement pourra-t-il se faire sans révoquer les protestations ? et comment se résoudre à les révoquer ? le temps l'éclaircira !... On dit qu'il y a de la division entre la Prusse et la Russie ; que c'est un trait d'habileté de M. de Kaunitz ; mais ces sortes de nouvelles sont au-dessus de ma portée.

Madame Poirier fera partir incessamment la lanterne et une partie des porcelaines que la grand'maman a demandées. Il faut avoir le temps de faire faire les autres ; madame Poirier a dû expliquer tout cela.

J'ai laissé ma gaieté, ma beauté, ma santé, à Chanteloup. Je n'ai plus de plaisir à espérer que de votre correspondance.

Je vous envoie les harangues de M. de Toulouse, et de nouveaux ouvrages de Voltaire. J'imagine qu'ils ne plairont guères. Adieu, l'abbé, dites mille choses tendres pour moi à la grand'maman ; je ne saurais écrire à sec, il me faut de vos lettres pour que les miennes puissent valoir quelque chose. Je vous renvoie aussi la lettre de la grand'maman.

LETTRE CCCLVI

DE MADAME DU DEFFAND À L'ABBÉ BARTHÉLEMY

Ce jeudi, 2 juillet 1772.

Après que j'eus envoyé hier mon paquet chez M. de La Ponce, je reçus votre lettre et celle de la grand'maman sur les quatre ou cinq heures du soir ; je croyais La Ponce parti, mais j'appris qu'il ne partirait qu'aujourd'hui sur les neuf ou dix heures ; j'en fus ravie, j'ai le temps, mon cher abbé, de vous dire tout ce que je sais ; la dominante et le soumis, l'incomparable et sa dame [1], mon neveu l'archevêque [2] et quelques autres très-indifférents soupèrent hier chez moi. On ne dit point de nouvelles. Je m'informai des projets de tous ces gens-là ; vous aurez les deux premiers vers le 15 ; la dominante jusqu'au mois de septembre, le soumis trois semaines, l'archevêque le 23 ; il partagera entre Chanteloup et Meun quinze jours qu'il destine à ce voyage. Vous savez la situation de l'incomparable, vous ne le verrez que pendant les vacances. Madame la D. de G[3] écrit du bien de moi, à ce que l'on dit, mais elle croit ne m'avoir point plu, ce qui me fait penser que j'ai mal réussi auprès d'elle ; j'en suis très-fâchée ; faites de votre mieux pour détruire cette prévention ; vous connaissez ma méfiance, je voudrais n'en point avoir, et bâtir des châteaux en Espagne pour l'année prochaine ; ils ne peuvent avoir de fondement que la sécurité de ne déplaire à personne.

Je ne me porte pas bien, je suis triste, je regrette ce que j'ai quitté ; comment en ai-je eu le courage ? Me reverra-t-on avec plaisir ? dites-le-moi de temps en temps ; il n'y a que votre amitié et celle de la grand'maman sur quoi je compte. Je n'ai encore vu aucune des personnes qui étaient à Chanteloup, cela me fâche. La grand'maman a-t-elle fait son voyage à Orléans ? Je soupai avant-hier chez la petite sainte ; il y avait beaucoup de monde, nous ne pûmes point causer à notre aise ; j'y souperai samedi pour parler de Chanteloup ; tout autre entretien m'ennuie. Je vous plains d'avoir perdu le marquis[4] ; j'imagine qu'il a chanté en partant : *Voici les dragons qui viennent*, etc. La M. de L[5] ne sait que devenir, elle court de prince en prince ; je suis médiocrement bien avec elle ; elle voudrait être importante, sentencieuse, épigrammatique, elle

---

1. Le prince et la princesse de Beauvau, le prince de Bauffremont et la marquise de Boufflers.
2. M. de Brienne.
3. La duchesse de Grammont.
4. De Castellane.
5. La maréchale de Luxembourg.

n'est qu'ennuyeuse. Ah! que je regrette la toilette de la grand'-
maman! que j'étais bien là dans mon centre, mon abbé à mes
côtés! Reverrai-je cet heureux temps?

Quand vous n'aurez rien à faire écrivez-moi quelques lignes
à bâtons rompus, il n'importe quoi, ce sera vous souvenir de
moi, et me nommer la grand'maman; peut-être quelque jour
écrirai-je au grand-papa, quand je me sentirai en gaieté; je
crains que ce ne soit de longtemps.

Adieu, l'abbé. Vous direz, après avoir lu cette lettre : Je
voudrais qu'elle ne sût pas écrire, ou bien qu'elle sût écrire.

LETTRE CCCLVII

DE MADAME DU DEFFAND A LA DUCHESSE DE CHOISEUL

Ce vendredi, 5 juillet 1772,
à 6 heures du matin.

Je reçus hier votre lettre du 30. Vous alliez partir pour
Meun; vous n'en devez revenir qu'aujourd'hui, à ce que l'on m'a
dit; vous y resterez donc un jour de plus que vous ne comptiez,
ce sera un trait de complaisance que vous aurez eu pour
l'évêque. Pour qui n'en avez-vous pas, chère grand'maman?
Quand je pense à vous (et c'est sans cesse), je m'étonne qu'il y
ait sur terre une personne comme vous. Je vous estimais, je
vous aimais avant mon voyage, mais depuis je ne puis pas dire
ce que je pense, ce que je sens; il serait impossible que je
l'exagérasse, puisqu'il m'est impossible de m'en rendre raison
à moi-même : tout ce que je puis vous dire, c'est que vous vous
êtes emparée de tous mes sentiments. Je ne comprends pas
comment je vous ai quittée; il n'y a point de bonheur et d'a-
gréments dont je n'aie joui à Chanteloup, c'était votre amitié
pour moi qui me faisait valoir; j'étais, comme disait l'abbé,
la *mère éternelle*. Je suis aujourd'hui réduite à ma juste valeur;
toute ma gloire est éclipsée, je suis une nouvelle Ève bannie

du paradis terrestre, sans avoir cependant écouté le serpent ni mangé aucune pomme. Ah! ma chère grand'maman, je suis bien triste; j'ai plusieurs grands chagrins [1] et un million de petits; les insomnies, les mauvaises digestions sont les moindres : je m'afflige en pensant que l'année prochaine j'en aurai une de plus. Je suis au désespoir quand les personnes à qui madame la D. de Grammont écrit, viennent me dire qu'elle n'a pas remarqué en moi les sentiments qu'elle inspire à tout le monde, quoique je les aie ressentis plus que personne. Ma grand'maman, mon grand-papa, mon grand abbé, détruisez cette injuste prévention. Comment pourrais-je jamais conserver l'espérance et bâtir le château en Espagne de me retrouver encore une fois en ma vie dans celui de Chanteloup? Si j'osais, je me plaindrais à elle-même de son injustice; mais elle m'ôte toute confiance en jugeant si mal de moi.

Il faut, chère grand'maman, que je vous fasse un aveu : j'ai quelque ressemblance à l'inquiet, dont le grand-papa lut si bien le rôle; je suis donc inquiète qu'il ne se soit moqué du portrait que j'ai fait de lui dans ma lettre à l'abbé. Tout ce que j'ai dit de lui est ce que j'en pense, et qui est bien vrai; mais n'aura-t-il pas trouvé le style recherché et précieux? Je sais qu'il l'abhorre et il a grande raison. Je soupçonne que, sans le vouloir, j'ai pu tomber dans ce ridicule; mais n'allez pas lui dire cette crainte, ce serait un nouveau sujet de se moquer.

L'on a fait tout Paris pour trouver de jolies serviettes à café et cela a été inutilement; vous n'en aurez que de très-communes, il n'y en a point d'autres; ce sera madame de Lauzun qui partira demain, ou bien M. d'Estrehan qui partira lundi, par qui vous les recevrez.

Vous me manderez ce que vous aurez jugé de tout ce que

---

1. Les lettres qu'elle reçut de Walpole à la suite de ce voyage à Chanteloup, dont il avait eu beaucoup d'humeur, sont d'une dureté extrême.

j'ai envoyé à l'abbé ; on m'a parlé de trente médailles avec des inscriptions latines, qu'on dit être bonnes ; si je peux les avoir vous les aurez.

Je n'ai encore vu aucune personne de celles que j'ai vues à Chanteloup, j'en suis fâchée.

A 4 heures.

Différentes heures, différent secrétaire. J'espère voir madame de Chauvelin cette après-dînée, jugez combien de questions je lui ferai. Je suis mille fois plus curieuse des nouvelles de Chanteloup que de celles d'ici ; je ne suis point politique ; j'interroge peu, et le peu que j'apprends je l'oublie.

Dites à l'abbé, chère grand'maman, que je parlerai à l'évêque d'Arras de madame Ménage ; mais je ne sais ce qu'il fait, il ne me vient pas voir. Je souperai demain avec lui chez la petite sainte, et je donnerai à souper lundi à M. et Mme de Beauvau et à l'archevêque. Ce sera le jour de la réception à l'Académie. Le roi a levé l'exclusion de MM. Delille et Suard ; ainsi ils sont assurés des premières places, ce qui est un grand triomphe.

M. de Villerasse n'obtiendra pas sa grâce.

Vous recevrez vos serviettes dont je ne suis pas contente ; mais rien n'est si vrai qu'on n'en saurait avoir de plus belles, à moins qu'on ne les commande.

Vous aurez vos deux pots à crème et au lait et votre jatte en même temps que votre théière de Saxe, madame Poirier a dû vous le mander.

Adieu, chère grand'maman, vous savez si je vous aime.

LETTRE CCCLVIII

DE L'ABBÉ BARTHÉLEMY

AU NOM DE LA DUCHESSE DE CHOISEUL DONT IL IMITE L'ÉCRITURE

Chanteloup, ce 5 juillet 1772.

J'ai à peine le temps, ma chère petite-fille, de vous écrire quatre mots tout en courant. Je vous avais gardée pour la bonne bouche ; mais ma journée a passé presque aussi vite que quand vous étiez à Chanteloup. Nous avons ici un peintre qui attrape la ressemblance à merveille. C'était à mon tour à me faire peindre. Je me suis mise avec tous mes atours, et après tous ces frais, je ne me suis pas trouvée assez jolie, et le peintre a employé toutes ses forces sur madame de Tingri. Je n'ai pas moins été obligée de passer toute l'après-dînée à voir cette opération. Après cela sont arrivés M. de Poix et M. de Lauzun, qui m'a apporté une lettre charmante de ma petite-fille. Le temps s'est passé en demandes et en réponses, et comme je n'avais personne pour arrêter le soleil, il s'est couché tout d'un coup. On a sonné le souper, et me voilà obligée de faire une comète pour amuser tout le monde. On m'appelle ; j'y cours ; mais laissez-moi donc le temps de dire à ma petite-fille que je l'aime, moins à la vérité qu'une certaine personne, mais plus que toutes les autres.

L'abbé vous aura peut-être écrit que je suis fort enrhumée ; ne le croyez pas. Il prend souvent son cul pour ses chausses.

Vous croyez bien que ce n'est pas moi qui ai dicté cette dernière phrase [1] !

---

1. Ce dernier paragraphe est de la main de la duchesse de Choiseul.

LETTRE CCCLIX

DE MADAME DU DEFFAND A L'ABBÉ BARTHÉLEMY

Paris, ce 9 juillet 1772,
à 6 heures du matin.

Vous voyez quelle heure! Depuis que je suis de retour, il en est tous les jours de même. Joignez à cela plusieurs chagrins; voilà mon histoire!...

Je reçus enfin hier une lettre de notre baron; il est de retour chez lui, en très-mauvaise santé. Les nouvelles qu'il reçoit de Danemark ne lui laissent aucune espérance : il ne sera ni employé ni récompensé. Il dit qu'il viendra passer l'hiver à Paris. Il ira le printemps à Chanteloup; après cela il se retirera comme un vieux chat dans quelque coin pour y mourir. Je tâcherai de détruire ce beau projet. Il veut que je parle sans cesse de lui à la grand'maman et au grand-papa, et que je vous dise mille injures; écrivez-lui, envoyez-moi votre lettre. Il faut avoir pitié des malheureux et leur dire de douces paroles quand on ne peut pas faire mieux.

Madame de Gèvres part aujourd'hui et vous mène madame Rouillé. Cette dernière ne jette-t-elle pas quelque ridicule sur mon voyage? Je ne m'en embarrasse pas. On m'a trop bien reçue, on m'a trop bien traitée, pour que je sois en peine du ridicule; bien loin de m'en repentir, je dis sans cesse : Pourquoi n'y suis-je pas encore?

Monsieur de Boisgelin [1] vous porte ma lettre. Vous aurez les Beauvau mardi 14; vous garderez le prince jusqu'au 5 ou 6 d'août, la princesse jusqu'au 27 ou 28. L'archevêque de Toulouse, entre le 20 et le 25 de ce mois-ci, vous rendra une visite de cinq ou six jours; l'archevêque d'Aix et sa sœur la chanoinesse feront de même.

1. L'archevêque d'Aix.

De toutes mes connaissances de Chanteloup, je n'ai encore vu que le petit Sénac et madame Chauvelin. Le duc de Noailles m'a envoyé trois gros volumes in-folio de lettres de madame de Maintenon. Celles que j'ai lues sont sur les affaires du quiétisme. Je serais bien aise de voir M. du Bucq; je négocierai avec lui pour les autres manuscrits.

On dit que la division est plus forte que jamais entre les deux chefs, et que Thémis a bien plus beau jeu. On parle mal de Neptune. Mars paraît triomphant. Il n'a pas voulu que l'on mît sur le pied des grands gouvernements celui de Corse. J'admirais, mais je n'admire plus. C'est qu'il aime mieux garder celui qu'il a, qu'il aurait fallu qu'il rendît, et qu'il ne veut pas courir le risque de tout perdre un jour. La sœur a l'abbaye de Saint-Pierre de Lyon qui vaut cent mille livres de rentes.

M. de Beauvau vous portera ses discours [1]. Vous me manderez lequel vous trouverez le meilleur; les Systèmes seraient bons si on en retranchait une vingtaine de vers. Il y a du même auteur une ancienne comédie qu'il a rapetassée; son titre est : *le Dépositaire*. Je n'en ai lu que les premières scènes, qui ne me donnent pas envie de continuer.

L'abbé, j'aimerais bien mieux causer avec vous que de vous écrire. J'aurais un million de choses à vous dire, et je ne trouve rien à vous écrire. Dire que je vous aime, que j'admire le grand-papa, que j'adore la grand'maman, c'est toujours chanter la même note!... Adieu donc.

---

1. Les réponses aux discours des deux nouveaux académiciens, Beauzée et Brequigny. Ceux qui assistèrent à leur réception disaient que le discours de Beauzée était long et plat, et que celui de Brequigny n'était pas long.

LETTRE CCCLX

DE LA DUCHESSE DE CHOISEUL A MADAME DU DEFFAND

A Chanteloup, ce 9 juillet 1772.

Je ne sais comment il se fait, ma chère petite-fille, que tout le monde se plaigne de mon inexactitude à écrire, et que cependant j'écrive toujours et surtout à vous. En vérité ce ne serait pas vous que j'aurais envie de négliger; l'abbé vous dira de mes nouvelles, c'est-à-dire que je me porte fort bien, mais un peu fatiguée de cette brillante compagnie dont l'affluence est si flatteuse pour M. de Choiseul, et c'est à cause de cela qu'il ne faut jamais convenir que j'en sois fatiguée. Ah! je le suis bien pourtant! et mon abbé me quitte, et me voilà seule au milieu de l'univers. Jouissez-en du moins, ce sera une consolation pour moi; je l'ai chargé de toutes mes commissions à madame Poirier, dont j'ai reçu toutes les porcelaines et une fort jolie lettre, mais un grand pot affreux que je lui renvoie. Vous vous êtes occupée de toutes ces commissions d'une façon charmante pour moi; je meurs d'envie d'en avoir encore à vous donner, pour le plaisir que j'aurais à vous occuper de votre grand'maman.

A propos, dites-moi, je vous prie, pourquoi vous ne vous êtes pas donné la peine de m'écrire par M. de Gontaut à qui vous aviez promis une lettre? Il m'a apporté de vos nouvelles, et c'est beaucoup; mais comme vos lettres sont quelque chose, et quelque chose de fort bon, on n'a pas tout quand elles manquent. Que trouvez-vous donc de si joli à celle que j'ai écrite à madame de Luxembourg? Elle m'a donné une peine affreuse, parce que je n'avais rien à dire; il n'en est pas de même avec vous, ma chère petite-fille; je peux très-bien n'y savoir ce que je dis, mais je sais parfaitement bien ce que je sens quand je vous parle ou quand je parle de vous, et vous le savez aussi parfaitement bien, à ce que j'espère.

A propos, vous avez dû croire que je radotais quand je vous ai annoncé une lettre que madame de Gèvres devait vous envoyer pour l'Angleterre, mais je ne faisais que répéter le radotage de madame Rouillé. Madame de Gèvres avait pris la lettre pour la donner au secrétaire de milord Harcourt, qui n'était pas encore parti.

M. de Choiseul ne sait pas pourquoi vous vous plaignez de son oubli; il est certain que je suis témoin de sa tendresse et de son occupation de vous, car il m'en parle sans cesse, et c'est ma faute si je ne vous parle pas de lui.

LETTRE CCCLXI

DE MADAME DU DEFFAND A LA DUCHESSE DE CHOISEUL

Ce samedi, 11 juillet 1772.

Que n'est-ce moi qui porte les lettres des autres! que je leur envie le service qu'ils me rendent! Vous voilà donc, chère grand'maman, avec la meilleure compagnie du monde, quoique fort peu semblable à celle que je vous avais laissée. Votre théâtre change souvent de décoration. Elles me seraient toutes parfaitement égales, si je pouvais y être fixée et que mon tonneau pût tenir sa place au-dessous des trônes, des principautés et des dominations. Je suis dans le désert, chère grand'maman, jamais je n'ai senti si vivement la désolation d'être séparée de vous; j'ai des moments de désespoir, je serais toute prête à prendre la poste et à vous aller demander un petit coin dans votre château, à m'y établir, et à renoncer à tout ce que je connais dans le monde, pour ne m'occuper que de vous. Ah! je comprends bien le bonheur de l'abbé, il en est si digne que je ne voudrais pas l'avoir, si c'était à la condition qu'il le perdît. Mais je voudrais le partager. Je suis persuadée, chère grand'-

maman, qu'il n'y a que vous, l'abbé et moi qui sachions aimer. Quelle funeste science pour qui est séparé de ce qu'il aime! J'ai le cœur bien gros, chère grand'maman! il aurait grand besoin de s'épancher, ce qui ne peut se faire par écrit. Votre petite-fille est bien malheureuse, et elle ne le serait pas si elle était avec vous. Mais c'est trop me laisser aller à vous parler de moi, c'est un sujet trop ennuyeux. La princesse, qui vous rendra cette lettre, vous communiquera peut-être la plénitude du bonheur dont elle jouit. Tant mieux! je souhaite qu'elle efface l'impression de tristesse que je crains de vous avoir faite.

Vous aurez les premiers jours du mois prochain un archevêque et sa sœur la chanoinesse; elle a toute la dignité chapitrale, qui, jointe à la protection des puissances et des dominations, la rendent une personne des plus importantes; de plus, on lui dit qu'elle ressemble à mademoiselle d'Hénin. Elle ne pourra vous donner que peu de jours cette année. Elle aime fort madame de G... Je lui ai demandé si elle vous connaissait; m'ayant répondu que non, je fus fort tentée de lui demander comment elle imaginait d'aller chez vous. Les gens qui ne doutent de rien me surprennent toujours. Je recommande à l'abbé de la persifler, je suis sûre qu'il l'en trouvera digne.

Est-il vrai que vous allez avoir Gatty? Tant mieux si vous pouvez le garder cet hiver; j'aimerais mieux qu'il eût choisi cette saison-là que celle-ci, s'il ne peut être que quelques mois avec vous.

Je ne sais rien de nouveau; les divisions durent toujours, mais l'égalité des talents et du mérite maintient l'équilibre. Le vieux chancelier [1] doit être mort à l'heure que j'écris. Son fils n'en sera guère plus riche : il a mangé le bien de sa mère et il ne le retrouvera pas dans celui de son père; il laissera à peine de quoi payer ses dettes. Et l'on a passé pour honnête homme

1. De Lamoignon.

avec de tels procédés! Il n'y a ni poids ni mesure dans ce monde, tout y est arbitraire, chacun décide par haine ou par amour.

Je reçus hier une lettre de Voltaire, qui redit toujours les mêmes choses sur vous et sur le grand-papa. Il me parle de deux petits volumes de lettres de madame de Pompadour : il ne les croit pas d'elle, mais de quelque homme d'esprit. Le style en est léger et naturel, elles disent du mal de beaucoup de gens et nommément de son frère; je vais m'intriguer pour les avoir, et si j'y parviens vous les aurez tout de suite. Il me mande aussi qu'on a défiguré ses dernières petites productions, il les fait imprimer, et il me les promet dans quelques semaines.

Voilà, chère grand'maman, tout ce que je puis vous dire. Dites-moi comment vous vous portez, si vous n'êtes plus enrhumée. Seriez-vous actuellement en état de jouer la comédie? Vous avez eu, dit-on, un grand succès. J'ai fort envie de voir M. du Bucq; je prendrais la liberté de lui faire beaucoup de questions. Vous savez que M. de Noailles m'a tenu parole.

Je voudrais, chère grand'maman, que vous me dissiez les propres termes de la réponse du grand-papa à la question que je lui fis s'il consentirait à rentrer dans le ministère. Je ne puis me les rappeler exactement, j'en affaiblis l'énergie.

Adieu, la meilleure des grand'mamans, qui est aimée passionnément par la plus tendre des petites-filles.

LETTRE CCCLXII

DE MADAME DU DEFFAND A LA DUCHESSE DE CHOISEUL

Ce dimanche, 12 juillet 1772.

Vous savez le changement, chère grand'maman? ce fut hier à quatre heures après midi que l'on reçut la nouvelle de l'extrémité de madame de Craon. Le prince partit sur-le-champ et ne voulut point être suivi de sa femme. On n'aura point de nouvelles avant jeudi. Elles décideront de ce que fera la princesse. Si madame de Craon est morte, la princesse ira à Chanteloup sur-le-champ ; si elle est vivante et donne quelque espérance, la princesse ira en Lorraine trouver le prince. Mais je suis bien bonne de vous dire tout cela. La princesse écrit à madame de Grammont et peut-être au grand-papa. Cette succession sera de quarante mille livres de rentes dont ils ne pourront rien vendre : tout est substitué, le mobilier n'est rien.

Je vous félicite de l'arrivée de madame de Château-Renaud, elle vous portera des serviettes à café ; il n'a pas été possible d'en trouver de plus belles.

N'avez-vous pas reçu les théières et le pot à sucre que madame Poirier devait vous envoyer en même temps que la lanterne ? Ce sont là des nouvelles que l'abbé devrait m'apprendre.

Je ne sais si le chancelier [1] est mort ; mais certainement il le sera avant que vous receviez cette lettre.

Il n'y a plus que quelques traîneurs à Paris, qui ne tarderont pas à partir pour Compiègne.

Portez-vous bien, chère grand'maman, gagnez à la comète, mangez, digérez et dormez. C'est trois choses dont je m'acquitte fort mal.

LETTRE CCCLXIII

DE L'ABBÉ BARTHÉLEMY A MADAME DU DEFFAND

16 juillet 1772.

Vous avez donc cru que le petit billet [2], où la prétendue grand'maman vous disait qu'elle n'était pas enrhumée, venait d'elle en effet ? j'en suis ravi. C'était dans un moment où elle se trouvait très-occupée ; elle me chargea de vous écrire quatre

---

1. De Lamoignon.
2. Du 5 juillet.

mots, j'imitai son écriture pour tromper M. Wiard. Je voulus d'abord, pour vous étonner, faire quelques plaisanteries un peu fortes. Vous m'auriez trop tôt reconnu; je me contentai de hasarder des expressions dont elle ne se sert jamais; et vous y avez été trompée. Je m'en féliciterais si vous aviez la moindre défiance; mais ni la nature ni l'expérience n'ont pu vous en donner.

Je n'avais pas pris mon cul pour mes chausses quand je vous avais dit qu'elle était enrhumée, elle l'a été depuis son retour de Meun, mais sans fièvre et sans une trop forte toux. Elle est seulement un peu maigre; elle ne tousse plus que rarement et par un reste d'habitude.

Elle est bien flattée ainsi que le grand-papa des regrets que vous témoignez de les avoir quittés. Ils disent toujours : «Pourquoi s'en aller?» et, en effet, il est impossible d'en pénétrer la raison. Mais cette leçon prolongera votre voyage l'année prochaine. Vous y viendrez certainement, je vous le prédis, je me le promets; et quand vous y serez, je tuerai tout simplement ceux qui proposeront de vous ramener.

Le grand Christophe a pensé s'en aller ces jours-ci. Il voulait renvoyer un de ses compagnons suisses, aussi habile que lui, à ce qu'on dit. Il a proposé le renvoi. Le grand-papa l'a refusé. Aussitôt il a joué son jeu, qui est de menacer de quitter. Le voilà donc à la toilette de la grand'maman pour prendre congé. On s'y attendait. Il a dit qu'il avait mal aux jambes. — « Adressez-vous au chirurgien. — Il m'a guéri les pieds, sauf votre respect, l'année dernière, mais à c't'heure ce sont les jambes. — Eh bien, il les guérira! — Oh! non, car les jambes et les pieds sont deux choses. — Il me semble pourtant que vous vous portez bien. — Oh! je ne me suis jamais si bien porté. — Vous n'êtes donc pas content de nous? — Moi? je ne trouverai jamais de si bons maîtres, mais il faut absolument que je m'en aille! — Eh bien! si vous voulez partir, toutes les portes vous sont ouvertes; si vous voulez rester, restez. — Eh bien! cela étant, je m'en vais à mon devoir!... car mes pauvres vaches m'attendent... » Et sur cela il a pris le parti de rester.

LETTRE CCCLXIV
DE LA DUCHESSE DE CHOISEUL A MADAME DU DEFFAND

A Chanteloup, ce 17 juillet 1772.

Madame de Château-Renaud m'a remis très-exactement, ma chère petite-fille, et votre lettre et les serviettes. Je n'ai pas trouvé celles-ci si vilaines que vous le dites, et j'ai trouvé la lettre beaucoup plus jolie que vous ne la croyez. Je mande à Ribot d'aller payer les serviettes, et je vais tâcher de payer la lettre; mais je ne me flatte pas que ce soit en aussi bonne monnaie. Je n'ai point entendu parler de madame Poirier; faites-lui dire que puisqu'elle a des commissions pour M. de Choiseul, elle mette les petits articles qui sont pour moi sur le même mémoire.

Je savais avant l'arrivée de madame de Château-Renaud que je ne savais plus quand nous aurions le prince et la princesse, parce que cela dépendait du rétablissement ou de la mort de madame de Craon. Madame de Poix en a reçu un bulletin que vous auriez dit qui était ineffable; c'est la plus ridicule chose que j'aie jamais vue. Madame de Gèvres en a ri aux éclats pendant toute une soirée. Je serai bien aise de voir le prince avec quarante mille livres de rentes de plus, quoiqu'il n'en puisse pas disposer; elles mettront du moins une grande aisance dans sa fortune, et il a besoin d'aisance. Je suis fâchée de vous trouver si sévère pour les dettes du chancelier; ne vous souvient-il plus que nous en avons eu aussi? Il me semble que des talents supérieurs et des vertus éminentes méritent quelque indulgence pour certaines faiblesses; ayez-en donc pour M. de Choiseul. Vous voulez que je vous répète la réponse qu'il vous fit à la question s'il consentirait de rentrer au ministère. J'ai peur aussi de la mal rendre ; en voilà du moins le sens : « Je ne pourrais désirer d'y rentrer que pour me venger. « L'estime dont le public m'honore et la multiplicité des « marques touchantes d'amitié que j'ai reçues m'imposeraient « deux dettes immenses et impossibles à acquitter. Je ne me « crois pas assez de talents pour acquitter celle que je dois au « public, elle se trouverait souvent en compromis avec celle que « je dois à mes amis, et je ne pourrais acquitter l'une sans « manquer à l'autre. »

Pourquoi m'avez-vous renvoyé la lettre que je vous avais confiée? Je vous avais priée de n'en point prendre de copie et de ne la point envoyer à la personne à qui vous la vouliez montrer, mais seulement de la communiquer quand elle serait auprès de vous et de me la renvoyer ensuite.

A propos de lettre, vous avez parié qu'une de l'abbé, écrite en mon nom, était véritablement de moi. Cette méprise me ferait souvent honneur, mais pour cette fois je ne comprends pas comment vous avez pu vous méprendre au ton ; il me faisait dire que je prenais mon cul pour mes chausses et cent autres petites gaietés du même genre qui ne ressemblent point du tout à votre grand'maman, qu'on accuse plutôt d'être un peu prude. Cette lettre me rappelle que j'ai été enrhumée, que vous me demandez de mes nouvelles et que je dois vous répondre que je me porte bien. Vous voyez que mes idées s'enchaînent sans ordre et sans suite par de simples à-propos qui sont souvent des hors de propos pour ceux auxquels ils s'adressent : comment pouvez-vous lire et désirer de semblables lettres, vous qui en écrivez de si différentes? Le sentiment vous égare comme à quinze ans : ne dites donc plus que vous êtes vieille, puisque vous êtes assez heureuse pour jouir des erreurs de la jeunesse. Le mot lettre me rappelle celle que vous avez reçue de Voltaire, et le bien qu'il vous dit de celles attribuées à madame de Pompadour, et la bonté que vous avez de vouloir nous les envoyer. Nous les avons, elles ne sont point de madame de Pompadour et elles ne valent rien.

Pourquoi êtes-vous étonnée que madame de Boisgelin vienne ici sans me connaître? il faut bien se voir une première fois, ou ne se point voir du tout. Elle est amie de madame de Grammont; elle vient la chercher ici. Cela est fort simple et il est fort juste que je l'y reçoive. Je serai très-aise de voir l'archevêque son frère qu'on dit très-aimable, mais il y en a un autre que je désire bien davantage encore.

Je ne puis souffrir que vous croyiez que le voyage de madame Rouillé jette du ridicule sur le vôtre. Ah! mon Dieu, la démarche la plus honnête de votre part et la plus touchante pour nous peut-elle être suceptible de ridicule? Au contraire, le voyage de madame Rouillé est un encouragement pour vous de revenir; elle est bien votre aînée et votre santé n'est assurément pas aussi inquiétante que la sienne; vous n'avez que de la délicatesse, mais vous êtes tout entière et elle ne l'est pas. Il n'y a de ridicule, ma chère petite-fille, que la méfiance que vous avez de vous-même et de vos amis. Pourquoi craignez-vous, par exemple, que le grand-papa n'eût pas été content du portrait que vous avez fait de lui, qu'il l'eût trouvé pédant? Vous pédante! Ah! cela est neuf! Au contraire, il en a été enchanté et très-flatté, et j'ai eu tort si je ne vous l'ai pas dit.

Je suis charmée des regrets que vous avez de nous avoir quittés. J'espère qu'ils vous rendront plus sage pour l'année prochaine, que vous viendrez plus tôt et vous en irez plus tard, et que vous abandonnerez toutes vos ridicules discrétions qui ne font que vous tourmenter et nous affliger. Je devrais vous vouloir bien du mal pour celui que vous nous avez fait en nous quittant, mais le sentiment l'emporte sur l'esprit de vengeance. Quelque plaisir que j'aie à vous voir partager les regrets que vous nous avez laissés, je suis fâchée que les vôtres soient douloureux. Je me désole de vous savoir livrée à la solitude et à l'ennui et je voudrais avoir la puissance de vous transporter tout à coup au milieu de nous, de vous rendre heureuse et de l'être moi-même, ma chère petite-fille, par votre présence et par votre bonheur.

Si monseigneur l'évêque d'Arras est encore à Paris, ne m'oubliez pas, je vous en prie, auprès de lui.

LETTRE CCCLXV

DE MADAME DU DEFFAND A LA DUCHESSE DE CHOISEUL

Paris, 17 juillet 1772.

J'avais cent mille choses à vous dire, chère grand'maman, et je crains de les avoir toutes oubliées. D'abord il faut vous rendre compte de vos commissions. Madame Ribot vous porte une petite boîte; vous y trouverez trois flacons, le vôtre, le plus grand, est l'eau à ce qu'on croit semblable à celle que vous avez envoyée, et l'autre flacon est du général Bourgoyne. Cette eau est merveilleuse pour les migraines, il faut en mettre dans le creux de ses mains et frotter ses tempes. Et puis deux lettres d'Angleterre qu'on m'a remises en même temps. Vous avez dû recevoir les serviettes à café. Je les trouve médiocres, mais vous pouvez être sûre que dans tout Paris il n'y en a pas de plus belles. Madame Poirier vous enverra incessamment la lanterne que madame de Grammont lui a commandée; votre théière de Saxe est admirablement bien raccommodée. Une grande et petite théière, un pot à sucre, une grande jatte qui, je crois, est fort jolie, deux pots au lait. Le grand me paraît très-maussade, mais vous pouvez le renvoyer s'il vous déplaît, seulement il faudra que vous attendiez qu'on en fasse d'une autre forme et d'une autre grandeur, il n'y en a pas d'autres à la manufacture de Sèvres.

Voilà, je crois, toutes vos commissions, vous ne sauriez me faire plus de plaisir que de me donner des occasions de vous être utile.

Vous savez la mort de madame de Craon ; elle a retardé le départ des Beauvau ; le prince est en Lorraine, il n'en reviendra que dans dix ou douze jours. La princesse ne l'attendra pas pour vous aller trouver, elle compte partir mardi après l'arrivée de la poste.

Voulez-vous bien, chère grand'maman, vous charger de tous mes compliments pour madame de Boufflers et madame de Poix? mes lettres ne feraient que l'importuner, et ce que vous voudrez bien dire de ma part vaudra mille fois mieux que ce que je pourrais écrire.

Vous n'aurez point l'archevêque d'Aix, il partira lundi, lendemain de la clôture de l'assemblée, pour aller en Bretagne trouver son père qui se meurt ; la chanoinesse [1] est déjà partie. Je vous conseille de n'avoir pas de grands regrets.

J'ai dit à M. de Toulouse ce que vous m'avez écrit d'obligeant pour lui, vous ne devez pas douter qu'il n'en soit très-flatté, il compte être à Chanteloup le 26 ou le 27, il n'y restera que quatre ou cinq jours.

J'ai eu la visite de madame de Brionne, je lui ai dit que je vous en ferais hommage. Je n'ai point entendu parler de M. du Bucq, mais je l'attendrai patiemment, je n'aurai pas sitôt besoin de nouveaux manuscrits, je serai bien longtemps à lire les lettres de madame de Maintenon ; comme elles sont de sa propre écriture, mes lecteurs ordinaires ne sauraient les lire, il faut que j'aie recours à d'autres.

Paris est assez désert, mais la mort de madame de Craon fait que je ne manquerai pas de compagnie pendant trois semaines.

Je soupai hier chez la petite sainte, je l'aime beaucoup, elle me traite bien et j'ai le plaisir de beaucoup parler de vous avec elle. Je vois souvent madame de La Vallière.

L'évêque d'Arras est encore ici, il ne partira que tout à la

---

1. Madame de Boisgelin.

fin du mois. M. le prince de Conti n'est point allé à Pougues, ce qui fait que Pont-de-Veyle est resté à Paris; il m'est arrivé aussi un Anglais que j'aime fort, c'est M. Craufurt, je ne sais si je vous en ai jamais parlé? tout cela, chère grand'maman, n'est pas la monnaie de Chanteloup, rien ne peut l'être.

Souffrirez-vous la paresse de l'abbé, et qu'il soit des temps infinis sans m'écrire? Qu'il ne prenne pas pour excuse qu'il ne sait que me dire, montrez-lui cette lettre et qu'elle lui serve de modèle. Qu'il me rende compte de tout ce que vous faites, de tout ce qui se passe, il ne manquera pas de matières.

Avez-vous des nouvelles du marquis [1]? Quand attendez-vous Gatti?

Dites-moi, chère grand'maman, si à la mort de M. de Stainville madame de Grammont alla chez vous ou si vous allâtes chez elle? vous sentez bien pourquoi je vous fais cette question, le cas présent est tout semblable [2].

Donnez-moi des nouvelles de votre santé, la mienne n'est point bonne, je digère mal et je ne dors point.

Adieu, chère grand'maman, si vous m'aimez et si je puis vous revoir je ne désirerai point d'autre bonheur. Faites en sorte que le grand-papa ne m'oublie pas.

LETTRE CCCLXVI

DE MADAME DU DEFFAND A L'ABBÉ BARTHÉLEMY

Ce dimanche, 19 juillet 1772.

Madame de Grammont a bien raison, vous êtes un grand faussaire, contrefaire l'écriture de la grand'maman, surprendre la religion de la petite-fille, dont la bonne foi et l'ingénuité la

---

1. De Castellane.
2. La position était en effet la même entre la princesse de Beauvau, belle-fille de madame de Craon et la maréchale de Mirepoix, sa fille, et on a vu combien ces deux dames étaient mal ensemble.

font tomber dans tous les panneaux qu'on lui tend! Wiard et moi avouons avoir été attrapés, moi au style, lui à l'écriture. Cependant je vous dirai pour mon honneur, que je fus un peu étonnée de l'article du peintre et du quolibet qui termine cette lettre; je me dis : la grand'maman est en gaieté, tant mieux, c'est qu'elle se porte bien.

Mais, monsieur l'abbé, comment se porte madame Rouillé, se fait-elle peindre? elle et moi nous devrions laisser nos portraits à Chanteloup, en guise d'ex-voto. Que sait-on? nous servirions peut-être un jour à la canonisation du grand-papa et de la grand'maman, mais cela ne pourrait être que lorsque l'amitié sera devenue la première des vertus chrétiennes; je lui donne ce rang dans les vertus morales, et c'est pourquoi je vous trouve un grand saint, tout grand faussaire que vous êtes.

Je suis désolée, M. Gayot vint hier chez moi, il ne me trouva pas, je voudrais envoyer chez lui tout à l'heure, je ne sais point son adresse et elle n'est point dans l'almanach.

Je n'entends point parler de M. du Bucq. Le petit Senac s'en est tenu à sa première visite. Je ne suis point *la mère éternelle* sur mon palier, ce qui me fait soupçonner que j'étais une lune à Chanteloup et que... mais bon, vous entendez bien ce que cela veut dire.

Votre grand Christophe est un impertinent, j'aimerais mieux sa place que celles de tels et tels.

Tous nos diplomatiques sont partis. J'ai un Anglais ici, M. Craufurt, que j'aime beaucoup, il veut me faire faire connaissance avec M. Francis, le connaissez-vous? Si vous ne le connaissez pas, informez-vous-en, sachez s'il me convient, je sais que ses affections sont semblables aux miennes, c'est toujours un grand point.

Croyez-vous, l'abbé, que je trouve fort bon que le grand-papa n'ait pas écrit dans une de vos lettres ou celles de la grand'maman, ces sept mots : j'aime et j'aimerai toujours la petite-fille, tandis que moi j'ai le bon procédé de ne lui point écrire, renonçant à la vanité que je vois dans quelques autres qui disent avec faste : j'ai reçu une lettre de M. de Choiseul, car je ne veux pas l'obliger à une réponse.

Je ne dis pas un mot aujourd'hui à la grand'maman, elle recevra jeudi ou vendredi une assez longue lettre que je lui ai écrite avant-hier, où je lui rends compte de toutes ses commissions, un mal de jambe est cause du retardement.

Adieu, l'abbé, il faut que je dorme, il faut mettre cette lettre à la boîte.

Vous n'aurez que jeudi ou vendredi madame de Beauvau, je ne sais quand vous aurez son époux. Lequel de ses deux discours aimez-vous le mieux? moi je n'y mets pas de comparaison. Il n'y a qu'un mot dans les harangues de M. de Toulouse que je n'approuve pas, dans celle à madame la Dauphine : *l'art de réussir.*

Adieu, adieu, je ne suis qu'une jaseuse.

LETTRE CCCLXVII

DE MADAME DU DEFFAND A LA DUCHESSE DE CHOISEUL

Paris, ce mercredi 22 juillet 1772.

Votre lettre du 17, chère grand'maman, n'arrive qu'aujourd'hui. Le courrier Lauzun qui, dit-on, l'a apportée, n'a pas des ailes aux talons. Une lettre de Chanteloup cinq jours en route! Il faut changer de courrier. Donnez les premières à madame Rouillé. Mais je ne fais pas réflexion que lorsqu'on vous quitte on n'est point empressé d'arriver ailleurs.

Je suis tout en colère contre vous. Me soupçonner de faire la comparaison du feu chancelier avec M. de Choiseul, cela a-t-il du bon sens? Est-ce le bien de ses enfants que le grand-papa a mangé? Sa position était-elle la même? Est-ce que pour avoir une grande place on est un grand homme? Plus on est élevé, plus la petitesse paraît quand elle est effective. Fi, ma grand'maman, cette comparaison est indigne! les différentes positions rendent les actions bien différentes; l'âge, les places, les circonstances peuvent servir de raisons ou d'excuses, il n'y en a point pour l'injustice, et celle de ruiner ses enfants en est une très-grande, surtout quand un père ne s'en tient pas à manger le bien qu'il devrait leur laisser, mais quand il mange celui qui leur appartient; enfin l'état où il laisse M. de Malesherbes crie vengeance. Cependant, chère grand'maman, si vous trouvez que j'aie mal raisonné, vous me le persuaderez, je n'ai que la spéculation des vertus dont vous avez la pratique.

Vos hors de propos sont des transitions très-heureuses, et c'est un talent que je suis bien éloignée d'avoir; tout ce que j'écris est à bâtons rompus, ainsi que mes conversations; il faut bien de l'amitié ou bien de la bonté pour s'accommoder de l'un et de l'autre.

Ah! je sais bien, ma chère grand'maman, que pour connaître quelqu'un il faut le voir une première fois, mais je vous entends, c'est une petite réprimande que vous me faites. Je vous dirai pour mon excuse, que quand je vous écris, je me persuade qu'hors l'abbé, personne ne voit mes lettres; dans cette idée, je prends toute sorte de licences, je serai plus réservée à l'avenir.

Je n'ai point gardé copie de votre lettre, et comme je n'attends plus pour cette année M. Walpole, j'ai cru devoir vous la renvoyer de peur que vous n'en fussiez inquiète. N'ayez jamais d'inquiétude de ce que je peux faire ou dire sur ce qui vous regarde. Ma discrétion est extrême, je ne parle jamais de vous qu'avec la retenue que vous pouvez désirer; je modère mon enthousiasme, et j'adoucis, quand il le faut, l'éclat qui vous environne. Enfin, chère grand'maman, j'aime et je sais aimer.

J'ai lu le bulletin dont vous me parlez, il m'a fait hausser les épaules et ne m'a pas donné envie de rire.

Vous ne me dites point si vous avez bien voulu faire mes compliments à madame de Poix et à M. de Boufflers.

Madame de Beauvau part aujourd'hui, vous l'aurez demain, je l'ai chargée de trois embrassements, de trois nuances différentes des siennes. Je ne crois pas être du dernier bien avec elle; la compagnie avec laquelle elle m'associe, quand je soupe chez elle, me le persuade, ce ne sont pas ses intimes amis. Je crois que son époux ne reviendra que la semaine prochaine; il ne tardera pas à aller vous trouver.

Vous aurez lundi M. de Toulouse, vous le garderez jusqu'au samedi suivant. On dit la harangue de M. d'Aix fort belle, mais je doute qu'elle le soit autant que celle de mon neveu.

Il y a une affaire abominable qui fait grand bruit : c'est un procès qu'on intente à l'évêque de Rennes. Quoiqu'on ne s'intéresse guère à lui, on est indigné contre ses adversaires. C'est le comble de l'iniquité. M. de Toulouse vous mettra bien au fait.

Paris est en effet fort désert, ce qui fait que je reste peu chez moi. Je vais aujourd'hui à Roissy avec l'évêque d'Arras et son frère. Je m'acquitterai de votre commission. Il restera ici jusqu'aux premiers jours du mois prochain.

Je donnerai vos ordres à madame Poirier à l'égard des serviettes. J'admire votre exactitude. Je ne suis pas trop contente de vous, chère grand'maman, vous ne me donnez nulle preuve de confiance. Vous m'interprétez mal, vous voulez me payer, vous m'accusez d'être défiante, et vous l'êtes avec moi; est-ce le moyen de me corriger? Ah! je ne suis pas si jeune que vous me croyez, et excepté la facilité que j'ai de tomber dans les panneaux que me tend l'abbé, je ne donne aucune marque de jeunesse; mais j'en donne de vieillesse très-fréquemment. Je radote, je rabâche, je ne me souviens de rien, je suis très-fastidieuse et cette lettre en sera une nouvelle preuve; mais telle que je suis, chère grand'maman, je vous aime.

Dieu sait quand cette lettre vous parviendra. J'avais besoin de vous l'écrire et je n'ai pu me résoudre à attendre une occasion; je l'enverrai cette après-dîner à votre hôtel, peut-être M. Ribot ne sera-t-il point encore parti; s'il l'est, on la donnera à la première occasion.

LETTRE CCCLXVIII

DE LA DUCHESSE DE CHOISEUL A MADAME DU DEFFAND

A Chanteloup, ce 31 juillet 1772.

Ne vous plaignez pas, ma chère petite-fille, de la lenteur de mes courriers, car je ne dirai pas plus de bien des vôtres. Je n'ai reçu que le 28 votre dernière lettre qui était du 22, et ce n'est point, comme vous le jugez bien et comme vous le croyez, madame de Beauvau qui me l'a apportée.

Vous êtes donc bien en colère contre moi, de ce que vous croyez que j'imaginais que vous compariez M. de Choiseul au défunt chancelier. Eh bien! calmez-vous, car je ne croyais pas du tout que vous fissiez cette comparaison. Mais au sujet des blâmes que vous lui donniez, je réclamais votre indulgence pour M. de Choiseul sur les choses qui pourraient avoir rapport aux torts de M. de Lamoignon, et vous avez accordé cette indulgence à des vertus et à des talents supérieurs, c'est ce que je vous demandais et je vous en remercie.

Je n'ai point prétendu non plus vous faire une épigramme par ce que je vous ai dit sur la visite de madame de Boisgelin; mais j'ai peut-être fait de la bonté, comme je reproche à l'abbé d'en faire quelquefois, et cela me va mieux qu'à lui parce que je ne suis pas si bonne et que j'ai plus de soins à me donner pour l'être.

Nous avons ici les Ségur, les d'Usson, les Bezenval, tout ce qu'il y a de plus brillant, comme vous voyez bien, et ce qui vous étonnera, c'est que tout cela ne vous remplace pas.

On dit que M. de Toulouse ne viendra plus de sitôt; ce retard me fait bien de la peine. J'imagine qu'il est occasionné par l'affaire de M. l'évêque de Rennes; on dit qu'elle se civilise. Je ne doute pas qu'elle n'ait été excitée par la vengeance de M. d'Aiguillon, mais avec le bon droit, la saine intention, le clergé, le public et le chancelier pour lui, M. de Rennes s'en tirera à son honneur.

Mon Dieu, pourquoi me grondez-vous parce que je demande si on vous a payée d'une commission que vous avez bien voulu faire pour moi? est-ce que payer ses dettes s'appelle manquer de confiance? La confiance était de vous donner la commission. Ah! ma petite-fille, croyez que je ne manque pour vous de rien de tout ce qu'il vous faut. C'est vous qui êtes injuste envers moi, mais vos injustices ne m'empêcheront pas de vous aimer de tout mon cœur.

LETTRE CCCLXIX

DE MADAME DU DEFFAND A L'ABBÉ BARTHÉLEMY

Paris, ce 31 juillet 1772.

Je ne savais ce que tout cela voulait dire; point de réponse, tandis qu'il revenait tous les jours du monde de Chanteloup. J'examinais ma conscience, je me rappelais mes dernières lettres. Y a-t-il quelque chose qui ait pu déplaire? Je ne suis pas encore fort rassurée sur ce point, parce que les lettres que je reçois aujourd'hui ne répondent point aux miennes; peut-être est-ce par oubli; rien n'est plus ordinaire quand on ne répond pas sur-le-champ. Je ne tomberai pas dans le même inconvénient avec vous. Vos lettres m'ont été rendues ce matin, c'est-à-dire à deux heures après midi, et je n'ai mis d'intervalle pour y répondre que le temps de mon lever et de ma toilette. Je suis actuellement dans mon tonneau. Je prends mon thé, je n'ai dans ma chambre qu'Agathe qui me le donne et Wiard à qui je dicte, et ce qui va vous surprendre c'est que, dans les circonstances présentes, je préfère le tonneau de Saint-Joseph au tonneau de Chanteloup ; je n'ai point de ligne droite à suivre, et si j'en avais je ne marcherais pas d'un pas assez ferme pour ne m'en jamais écarter. Il s'en faut bien qu'on puisse imiter tout ce qu'on admire. J'ai dans l'idée que votre partage est de souffrir pour les autres. Il y avait jadis une sorcière ou une sainte qui prenait les douleurs des personnes qui l'en priaient, les douleurs de l'enfantement, d'une opération ; et ceux et celles à qui elle rendait ce service prétendaient s'en trouver fort bien et ne ressentir ni mal ni douleur.

Je suis fâchée que vous ayez changé de dessein de venir ici ; actuellement que la grand'maman se porte mieux, pourquoi n'y viendriez-vous pas ? Mais non, ce n'est peut-être pas le temps le plus convenable, il faut bien qu'il reste quelques régnicoles, et que le pays ne soit pas entièrement abandonné aux colons.

Vous aurez le prince en même temps que ma lettre. J'ai été un mince supplément à son épouse, mais j'ai eu de lui tous les soins qui m'ont été possibles.

Vous n'aurez point l'archevêque de Toulouse avant le mois de septembre.

Dans la liste que vous me faites de votre compagnie, vous avez omis madame de Château-Renaud.

Parmi tant de héros n'osez-vous la nommer ?

Je me suis si bien trouvée de M. d'Arras pour mon voyage, que j'en fais un toutes les semaines avec lui et son frère ; c'est à Roissy. Nous eûmes hier en quatrième M. de Beauvau. Nous en ferons encore un la semaine qui vient, ce sera le dernier avec M. d'Arras, mais je continuerai avec M. de Saint-Omer. Je tue le temps, mon cher abbé, en attendant qu'il me tue ; ce n'est pas le plus mauvais service qu'il puisse me rendre. Je me dissipe autant que je peux, mais c'est un vilain monstre à combattre que l'ennui, c'est l'hydre de la fable; lui coupe-t-on la tête, il en revient deux. Votre état est bien préférable au mien; vous avez un objet, et moi, mon cher abbé, je n'en ai point; et c'est le plus grand des malheurs. Je vous quitte pour écrire à la grand'maman, j'aurai le plaisir de lui dire que je l'aime, mais je ne me permettrai plus avec elle aucune licence; elle a de la conduite avec moi, je dois en avoir avec elle; c'est le seul point où je puisse prétendre de pouvoir l'imiter.

LETTRE CCCLXX

DE MADAME DU DEFFAND A LA DUCHESSE DE CHOISEUL

Ce mercredi, 5 août 1772.

La goutte de M. Ribot, chère grand'maman, a rendu mes lettres de bien ancienne date; elles n'avaient pas besoin de ce nouvel agrément. Je ne comprends pas comment, ayant reçu les flacons par madame de Beauvau, vous n'avez pas reçu en même temps la lettre qui les accompagnait. Madame de Château-Renaud, qui arriva lundi à minuit, m'a envoyé très-exactement la vôtre. Je n'ai jamais cru que vous me soupçonnassiez de comparer M. de Choiseul au feu chancelier et mes explications ne portaient point sur cela, mais ce n'est plus la peine d'en parler.

Comment pouvez-vous dire, chère grand'maman, que vous avez moins de bonté que l'abbé et que vous avez plus besoin que lui de vous observer pour être toujours bonne? J'approuve fort cette émulation; vous le laisserez bien loin en arrière, je vous en avertis; mais vous rendez votre exemple bien difficile à suivre. Je n'oserai plus me permettre la plus légère des approbations, et comme je ne puis jamais parler que suivant ce que je pense, je ne vous parlerai jamais plus que de vous, parce qu'il n'y a que vous au monde que j'estime à toutes sortes d'égards.

C'est M. de Gontaut qui vous rendra cette lettre. Il a eu le bon procédé de me faire une petite visite. Vous ne sauriez m'empêcher de vous en rendre encore hommage. Il m'a paru fort content d'aller vous trouver et de quitter le désert de Compiègne pour se rendre à la cour de Chanteloup. L'évêque d'Arras va demain dans *le désert*, avec quelques espérances. Si elles sont remplies, il reviendra à Paris; si elles ne le sont pas, il s'en retournera tout de suite à Arras. Il m'a promis de me donner de ses nouvelles; je n'espère pas qu'elles soient bonnes; il a vu votre petit chanoine; il est fort occupé de faire tout ce qui peut vous être agréable; il reviendra ici, à ce qu'il me promet, dans le mois de septembre.

Madame de Gèvres ne m'a point envoyé vos lettres pour l'Angleterre; j'ai fait connaissance avec M. Francis, il a beaucoup de relations dans ce pays-là; il nous fournira des occasions tant que je voudrai.

J'ai vu M. du Bucq. Il fit une irruption de métaphysique qui bouleversa toute ma tête. Je lui ai demandé grâce pour la première visite. Je me garderai bien de vous dire quel fut le sujet. Je ne veux plus m'exposer, non-seulement à en parler, mais même à y penser; ma tête est trop faible pour de tels exercices. C'est un singulier esprit. A force de subtiliser, il quitte le réel pour l'imaginaire. Vous voyez que j'ai déjà profité de son école, car ceci pourrait bien être un galimatias.

C'est après-demain qu'on doit casser l'arrêt contre M. de Rennes. Mais ces sortes de nouvelles vous sont racontées par de plus habiles que moi. Je ne suis bonne que pour les minuties. De ce rang est l'accouchement de madame de Bourbon. Son travail fut si pénible qu'on craignit d'être obligé de l'accoucher de force. L'enfant était mourant. Pour le ranimer on le mit dans des langes trempés dans l'esprit-de-vin. On ne sait comment, mais le feu y prit. Les femmes effrayées s'enfuirent.

L'accoucheur le secourut. Sans lui il était brûlé! il se fortifia, et on croit qu'il vivra [1]. Je ne doute pas que vous n'ayez eu ce récit d'ailleurs, mais souvenez-vous que vous voulez que cela ne m'arrête point.

Le portrait que vous avez envoyé à madame de La Vallière charme tout le monde. On le trouve très-ressemblant. J'entendis l'autre jour, chez elle, déclamer par mademoiselle Clairon des scènes de *Phèdre* et de *Bajazet*. Il s'en faut bien qu'elle me fît le même plaisir que madame de Chauvelin!...

LETTRE CCCLXXI

DE L'ABBÉ BARTHÉLEMY A MADAME DU DEFFAND

8 août 1772.

Vous avez examiné votre conscience, vous n'y avez trouvé aucun sujet de reproche; en examinant la nôtre, nous y avons trouvé de la négligence ou de la paresse, mais jamais d'oubli ni de refroidissement; dans le temps que vous vous plaignez de notre silence, nous parlons de vous, et combien d'occasions qui nous rappellent votre souvenir. Je pense souvent à une expérience qui ferait notre bonheur, je ne l'ai peut-être pas bien comprise, mais, comme il s'agit de physique, vous me redresserez.

On dit qu'avec deux pendules dont les aiguilles sont également aimantées, il suffit de mouvoir une de ces aiguilles pour que l'autre prenne la même direction, de manière qu'en faisant sonner midi à l'une, l'autre sonnera à la même heure. Supposons qu'on puisse perfectionner les aimants artificiels au point que leur vertu puisse se communiquer d'ici à Paris; vous aurez une de ces pendules, nous en aurons une autre; au lieu des heures nous trouverons sur le cadran les

1. On sait trop comment se terminèrent, en 1804, les jours de ce malheureux prince, le dernier des Condés, menacé de mort violente dès son berceau.

lettres de l'alphabet[1]. Tous les jours à une certaine heure nous tournerons l'aiguille, M. Wiard assemblera les lettres et lira : Bonjour, chère petite-fille, je vous aime plus tendrement que jamais. Ce sera la grand'maman qui aura tourné. Quand ce sera à mon tour, je dirai à peu près la même chose. Vous sentez qu'on peut faciliter encore l'opération, que le premier mouvement de l'aiguille peut faire sonner un timbre qui avertira que l'oracle va parler. Cette idée me plaît infiniment. On la corromprait bientôt en l'appliquant à l'espionnage dans les armées et dans la politique, mais elle serait bien agréable dans le commerce de l'amitié. En attendant son exécution, imaginez que tous les jours à midi la grand'maman, après avoir donné son âme à Dieu, la tourne vers vous et vous dit la même chose que la pendule, et que la mienne vous tient de très-longs discours, et entre autres celui-ci : La grand'maman n'a point de conduite avec vous, mais son défaut, que je lui ai souvent reproché, est d'avoir un excès de raison et de vertu aussi difficile à guérir peut-être qu'un excès contraire. J'ai cru pendant un temps que l'expérience adoucirait la sévérité de ses principes, mais il ne faut plus l'espérer, et comme elle ne l'exerce que sur elle-même, il faut bien prendre patience.

Voici ce que ma pendule vous dit encore : Pourquoi pensez-vous que j'ai renoncé au voyage de Paris ? Ce n'est nullement mon projet. J'irai vous voir bientôt ; mais ce sera rarement à souper, car j'y aurai bien des affaires que je serai obligé de terminer promptement. Mais tous les moments qu'elles n'exigeront pas, je les passerai auprès de votre tonneau.

En ouvrant par hasard ces jours passés un volume des Mémoires de Mademoiselle, je tombai sur une phrase qui m'a paru charmante, la voici à peu près : « Dans ce temps-là M. le duc du Maine eut une rage de dents si forte qu'il en devint boiteux. » Est-il rien de si plaisant ?

---

1. Voilà l'abbé Barthélemy inventeur du télégraphe électrique.

LETTRE CCCLXXII

DE MADAME DU DEFFAND A L'ABBÉ BARTHÉLEMY

Ce mercredi, 11 août 1772.

Oui, deux pendules aimantées seraient fort commodes, on aurait tous les jours des nouvelles et on s'épargnerait la peine d'écrire. Vous êtes bien paresseux, mon abbé, mais je vous le pardonne. Je suis un peu entichée du même péché, donnons-nous-en mutuellement l'absolution, mais faites incessamment la pénitence que je vous impose. Venez à Paris répondre à toutes mes questions. Savez-vous la nouvelle qu'on y débite ? c'est que la grand'maman me donnera dans quelque temps, car je ne sais pas dans quel nombre de mois, un oncle ou une tante. Je n'en crois rien.

Vous ne me dites pas un mot de votre compagnie ; j'eus hier à souper la comtesse de Château-Renaud. Elle parle si fort entre ses lèvres (je ne crois pas que ce soit entre ses dents) que je n'entendis pas un seul mot de tout ce qu'elle dit, si ce n'est qu'elle assura qu'elle ne s'ennuyait jamais ; ce n'est pas en elle un bonheur communicatif.

L'on vous aura conté ou on vous contera le mariage du prince de Craon qui était encore hier au soir chevalier de Beauvau.

Il me prend envie de vous dire un plat jeu de mots : *Qu'il est heureux de n'avoir pas jeté son bonnet par-dessus les moulins* [1] ! C'est une de ces plaisanteries où l'on bâille en les disant, elle ne viendrait pas à madame de Château-Renaud.

Moins j'ai de choses à vous écrire, plus j'en aurai à vous dire ; j'ai moins que jamais le talent épistolaire. C'est pour moi une corvée que d'écrire. Tout ce qui me vient à dire ne

---

1. La princesse de Craon, née d'Archiac, était en premières noces madame Bonnet.

me paraît bon qu'à rejeter, je suis dans une apathie parfaite. Voilà ce que vous ne connaissez pas, ce que vous ne connaîtrez jamais, et ne ferez jamais connaître aux autres.

Je ne puis me résoudre à écrire aucune nouvelle. Votre compagnie ne doit ignorer de rien. On se moquerait de moi si je prétendais apprendre quelque chose,

Venez, venez, l'abbé! j'ai un véritable besoin de vous.

LETTRE CCCLXXIII

DE MADAME DU DEFFAND A M. CRAUFURT

Paris, ce 19 août 1772.

Il me prend des terreurs que vous ne retourniez à Londres sans revenir ici, j'en serais mortellement affligée. Si vous avez quelque amitié pour moi, mon cher petit Craufurt, venez me trouver le plus tôt qu'il vous sera possible, je ne puis vous exprimer quel besoin j'ai de vous; écoutez la bonté de votre cœur; songez à mon âge, à ma faiblesse qui en est une suite, au peu de ressources que je trouve dans tout ce qui m'environne; ne me laissez pas mourir de chagrin. Si ce genre de mort est le plus lent, il n'en est pas moins le plus cruel; vous vous ennuierez moins que vous n'avez fait; nous passerons les soirées chez moi, avec M. Francis dont je suis fort contente et avec tels autres que vous voudrez. Enfin, ayez cette complaisance; il est bien vraisemblable qu'elle sera la dernière; il est impossible que je ne succombe au chagrin. Il n'est rien arrivé de nouveau, c'est cette continuation qui me désespère. Peut-être dimanche prochain serai-je encore plus malheureuse en perdant une lueur d'espérance qui est tout ce qui me reste. Je ne crains point que vous vous moquiez de moi; vous avez le cœur sensible et compatissant et vous devez penser qu'à toutes sortes d'âge, la perte d'un ami est le plus grand des malheurs, et peut-être encore plus grand dans la vieillesse.

Je ne vous mande point de nouvelles de ce pays-ci; vous ne vous y intéressez point, ni moi non plus.

Ne manquez pas, je vous conjure, de me répondre; quatre lignes suffiront; l'état de votre santé, celui de votre âme, de nouvelles assurances de votre retour, le temps de votre arrivée : voilà tout ce que je vous demande.

LETTRE CCCLXXIV

DE M. DE VOLTAIRE A MADAME DU DEFFAND

15 août 1772.

Eh bien! madame, vous voulez que je vous fasse hommage de toutes les fantaisies qui me passent par la tête, au hasard d'en être ennuyée ou révoltée. Voici un bouquet pour la Saint-Barthélemy, que nous fêterons dans quelques jours. Ce bouquet n'est pas d'œillets et de roses, il y entre un peu d'épines et de chardons; mais il faut proportionner les offrandes aux saints. Il est triste qu'il entre nécessairement un peu de fleurs de lis dans ce malheureux bouquet. Mais avouez que j'ai raison quand je dis que la nature a eu beaucoup de bonté en nous rendant frivoles et vains. Si nous étions toujours occupés de l'image de nos malheurs et de nos sottises, la nature humaine serait la nature infernale [1].

Voulez-vous vous amuser à juger le procès de M. de Morangiez? Je vous enverrai un résumé de tout le pour et de tout

---

1. Voici la dernière strophe de ce bouquet :

> Tout mortel a versé des pleurs.
> Chaque siècle a connu les crimes.
> Ce monde est un amas d'horreurs,
> De coupables et de victimes.
> Des maux passés le souvenir
> Et les terreurs de l'avenir
> Seraient un poids insupportable;
> Dieu prit pitié du genre humain :
> Il le créa frivole et vain
> Pour le rendre moins misérable!

le contre de cette affaire indéchiffrable, qui m'intéresse par une raison assez singulière, et vous verrez dans ce petit écrit des choses plus singulières encore.

Je plains la première femme de M. de Bombelles. Je ne sais si je ne dois pas plaindre autant la seconde. En général, je plains fort les pauvres mortels. Je vous souhaite en particulier, madame, toutes les consolations dont vous êtes susceptible. Hélas! elles sont en petit nombre. Conservez-moi un peu d'amitié du fond de votre Saint-Joseph à mes Alpes et à mon grand lac; ce sera là ma plus chère consolation.

LETTRE CCCLXXV

DE MADAME DU DEFFAND A LA DUCHESSE DE CHOISEUL

Ce vendredi, 21 août 1772.

Le désir que l'abbé a de vous aller retrouver lui fait employer tous les moments de la journée à terminer ses affaires. Son intention était de partir lundi. Je voudrais bien qu'il soupât chez moi dimanche, et pouvoir causer. Je n'ai encore eu qu'un moment de particulier avec lui. C'était chez la petite sainte; mais n'allez pas le gronder; ça n'a pas été sa faute. Il me vint chercher hier et avant-hier, un peu tard à la vérité, et comme j'allais souper à la campagne, il ne me trouva pas. Je dois passer la soirée aujourd'hui avec lui chez madame de La Vallière, et je tâcherai de prendre un rendez-vous pour lui parler à mon aise de tout ce que nous aimons. Je regrette sans cesse les moments que j'ai passés avec vous. Je ne trouve que lui digne de vous. Je serais cependant bien tentée de penser que je le suis un peu aussi. J'ai certainement autant d'affection que l'abbé, autant de connaissance de ce que vous valez, autant d'intérêt à tout ce qui vous regarde; mais je n'ai ni sa raison, ni son esprit, ni ses agréments. Je n'ai qu'un bon cœur et le discernement qu'il faut pour vous distinguer et vous mettre de cent piques au-dessus de tous ceux qui croient peut-être vous faire grâce en vous mettant à côté d'eux. Toute quinze-vingt que je suis, je vois ce qui se passe à soixante lieues d'ici, comme je vois ce qui se passe autour de moi; et je dis, ainsi que Salomon : « Vanité des vanités! etc. » Il y en a de toutes sortes, d'insolentes, d'hypocrites, de puériles, et toutes sont sottes à l'excès. Ce vice est fort contraire à la société; mais, par une juste représaille, il est aussi fort contraire à ceux qui en sont possédés.

On dit le grand du Barry exilé; mais cela n'est point avéré. Tout ce qui ne tend point à accélérer votre retour m'est indifférent.

Oh! ma grand'maman! je me meurs de peur de ne vous jamais revoir, et moi qui ne peux me passer de l'amitié sans être consumée d'ennui, je suis condamnée à être séparée de tout ce que j'aime!... Cette pensée m'attriste si fort que je ne veux pas vous en parler davantage.

Soyez persuadée que quand j'en aurais le pouvoir, je ne retiendrais pas l'abbé un jour de plus. Selon mon système, je ne voudrais pas vous en priver un moment; je sais ce que c'est qu'un ami.

A trois heures.

Je reçois dans le moment une lettre du prince un peu contentieuse. D'abord il me mande qu'il vous quittera le 24, et puis il répond à de petites agaceries dont je l'avais chargé pour sa princesse d'une manière à me persuader que je ne suis pas trop dans ses bonnes grâces. Et comme je tiens du caractère de l'inquiet, me voilà dans l'inquiétude qu'elle ne m'ait pas rendu de bons offices auprès du grand-papa, et que la d... de G... ait été participante. Ensuite, il me parle du mariage de son frère comme le désapprouvant beaucoup, et me tournant un peu en ridicule sur l'approbation que j'y ai donnée. J'ignore le personnel de la dame; mais quant à la fortune, il ne pouvait trouver mieux. D'ailleurs on ne peut pas moins s'intéresser que je ne fais à cette affaire, et je consens à croire qu'elle ne vaut rien, si c'est leur bon plaisir. Je crois seulement que le mal demandait un prompt remède, et qu'il faudrait que ce mariage fût bien fâcheux s'il était pis que le hasard de la prison; et c'est où mènent les dettes, quand on ne peut pas les payer. Ceci entre nous. Je ne vous dis tout cela que pour que vous connaissiez mes motifs en cas que vous m'entendiez condamner.

LETTRE CCCLXXVI

DE L'ABBÉ BARTHÉLEMY A MADAME DU DEFFAND

Paris, 21 août 1772.

Malgré le froid mortel de la réception et de la lettre, je ne saurais partir sans vous témoigner mes regrets de n'avoir pu me trouver au rendez-vous une demi-heure plus tôt, et sans me plaindre d'une injustice qu'il m'était aussi impossible de prévoir que de mériter. J'avais été obligé de courir toute la matinée; j'arrive à deux heures trois quarts pour dîner; je demande mes chevaux de fiacre, plutôt que de carrosse, avant cinq heures. Ils arrivent à cinq heures un quart passées. Il faut que je passe chez un procureur pour une affaire de mon bénéfice dont je n'avais été instruit que le matin; c'était une femme arrêtée pour vol. Le procureur à qui j'avais écrit n'avait pu me donner que depuis cinq heures jusqu'à cinq heures et demie. L'affaire demandait une prompte réponse. Je fais éreinter les rosses, le cocher et le procureur, que je trouve aux prises avec un plaideur, et qui, au lieu de deux ou trois minutes, me tient un bon quart d'heure. J'arrive enfin à Saint-Joseph tout essoufflé, dans l'espoir que vous ne partiriez pas à six heures précises, dans la certitude du moins que je n'ai rien à me reprocher. Point du tout! je suis repoussé comme si j'avais commis la plus grande des fautes!... Je crois cela parfaitement injuste. Mon malheur vient de ce que vous me croyez sans affaires quand je viens à Paris. J'en ai beaucoup pour le cabinet des médailles; j'en ai pour un bénéfice qui fait un des tourments de ma vie; j'en ai eu cette fois-ci une très-grande quantité en commissions de la part du grand-papa et de la grand'maman; j'en ai pour une nombreuse famille que j'ai sur les bras; et celles-ci se sont multipliées encore par le malheur que je viens d'éprouver. Cependant, elles ne m'ont pas empêché de vous faire ma cour. Je l'ai réitérée aussi souvent qu'il m'a été possible. Je ne prétends pas m'en faire un mérite; j'y étais entraîné par le plaisir d'être auprès de vous; j'y oubliais les inquiétudes que je renferme souvent dans le fond de mon âme, parce que je ne suis pas assez important pour en ennuyer personne. Je ne vous parlerai pas de vos bontés et de ma reconnaissance. Je ne vous dirai point que personne ne vous est plus inviolablement attaché; mais je puis vous assurer que, quelque fâchée que vous soyez de ma conduite, je n'en changerai jamais; c'est-à-dire que je n'oublierai jamais rien pour vous convaincre de la sincérité, de l'immutabilité, de l'éternité de mes sentiments, et si vous continuez à user de la même rigueur, je vous regarderai comme le Dieu des jansénistes, qui ordonne des choses impossibles, et qui n'en est pas moins respecté et aimé par ses partisans.

LETTRE CCCLXXVII

DE LA DUCHESSE DE CHOISEUL A MADAME DU DEFFAND

A Chanteloup, ce 22 août 1772.

Eh bien! ma chère petite-fille, vous croyez donc que je suis un esprit bien profond, qui en voit toujours plus qu'on ne m'en dit, et qui ne dit pas tout ce qu'il sait, que j'ai une prudence dont les ressorts sont bien cachés et des principes de conduite qui règlent tous mes propos, toutes mes démarches, toutes mes actions, et qu'il faut imiter, en traitant avec moi, pour n'y être pas pris pour dupe!... Je parie que vous n'entendez rien à tout ceci et que vous y soupçonnez encore quelque mystère, l'abbé vous l'expliquera, il vous dira que c'est que je n'ai rien entendu à vos dernières lettres dont ce galimatias était à peu près le texte; mais vous ne vous en souviendrez plus de ces lettres, car elles sont déjà bien vieilles, c'est leur sort de m'arriver toujours fort tard. Je réponds aujourd'hui à celle du 20 que vous croyiez qui devait me parvenir par M. de Gontaut et qui ne m'est arrivée que longtemps après lui, mais je ne répondrai point aux nouvelles que vous m'y donnez parce qu'elles ne sont plus de saison; je veux seulement que vous sachiez que je suis fort sensible à la bonté qu'a eue M. d'Arras d'écouter mon petit chanoine, pour que vous le lui disiez si vous le voyez, ou que vous le lui fassiez savoir s'il ne revient pas à Paris, d'ailleurs ce petit chanoine est un fat qui a gâté toutes les affaires de son chapitre par sa folie.

Je ne sais si ma lettre a le sens commun, j'ai aux oreilles un opéra comique qu'on chante à mon clavecin pendant que j'écris dans mon cabinet, il est près de neuf heures du soir, et depuis deux heures après midi mon appartement est occupé sans relâche, et c'est tous les jours de même, et je ne puis échapper parce qu'il est ouvert de tous côtés, parce que c'est un passage. Obsédée du matin au soir, je ne sais où fuir pour vaquer à mes affaires ou à mes plaisirs en écrivant à mes amis, ou pour les voir s'il m'en reste dans la maison, et je n'y en trouve plus; l'abbé est à Paris, je suis si véritablement malheureuse par cette contrariété de tous les jours et du matin au soir, qu'au moment où je vous en écris, je suis prête à en pleurer et je vous en fais l'aveu par le besoin qu'on a de crier dans la douleur. Pour Dieu, ne le dites à personne, à personne au monde, pas même au pauvre abbé que cela tourmenterait, j'aime mieux le lui dire à son retour; je suis si affectée par cette importunité que mon esprit n'est plus à moi. Je ne puis vous parler d'autre chose parce que je ne peux penser, sentir autre chose que mon extrême tendresse pour vous, ma chère petite-fille, qui l'emportera toujours sur tout.

LETTRE CCCLXXVIII

DE MADAME DU DEFFAND A LA DUCHESSE DE CHOISEUL

Ce 27 août 1772.

Je vous félicite, chère grand'maman, du retour de l'abbé. Jouissez du bonheur d'avoir un ami ; c'est le plus rare de tous, et vous êtes peut-être la seule personne dans le monde qui puisse se flatter d'en avoir un ! Il vous contera la gloire du prince et l'augmentation de puissance de la princesse ; la voilà souveraine des beaux esprits.

Vous n'avez plus que quatorze ou quinze personnes présentement. Vous n'aurez la maréchale de Luxembourg qu'à la fin d'octobre ; mais vous la garderez environ six semaines, et pour la princesse, vous ne la reverrez qu'au mois de février. Il y a trop longtemps que vous êtes au milieu du tourbillon du grand monde. Je voudrais bien vous en voir retirée, et que vous vinssiez être en retraite à Paris. Je consume tout mon temps en regrets ou en désirs. Je ne vis que dans le passé et l'avenir. Je ne fais rien du présent. Je n'en ai la sensation que par le désir d'en être quitte [1]. Je suis honteuse de l'emploi que je fais de la vie ; les bêtes à quatre pattes en tirent mieux parti que moi, loin d'avoir aucun avantage sur elles ! La nature qui leur a ôté le souvenir, la prévoyance et la réflexion, les a bien mieux traitées que nous. A quoi nous servent ces facultés ? A nous empêcher de jouir de tout. Leurs cinq sens les rendent

---

1. Cette lettre est écrite dans un de ces moments où M. Walpole la traitait avec le plus de dureté, et où elle avait le plus à se plaindre de lui.

heureuses. Elles ne songent qu'à les satisfaire, et nous, nous en avons pour ainsi dire un sixième qui nous fait perdre tous les plaisirs qu'elles ont. Voilà de la métaphysique à quatre deniers! Parlons de l'abbé, cela vaut mieux. Il va être aussi heureux qu'on peut l'être. Il me promet de me donner de vos nouvelles. Qu'il me tienne parole!...

Ne vous faites pas une obligation de m'écrire. Livrez-vous à la paresse; faites hardiment ce péché mortel, je n'en serai pas scandalisée. Je suis toute prête à le placer au rang des vertus.

Adieu. Je ne veux point vous distraire d'entretenir l'abbé ; je ne vous dirais que des choses vagues et rebattues. Il vaut bien mieux lui parler que me lire.

LETTRE CCCLXXIX

DE LA DUCHESSE DE CHOISEUL A MADAME DU DEFFAND

A Chanteloup, ce 30 août 1772.

Pour cela oui, ma chère petite-fille, vous tenez bien du caractère de l'inquiet. Il me fait rire dans ses effets, mais il m'afflige dans son principe parce qu'il vous rend malheureuse. Je puis vous assurer qu'à tout ce que j'ai entendu dire de vous à M. et Mme de Beauvau, j'ai dû juger que vous étiez parfaitement bien avec eux. Je réponds qu'ils ne vous ont pas rendu de mauvais offices auprès du grand-papa, et qu'il serait impossible qu'on vous en rendît, ou du moins qu'ils prissent auprès de lui, au redoublement de l'amour que votre voyage ici lui a donné pour vous. Madame de Grammont s'est échauffée pour vous à la seule nouvelle de ce voyage, et l'a plus été encore par votre présence. J'ai tout lieu de croire que ce sentiment ne s'est pas refroidi. Quant à M. et Mme de Beauvau, ils ont ri de la méprise dans laquelle vous êtes tombée avec une grande partie du public sur l'excellence du mariage que vient de faire le chevalier de Beauvau, et du compliment sérieux que vous leur en avez adressé, sur lequel ils se sont permis de vous faire des plaisanteries. On croit communément que cette madame Bonnet a cent mille livres de rente. Elle en aura cent bien embarrassées dans cent ans. Mais, en attendant, elle n'en a que vingt, et elle se marie séparée de biens. De sorte que le lendemain, après s'être emparée du nom de Beauvau, elle peut se séparer de M. son mari. Ainsi ce mariage, comme vous voyez, ne pare pas même aux inconvénients auxquels le dérangement des affaires de M. le chevalier de Beauvau l'expose. Voilà ce que le prince a très-bien senti, et la princesse a senti d'ailleurs que tous les autres avantages qui pourraient s'y trouver, comme madame de Montconseil..., etc., n'étaient pas faits pour tourner la tête ; et voilà, ma chère petite-fille, tout le sujet de cette grande inquiétude que vous avez eue.

Vos femmes sont plus honnêtes que vous. Vous me mandez dans cette même lettre du 21, que vous ne me reverrez plus. Je ne vous le pardonnerais pas, si je ne pardonnais tout aux vapeurs ! Et elles mandent au contraire à leur grand'maman Angélique qu'elles reviendront l'année prochaine. Dieu les maintienne dans cette salutaire pensée, et fasse qu'elles vous y arrêtent. Je les remercie et me recommande à elles.

L'abbé, en me remettant votre lettre du 27, m'a dit qu'il était brouillé avec vous et me charge de le raccommoder. Mais je crois qu'il n'a pas besoin qu'on se mêle de ses affaires, et qu'il n'en fera que de très-bonnes avec vous.

Vous croyez que j'ai le malheur d'être réduite à quinze personnes. Hélas ! j'en ai encore plus de vingt dont je suis, je vous assure, bien lasse, mais c'est un secret qu'il me faut bien garder. Vous avez raison d'envier l'état des bêtes. Cette métaphysique est très-fort à ma portée. Il y a longtemps que je pense que c'est ce qu'on appelle nos qualités intellectuelles qui nous rend malheureux ; cependant je vous avoue que je ne suis pas assez généreuse pour vous désirer un bonheur qui vous rendrait moins aimable, car le mien, ma chère petite-fille, est de vous aimer telle que vous êtes.

LETTRE CCCLXXX
DE MADAME DU DEFFAND A LA DUCHESSE DE CHOISEUL

Ce lundi, 31 août 1772.

Que vous dirai-je, chère grand'maman, que je ne vous aie dit mille fois? que je vous aime de toute mon âme, que je pense à vous sans cesse et que j'en parle fort rarement; peu de personnes me paraissent dignes de cette conversation; je m'y livre avec la petite sainte; je dis quelques mots avec madame de La Vallière, mais comme il les faut crier à tue-tête, j'abrége. Je dois la justice à madame de Châtillon qu'elle me demande souvent de vos nouvelles et qu'elle a pour vous la plus grande vénération.

Ce sera l'archevêque, mon neveu, qui vous rendra ce billet. J'espère que vous serez fort contente de lui, et que vous reconnaîtrez à ses empressements la proximité qu'il a avec moi.

Je regretterais bien l'abbé s'il n'était pas avec vous, mais en vérité ce serait lui vouloir bien du mal que de souhaiter qu'il vînt souvent ici; il y est comme une âme en purgatoire.

Pour moi, chère grand'maman, mon âme n'est pas si bien placée, elle a peu ou point d'espérance; votre petite-fille est bien triste, mais qui est-ce qui est véritablement gai et content? Je ne sache que deux personnes, madame de Caraman et madame de Beauvau, celle-ci par le contentement qu'elle a d'elle-même, et l'autre par celui de tout ce qui l'environne, de son mari et de ses enfants qu'elle aime passionnément et dont elle est aimée de même. Y a-t-il un plus grand bien?

Avez-vous le poëme du *Bonheur?* Je ne peux me résoudre à le lire, mais j'ai lu la préface. A l'excès de louanges qu'on lui prodigue, je juge qu'elle est de Saint-Lambert, quoiqu'on l'attribue à feu Duclos.

Il n'y a pas ici la plus petite nouvelle. Je vois plus de monde depuis le retour de Compiègne, mais je ne m'en divertis pas davantage. La société présente est un commerce d'ennui; on le donne, on le reçoit, ainsi se passe la vie. Jamais je ne me désisterai de trouver que c'est un grand mal de l'avoir reçue, convenant en même temps que c'en est aussi un fort grand de savoir qu'on la perdra.

Voilà une lettre détestable, vous ne serez certainement pas tentée de la montrer au grand-papa : il me désavouerait pour sa petite-fille. Je conviens que je ne suis pas digne de l'être. Ne devrais-je pas penser de même pour vous? n'ai-je pas tort de mon trop de confiance? Pardonnez-la-moi, chère grand'maman, et aimez toujours un peu votre petite-fille, c'est l'unique bonheur de sa vie.

LETTRE CCCLXXXI

DE L'ABBÉ BARTHÉLEMY A MADAME DU DEFFAND

Chanteloup, 1er septembre 1772.

Je vous aurais écrit le lendemain de mon arrivée si j'avais su présumer que ma lettre vous serait agréable; mais je vous avoue que notre dernière entrevue m'avait serré le cœur et l'esprit. Je m'en suis occupé pendant tout le voyage, et à mon arrivée, le grand-papa et la grand'maman ayant montré beaucoup d'empressement à savoir de vos nouvelles, je n'ai pu leur répondre autre chose si ce n'est que vous m'aviez congédié, et ils se sont moqués de moi. Votre silence confirmait mes craintes. Votre lettre du 29 ne m'a été remise que hier au soir, vingt-quatre heures plus tard qu'à l'ordinaire. Permettez-moi d'y répondre avec franchise et vérité. Je ne me suis jamais fait un mérite de mes attentions, et je ne suis pas assez fat pour les regarder comme des complaisances. Mais j'ai senti le prix de vos bontés mieux peut-être que personne au monde, et j'ai tâché d'en mériter la continuation. Quand je vais à Saint-Joseph, ce n'est ni pour vous ni pour personne autre. C'est uniquement pour moi. Je regarde comme un très-grand bienfait la permission que vous me donnez de multiplier les occasions de vous faire ma cour. Je ne compte point les moments que je passe auprès de vous, mais ceux que je ne puis pas y passer. Cette disposition, qui ne saurait me rendre criminel, me rendrait malheureux, si une servitude de choix et de sentiment devenait une servitude contrainte et involontaire. La grand'maman elle-même ne m'a jamais imposé aucun joug, et m'a toujours laissé l'illusion d'une liberté dont je fais volontiers le sacrifice quand on ne l'exige pas. J'ai cru devoir entrer dans ces détails pour écarter à jamais les occasions de vous plaindre de moi, ou de me plaindre de vous. Daignez vous en rapporter à mon respect, à ma reconnaissance, à tous mes sentiments; ils suffiront toujours pour animer mes démarches et justifier ma conduite.

J'ai trouvé la grand'maman un peu maigrie. Elle a par intervalles des maux d'estomac et des insomnies. Mais je suis très-content de la situation de son âme, qui est toujours également tranquille. Elle m'a fait mille questions sur vous et vous aime plus que jamais. Le grand-papa est allé à la chasse du sanglier avec M. de Boufflers. Il est parti ce matin six personnes à la fois : M. et madame d'Invault, M. Trudaine, M. de Vaudreuil, M. le chevalier de Chastellux et quelqu'un que vous ne connaissez pas. Madame la princesse de Poix doit partir un de ces jours. Il reste peu de monde, et ce n'est pas un mal; mais ce serait un grand bien si vous y étiez.

LETTRE CCCLXXXII

DE MADAME DU DEFFAND A L'ABBÉ BARTHÉLEMY

Ce vendredi, 4 septembre 1772.

Je réponds sur-le-champ à votre lettre du 1er de ce mois, mais vous ne la recevrez que dimanche au soir parce qu'elle ne sera mise à la poste que demain.

On ne peut rien dire de plus obligeant, de plus tendre, qui ait plus l'air de la vérité, que ce que contient le préambule de votre lettre; j'appelle ainsi la première page, parce qu'elle amène une leçon que je ne trouverais pas trop sévère si je l'avais méritée; mais mettez la main sur la conscience et dites, si vous l'osez, que j'ai jamais rien exigé de vous, à moins que l'empressement et le désir de vous voir ne vous paraissent tyrannie. Nous étions convenus la surveille de votre départ, que vous viendriez chez moi le lendemain à cinq heures, parce que je devais partir à six pour aller à la campagne; vous arrivâtes comme j'allais monter en carrosse. Je ne pouvais faire attendre la personne qui me menait, qu'en la faisant monter chez moi; elle m'aurait empêchée de vous raconter mon souper de la veille, et c'était ce que je voulais vous dire. Je vous reçus très-mal; non que je sois tyrannique, mais parce que je suis fort colère, et que je l'étais dans ce moment au plus haut degré, de ce que vous me faisiez perdre le seul instant que j'avais à vous voir et à causer avec vous. Voilà qui est bien expliqué, ne m'imputez donc plus un défaut que je n'ai point et qui serait plus impertinent et plus ridicule en moi qu'en tout autre, celui d'être exigeante[1].

Je suis fâchée que la grand'maman soit maigrie, qu'elle ait

---

1. Il faut convenir qu'elle se connaissait bien mal à cet égard. Du reste, c'est la seule fois que l'abbé Barthélemy s'en soit montré blessé et lui en ait fait le reproche.

à se plaindre de son estomac et que ses nuits ne soient pas toujours bonnes. Vous ne dites rien de sa poitrine, c'est la partie la plus essentielle, l'estomac se raccommode aisément. Je juge, par le calme où vous me dites qu'est son âme, qu'elle n'a point de vapeurs. Je l'en félicite, ce mal est le plus grand de tous ; il n'y a que les plus excessives douleurs qui puissent être mises à côté. J'ai reçu une lettre de cette grand'maman, qui entre dans de grandes discussions sur le mariage du chevalier de Beauvau ; aurait-on mieux aimé qu'il épousât une fille d'Opéra ou celle qu'a pensé épouser M. de M***, et dont sa famille l'a garanti ? *La bride selon le cheval*, n'est-ce pas un proverbe ? Si ce n'en est pas un, qu'il le devienne, en voilà l'occasion ; et puis et puis si on avait voulu l'empêcher, on l'aurait pu ; et puis et puis je ne sais pourquoi j'en parle ; et puis et puis la grand'-maman, qui se fonde en raison, ne s'en soucie pas plus que moi.

Madame de Merle perdit hier son procès. Vous savez les nouvelles de Suède, notre bon ami Creutz m'en paraît consterné.

On a fait à Sèvres un médaillon en biscuit dont tout le monde est charmé : c'est d'Henri IV ; voulez-vous que je vous l'envoie ?

Adieu, l'abbé, que la paix soit à jamais entre nous. Je ne serai contente que quand il y aura dans une de vos lettres ou celles de la grand'maman, quatre mots de la main du grand-papa. Je n'en veux ni plus ni moins que quatre. Tout ce qu'on me dira de sa part ne me prouvera rien s'il se refuse à les écrire. Il faut de plus qu'ils soient tels que je les désire, et pour aider son imagination, les trois derniers doivent être *la petite-fille*. Je serai bien fâchée s'il ne trouve pas le premier.

Errata. — A la première ligne de la troisième page : *m'en paraît consterné*, lisez : *fort occupé*. Je le suis aussi par rapport à M. votre neveu.

P. S. Cette lettre n'a pu être à temps samedi à la poste,

elle ne partira que le dimanche à midi. Wiart[1] demande pardon à M. l'abbé de ce qu'il ne la recevra que lundi au soir. Il le supplie de n'en rien dire. Cela n'arrivera plus.

LETTRE CCCLXXXIII

DE LA DUCHESSE DE CHOISEUL A MADAME DU DEFFAND

A Chanteloup, ce 5 septembre 1772.

J'ai vu arriver monseigneur de Toulouse et votre lettre, ma chère petite-fille, avec bien du plaisir ; il n'était désiré, attendu, reçu avec plus d'empressement d'aucun des maîtres du château plus que de moi. Je souhaite qu'il se plaise ici, que nous puissions l'y retenir quelque temps ; qu'il soit content de nous, qu'il le soit de moi en particulier. Je ne puis pourtant me flatter que j'aie aucune part à son voyage. Je n'ai pas encore trouvé le moment de lui exprimer la reconnaissance que j'ai de ses procédés pour M. Choiseul, et de la bonté qu'il a de s'occuper des affaires qui l'intéressent. Car quoique je n'aie pas la fatuité de m'approprier les services, il est certaines gens vis-à-vis desquels j'aime à me charger de la reconnaissance, et monseigneur de Toulouse est de ce nombre. La lettre qu'il m'a remise de vous m'aurait fait peur par sa tristesse, s'il ne m'eût aussitôt rassurée sur votre santé. J'ai pensé dire : Ah ! elle n'est que l'effet de l'ennui ; comme si l'ennui n'était pas le pire des maux, mais au moins il n'est pas de nature à inquiéter l'amitié. Vous demandez, ma chère petite-fille, qui est-ce qui est heureux ? Si on en jugeait par les apparences, on répondrait : Tout le monde. Je ne vois que des visages riants ; je n'entends que des chants, la gaieté m'environne, elle semble l'expression du bonheur. Je ne suis pas si gaie, et cependant je ne m'en

1. C'est d'après ce *post-scriptum*, où Wiart donne lui-même l'orthographe de son nom, qu'on a rétabli le double W partout où les premiers éditeurs avaient mis un V.

crois pas moins heureuse. La gaieté, même la plus soutenue, ne me paraît qu'un accident ; le bonheur est le fruit de la raison, c'est un état tranquille, permanent, qui n'a ni transport ni éclats, peut-être est-ce le sommeil de l'âme, la mort, le néant. Je n'en sais rien, mais je sais que tout cela n'est pas triste, quoiqu'on y attache des idées lugubres.

Je connais cependant deux personnes parfaitement heureuses et dont le bonheur est différent de celui-là et différent entre eux : c'est M. de Choiseul et madame de Gramont. Celui-ci est heureux par le passé, par le présent et par son caractère ; celle-là est heureuse par l'oubli du passé, par l'imprévision de l'avenir[1], par la jouissance de tous les moments qui sont tous également bons pour elle. Vous dites que vous ne connaissez que deux personnes dans le monde qui soient parfaitement gaies et contentes, madame de Caraman et madame de Beauvau ; je crois que la première est contente parce qu'elle est environnée d'objets de satisfaction que sa raison approuve et sur lesquels son sentiment se repose ; pour l'autre, je crois qu'elle n'est que gaie, et sa gaieté tient moins encore à la manière plaisante dont les objets se peignent à son imagination qu'au prodigieux mouvement de son âme. Mais si sa vanité lui procure des triomphes, elle doit lui occasionner des mécomptes, et rien n'est plus opposé au bonheur et au contentement que les mécomptes. Qui serait plus heureuse que vous, ma chère petite-fille, si vous ne vous ennuyiez pas ? vous n'avez pas de prétentions et vous avez des amis, mais croyez que vous n'en n'avez pas dont vous soyez plus tendrement aimée que de moi.

---

1. Elle aurait sans doute été moins heureuse si elle avait su quel serait cet avenir, et que l'échafaud l'attendait !

LETTRE CCCLXXXIV

DE LA DUCHESSE DE CHOISEUL A MADAME DU DEFFAND

A Chanteloup, ce 6 septembre 1772.

Il me semble, ma chère petite-fille, que je ne puis pas décemment ne point vous écrire par monseigneur de Toulouse, qui a eu la bonté de m'apporter une lettre de vous, et mon sentiment se trouve fort d'accord avec la décence dans cette occasion; mais mon esprit n'y est pas, je n'ai rien à dire, je ne dirai donc rien, car je ne pourrais faire qu'une lettre plate et ennuyeuse.

Au désir que je vous ai marqué dernièrement de garder un peu de temps monseigneur de Toulouse, vous pouvez juger du regret que j'ai de le voir partir si vite; il nous a promis de revenir cet hiver et de nous donner plus de temps; j'espère qu'alors je le verrai mieux, car je ne l'ai point vu dans ce voyage. Peut-être ne se doute-t-il pas que je sois digne de le voir et de l'entendre, vous devriez l'en aviser; pourquoi pas moi comme tant d'autres? Il a cependant eu la complaisance de me venir parler de mes affaires, c'est une politesse qu'il m'a faite, il ne manque à rien; mais c'est justement en ne manquant à rien qu'on peut manquer à tout; mes affaires ne m'intéressent guère (il ne faut pas dire cela), et cependant je lui en ai parlé avec intérêt, pour avoir l'air de l'intérêt en lui parlant. Assez malheureuse, comme vous savez, pour avoir des affaires ecclésiastiques, j'ai été assez heureuse pour qu'elles lui fussent toutes renvoyées; son adresse et sa bonté les termineront sûrement à ma satisfaction. Ainsi à cet égard tout est pour le mieux.

L'abbé prétend qu'il n'est réellement pas bien avec vous, que vous ne lui écrivez pas; le pauvre abbé est véritablement inquiet. Allons, ma petite-fille, un peu de douceur; accordez la pardon des péchés; ne faites pas souffrir plus longtemps un ami, et ne vous refroidissez jamais pour votre grand'maman qui vous aime de tout son cœur.

LETTRE CCCLXXXV

DE MADAME DU DEFFAND A LA DUCHESSE DE CHOISEUL

Ce 7 septembre.

J'ai reçu ce matin, chère grand'maman, votre lettre du 5. Vous ne me parlez jamais de votre santé. Vous n'êtes occupée qu'à me convaincre de votre bonheur. Ah! je n'en doute pas! vous jouissez de tout ce qui peut rendre heureux, et s'il y manquait quelque chose, votre raison y suppléerait.

Quand vous recevrez cette lettre, l'archevêque[1] ne sera plus avec vous. Je l'ai accompagné en esprit dans son séjour à Chanteloup. Je l'ai vu avec vous, avec le grand-papa, avec madame de Grammont et avec l'abbé. Il a bien rempli tous ses devoirs; il a eu de la gaieté, peu de conversation générale, quelquefois un peu d'embarras, mais toujours de l'agrément.

J'irai demain, s'il fait beau, à Roissy avec madame de Beauvau. Ainsi, je me trouverai entre les deux personnes que je prétends être le plus heureuses, l'une par le contentement qu'elle a d'elle-même et l'autre par celui qu'elle reçoit de tout ce qui l'environne. Je doute que l'amour-propre de la première lui cause jamais le plus petit chagrin. Cet amour-propre est cuirassé; elle ne respire que gloire et hommage, elle vit de nectar et d'ambroisie, ne respire que l'encens. Elle dédaigne trop ceux qui ne l'adorent pas, pour pouvoir jamais être offensée de leur indifférence. Elle est parfaitement heureuse, elle doit son

---

1. De Toulouse, depuis le cardinal de Loménie.

bonheur à son caractère, et comme il est très-bon, il lui attire l'estime de ceux qui la connaissent [1].

Je ne vous parlerai pas du grand événement de Suède. Ce sera l'unique objet des conversations pendant bien du temps. J'en ai eu beaucoup de joie par rapport au neveu de l'abbé, et aussi par rapport à M. de Creutz, qui aurait été le plus malheureux des hommes si la chance eût tourné autrement.

Vous aurez bientôt, je crois, madame d'Enville. Je serai bien aise de la savoir auprès de vous et que vous la gardiez longtemps. Je ne vous crois pas beaucoup de monde à présent; j'en suis bien aise. Vous avez besoin de repos; le grand nombre vous fatigue; vous ne pouvez pas vous empêcher de faire des efforts. Votre amour-propre n'est pas du genre de celui de madame de Beauvau. Il vous fait vous oublier vous-même pour ne vous occuper que des autres. Le mien fait que je ne suis jamais contente de moi et que je me hais à la mort.

L'abbé vous a-t-il dit que j'attends notre baron au premier jour?

Le général Burgoyne est ici; je le dois voir cette après-dînée. Il me doit remettre une lettre pour vous. Par une qu'il m'écrivit hier je juge qu'il me demande la permission de vous aller trouver. Vous la lui accorderez, sans doute.

Adieu, chère grand'maman, j'aime beaucoup votre petite sainte. Sa belle-fille n'attend que le moment. Ce ménage est

---

1. Marie-Charlotte-Sylvie de Rohan-Chabot, née le 12 décembre 1729, marquise de Clermont-d'Amboise, veuve en 1761, épousa en deuxièmes noces. Le 14 mars 1764, le prince de Beauvau, maréchal de France, mort le 19 mai 1793. Son premier mari était veuf de mademoiselle de Fitz-James, fille du maréchal duc de Berwick; le second, de mademoiselle de la Tour-d'Auvergne, sœur du duc de Bouillon. Le duc de Lévis, dans ses *Souvenirs*, fait un portrait plein de charmes de la maréchale de Beauvau, aussi remarquable « par son esprit que par ses sentiments, ses principes. » « Elle a, disait madame du Deffand, l'ascendant sur tout ce qui l'environne; sa place dans le paradis sera à la tête des dominations. »

Le maréchal de Beauvau était devenu l'aîné de sa maison par la mort de trois frères; son père, le prince de Craon, avait eu vingt enfants, dont la marquise de Boufflers et le chevalier de Beauvau, depuis prince de Craon, qui a continué la famille.

heureux et aimable. Le fils de la petite sainte a de l'esprit et la gaieté de son âge. Il me plaît beaucoup.

D'Ussé est très-dangereusement malade; sa sœur l'a quitté pour aller trouver son évêque; il n'y a pas grand mal. Son absence lui évitera l'annonce des sacrements.

L'incomparable dit toujours qu'il vous ira trouver dans le courant de ce mois. Sa dame seule sait ce qui en sera.

LETTRE CCCLXXXVI

DE L'ABBÉ BARTHÉLEMY A MADAME DU DEFFAND

Chanteloup, 10 septembre 1772.

Je ne vous parlerai plus de ce qui s'est passé, il faut que je n'aie pas su m'expliquer; vous êtes tentée de prendre pour des prétentions de ma part de légères plaintes inspirées par le sentiment. Je me borne à vous faire ma profession de foi en deux mots. Vos bontés vous mettent en droit de tout exiger de moi, et ma reconnaissance m'a toujours porté et me portera toujours à vous rendre tout ce que je vous dois. Je n'ai jamais douté de ces bontés, pourquoi douteriez-vous de leur effet? Quand je vous fais ces protestations, croyez que la vérité est dans mon cœur ainsi que dans ma bouche, et que le moindre soupçon sur mon attachement me rendrait malheureux.

Je vous rends mille grâces de la relation que vous avez eu la bonté de m'envoyer. Cet événement fait honneur à la fermeté du roi de Suède. Je vous prie de dire à M. le comte de Creutz le tendre intérêt que je prends à sa satisfaction. Je ne lui écris pas de peur de l'importuner, mais vous voudrez bien lui dire ce que je ne pourrais lui exprimer qu'imparfaitement. Recevez mon compliment sur le prochain retour de notre cher baron. Ma joie serait entière si l'incertitude où il est de venir tout de suite à Paris ou à Lausanne ne me donnait de l'inquiétude sur sa santé. Ce n'est pas auprès de M. Tissot qu'il la rétablira, c'est auprès de vous et auprès de vos parents alternativement.

Vous m'affligez en m'apprenant que vous ne vous portez pas bien. J'avais été content de l'état où je vous avais trouvée, où je vous avais laissée. J'ai toujours plus redouté le mal physique que le moral, parce que le premier amène ou grossit le second, et que ce dernier ne fait pas la même impression sur une âme enfermée dans un corps sain et vigoureux. Quand on réfléchit sur tout cela, on est bien dégoûté de tous ces traités, de tous ces poëmes que des hommes communément fort tristes ont composés sur le bonheur. Mais il faut bien que les gens oisifs écrivent sur des réalités ou des chimères. A propos d'écritures, connaissez-vous trois volumes in-octavo qui ont paru depuis près d'un an, qu'on veut attribuer à M. de Voltaire et qui sont intitulés : *le Compère Mathieu*? Comme vous aimez l'érudition, la métaphysique et la théologie, je vous promets que votre goût sera satisfait. C'est un voyage de quatre ou cinq coquins qui se disent philosophes ; le compère Mathieu est visiblement Jean-Jacques. L'auteur, quel qu'il soit, a voulu imiter Rabelais. Dans certains endroits on croirait reconnaître en effet M. de Voltaire, mais ils sont clair-semés. Je l'ai lu, je ne l'ai pas dévoré, mais c'est lui qui m'a dévoré.

Croiriez-vous que la dispute s'est renouvelée l'autre jour au sujet du vers :

Et rendez-lui ses droits usurpés par l'amour !

M. de l'Isle l'a défendu avec la même force de paroles que la première fois. Tout le monde s'est rangé de son côté, excepté la grand'maman et moi. Nous avons dit à M. de l'Isle une chose qui est très-vraie : c'est que, dans une pareille circonstance, il n'aurait pas employé un pareil vers. N'êtes-vous pas de cet avis? Je ne vous rappelle cette misère que pour ajouter qu'on n'a pas manqué cette occasion de parler de votre esprit, de votre goût, etc., etc., et qu'il n'y a pas eu de partage d'opinion.

Le G. P. écrira le premier mot. Si son esprit ne le devinait pas, son cœur le devinerait sur-le-champ. Depuis que j'ai reçu votre lettre, je n'ai pu trouver un instant pour le joindre. Ce sera pour la première occasion. La grand'maman ne vit plus que d'indigestions qui ne sont pas méritées. Je suis persuadé qu'elle aurait prévenu ce dérangement d'estomac si, comme les autres années, elle était souvent montée à cheval. Le temps est à présent très-mauvais, et voilà ce qui résulte de la paresse. Elle est cependant assez bien et assez gaie, surtout quand elle reçoit de vos nouvelles.

Ma lettre vous ennuiera. J'ai eu cependant du plaisir à vous écrire, et je n'en ai pas moins à vous protester que je vous aime plus que jamais.

LETTRE CCCLXXXVII

DE MADAME DU DEFFAND A L'ABBÉ BARTHÉLEMY

Mardi, 15 septembre 1772.

Je ne suis pas fâchée contre vous, je ne l'ai point été, je ne le serai jamais. Je ne vous aimerais pas autant que je fais si je doutais de votre amitié. C'est M. votre neveu [1] qui a écrit la relation. M. de Creutz n'en doute point. Cet événement est fort heureux pour lui; il comble de gloire le roi de Suède. M. d'Eisestein lui a écrit une lettre que madame de Beauvau ne manquera pas d'envoyer à madame de Grammont. Le baron de Liéven, qui a apporté la nouvelle, n'a cessé de me prier de dire à la grand'maman qu'il conserve la plus parfaite recon-

---

1. Ce neveu, dont il a déjà été fait mention, et qui fut successivement secrétaire d'ambassade à Stockholm, à Vienne et à Londres, est celui qu'on a vu depuis directeur sous la République, sénateur sous l'Empire, pair sous la Restauration, et jouissant justement de l'estime publique dans ces différentes fonctions.

naissance de ses bontés; qu'il donnerait toutes choses au monde pour pouvoir lui marquer son respect, son attachement, etc.

Notre baron est ici depuis cinq ou six jours, plus malade, plus vaporeux que jamais. Je suis ravie de le revoir. Il a la plus grande impatience de rendre ses hommages au grand-papa et à la grand'maman et de vous embrasser. Dès que ses affaires et sa santé le lui permettront, il partira.

Adieu, l'abbé, une autre fois je causerai plus longtemps avec vous.

LETTRE CCCLXXXVIII

DE MADAME DU DEFFAND A LA DUCHESSE DE CHOISEUL

Ce 16 septembre 1772.

Je me reprocherais, chère grand'maman, de laisser passer une occasion de vous écrire sans en faire usage. C'est peut-être tant pis pour vous, je suis extrêmement stérile, je n'ai jamais rien à vous apprendre, vous savez tout de la première main, et aujourd'hui, excepté la Suède, il me semble qu'il n'y a rien de nouveau.

Je ne doute pas que vous n'ayez vu la lettre de M. d'Eisestein qu'il a envoyée à madame Geoffrin pour qu'elle la rendît publique. Cette lettre ne me paraît pas claire. *Il reporte*, dit-il, *son hommage; il le peut en bonne conscience.* (Hommage est-il l'équivalent de serment?) *Dans la lettre que le roi lui a écrite il ne lui donne d'autres motifs que de rétablir la constitution de Gustave-Adolphe, adaptée au temps présent. Ce pouvait être celle de Charles XI, ce qui lui a fait prendre le parti qu'il a pris. Il ne lui reste plus qu'un second parti, qui est de remettre ses emplois.*

Pourquoi ne lui reste-t-il que ce second parti? il persiste donc dans le premier, et c'est apparemment parce qu'il a du regret d'être forcé à n'en pas prendre d'autres que *la plume lui tombe des mains.* Quel est votre sentiment, chère grand'maman? Je vous envoie cette lettre quoique je sois persuadée que vous l'avez.

Le baron de Liéven qui a apporté la nouvelle est très-aimable, il vous aime passionnément, il dit avoir reçu de vous mille marques de bonté, il donnerait toutes choses au monde pour vous voir; il m'a fait répéter cent fois que je vous parlerais de son respect, attachement, etc. Il sera parti quand je recevrai votre réponse. Le bon ami Creutz vous est toujours fort attaché, il est dans la béatitude éternelle.

Les Beauvau sont partis pour la Ferté aujourd'hui, ils en reviennent samedi ou dimanche, ils iront ensuite au Raincy et puis à l'Ile-Adam, où sont actuellement mesdames de Luxembourg et de Lauzun, et puis à Fontainebleau vers le 10 ou le 12 octobre.

M. de Toulouse est très-content de son voyage, il a le projet d'en faire un plus long au mois de février.

J'ai mandé à l'abbé le retour du baron, je ne doute pas que vous ne le voyiez incessamment; il en a un grand désir. Sa santé est toujours mauvaise; il n'est pas décidé au parti qu'il prendra, mais il restera en France au moins jusqu'à Pâques. Sa fortune, quoique médiocre, peut lui permettre d'y rester toujours, mais l'Italie a pour lui bien des charmes.

La petite sainte se porte beaucoup mieux. Sa belle-fille n'était point encore accouchée hier, depuis quinze jours elle n'attend que le moment. D'Ussé n'attend que celui de la mort; elle sera pour lui un bien, car il souffre beaucoup.

Je ne vois pas de fois madame de Caraman qu'elle ne me demande de vos nouvelles et qu'elle ne me fasse promettre de vous parler de son attachement. Je ne vous dirai rien du mien, chère grand'maman, vous savez qu'il est immuable, sans pouvoir augmenter ni diminuer.

LETTRE CCCLXXXIX

DU DUC DE CHOISEUL A MADAME DU DEFFAND

19 septembre 1772.

Je ne croyais pas qu'il fût nécessaire d'écrire des sentiments aussi anciens et aussi véritables que les miens pour en persuader ma petite-fille ; madame de Choiseul, qui a oublié deux mois de me dire que vous désiriez un billet doux de ma part, vient, à mon lever, comme je sors de mon lit, me proposer d'écrire que j'aime ma petite-fille de tout mon cœur ; oui, c'est de tout mon cœur, c'est ma première pensée, et je la prie de croire qu'elle sera toujours la même.

DE LA DUCHESSE DE CHOISEUL

Les voilà, ma chère petite-fille, ces douces paroles que vous avez eu la bonté de désirer ; vous voyez que c'est ma faute si vous ne les avez pas eues plus tôt, on ne demandait pas mieux de vous les écrire ; je n'y ajouterai rien, je ne pourrais que les affaiblir ; mais il faut pourtant que vous sachiez, malgré ma discrétion, que ma tendresse pour vous ne le cède en rien à celle que le grand-papa vous a vouée depuis si longtemps, et qu'ainsi que la sienne, la mienne s'accroît chaque jour ; c'est le propre du sentiment véritable, de ne point connaître de bornes.

LETTRE CCCXC

DE MADAME DU DEFFAND A LA DUCHESSE DE CHOISEUL

Paris, le 21 septembre 1772.

Je vous félicite, chère grand'maman, de la visite du général Burgoyne ; je suis bien de votre avis sur tout le bien que vous m'avez dit de lui ; je voudrais que vous le gardassiez longtemps et que vous réunissiez souvent de pareilles visites. Il parle de vous comme tout l'univers, il connaît ce que vous valez comme les gens d'esprit et de goût, et il vous aime à la manière de l'abbé et de moi. Plus je vis, chère grand'maman, plus je trouve qu'il n'y a de bonne société que celle des gens pour qui l'on a du penchant et qui en ont pour nous ; tout le reste me semble des spectacles froids et sans intérêt. Heureusement il n'y en a point de cette sorte à Chanteloup ; leur théâtre est sans doute à la cour, mais il en est aussi à la ville, j'en puis répondre ; mon tonneau est ma loge, j'applaudis rarement, parfois je siffle et très-fréquemment je bâille. Je suis occupée présentement des événements de la Suède. En êtes-vous contente? Le début de ce roi donne-t-il prise à la critique? Prudence, activité, humanité, pouvaient-elles être poussées plus loin? Il vient d'abolir les tortures. Je vous envoie la lettre de M. Scheffer au comte de Creutz. Voltaire vient de lui envoyer une grande pancarte de vers à la louange de son roi. Je l'ai trouvée trop longue et pas assez piquante pour la faire copier. Je n'entends plus parler de lui depuis ma dernière lettre ; l'abbé voulait vous la porter et l'a oubliée ; il me boude. C'est Voltaire, car pour l'abbé cela ne peut être, cela ne sera jamais.

Les Beauvau reviennent aujourd'hui de La Ferté. Je suis infiniment contente du prince, et j'ai lieu de le croire véritablement mon ami.

Votre incomparable dit qu'il ira vous trouver les premiers jours d'octobre ; nous verrons, mais j'en doute.

Je vous écris de ma propre main, c'est l'usage que je fais de mon insomnie. Wiart copiera mon griffonnage pendant le temps de mon sommeil, si je puis en espérer.

Adieu, chère grand'maman, vous me tenez lieu de tout ; vous êtes toute ma famille, tout mon plaisir et tout mon bien. Faites, je vous en supplie, une petite amitié pour moi à l'abbé.

LETTRE CCCXCI

DU COMTE DE SCHEFFER AU COMTE DE CREUTZ.

(Incluse dans la précédente.)

Stockholm, 28 août 1772.

Tout va à merveille, mon cher comte. Ce qui met le comble à notre bonheur, ce sont les nouvelles qui nous viennent de la joie de toutes les provinces. Le peuple ne se plaint que de ce que le roi n'a pas gardé le pouvoir absolu, tant il craint encore tout ce qui pourrait le rejeter de nouveau dans l'affreuse anarchie d'où nous venons de sortir. Le roi est tellement adoré qu'il ne peut plus se montrer sans qu'on entende des cris d'allégresse qui retentissent jusqu'aux nues. Lorsqu'il va à cheval dans les rues, le peuple se bat pour approcher de lui et pour baiser ses bottes; enfin il est regardé à la lettre comme une divinité sur la terre[1] et je dis hardiment malheur à celui qui attaquera la Suède tant que les Suédois auront Gustave III à leur tête.

Une action à jamais mémorable, que vient de faire cet incomparable monarque, c'est la destruction de ce lieu détestable qu'on nomme ici Rosen-Lammern. Vous savez que c'était là qu'on mettait à la torture les grands criminels, surtout les grands criminels d'État.

Le roi, dans son travail d'hier avec le chancelier de la justice, lui reprocha l'usage qu'on avait permis des tortures dans un temps où la nation prétendait cependant être libre, et lui fit voir, par conséquent, combien elle avait peu connu la vraie liberté. A présent, ajouta le roi, elle jouira de ses avantages, et je veux que les tortures soient abolies à jamais. J'ordonne même que le lieu qui y était destiné sera détruit, afin

---

1. Mort assassiné dans la nuit du 15 mars 1792.

qu'il n'en reste pas le moindre souvenir. Je me hâte, mon cher comte, de vous instruire d'une chose si consolante pour l'humanité, si glorieuse pour la nation qui en donne l'exemple.

LETTRE CCCXCII

DE L'ABBÉ BARTHÉLEMY A MADAME DU DEFFAND

24 septembre 1772.

M. le général Burgoyne part ce soir. Il n'a passé que trois jours ici. La grand'maman a été ravie de le voir et très-fâchée de le perdre. Elle se porte mieux depuis quelques jours. Sa principale occupation à présent est de prendre des leçons de clavecin. Balbatre est ici depuis quinze jours, il est venu avec son piano-forté organisé. C'est le plus joli instrument du monde, surtout lorsqu'il en joue.

M. et madame de Chabot sont partis aujourd'hui; demain madame la duchesse d'Enville et M. le duc de La Rochefoucauld. Il restera encore beaucoup de monde, et l'on attend l'univers entier dans les mois d'octobre et de novembre. Savez-vous qui doit venir dans ce temps-là? Madame la comtesse de Boufflers. J'entends parler de ses perfections, de ses vertus et de la sublimité de son esprit. Je fais réellement un cours d'esprit et de vertu. Tout cela passe devant mes yeux comme les petits marmousets qu'on voit dans la lanterne magique; la comparaison n'est pas tout à fait juste et demande des exceptions.

Une grande nouvelle pour Chanteloup! Il est arrivé hier quinze vaches suisses; elles sont du canton d'Underwald; elles sont de *l'Hermitage*, d'un lieu d'où il n'en sort jamais. Le grand-papa alla au-devant d'elles; nous y avions été la veille, et nos espérances furent trompées; elles couchèrent à deux lieues d'ici. Ceux qui les conduisaient arrivèrent hier matin, chantant des chansons suisses pleines de finesse et de goût. Les soixante-dix vaches qui étaient dans l'écurie les accueillirent avec des mugissements pleins de la plus douce harmonie. Elles reçurent des visites toute la journée. On les fera peut-être promener aujourd'hui devant le salon pour les montrer aux dames. Le grand Christophe, depuis cette augmentation de sujets, croit valoir quinze fois plus qu'il ne valait, et que sa nation vaut quinze fois les autres. Je voudrais avoir leur poitrine, celle des anciennes vaches, celle des taureaux et des veaux, pour faire entendre ma voix à Saint-Joseph, et vous dire hautement, doucement et tendrement combien je vous aime.

LETTRE CCCXCIII

DE LA DUCHESSE DE CHOISEUL A MADAME DU DEFFAND

A Chanteloup, ce 25 septembre 1772.

Vous m'avez fait un honneur infini, ma chère petite-fille, en m'envoyant les lettres des comtes d'Eisestein et de Scheffer; personne ne les connaissait ici; j'ai été entourée, recherchée, écoutée, elles m'ont donné une grande considération. Et c'était à vous que je devais tout mon mérite. Je ne comprends pas plus que vous la lettre du comte d'Eisestein; le commencement a l'air d'une belle chose et la fin est un amphigouri; il a voulu se donner l'honneur de la résistance; quand on n'a pas celui du triomphe, on se console par la gloire de résister. Je n'entends guère mieux cette liberté que le roi de Suède a rendue à sa nation en se réservant à lui le droit de tout proposer, de tout faire, de tout empêcher. N'avez-vous pas ri comme moi de cette phrase du comte de Scheffer qui dit que le peuple ne se plaint que de ce que le roi n'ait pas gardé le pouvoir absolu? Pauvre peuple! comme on le fait parler partout, ou comme on l'interprète! Quelle plate lettre, que cette lettre! quel faux et froid enthousiasme, quelle basse adulation! Oh! oui, je crois bien que le comte de Creutz est enchanté parce qu'il se croit bien aise, mais je voudrais demander à tous ceux qui aiment tant le pouvoir absolu, s'ils ont parole d'y avoir part comme ils l'ont à la liberté publique, et s'ils ont sûreté de garder celle que le hasard leur y donnerait. Cependant en supprimant mes réflexions aux Suédois, faites de ma part au comte de Creutz tous les compliments que la circonstance exige. Rendez à M. de Liéven tous ceux dont il vous a chargée pour moi et cachez-lui soigneusement que je n'ai nul souvenir de sa personne.

Je suis charmée que notre pauvre baron soit à Paris. Je suis très-fâchée qu'il y soit malade. J'ai le plus grand désir de le voir, vous ne pouvez pas lui dire trop de tendresses de ma part.

Dites, je vous prie, à madame de Caraman combien je suis sensible à son souvenir.

Vous m'annoncez toujours votre incomparable et il n'arrive pas; je ne me lasse pas de l'attendre, il ne me blasera pas sur le plaisir de le voir et s'il m'en prive entièrement, je ne l'aimerai pas moins, car il m'est prouvé qu'il n'y a d'autre parti à prendre avec lui que de le prendre comme il est.

Je suis bien aise que vous aimiez mon général Burgoyne, c'est le meilleur et le plus honnête homme du monde, ce n'est peut-être pas le plus saillant pour les agréments de la société, mais il doit vous plaire parce que c'est un des plus raisonnables; parlez-lui beaucoup de moi, et dites-lui combien nous sommes touchés du voyage qu'il a fait ici pour nous voir, et combien vous m'avez entendue parler de ma tendresse pour sa femme.

Ne me laissez point oublier de M. l'archevêque de Toulouse; M. de Choiseul me lit à l'instant une lettre de lui, par laquelle il mande qu'il a fini l'affaire de notre chapitre, c'est un très-grand service qu'il nous a rendu et il l'a arrangé de la façon qui nous convenait le mieux à tous égards; je charge M. de Choiseul de le remercier pour moi pour lui éviter l'importunité d'une lettre, mais je vous prie de lui marquer encore ma sensible reconnaissance. Je suis enchantée qu'il se prépare à nous donner plus de temps cet hiver qu'il ne nous en a accordé cet été, assurez-le bien que je ne serai pas celle qui jouira le moins du bonheur que nous procurera sa présence. M. de Choiseul vous embrasse bien tendrement, et moi, ma petite-fille, je vous aime de tout mon cœur.

LETTRE CCCXCIV

DE MADAME DU DEFFAND A LA DUCHESSE DE CHOISEUL

Ce dimanche, 27 septembre 1772,
à 6 heures du matin.

J'appris hier à minuit qu'il partait aujourd'hui à midi quelqu'un pour Chanteloup. Je serais bien fâchée qu'il ne vous portât pas un billet de votre petite-fille; j'ai été charmée, chère grand'maman, de celui du grand-papa, remettez-lui, je vous supplie, ma réponse et mandez-m'en le succès.

Je causai hier une heure tête à tête avec la petite sainte; nous parlâmes toujours de vous et nous convînmes que nous nous aimions en vous, par vous et pour vous; si nous avions eu l'abbé, au lieu d'un duo ç'aurait été un trio; mais non pas de ceux où les paroles sont différentes. Cette petite sainte se porte assez bien, sa belle-fille comme le Pont-Neuf.

Quelle compagnie avez-vous à présent? Si c'est madame d'Enville, daignez lui dire un mot de moi. Je compte que le général Burgoyne répondra à toutes mes questions; je lui en ferai sans nombre. J'espère qu'il m'apportera un petit billet de vous et une grande lettre de l'abbé; je vais lui écrire un mot.

Adieu, chère grand'maman, je vais tâcher de dormir. Je voudrais que ce sylphe dont vous m'avez entendu parler prît votre forme et rendît mes nuits aussi agréables que mes journées le sont peu.

LETTRE CCCXCV

DE MADAME DU DEFFAND A L'ABBÉ BARTHELEMY

Ce dimanche, 27 septembre 1772,
à 7 heures du matin.

Je ne doute pas que le général Burgoyne ne m'apporte aujourd'hui ou demain une lettre de vous ; j'en ai besoin pour me mettre en train d'écrire ; ainsi, mon cher abbé, n'attendez jamais rien de moi qu'en réponse à ce que je recevrai de vous. Je n'entends plus parler de Voltaire, je ne m'en soucie guère. Je vous prie de me dire très-sincèrement comment mon billet au grand-papa aura réussi ; M. de l'Isle ne sera-t-il pas tenté d'y répondre?

Je n'entends point parler de M. du Bucq. J'aurais eu le temps de faire copier les cinq volumes in-folio depuis que je les ai entre les mains, mais indépendamment de la fidélité que l'on doit ils n'en valent pas la peine.

On m'a dit de belles anecdotes de la cour des Hottentots; Sa Majesté Hottentesse est devenue éprise de son maître à danser. Et le premier magistrat de cet empire, voulant faire ajuster sa cabane, et n'ayant pas de fonds pour cela, a donné un repas aux maçons, manœuvres et charpentiers, espérant qu'ils se contenteraient de cette affabilité. C'est un charmant pays ; l'égalité y est établie, comme vous voyez.

Adieu, l'abbé, quand je vous écrirai en réponse, cela ira mieux.

Je vous adresse mon paquet, distribuez mes lettres et mes compliments. Dites quelquefois un mot de moi à madame de Grammont ; je voudrais qu'elle me conservât un peu de bonté.

LETTRE CCCXCVI

DE LA DUCHESSE DE CHOISEUL A MADAME DU DEFFAND

A Chanteloup, ce 29 septembre 1772.

Eh! mon Dieu! j'allais écrire une grande lettre à ma chère petite-fille! J'allais donner carrière à mon imagination et à mes sentiments; et voilà le cardinal de Rohan[1] qui arrive. Je l'ai établi dans un fauteuil dans le salon; il est impotent; il faut que j'aille le rejoindre. M. de Choiseul m'en fait presser. Je me coiffe, on m'étourdit, on me tiraille, on me désespère.

M. de Choiseul se vante d'avoir reçu un billet charmant de vous, la parodie de :

« *Et rendez-lui ses droits usurpés par l'amour.* »

Il m'a promis de me le montrer. Je vous en parlerai une autre fois, je ne puis que vous embrasser aujourd'hui, ma chère petite-fille; mais je vous embrasse tendrement.

LETTRE CCCXCVII

DE L'ABBÉ BARTHÉLEMY A MADAME DU DEFFAND

29 septembre 1772.

Le quatrain a eu le plus grand succès. Le grand-papa et la grand'maman en ont ri de tout leur cœur, et l'ont trouvé charmant. M. de l'Isle vous en parlera; il s'en va, je ne sais où, ni pourquoi, ni pour combien de temps. Il vous instruira du flux et reflux du monde qui passe sans cesse sous nos yeux. C'est un théâtre mobile. Je m'y regarde comme une statue de carton, placée à demeure dans un des coins. Cette statue, qui ne

---

1. Le prince Louis-Constantin de Rohan, cardinal-évêque de Strasbourg, né le 24 mai 1697.

pense guère plus que celles de bronze et de marbre, a pourtant imaginé un projet qui lui plaît infiniment. C'est d'écrire la gazette du jour, et de vous l'envoyer à chaque occasion. Je vous nommerai ceux qui vont et viennent. Avant-hier matin, par exemple, il arriva quinze vaches suisses; le lendemain il arriva un tel ou une telle. Cette variété d'espèces en jettera dans le style. L'auteur attend que le lecteur éclairé voudra bien lui donner des avis sur l'exécution de son projet. Il le remercie de l'histoire des Hottentots dont il avait déjà quelque notion.

LETTRE CCCXCVIII

DE MADAME DU DEFFAND A LA DUCHESSE DE CHOISEUL

Ce 1er octobre 1772.

Tout le monde est envolé! Monseigneur de Toulouse est à Brienne, il est peut-être déjà parti pour Toulouse; les premiers jours de novembre il sera à Montpellier pour les États. Je lui écrirai exprès pour lui apprendre que vous êtes contente de lui. Je ne reverrai plus les Caraman de longtemps; le mari part pour le Languedoc et la femme va à Bruxelles; je m'accommode infiniment de leur société; je leur ai, cet été, rendu visite presque toutes les semaines; je suis persuadée que vous vous accommoderiez fort de madame de Caraman, et elle serait enchantée de vivre avec vous.

Vous aurez enfin l'incomparable, on n'en peut plus douter; il part aujourd'hui, il va d'abord chez M. de Jaucourt et puis chez M. de La Vrillière; vous l'aurez dans le courant de la semaine prochaine et vous le garderez jusqu'à la Toussaint. Sa dame aura pour la consoler de son absence ses chevaux à sa disposition.

Madame de Luxembourg partira aux fêtes de la Toussaint pour vous aller trouver. L'abbé me mande que vous attendez la comtesse de Boufflers. Vous n'avez pas le temps de respirer.

Je vis hier M. de Chabot[1], il me plaît et j'eus beaucoup de plaisir à lui parler de vous. Je n'ai point encore vu le général Burgoyne, ce n'est pas sa faute, j'étais à Roissy quand il m'est venu chercher.

Vous avez très-bien jugé, chère grand'maman, les lettres des comtes suédois. Le Creutz est toujours en extase.

Notre pauvre baron est plus triste que jamais, il est souffrant, il est inquiet, il est très-malheureux; sa fortune n'est pas aussi mauvaise que je le craignais, il a vingt-quatre mille livres de rentes. Il pourrait s'établir ici, mais il est indécis, il y restera du moins jusqu'après Pâques.

Je vis hier M. Gayot, il ira la semaine prochaine à Chanteloup. Qui n'aurez-vous point cet automne? Hélas! moi, ce dont je suis assurément bien fâchée. Je voudrais avoir une petite loge à Chanteloup; l'abbé y aurait une place, vous y auriez aussi la vôtre quand vous voudriez, vous seriez tantôt avec les acteurs, tantôt avec les spectateurs. L'abbé et moi serions toujours spectateurs; je ne laisse pas de l'être, quoiqu'ici, dans mon tonneau. Je compte que la comtesse de Boufflers aura les premiers rôles. C'est un grand théâtre que celui de Chanteloup.

Je crois avoir perdu Voltaire, il ne répond point à ma dernière lettre, elle lui aura déplu; je m'en console. J'ai entendu quelques tirades de ses *Lois de Minos* dont l'application est très-claire; nous verrons comment cela sera reçu du public. Si l'on m'en donne une copie comme on me l'a promis, je vous l'enverrai.

Adieu, chère grand'maman, ayez bien soin de votre santé, parlez quelquefois de moi avec l'abbé, et soyez bien persuadée que vous êtes aimée de moi plus que de personne au monde.

---

1. Depuis duc de Chabot, puis duc de Rohan.

Ce 22 octobre.

P. S. Et pourquoi le cardinal de Rohan ? Où le bel air va-t-il se nicher ? C'est vraiment bien à lui qu'il convient d'aller à Chanteloup ; c'est pour me faire enrager qu'il y a été, c'est mon mauvais génie qui lui en a donné l'idée. Il en résulte que je ne reçois que quatre mots au lieu d'une grande lettre.

J'ai vu notre pauvre général Burgoyne. Oh ! que c'est un bon homme ! il vous adore, il vous a trouvé très-bon visage. Il dit que vous êtes engraissée ; il est charmé du grand-papa, il dit que vous et lui n'avez jamais été aussi heureux, mais que vous n'entendez rien à garder les moutons, c'est-à-dire à les conserver, à les faire prospérer, ainsi que les vaches ; il enverra des instructions au grand-papa.

Notre baron prétend aussi donner des conseils, il a un parent excellent berger. Les avis vous viendront de toutes parts.

Savez-vous un bon mot qui fut dit au pont de Neuilly où l'on observa un silence profond, très-remarquable et très-remarqué : *C'est que quand le maître est sourd, les serviteurs sont muets.*

Ne le trouvez-vous pas excellent ?

Vraiment j'allais oublier une nouvelle très-intéressante, c'est l'extrême affliction du postillon d'une vieille madame Veron qui demeure à Auteuil, qui vient de perdre son ami intime, le fils du bailli de son village avec lequel il avait été à l'école, qu'il n'avait pas cessé de voir et avec qui il allait dîner fort souvent malgré la grande fortune qu'il avait faite depuis peu ; il était conseiller au Parlement[1]. Ce pauvre postillon, qui a le meilleur cœur du monde, obtint de sa maîtresse, madame

---

1. Le nouveau parlement Maupeou, contre lequel s'exerçait la verve railleuse du public, et abondaient les épigrammes de l'opposition de ce temps-là.

Veron, la permission d'aller à l'enterrement, lui disant qu'il ne voulait pas abandonner son ami, qu'il était le seul qu'il eût et même la seule connaissance, et qu'il avait emprunté un habit de deuil. Rien n'est si vrai que cette anecdote, qui mérite bien sa place dans la correspondance. Je l'ai entendu conter à madame Veron belle-fille.

LETTRE CCCXCIX

DE MADAME DU DEFFAND A L'ABBÉ BARTHÉLEMY

Ce vendredi 2 octobre 1772,
à 6 heures du matin.

Je n'aurais jamais cru qu'il pût y avoir de lettre plus gaie et plus jolie que la dernière que j'ai reçue de vous, si je n'avais vu celle que vous avez écrite à notre baron; elle a suspendu ses vapeurs, et moi, elle m'a ravie; vous êtes, mon cher abbé, tout ce qu'il y a de plus aimable au monde; je suis si frappée de tout ce que vous valez, que je m'imagine qu'il n'y a que moi qui le sente parfaitement; j'excepte cependant la grand'-maman; mais est-elle sensible aux fariboles? Oui, je le crois. Vous avez atteint le sublime dans ce genre; je voudrais savoir comment vous serez à mon âge, je ne saurais me le représenter. Voulez-vous que je vous avoue ma fatuité? Je vous plains quelquefois de ce que je ne suis pas à Chanteloup: sans doute, on vous y aime, et on fait grand cas de vous; mais on ne recueille pas tout ce que vous semez, ou plutôt tout ce que vous produisez; je trouverais à glaner après leurs moissons; ceci ne ressemble-t-il pas à une parabole de l'Évangile?

Vous allez croire, sans doute, que vous êtes du dernier bien avec moi? Oh! que non. J'ai un petit chagrin contre vous, que je ne vous dirai que quand je vous verrai; ne me demandez point ce que c'est, ce serait inutile, vous ne le saurez pas plus tôt.

Qu'est-ce que cela me fait, que vous ayez quatre-vingt et tant de vaches, quand il ne m'en revient pas le plus petit fromage!

Je fus mardi dernier, à Roissy, à un spectacle dont les enfants et les domestiques des Caraman étaient les seuls acteurs; c'était *Lucile*, et *Rose et Colas*, suivis d'une parade dont tous les acteurs mâles étaient des abbés. Je n'ai pas assez d'esprit pour vous la rendre; mais si vous aviez été un acteur, on vous aurait pris pour le géant de la foire. Il y eut beaucoup de spectateurs; entre autres M. et madame de Beauvau, et madame de Mirepoix; pendant le spectacle et le soupé, il y eut beaucoup de personnes entre les deux dames; mais après le soupé, l'une se mit à ma droite et l'autre à ma gauche; j'étais comme le petit Joas :

> Joas au milieu d'eux, tranquille et sans orgueil,
> A l'un tendait la main, flattait l'autre de l'œil.

Mais je ne jurais pas de me régler par leurs avis sincères. Ah! si la grand'maman avait paru, je me serais bien vite jetée dans ses bras.

Adieu, l'abbé, une lettre sans nouvelles est bien peu de chose; qu'y puis-je faire? Je n'en sais point, et puis je n'ai pas le talent de raconter.

Voulez-vous que je vous dise une chanson? elle est de M. de Tressan, et toute nouvelle, et faite à un souper de jeunes messieurs et de jeunes demoiselles, sur l'air du Noël : *Quoi! ma voisine es-tu fâchée?*

> Peut-être ai-je aimé ta grand'mère,
> A dix-huit ans;
> Peut-être ai-je baisé ta mère,
> A quarante ans;
> Et cependant, déjà je grille,
> Et je prétends
> Embrasser leur petite-fille,
> A soixante ans.

A 11 heures du matin.

P. S. Votre lettre du 29 vient d'arriver. Oh! le charmant projet que le journal dont vous me parlez! mais vous ne l'exécuterez pas, je connais votre paresse, ou du moins j'en juge par la mienne. Je suis charmée que le grand-papa soit content du quatrain; est-ce qu'il n'a pas été chanté?

Je n'ai pas repris le sommeil depuis que j'ai écrit la première partie de cette lettre. Je ne suis point en train d'y rien ajouter. Les insomnies me rendront tout à fait imbécile.

Ah! il ne vous manquait que le cardinal de Rohan; il me vient dans l'esprit que vous devriez avoir aussi le marquis de Pontchartrain; je ne sais d'où vient que celui-là se présente plutôt qu'un autre; c'est que j'ai soupé hier avec lui.

LETTRE CCCC

DE LA DUCHESSE DE CHOISEUL A MADAME DU DEFFAND

A Chanteloup, ce 8 octobre 1772.

Ne grondez pas tant, ma chère petite-fille, contre ce cardinal; s'il m'a empêché de vous écrire l'autre jour, c'est lui qui m'en fournit l'occasion aujourd'hui, mais il est vrai que je ne sais pas si j'aurai le temps d'achever ma lettre; comme il est impotent, il est avant midi jusqu'après minuit dans le salon, où l'on est obligé de lui aller tenir compagnie, et je ne puis me soustraire à cette nécessité qu'en fuyant dans les bois comme le farouche Hippolyte. J'ai été en rentrant lui demander la permission de faire ma toilette et lui donner celle d'y venir si cela lui convient; s'il y vient, adieu ma lettre, l'abbé est déjà chargé de vous écrire à ma place et cela vaudrait bien mieux pour vous, ses lettres sont charmantes et vous ne pouvez être soutenue dans la lecture des miennes que par le sentiment qui les anime pour vous, et par celui que vous avez pour moi. Il vous fait, à ce qu'il m'a dit, un journal de Chanteloup. De quoi peut-on remplir un journal de la vie la plus uniforme qui fut jamais? Son abondance et sa facilité m'étonnent toujours. Ah! vous avez raison, ma chère petite-fille, l'abbé est un homme unique; il est mieux que cela, et pour vous et pour moi, c'est un ami unique.

Je suis bien aise que vous vous accommodiez des Caraman, parce que je suis bien aise que vous ayez des sociétés douces et agréables. Répondez aux politesses qu'ils vous feront pour moi, mais ne me mettez point en avant avec eux, parce que si je retourne jamais à Paris, je ne veux point étendre mes sociétés; mes bons, mes vrais, mes anciens amis suffisent à mon cœur, et les nouvelles connaissances que j'ai nécessairement faites ici, suffiront à ma maison. Mon Dieu, quelle a dû être votre situation à ce souper entre les deux sœurs ennemies? Mais comment a-t-on imaginé de les prier ensemble, ou comment ont-elles imaginé de se trouver ensemble? Cela me paraît incroyable.

M. de Choiseul compte vous écrire pour soumettre à votre profonde métaphysique une question sur la logique de la maréchale.

Nous n'avons encore ni M. Gayot, ni l'incomparable; la petite crapule de ce dernier l'a porté chemin faisant chez cette petite crasse de La Vrillière.

Je suis bien aise que vous aimiez le comte de Chabot; il me plaît aussi; il est doux, poli et facile; je me suis fort liée avec sa femme dans son dernier voyage ici; elle gagne beaucoup à être connue [1].

Tant que vous garderez notre général Burgoyne, parlez-lui de moi et de mon amitié pour lui, et assurez-le que nous

---

1. Élisabeth-Louise de La Rochefoucauld, fille de Louis-Frédéric de La Rochefoucauld, duc d'Enville. La duchesse d'Enville, sa mère, était aussi La Rochefoucauld, et arrière-petite-fille de l'auteur des *Maximes*.

recevrons avec grand plaisir et grande reconnaissance les conseils qu'il voudra bien nous donner sur notre culture, mais dites au baron que je ne veux des siens qu'autant qu'il viendra me les donner lui-même. Ah! je voudrais bien que sa santé se rétablît, que sa fortune lui permît de s'établir dans ce pays-ci, et qu'il passe une grande partie de son temps à Chanteloup.

Votre histoire de madame Veron est charmante; il faut convenir qu'elle ne donne pas grande idée de la composition du nouveau Parlement, mais elle me donne en particulier fort bonne opinion de ce pauvre conseiller; elle prouve que sa petite fortune ne l'avait point fait sortir de son état.

Adieu, ma chère petite-fille, ce serait tenter Dieu que de risquer d'en dire davantage. Je vous aime et vous embrasse de tout mon cœur.

LETTRE CCCCI

DE L'ABBÉ BARTHÉLEMY A MADAME DU DEFFAND

10 octobre 1772.

Nous avons déjà prévenu le public qui doit nous lire, de l'objet que nous nous sommes proposé, il ne reste plus qu'à l'instruire du jour où commence cette gazette : c'est le jeudi premier octobre, jour de la translation de saint Remy.

De la cour du commun,
à 5 heures du matin.

Son Éminence monseigneur le cardinal de Rohan est partie pour aller du côté d'Angers. Elle était arrivée le mardi au soir. On l'a accueillie avec la distinction qu'on doit aux princes de l'Église. A onze heures est arrivé monseigneur l'archevêque d'Aix; madame la comtesse de Boisgelin n'est pas venue parce qu'elle est restée chez son père.

Des bois de Lugny, ou de la Faisanderie.

A trois heures, on a entendu un grand bruit de cors, de chiens, de coups de fouet et de chevaux, et les gens éclairés des environs ont conclu qu'on venait chasser de ce côté-là. Ensuite ont paru le grand-papa, la grand'maman et autres grands personnages, qui se sont mis à courir dans les bois, criant et tirant des coups de fusil. On a tué une chevrette parce que l'on chassait un brocard.

De la pièce du clavecin,
à 7 heures du soir.

La compagnie s'est assemblée pour entendre monsieur Balbâtre, qui a joué sur le piano forte et sur le clavecin, plusieurs pièces de sa composition, exécutées avec autant de goût que de précision. Après on a soupé ; après on a joué ; après on s'est couché.

2 octobre. — De la pièce du c'avecin,
à 11 heures du matin.

La grand'maman a pris sa vingt-cinquième leçon de clavecin, sous les yeux et la direction du fameux Balbâtre ; elle ne s'est interrompue que quatre ou cinq fois, et n'a frappé du pied que trois fois.

A 3 heures après midi.

Les hommes, et la grand'maman qui ne peut pas les quitter, sont sortis pour aller à la petite guerre. Ils ont marché contre les nations des perdrix, faisans et lièvres. Les ennemis se sont dispersés à leur approche. Cependant ils ont perdu une perdrix que le grand chef a tuée, et deux petits goujats qui suivaient leur armée, la divertissaient par leurs chants ; l'un, qui s'appelle alouette, a été tué par M. de Boufflers ; l'autre, qui s'appelle rossignol, par le marquis de Laval. On va leur ôter la chevelure, les griller et les manger.

A 7 heures du soir.

Dernier concert de Balbâtre qui part demain matin. Il a exécuté une belle suite de Noëls.

3 octobre.

Monseigneur l'archevêque d'Aix est parti ce matin. Après midi nous avons été à la chasse du sanglier, où l'on a longtemps suivi une fouine qu'on n'a pu prendre.

N° 2. — Octobre 1772. Du 5,
à 7 heures du matin.

La comtesse de Chabannes, le comte de Tessé et M. de Noailles sont partis ce matin pour Fontainebleau.

A midi et demi.

Au moment qu'on allait se mettre à table, on est venu avertir qu'on voyait de loin la procession bizarre qui, de temps en temps, passe par le chemin qui est entre le château et la ferme. Le grand-papa, la grand'maman et toute la compagnie sont montés sur le toit pour la voir défiler. Elle avançait à pas comptés et en bon ordre. Trois ou quatre maîtres de cérémonie, chargés de la conduire, chantaient des cantiques en une langue inconnue. Un énorme Suisse habillé en noir ouvrait la marche. Il était suivi d'environ trente belles femelles de la même nation, habillées de même, d'autant de belles Cauchoises en noir-gris et roux; d'une douzaine de petites Tourangeotes assez éveillées, enfin de quinze autres beautés du canton d'Underwald, toutes couleur de marron, avec les oreilles jaunes. Un Suisse aussi gros, aussi beau que le premier, fermait la marche. Quand cette superbe pompe est arrivée dans la ferme, elle s'est jetée dans la vacherie, où elle a trouvé de la paille pour lit et du foin pour souper.

NOTE DE L'ÉDITEUR

Pour soulager l'intelligence du lecteur, nous ajouterons que pour voir passer ces vaches qui venaient de la promenade, la compagnie était montée sur des terrasses qui couvrent les maisons des basses-cours et qui font à présent une belle promenade.

A 2 heures.

Nous avons été au bois de Lugny pour chasser le daim. Il n'y a pas eu de chasse.

Mardi 6.

On apprend de la Bourdaisière que les chasseurs de Chanteloup ont paru sur les bords du Cher; que la nation des perdrix a perdu quatre de ses guerriers; celle des lièvres, un; celle des lapins, un, et celle des chats, un. Ils ont tiré plus de trente coups de fusil, et comme ils n'avaient pas mangé depuis longtemps et que les raisins étaient en maturité, ils ont vendangé la vigne du Seigneur.

Ce soir il est arrivé trois porte-croix : le cardinal de Rohan, qui venait d'Angers; l'abbesse de Metz et l'évêque de Metz, qui venaient de Meun.

L'on a reçu par cette occasion deux lettres de Paris. Nous ajouterons, avec la rougeur de la modestie, que la cour de Saint-Joseph, de laquelle elles sont émanées, vient de nous qualifier d'un titre qu'il est plus aisé d'ambitionner que de mériter; celui de *sublime en fariboles*. Des critiques ont cru d'abord qu'il fallait lire : *paraboles*. Un copiste peut prendre l'un pour l'autre; mais nous nous en tenons à la première leçon, et nous avons l'honneur de remercier la cour de Saint-Joseph d'une distinction si flatteuse. Nous lui décernons en échange le titre de sublime tonneau qui vaudra bien celui de sublime porte !

Le sublime tonneau voudrait savoir comment nous ferons dans une vingtaine d'années. Nous allons incessamment nous occuper de ce problème et nous promettons d'y satisfaire dans notre Gazette le premier janvier mil sept cent quatre-vingt-seize.

Mercredi 7.

La grand'maman a été occupée toute la journée de Son Éminence. Elle l'a menée à la chasse du chevreuil, qu'on n'a point trouvé; ensuite à la faisanderie, où elle lui a montré les faisans rouges, blancs, gris, etc., et lui en a expliqué les différences. Elle lui a fait voir ensuite les étoiles en plein midi; l'étoile de la Guihonière, où aboutissent huit routes; celle du grand-veneur, etc. Son Éminence a paru contente de sa promenade et des attentions de la grand'maman.

Jeudi 8.

On a été à la chasse du daim; on l'a lancé, on l'a perdu, on l'a retrouvé, on l'a reperdu, on a couru, on est revenu; et après le débotté le grand-papa est venu à la toilette de la grand'maman lui montrer un problème qu'il propose à la petite-fille. On en a beaucoup ri, et l'on a cru avec raison que la petite-fille rirait aussi.

*De la salle à manger,
à 10 heures du soir.*

On a disputé sur mademoiselle Clairon et mademoiselle Duménil, comme on dispute depuis tant de siècles sur Démosthène et Cicéron, Alexandre et César, etc., etc.

Samedi 10.

P. S. Le courrier d'aujourd'hui ne nous a apporté aucune nouvelle. Nous allons nous en plaindre à nos correspondants, car c'est à eux d'en faire quand il n'y en a pas.

LETTRE CCCCII

DE MADAME DU DEFFAND A L'ABBÉ BARTHÉLEMY.

Lundi 12 octobre 1772.

Oui, mon cher abbé, on peut s'aimer beaucoup et n'avoir rien à se dire. Je l'éprouve dans cet instant : je n'aurais non-seulement pas de quoi remplir une gazette, mais pas même un bulletin. Il ne me reste donc à vous entretenir que de mes belles pensées. Vous savez que pour l'ordinaire elles ne sont pas gaies; je m'étonne de ce que depuis tant d'années que j'ai vécu je n'ai trouvé qu'une amitié parfaite; j'ai cherché dans l'histoire, je n'en ai trouvé aucune; la fable et les romans nous en donnent l'idée; elle resterait chimérique, sans cet exemple qui existe aujourd'hui et que je vous donne à deviner. Mais laissons là l'amitié et parlons de la société; on voudrait y trouver quelques douceurs et c'est ce qui arrive rarement.

Quoi! ne me retrouverai-je plus dans ce petit appartement avec cette grand'maman dont toutes les vertus ressemblent si fort au sentiment? La vie m'ennuie, mon abbé, rien ne réveille mon âme, ni conversation, ni lecture; ce que j'ai lu de plus supportable en dernier lieu, c'est la Vie de Duguesclin, elle ressemble à l'Arioste. Avez-vous lu le poëme de Richardet traduit en vers? je le lis actuellement. Le prologue du second chant est assez bon, et celui du septième m'a fort plu. Dans le huitième, à la page 8me, il y a cinq ou six vers qui me plaisent assez, ils commencent ainsi :

Pour être heureux est-il une science? etc.

On disait ces jours passés Voltaire très-malade, je le croyais mort, mais il se porte bien; j'en ai reçu une lettre du quatre de ce mois, il la finit par ces mots : *Je vous aimerai toujours et votre grand'maman, mais à quoi cela sert-il?*

Avez-vous lu l'extrait du panégyrique de saint Louis dans le *Mercure?* ne vous en a-t-il pas donné une assez bonne idée?

Je voudrais causer avec vous, mon cher abbé, j'y aurais bien plus de plaisir qu'à vous écrire. Malgré mon âge, j'abrégerais volontiers mes années de tout l'intervalle qu'il y a du moment où je suis au moment où je désire être.

Adieu, l'abbé.

Madame de Bouville est morte. D'Ussé se meurt. Madame de Sully ne donne guère d'espérance[1] : il y a sept ou huit femmes qui s'en désespèrent, mais madame de Poix l'emporte sur toutes les autres.

LETTRE CCCCIII

DE LA DUCHESSE DE CHOISEUL A MADAME DU DEFFAND

A Chanteloup, ce 14 octobre 1772.

Vous seriez effrayée, ma chère petite-fille, si vous appreniez par le public l'accident arrivé à l'abbé, vous ne devez pas l'être en l'apprenant par moi. Aurais-je la présence d'esprit nécessaire pour vous écrire, aurais-je le courage de vous rassurer si les suites de cet accident étaient inquiétantes? Croyez-en donc à ma tendresse pour lui et à ma vérité pour vous du récit que je vais vous en faire. Hier l'abbé étant à la chasse, arrêté sur son cheval, il s'est avisé de vouloir faire le joli cœur et de passer sa jambe sur l'arçon de sa selle à la manière des femmes, il a glissé dans cette position et est malheureusement tombé à faux sur l'épaule et s'est cassé la clavicule; c'est, à ce qu'assurent tous les médecins et chirurgiens, la moindre des fractures

---

1. La duchesse de Sully, mademoiselle de Poyanne; elle mourut à vingt ans, de suites de couche. La princesse de Poix était son amie intime, et lui rendit les plus tendres soins.

par son danger qui est nul, par ses suites qui sont sans inconvénients et par sa douleur qui est la plus légère que l'on puisse éprouver dans une fracture. La sienne est simple, on y a remédié tout de suite, et du moment où il a été pansé, il n'a plus souffert du tout; après son pansement et la saignée faite, on l'a mis au lit où il a passé une nuit fort tranquille, quoiqu'il n'ait pas beaucoup dormi. Il est sans fièvre et si bien que l'on croit même qu'on ne sera pas obligé de le ressaigner ce soir, quoiqu'il soit d'usage de saigner beaucoup dans les fractures. Si celle-ci se passe sans fièvre, cela sera fort extraordinaire, parce qu'on dit qu'il doit toujours y en avoir le second ou le troisième jour. Ainsi vous ne devriez pas être effrayée si vous appreniez par les nouvelles de demain qu'il y en aurait eu ce soir ou la nuit prochaine. Pour le moment l'abbé est très-gai et ne souffre absolument que de ses ligatures et de la contrainte de sa situation qui est pénible. Ne suis-je pas bien malheureuse, ma chère petite-fille, qu'il arrive un pareil accident à Chanteloup et que ce soit mon meilleur ami qui l'éprouve?

LETTRE CCCCIV

DE MADAME DU DEFFAND A LA DUCHESSE DE CHOISEUL

Ce vendredi, 16 octobre 1772.

A mon réveil je reçois quatre lettres de Chanteloup: une du grand-papa, une de l'incomparable et deux de vous, chère grand'maman. Ah! je n'ai pas envie de rire, ainsi je remets ma réponse au grand-papa quand je serai entièrement rassurée sur l'abbé. Ma grand'maman, quelle peur vous avez eue et quelle bonté à vous de penser à moi, de prévenir mes alarmes! Je sens cette marque d'amitié jusqu'au plus profond de mon cœur. Si je m'en croyais, ou plutôt s'il était possible, je partirais tout à l'heure pour vous aller trouver, je ne puis pas vous savoir dans la peine et dans l'inquiétude, en avoir infiniment moi-même et rester séparée de vous; mais je ne me porte point bien. N'allez cependant pas croire que je sois malade, mais je ne serais pas en état dans ce moment-ci de faire un voyage. Que cette goutte d'eau ne fasse pas répandre le verre. Mon plus grand mal est mon âge, et les insomnies qui s'y joignent me rendent très-faible de corps et d'esprit.

J'attends de votre tendresse, chère grand'maman, d'avoir des nouvelles de l'abbé, non pas des lettres, gardez-vous-en bien, mais des bulletins, le premier venu sera bon pour les écrire. Je suis si troublée aujourd'hui que je ne saurais vous rien dire de plus. J'embrasse le grand-papa, et quand je serai parfaitement tranquille, je tâcherai *de tirer du creux de mon cerveau quelque trait naïf* pour répondre à son factum.

J'écrirai aussi à l'incomparable, mais pas dans ce moment, je ne puis rien dire de plus. Ce pauvre abbé! je voudrais être auprès de lui.

Votre lettre du 8 et celle du grand-papa, sans date, m'ont été rendues en même temps que la vôtre du 14 et celle de l'incomparable qui sont venues par la poste.

LETTRE CCCCV

DE MADAME DU DEFFAND A L'ABBÉ BARTHÉLEMY

Ce dimanche, 18 octobre 1772.

Vous êtes indigne de l'amitié que j'ai pour vous, si vous n'avez deviné l'effroi et la douleur que j'eus en apprenant votre accident; heureusement je suis rassurée sur ses suites, mais il est impossible que vous ne souffriez pas; la contrainte et la gêne sont insupportables, et c'est cependant, mon cher abbé, votre moindre mal. Je vous plains, je plains la grand'maman; je voudrais être avec elle auprès de vous et y rester sans elle quand elle est obligée de vous quitter. Ayez soin qu'on me donne de vos nouvelles tous les jours; mandez-moi combien de temps vous serez lié et garrotté; ne me laissez ignorer aucun détail. La petite sainte envoie chez monsieur votre neveu et elle m'informe de ce qu'il lui mande. J'eus hier un bulletin, j'en attends un aujourd'hui. Dictez-les vous-même et n'y omettez rien.

LETTRE CCCCVI

DE MADAME DU DEFFAND A LA DUCHESSE DE CHOISEUL

Ce dimanche, 18 octobre 1772,
à 6 heures du matin.

Cette lettre ne partira que demain par M. de Stainville. Je devrais naturellement attendre pour vous écrire l'arrivée du facteur qui apportera sans doute de très-bonnes nouvelles de l'abbé, mais, ma grand'maman, il m'en apportera peut-être d'un lointain pays qui m'attristeront beaucoup et m'ôteront le pouvoir d'écrire. M. Walpole a un grand accès de goutte. Ce mal, qu'on ne regarde pas comme dangereux, l'est infiniment pour lui, il en a deux fois pensé mourir. Vous n'avez pas les mêmes sujets d'être inquiète pour l'abbé, mais c'est encore trop de ne pouvoir vivre avec lui comme à l'ordinaire, et de le voir dans la souffrance et la gêne. Je donnerais toute chose au monde pour être avec vous tant que durera cette triste situation. La visite de l'incomparable se trouve bien placée, c'est un petit supplément. On ne peut être que cela au défaut de l'abbé. Car qui pourrait le remplacer?

Qu'avez-vous dit du billet du grand-papa? Y en a-t-il jamais eu d'aussi charmant? Sa parodie est un chef-d'œuvre. C'est un parfait échantillon de la gaieté, de la grâce et de la justesse de son esprit; il est de toute impossibilité d'y répondre; l'entreprendre serait rappeler la fable de l'âne et du petit chien. Je l'ai montré à la petite sainte qui en a été ravie. Je la vois souvent, chère grand'maman, je me plais infiniment avec elle; vous êtes le sujet de nos entretiens et nous ne tarissons jamais.

Je ne fermerai cette lettre que cette après-dînée, je vais actuellement tâcher de dormir.

A 2 heures.

Je n'ai point eu de lettre d'Angleterre, mais j'ai reçu le bulletin de l'abbé; je n'en suis pas contente; sans doute cependant qu'on a un bon chirurgien. Que de troubles et d'inquiétudes, et que je souffre de n'être point avec vous !

LETTRE CCCCVII

DE L'ABBÉ BARTHÉLEMY A MADAME DU DEFFAND

24 octobre 1772.

Ma fracture va très-bien, il ne faut plus que de la patience, vous allez juger si elle est difficile. La grand'maman a la bonté de passer une grande partie de la journée avec moi; le reste de la compagnie, sans aucune exception, y vient tous les jours successivement, ou ensemble. Je reçois de la part de mes amis beaucoup de lettres pleines de l'intérêt le plus tendre; je ne doutais pas du vôtre et je n'en suis pas moins touché. Je conclus de tout ce détail qu'il n'y a rien de si avantageux pour se garantir de l'ennui que de se casser la clavicule. Je n'écris plus à M. le baron, je vous prie de lui en faire mes excuses.

Votre réponse au problème du grand-papa est charmante, il en a été ravi ainsi que la grand'maman, cette grand'maman qui vous aime tant, et qui dans cette occasion me paraît la meilleure dame de charité, la meilleure sœur grise et la plus adorable femme qui ait jamais été. Je vous raconterai quelque jour tout ce que sa bonté pour moi lui a inspiré de soins, d'inquiétude et de vigilance.

LETTRE CCCCVIII

DE LA DUCHESSE DE CHOISEUL A MADAME DU DEFFAND

A Chanteloup, ce 25 octobre 1772.

Oui, assurément, ma chère petite-fille, je crois que vous avez été bien effrayée, bien affligée, bien inquiète de l'accident de l'abbé; je crois que vous avez eu pour lui les sentiments qu'il mérite et que sa situation inspirait, et je suis sûre que vous avez partagé tous les miens. Le désir que vous avez eu de partir sur-le-champ pour nous venir trouver dans ce cruel moment est bien touchant pour tous deux, pourquoi ne l'avez-vous pas satisfait? nous nous en serions mieux trouvés et vous aussi : continuellement auprès de lui, j'ai toujours vu qu'il ne souffrait pas, et on me répétait sans cesse qu'il n'y avait nul danger à son état. De Saint-Joseph, vous avez dû toujours le voir souffrant et le croire en danger; pour moi, le premier moment passé, mais ce moment, en effet, a été horrible, je n'ai point été aussi malheureuse que l'ont dû être ses amis de Paris. Pour à présent, je vous crois parfaitement tranquille sur son compte, il vous écrit lui-même et je crois n'avoir rien à ajouter aux bonnes nouvelles qu'il vous donne de sa santé; mais il fallait que vous eussiez la tête tournée; à la première lettre que vous lui avez écrite, vous lui mandez que madame de Choiseul vous envoie tous les jours de ses nouvelles qu'elle envoie chercher chez lui à Paris de son neveu l'abbé. Il n'y a point eu de nouvelles de l'abbé chez lui; ainsi on n'a pas pu y envoyer pour cet objet; ce neveu abbé est en Provence, ainsi il n'a pas pu en donner, madame de Choiseul n'avait pas besoin d'en envoyer chercher nulle part parce que je lui en envoyais tous les jours, et vous n'aviez pas besoin d'en avoir par elle, puisque je vous envoyais aussi un bulletin tous les jours. Ainsi, voyez, ma chère petite-fille, que d'absurdités vous avez dites dans une seule phrase.

Je suis bien affligée de la goutte de M. Walpole. Je le suis pour lui, je le suis pour vous, je partage toute votre inquiétude, et je vous prie de me donner les nouvelles que vous en recevrez.

Vous avez écrit au grand-papa un mot qui est le sublime du génie, on ne peut pas se tirer avec plus de grâce et plus d'adresse d'une question à laquelle on ne veut pas répondre. Il en a senti tout le trait, mais il me charge de vous dire que la traduction de votre petite phrase est qu'on ne répond pas aux lettres de province. Il est un peu enrhumé, ce grand-papa, mais ce n'est rien puisque je n'en suis pas inquiète. Ne vous enrhumez pas, ma chère petite-fille; dormez, digérez et aimez toujours votre grand'maman qui vous aime de tout son cœur.

LETTRE CCCCIX

DE MADAME DU DEFFAND A LA DUCHESSE DE CHOISEUL

Ce mardi, 27 octobre 1772.

J'ai différé à vous remercier, chère grand'maman, de l'exactitude que l'on a eue à m'envoyer des bulletins, ne voulant pas vous faire venir la pensée de m'écrire. Je sais ce que coûtent les moindres soins, quand ils détournent de ce qui occupe fortement. Dieu merci, vous voilà plus tranquille; mais il me reste des doutes dont je voudrais être éclaircie. On a donc levé trop tôt l'appareil, puisqu'on a été obligé de le remettre, et qu'il faudra le laisser plus de trente jours? La fracture n'était donc pas reprise ou elle était mal remise? Cependant, comme l'on marque que l'état présent est des plus satisfaisants, je ne me permets pas l'inquiétude.

Je ne puis vous exprimer, chère grand'maman, combien j'ai ressenti votre situation. Elle aurait suffi pour me causer bien du chagrin, et dans ce même temps j'en avais de particuliers qui m'étaient bien sensibles et qui subsistent encore. Depuis plus d'un mois M. Walpole est pris de la goutte de la tête aux pieds; ses souffrances sont affreuses; les nouvelles du 20, qui sont les dernières, disent que depuis deux jours elles sont un peu diminuées.

Je n'ai pas la force de soutenir de grands malheurs, mon esprit en est accablé; je ne saurais écrire, parler ni écouter. Ah! chère grand'maman, ces derniers événements m'ont fait faire une enjambée vers l'imbécillité de la vieillesse. Ne soyez pas étonnée si je vous écris plus rarement; mes sentiments sont toujours les mêmes quant à la vivacité, mais ils ne produisent plus dans ma tête que des idées confuses, je ne trouve plus d'expressions.

Voilà l'état de votre petite-fille; qu'il ne vous empêche pas de l'aimer toujours, et d'engager le grand-papa à lui vouloir du bien.

Je ne sais pas ce qu'est devenue l'affaire de l'arsenal, je me tiens pour battue; le grand-papa plaide trop bien pour qu'on puisse y répondre.

Vous a-t-on raconté le testament de d'Ussé? Comme vous ne craignez pas les répétitions, le voici; il ressemble au mémoire d'Arpagon dans *l'Avare*[1].

Il laisse à mademoiselle de l'Espinasse un Moreri, *nouvelle édition*; une jatte de porcelaine, son violon et quelques cahiers de musique à la petite sainte; son pupitre à M. d'Aumont; ses chenets à madame Rondet, etc., etc. Je vous fais grâce des autres legs. Sa sœur, qui est une sainte et qui est à

---

1. M. d'Ussé avait été fort lié avec madame du Deffand et le président Hénault, qui, dans un portrait qu'il a écrit de lui, fait connaître son mérite, son esprit et ses continuelles distractions. Ses lettres, dit-il, sont pleines de ratures, comme ses conversations de parenthèses. Il finit par ce trait qui donne l'idée la plus avantageuse de M. d'Ussé : « Tout le monde l'aime, les uns par goût, les autres par air; heureux l'homme né assez vertueux pour l'aimer par sentiment. »

Lisieux avec l'évêque, son directeur, le sachant à l'extrémité, écrivit qu'elle ne pouvait pas le venir trouver parce qu'elle avait une fluxion sur les dents, et que s'il mourait elle ne voulait pas qu'on mît le scellé.

Notre baron prétend être plus malade que jamais; il part demain ou après-demain pour Fontainebleau; il espère y terminer son affaire, qui est réduite à la moitié. De là il ira à Montpellier, où il restera trois ou quatre mois; après il en passera un à Chanteloup, et puis il reviendra ici. Il y a un peu de confusion dans sa tête. Je compte, chère grand'maman, que vous donnerez à l'incomparable des instructions qui lui donneront la possibilité de répondre à toutes les questions que je lui ferai. Parlez de moi quelquefois avec l'abbé, dites souvent ensemble : La petite-fille nous aime bien et nous sommes obligés de l'aimer.

Voulez-vous bien que je fasse mes compliments à madame de Lindre, et que je la prie de se souvenir de mes dentelles ?

LETTRE CCCCX

DE LA DUCHESSE DE CHOISEUL A MADAME DU DEFFAND

A Chanteloup, ce 31 octobre 1772.

Le prince vous portera d'excellentes nouvelles de l'abbé, ma chère petite-fille ; chaque jour il fait des pas vers la guérison, et je vois insensiblement approcher le moment où son accident sera réduit à zéro. Vous vous êtes inquiétée mal à propos sur la levée du second appareil et sur ce que celui qu'on lui a substitué ne doit être levé que le trentième ou le trente-cinquième jour, pour n'en plus remettre d'autre. Je croyais cependant qu'en vous détaillant les raisons qui avaient fait prendre ce parti, je vous aurais évité l'inquiétude que cause un incident imprévu, et je suis bien fâchée de n'avoir pas réussi, car il n'y a point de peines dont je ne voulusse vous garantir. Dans ces sortes de blessures, il n'y a jamais que trois appareils, que l'on lève de huit jours en huit jours, ou de dix jours en dix jours; le premier avait été levé au bout des huit jours; l'abbé ayant fait le lendemain un mouvement qui lui avait causé un peu de douleur, on craignit que ce mouvement n'eût dérangé quelque chose à sa fracture, et l'on résolut de lever le second appareil le jour suivant, pour s'en assurer et y remédier tandis qu'il en était encore temps, car quelques jours plus tard la solidité du cal n'aurait pas permis de replacer ce qui eût été déplacé, et dans le cas où il n'y aurait pas eu de déplacement, cette précaution n'avait d'autre inconvénient que l'importunité qu'elle occasionnait momentanément au malade et dont on était déterminé à le dédommager en laissant cet appareil jusqu'à la fin. En effet, on n'a trouvé aucun déplacement, et l'on a même trouvé dans l'intervalle de ces deux jours des progrès fort avantageux dans la solidité du cal; de sorte que ce qui vous a tant effrayée, ma chère petite-fille, a été pour l'abbé et pour ses amis, l'occasion d'une très-grande satisfaction. Je souhaite que l'explication que je vous donne à ce sujet arrive trop tard; j'aime mieux tomber dans l'inconvénient du rabâchage, que de savoir que vous ayez conservé aussi longtemps une inquiétude mal fondée. Ah! je voudrais bien que les nouvelles que vous recevez d'Angleterre de votre ami, M. Walpole, fussent aussi bonnes que celles que je puis vous donner de notre cher abbé; il me semble que les dernières ont dû commencer à vous rassurer; le danger de cette maladie est ordinairement passé quand les accès commencent à s'affaiblir. Je vois combien ces malheurs réunis vous ont affectée, et votre douleur pénètre mon cœur; mais je ne puis souffrir que vous renonciez à m'écrire quand vous êtes dans le malheur: mon amitié adoucirait les impressions douloureuses que vous me communiqueriez, en les partageant; elle en a le droit, du moins par sa vérité et sa sensibilité.

Le testament de d'Ussé est ridicule, mais la conduite de sa

sœur est pitoyable ; je suis fâchée de la mort de ce pauvre homme à cause de madame de Choiseul, qui en est au désespoir. Faites-lui donner, je vous prie, des nouvelles de l'abbé ; je ne lui écris pas aujourd'hui, parce que je lui ai écrit il y a deux jours et que M. de Choiseul lui écrit aujourd'hui ; elle serait trop ennuyée de nous.

Je perds le prince avec regret, mais je vous le renvoie avec plaisir. Telle est la nature de mon sentiment pour vous, ma chère petite-fille, qu'il n'y a point de privation qui ne puisse me devenir une jouissance, quand elle tourne à votre profit.

LETTRE CCCCXI

DE MADAME DU DEFFAND A LA DUCHESSE DE CHOISEUL

Ce 1er novembre 1772.

Ma grand'maman, vous avez toujours votre esprit, vous n'y sentez jamais de diminution ; vous êtes abondante en idées, en expressions. Votre petite-fille n'est pas de même ; non-seulement elle a un pauvre génie, mais ce pauvre génie devient continuellement un pur néant. Voilà son état présent.

La maréchale de Luxembourg part après-demain pour vous aller trouver. Ce serait une belle occasion pour causer avec vous. Hé bien ! chère grand'maman, il est honteux de l'avouer, je ne sais que vous dire. Vous parler de ma tendresse ne vous apprendrait rien de nouveau, et puis quand je suis dans l'abattement, je ne sais plus m'exprimer. Abandonnons donc ce sujet, je ne suis pas digne de le traiter ; moquons-nous de notre prochain. La matière ne manquerait pas, mais il faudrait l'adresse et la grâce du grand-papa.

La maréchale prétend qu'elle sera très-fâchée de rencontrer l'évêque d'Orléans, et moi je lui ai prédit qu'il serait dans peu son meilleur ami, et qu'elle lui rendrait des visites à Meun ; vous la garderez vraisemblablement un mois.

Paris est désert, mais la semaine nous ramènera bien du monde. Le pauvre baron me manque beaucoup; mon rôle était d'être la consolatrice de Job. Je suis déplacée avec les gens heureux. Je suis toujours fort inquiète de mon ami, j'en attends des nouvelles cette après-dînée, et je les ajouterai à cette lettre. Est-ce que vous n'avez pas encore vu le Stanley? il est ici depuis plusieurs jours, il me dédaigne.

Wiart, qui avait fait une grande absence, revint hier; il ne reprend pas encore son office de secrétaire parce qu'il est dans la plus grande inquiétude de sa femme qui est assez malade, ce qui me fâche beaucoup.

J'ai reçu depuis peu une lettre de Voltaire. Il me dit qu'il ne reviendra pas à Paris tant qu'il sera mal avec vous, qu'il a le cœur vraiment ulcéré; il m'envoie un billet pour Lekain, il le prie de me venir lire ses *Lois de Minos*, parce que, dit-il, il croit que j'aime le roi de Suède, et même un peu le roi de Pologne. Je comprends ce qu'il veut dire : il veut détourner les applications que l'on ne manquera pas de faire de plusieurs traits de cette pièce à tout ce qui se passe ici. C'est le sénat de Suède qu'il a eu en vue et non notre Parlement; voilà sa pensée, si je ne me trompe.

Je crois que j'écrirai demain à l'abbé; pour aujourd'hui on tirerait plutôt de l'huile d'un mur que le plus petit billet de ma main. Adieu, chère grand'maman ; à tantôt.

Ce lundi 2.

Point de courrier d'Angleterre, et par conséquent point de nouvelles.

Je viens de recevoir dans le moment la lettre que le prince m'a apportée. Que vous êtes bonne, chère grand'maman, et que je suis touchée des détails que vous me faites sur l'état de l'abbé! ils étaient nécessaires pour ma tranquillité parfaite; ils me sont une nouvelle preuve du sensible intérêt que vous prenez à vos amis; il n'y a point de cœur comme le vôtre.

Quand vous rentrez en vous-même et que vous vous rendez compte de vos pensées, paroles et actions, vous devez être bien contente et vous vous devez trouver plus heureuse que qui que ce soit au monde.

Maintenez-moi bien avec le grand-papa, je l'aime plus que jamais.

LETTRE CCCCXII

DE L'ABBÉ BARTHÉLEMY A MADAME DU DEFFAND

Chanteloup, 11 novembre 1772.

Je ne puis pas encore vous écrire moi-même, ce ne sera guère que dans une quinzaine de jours que je pourrai me servir de ma belle main, et vous prévoyez aisément quel est le premier usage que j'en ferai. En attendant, ma fracture va aussi bien qu'elle peut aller. On leva hier l'appareil; la clavicule, que l'abbé Béliardi appelle *canicule* par une licence italienne, est tout à fait rejointe. En y passant le doigt, on n'y trouve aucune inégalité; il ne reste plus qu'à laisser consolider.

Il est certain que les diamants ont été vendus ou exposés en vente. On n'a conservé que quelques bagues, des boucles d'oreille qu'on appelle boucles de chiens ou de chats, et quelques autres petits objets.

Le grand-papa est fortement enrhumé depuis trois semaines, c'est une toux et des quintes continuelles; ce qui ne l'a pas empêché de paraître à l'audience dans le salon, et même de sortir un peu quand il faisait beau. Il va mieux depuis un ou deux jours.

LETTRE CCCCXIII

DE LA DUCHESSE DE CHOISEUL A MADAME DU DEFFAND

A Chanteloup, ce 11 novembre 1772.

Mon Dieu, ma chère petite-fille, comment pouvez-vous dire que je possède toujours tout mon esprit? Premièrement, je ne posséderais pas grand'chose; mais ce peu de chose que vous me vantez, m'échappe à tout moment. La moindre affection l'égare ou le moindre dîner l'anéantit. Par exemple, aujourd'hui, je me sens plus bête que jamais. Ce n'est pas que le grand-papa ne soit mieux de son rhume qui m'a passablement inquiétée; que le cher abbé ne soit à merveille. Vous en verrez la preuve; il vous écrit lui-même. Mais il a pris avant-hier, à propos de rien, à M. Gayot, sans rhume, sans toux, sans effort, un crachement de sang qui nous a d'abord assez effrayés. Nous espérions cependant qu'il n'aurait pas de suites funestes, parce qu'il était peu considérable. Mais après s'être arrêté, il a repris hier au soir avec tant de violence qu'il a fallu le saigner deux fois pendant la nuit. Il veut partir à toute force malgré son état et sa faiblesse, parce qu'il ne veut pas, dit-il, mourir ici. Le voyage lui serait contraire, et la contrainte le lui serait, dit-on, encore plus. Nous ne savons que faire. M. de Choiseul est au désespoir, tout le monde est affligé et moi toute troublée. N'attendez donc rien de moi aujourd'hui. J'abandonne Voltaire, Lekain, les *Lois de Minos*, la maréchale, madame la vicomtesse de Clermont, autrefois madame du Choisis, à vos réflexions. Je voudrais seulement avoir des nouvelles de votre ami d'Angleterre, je voudrais que la femme de Wiart fût guérie, pour vous et pour lui et pour elle; je voudrais que vos sociétés fussent rentrées dans Paris, que le baron, un peu moins triste, fût assis sur sa petite chaise auprès de votre tonneau; que vous dormissiez, que vous digérassiez, que vous aimassiez la grand' maman, que vous lui écrivissiez. Quoi qu'il lui arrive et quoi qu'elle fasse, elle n'aura jamais rien de mieux à faire, ma chère petite-fille, que de lire vos lettres et de vous aimer.

Vous avez dû voir M. Stanley. Il y a beau temps qu'il est de retour à Paris. Le mari d'Angélique a dû vous aller rendre compte de vos dentelles. On les attend toujours, et on pense qu'il faut que la fabricante ait été malade, puisqu'elles ne sont pas encore arrivées.

LETTRE CCCCXIV

DE MADAME DU DEFFAND A LA DUCHESSE DE CHOISEUL

A Chanteloup, ce 18 novembre 1772.

J'hésite quelle sera la suscription de cette lettre, n'en voulant écrire qu'une ; mais, soit à la grand'maman, soit au grand abbé, je puis dire également tout ce qui me passera par la tête.

D'abord, je veux parler de l'inquiétude que m'a causée M. Gayot par l'amitié que j'ai prise pour lui, et puis par rapport à vous, grand'maman, au grand-papa, au grand abbé ; nous croyons ici qu'il est hors d'affaire.

Je n'ai point grande nouvelle à mander, je n'en sais jamais aucune que vous ne les sachiez avant moi. Je puis seulement vous apprendre un nouveau trait de la sage conduite de mademoiselle d'Ussé ; elle a écrit à M. de Maurepas qu'elle avait été fort tentée d'envoyer à madame de Maurepas la bague de diamants que M. de Cereste[1] avait laissée à son frère par son testament, comme une chose très-convenable, mais que, toutes réflexions faites, elle avait préféré d'en faire présent à l'évêque de Lisieux[2] qui la nourrit depuis cinq ans, et comme elle veut

---

1. Ces noms sont d'anciennes connaissances ; on les trouve souvent cités dans les lettres du président Hénault à madame du Deffand, de 1742.
2. J.-M. de Caritat de Condorcet, précédemment évêque de Gap et d'Auxerre.

pourtant leur faire un présent, elle leur envoie le catalogue de ses livres pour qu'ils choisissent ceux qui leur conviennent, et comme il n'y en peut avoir qui vaillent autant que cette lettre, M. de Maurepas s'en contente et pâme de rire.

On lut avant-hier chez moi les *Lois de Minos*, et ce fut Lekain qui fit cette lecture. Je n'en parlerai point, non plus que de l'*Épître à Horace*; jugez de la tragédie par l'épître et vous ne vous tromperez pas[1]. Elles sont toutes deux de la même date[2]. Elles ont soixante-dix-huit ans. Mais c'est bien à moi à citer des dates, quand j'y pense je dois me taire, mais le cœur n'en a point et c'est toujours lui qui parle quand je vous écris, chère grand'maman, et à vous, mon grand abbé.

Mon ami est toujours malade et j'en suis fort inquiète, je ne lui laisse point ignorer les bontés de la grand'maman et votre amitié, cher abbé. M. Stanley est parti aujourd'hui sans m'avoir honorée d'aucune visite.

Je souperai demain chez la petite sainte et nous parlerons tout à notre aise de tout ce que nous aimons le mieux au monde.

Je n'ai pu me défendre de montrer au prince de Beauvau la lettre du grand-papa; vous ne doutez pas du plaisir qu'elle lui a fait, mais je ne l'ai montrée qu'à lui.

J'ai fait les compliments de la grand'maman à l'ambassadeur de Suède et les vôtres, cher abbé; ils ont été reçus avec onction, dévotion, enthousiasme, c'est le meilleur homme du monde, et en vérité je crois que je l'aime, mais pas autant que notre baron, de qui j'ai reçu une lettre de Lyon. Il se porte mieux, il me charge de parler sans cesse de lui aux maîtres de Chanteloup et à vous. J'ai bien envie que vous ayez la liberté de vos doigts et que votre *canicule* ait repris toutes ses facul-

---

1. Ce jugement, qui n'est que sévère pour la tragédie, est injuste pour l'épître.
2. Cette lettre et une adressée à Voltaire sont aussi de la même date, dictées le même jour, et il faut bien convenir que les éloges prodigués dans la dernière font tort à la franchise habituelle de madame du Deffand.

tés. La *canicule* de mon esprit est bien plus fracassée que n'a été la vôtre, et si cet accident n'empêche pas d'écrire, il empêche de bien dire, et il n'y a point de remède.

Adieu, chère grand'maman, adieu, cher grand abbé, croyez que tout ce qui vous aime le mieux gît dans un tonneau à Saint-Joseph.

LETTRE CCCCXV

DE MADAME DU DEFFAND A LA DUCHESSE DE CHOISEUL

Paris, ce 20 novembre 1772.

Il y avait quinze jours que je n'avais reçu de nouvelles de Chanteloup, quand j'écrivis à l'abbé le 10 ou 11 de ce mois. J'avais différé autant qu'il m'était possible de me plaindre, prévoyant, ce qui en effet est arrivé, que nos lettres se croiseraient; j'ai reçu et répondu, chère grand'maman, à votre lettre du 11 et à celle de l'abbé. Quand est-ce que ses doigts seront libres?

Le rhume du grand-papa me déplaît beaucoup; vous dites qu'il vous *ennuie*; oh! ce n'est pas le mot propre; vous n'exagérez jamais, mais moins dans cette occasion que dans toute autre. Je voudrais avoir souvent de ses nouvelles, et cependant ne vous pas donner la peine d'écrire. Abbé, abbé, guérissez-vous donc!

J'ai bien envie pour vous que M. Gayot soit de retour ici, son aventure est une triste leçon pour les septuagénaires.

Je ne suis point hors d'inquiétude sur mon ami; il croyait être quitte de sa goutte, et qu'il ne lui resterait plus qu'une excessive faiblesse; les douleurs lui ont repris à un pied, et aussi violentes que jamais; je n'ai de ses nouvelles qu'une fois la semaine et par les variations du vent, elles sont souvent de très-ancienne date.

Vous voulez que je sois heureuse, chère grand'maman, c'est

à vous à me le rendre, c'est votre amitié qui peut seule l'emporter sur tous mes différents malheurs. Je vous dirai ce vers de Voltaire :

Change en bien tous les maux où le Ciel m'a soumis.

Lekain vint lundi chez moi lire les *Lois de Minos*, par ordre de Voltaire. Je ne vous dirai point ce que j'en pense ; tout est presque une allusion à l'événement de Suède. J'ai envoyé à la maréchale une lettre du roi de ce pays, j'en ai reçu une très-obligeante.

Quand nous rendrez-vous la maréchale? Faut-il vous forcer à nous la rendre? Faut-il aller l'enlever?

Vous ne me dites pas un mot de toutes vos belles compagnies. Quand l'abbé pourra bavarder, je compte qu'il me fera d'amples gazettes.

Je soupai hier chez la petite sainte, elle se porte beaucoup mieux ; vous savez que j'aime son fils, je lui crois de l'esprit, il est gai et naturel ; s'il ne fréquente que bonne compagnie il vaudra beaucoup ; mais il y a à craindre pour lui les mauvais exemples ; je crains qu'il ne soit facile, je m'intéresse à lui parce que je le trouve aimable, et puis par rapport à madame sa mère que j'aime beaucoup.

Maïs à propos, chère grand'maman, je ne vous dis rien de madame de Gouffier. Puisqu'elle vous a oubliée, elle a bien mérité qu'on l'oublie.

Vous savez qu'à Fontainebleau rien n'a été fini ni *consommé*.

Les Beauvau partent après-demain dimanche. J'imagine que je rabâche, dans cette lettre, la plupart de ce que je vous ai dit dans les précédentes ; pardonnez-le à ma jeunesse. Embrassez pour moi le grand-papa, et soyez persuadée qu'immédiatement après vous, il est ce que j'aime le mieux ; l'abbé le suit de bien près, je l'avoue.

LETTRE CCCCXVI

DE L'ABBÉ BARTHÉLEMY A MADAME DU DEFFAND

22 novembre 1772.

Un de mes plus grands tourments est de ne pouvoir vous écrire. M. Prudhomme est souvent occupé par le grand-papa dont il est secrétaire, par la grand'maman, par madame de Grammont. Je n'ai donc d'autres ressources que ma main gauche dont la lenteur me fatigue. J'aurai bientôt l'usage de la droite qui est enflée ainsi que mon bras. Cela vient de ce qu'ils ne font aucun mouvement et que mon épaule a été fortement comprimée depuis ma chute. C'est aujourd'hui le quarantième jour. Je garderai mes fers pendant une semaine encore, après quoi ma belle main vous écrira toutes les bêtises qui me passeront par l'esprit sans avoir la peine d'y penser, ce qui est un grand avantage. A présent ma plume va si lentement que j'ai l'air de composer, et cet air m'embarrasse.

Le rhume du grand-papa est sur sa fin. La grand'maman se porte bien depuis une quinzaine de jours, c'est-à-dire beaucoup mieux qu'à l'ordinaire. Si cet état pouvait durer je serais trop heureux; je lui dois ce sentiment. Si vous saviez les inquiétudes, les soins, les attentions, que lui a causés mon accident, vous verriez que je ne pourrai jamais en avoir trop pour elle. M. de Creutz a raison. C'est un *anche*. Nous reçûmes hier au soir votre lettre qui nous fit grand plaisir. Madame la maréchale, qui m'a souvent parlé de vous, partira le 1er du mois prochain. Comme le grand-papa ne sort pas depuis quinze jours, il lit une tragédie tous les jours. Nous avons épuisé Racine qui ne perd rien dans sa bouche. Je finis, car je ne sais plus que vous dire. Je me trompe, je suis inquiet de M. Walpole, donnez-nous de ses nouvelles quand vous en aurez.

LETTRE CCCCXVII

DE MADAME DU DEFFAND A LA DUCHESSE DE CHOISEUL

Ce lundi, 23 novembre 1772.

Si je laissais partir madame du Chatelet [1] sans vous écrire un petit mot, ce serait (en style de dévot) résister à la grâce, oui, chère grand'maman, ce serait y résister et de plus d'une sorte. Je perdrais une occasion de me rappeler à votre souvenir, et je ne répondrais pas à la bonne grâce avec laquelle madame du Chatelet m'a permis de la charger d'une lettre.

Je n'ai cependant rien à dire, chère grand'maman, je ne saurais me persuader que vous ne sachiez pas toutes les nouvelles courantes, et que je puisse jamais vous rien apprendre. Je puis cependant vous dire que les archevêques de Toulouse et de Narbonne font des merveilles aux États. Ils ont obtenu, par leurs éloquentes représentations, de faire retirer la défense de l'exportation des blés de province à province, ce qui les fait adorer de la leur.

Les Beauvau avec madame de Poix partirent hier pour la Lorraine, ils n'en seront de retour que vers le 15 ou 20 du mois de décembre. Ce sera vers ce temps que tous mes amis et mes connaissances seront rassemblés, mais ils ne me consoleront pas d'être séparée de tout ce que j'aime le mieux au monde.

---

1. Femme du marquis, puis duc du Chatelet, fils de la célèbre Émilie de Voltaire. C'est pour elle que devant le tribunal révolutionnaire, la duchesse de Grammont se dévouait si noblement. « Il serait inutile, dit-elle aux juges (si c'étaient des juges), que je songeasse à me défendre; tout m'accuse devant vous et je ne cherche pas d'excuses; mais madame du Chatelet n'a jamais pris la moindre part aux affaires publiques; par goût, par caractère, elle en est éloignée et il n'y a pas une personne qui, par sa manière de vivre, prête moins aux accusations et même au plus léger soupçon. » Madame du Chatelet était sortie de France; les conseils de madame de Grammont l'avaient décidée à revenir, celle-ci ne pouvait se le pardonner.

Je sais que M. Gayot est en assez bon état, j'en suis ravie pour lui et pour vous, et un peu pour moi. J'avais, comme vous le savez, le désir d'être de ses amis. Je ne sais ce qu'est devenu M. du Bucq; depuis le mois de juillet qu'il m'apporta les lettres de madame de Maintenon, je n'en ai pas entendu parler et j'ai tous ses manuscrits en ma possession, j'aimerais mieux que ce fût ceux qui m'ont été refusés. Ces lettres ne sont point curieuses, ni même trop agréables, et sans le goût que j'ai pour ce genre, qui me ferait trouver du plaisir à lire les malles des courriers, je n'en aurais pas eu à lire celles-là.

J'attends avec impatience de vos nouvelles et de celles du grand-papa. Je voudrais le savoir entièrement quitte de son rhume et qu'il ne vous causât plus l'*ennui* de l'entendre tousser. Dans quel état sont les doigts de l'abbé? Sera-t-il encore longtemps sans pouvoir se servir de sa belle main? M. Walpole n'a pas encore les siennes bien libres, non plus que ses pieds. Je ne lui laisse point ignorer vos bontés, il en est pénétré de reconnaissance.

Vous êtes la bonté même, chère grand'maman, je ne cesse de le penser, de le sentir et de le dire.

LETTRE CCCCXVIII

DE LA DUCHESSE DE CHOISEUL A MADAME DU DEFFAND

A Chanteloup, ce 24 novembre 1772.

Votre lettre commune a été lue en commun, ma chère petite-fille, elle a fait un égal plaisir à tous deux et vraisemblablement sera répondue par tous deux. J'en devrais bien laisser le soin à l'abbé; c'est à lui dont la gaieté est inépuisable, l'esprit fertile, l'imagination intarissable, qu'il appartient de vous amuser et de vous intéresser; pour moi dont la stérilité se fait sentir à chaque pas, que pourrai-je vous dire si vous-même, ma chère petite-fille, n'avez rien à me dire? Je vous remercierai de l'intérêt que vous avez pris pour moi à M. Gayot, je vous dirai qu'il est parti en bon état et arrivé à bon port, que j'en suis charmée, que j'espère qu'il guérira et que je le désire infiniment parce que c'est un homme aimable et estimable et qui aime fort M. de Choiseul; je vous remercierai de la jolie histoire que vous nous avez faite de mademoiselle d'Ussé qui m'a fort divertie; je vous dirai que je suis bien aise que Lekain vous soit venu lire les *Lois de Minos*, quoique la pièce ne vous ait pas plu, parce que c'est toujours une heure de passée, et que c'est toujours beaucoup de passer une heure sans ennui; dans la belle, bonne, brillante, nombreuse compagnie qui m'entoure, je ne la peux pas toujours trouver; la gêne et la fatigue contribuent fort à l'ennui; mais chut! c'est mon secret, il ne faut pas le révéler. N'est-il pas vrai, ma chère petite-fille, que pour ne point s'ennuyer il faut avoir le cœur rempli, la contenance assurée, l'esprit libre et l'imagination exercée, ou du moins l'une de toutes ces choses-là? J'ai lu l'*Épitre à Horace*, et je vois avec plaisir mon jugement se rapporter au vôtre; cette production nouvelle m'a paru aussi rappeler des dates anciennes, mais pourquoi, ma chère petite-fille, les dates de Voltaire vous font-elles faire de tristes retours sur les vôtres? Votre esprit a toute la fraîcheur de la jeunesse, votre cœur en a toute la chaleur, et vos amis ne comptent les dates auprès de vous, que pour fortifier leurs droits de l'ancienneté de titres. Quand je vous aurai dit tout cela, vous me direz comme M. de Choiseul à ses médecins, que ce ne sont pas des choses neuves, et que ne dire que des choses communes avouées de tout le monde, c'est ne rien dire, et que j'aurais mieux fait de me taire que parler si longtemps sans rien dire. Eh bien, aimez-vous mieux que je vous dise tout simplement que je vous aime de tout mon cœur? ce ne sera encore vous rien apprendre de nouveau, mais en fait de sentiment, ma chère petite-fille, sachez que rien n'est si doux que le rabâchage et qu'à votre égard je ne m'en corrigerai de ma vie.

Il me tarde bien de vous savoir hors d'inquiétude sur M. Walpole. Ne négligez pas de me faire part des nouvelles que vous en recevrez.

Le grand-papa vous embrasse. Il est mieux de son rhume, mais encore fort maigri et affaibli.

LETTRE CCCCXIX

DE L'ABBÉ BARTHÉLEMY A MADAME DU DEFFAND

30 novembre 1772.

Enfin, voici le premier échantillon de ma belle écriture. On brisa mes fers il y a deux jours, après sept semaines de captivité.

Les ménagements que j'ai depuis si longtemps pour mon épaule m'ont tellement préoccupé, que j'ai peine à croire qu'elle ne soit pas de verre; n'est-ce pas Pélops qui en avait une d'ivoire? J'envie son sort, cette matière n'est pas si cassante! La timidité de ma marche jointe à une grande redingote de pluche grise où je passe mes différentes espèces de bras, me donnent l'air d'un échappé de l'hôpital. J'ose pourtant paraître avec cet équipage dans le salon au milieu d'une grande et brillante société dont voici la liste: madame de Brionne et mademoiselle de Lorraine; madame la maréchale et madame de Lauzun; M. et madame du Chatelet, M. le comte d'Osmond, M. le chevalier de Coigny, M. de Bezenval, monseigneur l'évêque d'Orléans et puis les inamovibles, qui sont MM. de Boufflers, de l'Isle, l'abbé Béliardi et moi, en y comprenant madame l'abbesse, qui restera ici jusqu'au mois de mars et M. de Stainville, qui partira dans quelques jours. Demain nous perdrons monseigneur l'évêque d'Orléans, qui est plus gai que jamais, et qui est très-heureux quoiqu'il n'ait rien à désirer; nous perdons aussi madame la maréchale, qui aime l'abbé Béliardi à la folie; madame de Lauzun et M. de Lauzun, qui, à mon avis, est de tous ceux qui viennent ici celui qui a le plus d'esprit et le meilleur ton de plaisanterie[1]. M. de Coigny et madame d'Osmond s'en iront mercredi. Madame de Brionne ne partira que vers le 15, j'imagine qu'après cela la compagnie sera réduite à une douzaine de personnes.

Il est difficile de vous dire comment on a passé le temps depuis ma dernière gazette. C'est qu'on ne le passe pas, il coule sans qu'on s'en aperçoive. Le grand-papa, qui n'est presque pas sorti depuis un mois, jouait au billard ou restait dans le salon. Tant que madame de Chauvelin a été ici on a lu des tragédies. Après son départ, on a entrepris des lectures, mais on a passé quelquefois des après-dînées à délibérer sur celle qu'on devait faire. Six à sept mille volumes choisis ne suffisent pas pour concilier tous les goûts; les meilleurs ouvrages sont connus, et ceux qu'on ne connaît pas inspirent d'avance l'effroi de l'ennui.

La grand'maman s'est portée comme un ange pendant tout le mois, elle était même resplendissante de jeunesse et de beauté. Elle joue du clavecin toute la journée et prend sur son sommeil pour étudier. Savez-vous pourquoi? afin de parvenir à jouer une pièce ou deux devant le grand-papa sans trembler. Je lui ai dit qu'elle n'en viendrait pas à bout; pour justifier mon incrédulité, il faudrait montrer les dangers du désir de plaire, et remonter à des principes de métaphysique qui vous ennuieraient, et moi aussi.

---

1. Pour admettre ces éloges, et celui que faisait du duc de Lauzun le prince de Talleyrand : « Il avait tous les genres d'éclat, beau, brave, généreux, spirituel ! » il faut croire que les Mémoires publiés sous son nom ne sont pas authentiques.

LETTRE CCCCXX

DE LA DUCHESSE DE CHOISEUL A MADAME DU DEFFAND

A Chanteloup, ce 30 novembre 1772.

L'arrivée de madame du Chatelet a beaucoup rendu, ma chère petite-fille, elle m'a apporté deux lettres de vous. Le retour de madame la maréchale de Luxembourg ne vous rendra pas tant. Elle vous portera aussi une lettre de moi, mais le commerce n'est pas égal entre nous; malgré votre modestie vous ne pouvez disconvenir que tout l'avantage n'en soit pour moi, ce que je vous rends ne vaut assurément pas ce que vous m'envoyez, et c'est peut-être pour cela que je l'entretiens avec tant de régularité; il n'est personne qui ne cherche ses avantages. Je ne suis point étonné que vous soyez si empressée que l'abbé puisse faire usage de sa belle main; il y a plus à gagner avec lui qu'avec moi; il commence à être en jouissance de ses droits, c'est-à-dire de ses doigts, et je ne doute pas qu'il ne vous en fasse le premier hommage; ainsi j'aurais pu me dispenser de vous écrire, mais madame la maréchale n'a pas moins de grâce que madame du Chatelet et l'on ne doit pas être moins empressé de profiter de ses bontés. Elle a voulu ma lettre, et je la lui donne pour avoir le plaisir de la lui donner, celui de m'occuper de vous et celui de vous occuper de moi. Non assurément nous ne vous renvoyons pas madame la maréchale de Luxembourg, mais nous ne pouvons pas la retenir; si nous avions des droits pour l'arrêter il faudrait venir nous l'enlever; plus elle prolonge ses voyages et plus elle nous prépare de regrets à son départ. Quant à madame de Lauzun, laissez dire à vos dissidentes tout ce qu'elles voudront de leur merveille, mais soyez sûre qu'il n'y a pas une jeune personne plus aimable, mieux élevée, plus intéressante et plus charmante en tout, que l'est ma nièce;

c'est un naturel parfait, orné de toute la culture qui lui est propre, mais sans aucune manière. Je conviens que la nature agreste a son piquant, mais elle a aussi son âpreté, je hais la manière; je dirais à Zaïre: *l'art n'est pas fait pour toi*; mais je ne voudrais pas que ma fille eût le ton de Colette pervertie, comme dit M. de Voyer, par la société. Je veux que, sans sortir de son naturel, on se prête aux formes que cette société a consacrées. Je ne veux pas qu'on soit scandaleuse pour être philosophe, pincée pour être vertueuse, romanesque pour être sublime, grossière pour être franche, triviale pour être naturelle, et madame de Lauzun n'est rien de tout cela; je veux surtout que l'âge, la figure, l'esprit, le maintien, le caractère, soient assortis et madame de Lauzun est un modèle de ce parfait assortiment. Je veux que, si on a un esprit plus avancé que son âge, et un caractère plus décidé, on propose cependant ses opinions avec la modestie du doute, quitte à rester intérieurement de son avis; que si on a une âme plus forte que celle qu'on reconnaît communément aux femmes, je veux qu'à quelque âge que ce soit, on ne la manifeste qu'avec la timidité et la mesure qui peuvent en faire pardonner la supériorité, et je ne veux pas sur toute chose que vous montriez ma lettre, parce qu'on en pourrait faire des applications auxquelles je ne pense pas et qui me feraient des ennemis.

Vous me grondez de ne vous avoir pas parlé de la brillante compagnie que nous avons ici, c'est qu'il me semble qu'elle ne doit rien avoir de nouveau pour vous parce qu'elle n'a rien de nouveau pour moi, et qu'excepté l'évêque d'Orléans, qui doit y être beaucoup à présent, il n'y a que le chevalier de Coigny et madame d'Osmond qui n'y soient pas encore venus. Ah! si fait, il y a eu M. le vicomte et madame la vicomtesse de Clermont, j'ai oublié de vous en parler parce que je ne les connais pas.

Ce que vous me dites des *Lois de Minos* ne me donne point d'envie de les lire, et quoique vous m'assuriez que c'est une allusion à l'événement de Suède, je n'en reste pas moins persuadée que l'intention secrète est l'éloge du chancelier. Avez-vous vu la *Réponse d'Horace?* elle m'a paru bien longue, beaucoup de paroles et peu de choses, des vers pour des vers, quelques-uns même assez durs, d'autres assez jolis, mais aucun qui vaille *J'ai fait un peu de bien, c'est mon meilleur ouvrage,* le meilleur de l'*Épître à Horace* qui, comme vous dites fort bien, ne vaut pas non plus grand'chose.

Ce n'est pas à moi, ma chère petite-fille, qu'il faut s'adresser pour savoir des nouvelles de M. du Bucq, je n'en ai pas entendu parler depuis qu'il est parti d'ici.

On dit que ce qui n'a pas été fini à Fontainebleau est réservé pour les étrennes. On dit que ce qui n'a pas été consommé à Fontainebleau l'a été à Versailles; on veut que je m'intéresse à cette consommation et elle ne me fait rien du tout, je m'intéresse bien plus au succès de nos évêques de Languedoc parce que leur succès fait le bien d'une grande province, que je les aime, que j'aime le bien, et que je suis bien aise que le bien arrive par les gens que j'aime.

M. de Choiseul commence à devenir beaucoup moins *ennuyeux;* il ne tousse presque plus; il vous embrasse et moi aussi, ma chère enfant, de tout mon cœur.

Je vous fais mon compliment sur la meilleure santé de M. Walpole.

LETTRE CCCCXXI

DE MADAME DU DEFFAND À M. CRAUFURT

Ce 2 décembre 1772.

Je crois que vous avez bien imaginé mes inquiétudes, je ne vous en parlerai pas, mais je vous remercierai de votre exactitude à me donner de vos nouvelles. L'arrivée du facteur était un grand événement pour moi et continuera à l'être jusqu'à ce que j'aie reçu une lettre datée de Londres, qui m'apprenne que vous êtes arrivé sans accident, et que vous vous portez bien.

J'avais écrit à mes évêques pour les préparer à votre arrivée, mais j'approuve votre arrangement; vous êtes peut-être à Calais dans le moment que je vous écris. Quel bonheur d'avoir trouvé ce chirurgien, il vous a mené bon train : dix-huit grains d'ipécacuanha..! j'en ai frémi, mais l'événement le justifie.

Le vent est, dit-on, au nord-est, c'est celui qu'il faut pour le passage.

J'espère que vous coucherez à Douvres ce soir, mais je n'en saurai rien avant jeudi 10; je compte que votre première lettre sera semblable aux autres, et que vous me ferez le détail de toutes les petites circonstances.

Vous aurez trouvé à Calais une lettre de M. Francis; il vous aura dit l'envie qu'il avait eue de partir, et qu'il ne fut arrêté que parce qu'il ne savait pas où vous aller trouver; vous pouviez avoir continué votre route. Vous devez être content de son amitié, de celle de madame de Roncherolles et de madame de Cambise; celle-ci est actuellement chez madame Poirier, elle fera vos emplettes; elle m'en viendra rendre compte, et je ne fermerai cette lettre qu'après l'avoir vue.

Je reçus lundi une lettre de madame Greville. Vous ne m'avez point fait de tracasseries; ne lui parlez point de la lettre que vous avez vue; dites-lui seulement que je désire qu'elle effectue l'espérance qu'elle me donne, et que vous êtes persuadé du plaisir qu'elle me fera. M. Walpole vous attend avec impatience. J'espère que vous le trouverez à Londres. Je suis très-contente de sa dernière lettre; je ne lui écris point aujourd'hui parce que vous tiendrez lieu d'une lettre, et que vous vaudrez beaucoup mieux. Vous me manderez dans quel état vous l'aurez trouvé *à toutes sortes d'égards*. Dites-lui, s'il en est encore temps, qu'il ne manque pas de me faire une liste pour la distribution de ses livres, et qu'il n'oublie pas les Trudaine; il peut omettre M. de Grave, madame de Lauzun.

Madame de Cambise soupa chez moi hier avec milord Arlimpe et M. Hubert. Milord fut fort bien, il mangea, il parla, il joua; M. Hubert ne cessa de parler, de dessiner, de découper; et madame de Cambise, ainsi que moi, en fut fort... remplissez l'intervalle du mot que je ne veux point écrire.

J'aurai ce soir mesdames de Roncherolles, de Caraman et de Cambise. Je fus fort contente hier de cette dernière; j'aurai aussi M. Francis, il partira vendredi pour aller en Bourgogne, il y restera une quinzaine de jours.

Il faut que je sois bien raisonnable puisque je suis bien aise que vous ne soyez point revenu ici, et que je préfère votre intérêt à mon plaisir. Je vous prie de me rendre compte de vos affaires; M. Francis s'en occupera solidement. Mais à propos, je suis fort scandalisée de ce que vous voulez le charger de payer madame Poirier; pour qui me prenez-vous donc? Croyez-vous que je n'en aie le pouvoir ni le vouloir?

Adieu, je vous quitte jusqu'à ce que j'aie vu madame de Cambise.

P. S. Votre emplette est faite, je n'ai point vu madame de Cambise, mais elle m'a envoyé le Mémoire que voilà. Madame Poirier emballera vos porcelaines et elles partiront vendredi; j'aurais mieux aimé une belle tasse à la place de l'écuelle, il n'y avait point de choix.

Je me ravise; j'écris à M. Walpole, je compte qu'il aura reçu le paquet que vous lui portez quand il recevra ma lettre. Adieu, mon cher petit Craufurt, soyez à jamais persuadé de mon amitié.

LETTRE CCCCXXII

DE MADAME DU DEFFAND A L'ABBÉ BARTHÉLEMY

Ce dimanche, 6 décembre 1772.

J'ai eu une grande joie, mon cher abbé, quand Wiart a reconnu votre écriture; mais la maréchale l'a diminuée en m'apprenant que vous aviez encore le bras et la main fort enflés; ne faites pas d'efforts pour m'écrire, je vous en conjure; vous commencerez vos gazettes quand vous pourrez jouer une pièce de clavecin. Jusqu'à ce moment-là la grand'-maman voudra bien quelquefois le quitter pour me donner de ses nouvelles, des vôtres et de celles du grand-papa.

J'ai lu à la maréchale et à madame de Lauzun leurs articles. Vous ne pouvez pas douter qu'elles n'en aient été fort contentes. Toutes les qualités que la grand'maman voudrait qu'on eût, exemptes de tous les défauts qui trop souvent les accompagnent, feraient quelqu'un de parfait. Elle aurait pu s'en épargner l'énumération en disant: je voudrais qu'elle fût telle que moi. Ne formez jamais ce souhait, chère grand'maman, il ne peut s'accomplir; contentez-vous de servir de modèle, sachez gré qu'on veuille vous imiter, et n'exigez point qu'on y parvienne, c'est la chose impossible. Cela n'est-il pas vrai, l'abbé? Mais revenons à la maréchale, elle est contente, contentissime de tout le monde, il n'est pas entré un grain d'humeur dans tous les jugements qu'elle a portés. Son entretien m'a fait un grand plaisir; mais ce qui ne m'en a pas fait, c'est qu'elle dit que le grand-papa est encore enrhumé. Je vous prie, chère grand'maman, de me donner de ses nouvelles. J'ai lu à la maréchale la lettre qui ôtait le pouvoir d'y répondre autrement que j'ai fait, elle en a été enchantée, et je crois en vérité que l'autre maréchale le serait aussi, si elle ne consultait que son goût; mais comme elle ne pourrait mettre *tout intérêt à part,* elle ne la verra pas. Je n'ai pu me refuser de la faire voir à son frère, mais non à sa belle-sœur.

Vous avez vu l'épître de Laharpe bien avant nous. J'en porte le même jugement que vous; il est injuste de mépriser, de mettre au rebut les poésies de l'abbé de Chaulieu, de la Fare, de madame Deshoulières, etc., quand on ne les surpasse pas. Les poëtes nouveaux se croient autorisés à se mettre au-dessus des anciens par leur ton important, dogmatique, philosophique, satirique, mais qui est très-monotone. Ce sont toujours les mêmes pensées. N'avez-vous pas été scandalisé de trouver le nom de Maupertuis à côté de tous les gens qu'il dénigre? Je me reproche de n'en avoir pas dit mon sentiment à Laharpe. Tous ces gens-là, mon cher abbé, sont bien vains!

Je crois que la grand'maman conviendra que les *Lois de Minos* n'ont pas trait au chancelier. Il a eu en vue le roi de Pologne, en commençant sa pièce; l'aventure de Suède est arrivée, et il se trouve qu'elle y a plus de rapport. Les trois premiers actes sont insupportables, excepté la fin du troisième auquel l'intérêt commence et augmente dans le quatrième et le cinquième. Je doute qu'elle ait du succès. Voilà tout ce que vous aurez de moi.

Cette lettre vous sera rendue par M. l'évêque de Rhodez, et sera vraisemblablement d'ancienne date. Il part demain, mais il passera deux jours chez l'évêque d'Orléans. Que les gens qui vont à Chanteloup sont heureux, et surtout quand il n'y a pas cour plénière !

LETTRE CCCCXXIII

DE L'ABBÉ BARTHÉLEMY A MADAME DU DEFFAND

Chanteloup, 7 décembre 1772.

Nous n'avons plus de vos nouvelles. La grand'maman vous écrivit hier pour vous reprocher votre silence; elle me charge aujourd'hui de joindre aux plus respectueuses remontrances les plus grosses injures, mais je n'ai la force d'employer ni les unes ni les autres parce que les premières sont trop froides et les secondes trop chaudes. Il est pourtant contre toute justice de laisser ses amis dans l'inquiétude. On ne peut vous accuser ni d'oubli ni de négligence, il faut donc que vous soyez malade, et pourquoi nous le laisser ignorer? Vous vous plaignez dans une de vos dernières lettres de n'en point recevoir de Chanteloup, mais vous savez bien que la grand'maman n'a guère de moments à elle et que je n'avais pas de main à moi. Je l'ai recouvrée enfin, cette main, mais si vous saviez à quel prix! Je la traîne de toutes mes forces sur le papier. Je ne puis pas encore plier mes doigts, mon bras n'est plus enflé, mais les nerfs ont tant souffert de la contraction, du défaut d'exercice et peut-être de la chute, qu'au moindre mouvement je sens des douleurs très-vives. On m'assure pourtant qu'à force de les agiter je les rétablirai, et puis on s'en prend au vent du nord, au vent du midi, au brouillard, au soleil, à la lune. Je suis très-honoré sans doute qu'ils veuillent bien se mêler de mon bras; mais j'aimerais mieux qu'ils se mêlassent de leurs affaires, du reste de la nature qui ne va pas trop bien et de certaines têtes qui vont encore plus mal.

Je n'ai pas encore pu reprendre ma gazette. J'ai reçu pendant deux mois une si grande quantité de lettres qui sont restées sans réponse, et ce silence a suspendu une si grande quantité de petites affaires qui me regardent, que je suis obligé malgré moi à m'en occuper dans les moments où je puis écrire. Vous ne concevez pas, non plus que la grand'maman, que je puisse avoir des affaires. C'est que les vôtres et les siennes se font sans que vous vous en aperceviez. Mais quand on a une nombreuse famille dont il faut partager les peines, un bénéfice qui est une source de procès et de discussion, des devoirs d'état qui demandent beaucoup de temps, et qu'avec tout cela on n'a ni intendant, ni homme d'affaires, ni clavicule, on doit être aisément accablé de soins. De tous les genres de félicité que la fortune peut accorder aux hommes, j'aurais choisi les deux parts de La Fontaine :

L'une à dormir et l'autre à ne rien faire.

Le grand-papa tousse encore un peu, mais il a repris des forces, et dans peu de jours ce rhume si long, si obstiné, qui l'avait changé et maigri, disparaîtra tout à fait.

M. le comte de Stainville est parti ce matin. M. de Bezenval part demain avec M. de Pignatelli, fils de M. de Fuentes. Restera madame la comtesse de Brionne et mademoiselle de Lorraine, et madame du Chatelet, et puis MM. de Boufflers, de l'Isle, l'abbé Béliardi. M. de Félino a passé deux ou trois jours ici ainsi que M. le marquis d'Armentières à son retour de Poitou.

Hier soir nous apprîmes la démarche de M. le prince de Condé, elle m'a rappelé l'histoire de ce gouverneur hollandais qui, dans la guerre de 1745, ne voulait pas rendre sa place. Notre général, je ne sais pas lequel, avait gagné le secrétaire de ce gouverneur qui disait toujours : « Je ne puis pas rendre à la première sommation une place que je dois garder. — Eh monsieur ! lui répondit le secrétaire, il y a quinze ans que vous la gardez. » Et sur cette raison il la rendit.

LETTRE CCCCXXIV

DE MADAME DU DEFFAND A LA DUCHESSE DE CHOISEUL

Paris, ce 11 décembre 1772.

Moi vous oublier, chère grand'maman ? moi cesser de vous aimer ? de vous le dire ? Non, cela ne peut jamais arriver que lorsque j'aurai trouvé quelqu'un qui ait plus d'agrément, de vertus, de mérite, etc., etc., que vous, vous, chère grand'maman !...

Dans le moment où je lisais votre lettre, qui fut hier à trois heures après-midi, vous deviez lire la mienne que vous a portée M. de Rhodez, elle était ancienne. Il est arrivé de grands événements depuis qu'elle a été écrite, vous les savez, il faut voir quelle en sera la suite¹. Je ne sais encore si c'est l'ouvrage du magistrat ou du duc; les avis sont très-partagés ; peut-être n'est-ce ni de l'un ni de l'autre. Nous verrons ce qui arrivera d'ici au jour de l'an, j'ai bien du penchant à croire qu'ils ² souhaiteront tous la bonne année. J'avoue, chère grand'maman, que depuis que le grand-papa a quitté le théâtre, je ne m'intéresse ni aux acteurs, ni aux pièces qu'on représente, je ne m'occupe que de ce qui se passe à Chanteloup, et à une petite campagne bien loin d'ici, dont le maître est toujours malade. Les dernières nouvelles m'ont bien chagrinée. Cette maudite goutte ne finit point, il y a près de trois mois qu'elle dure; je ne reçois des nouvelles que tous les huit jours, c'est dimanche que j'en attends.

Je soupai hier chez la petite sainte, il n'y avait que Pont-de-Veyle et moi. Je passai une fort bonne soirée, nous eûmes notre franc parler et cela est agréable; le fils et la belle-fille sont encore chez leur père³. Celui de la petite sainte ⁴ est insupportable, il avait pris médecine, il nous fit de grandes excuses de ne pas rester avec nous; j'avais bien envie de lui en faire de grands remerciements.

A propos, j'en dois beaucoup à madame de Lindre de la peine qu'elle s'est donnée pour ma dentelle, et à vous, chère grand'maman, je dois des pardons infinis de vous en avoir importunée.

Vous m'annoncez une lettre de l'abbé, je ne l'ai point reçue; sa main serait-elle encore enflée? Je prends un grand intérêt à sa parfaite guérison.

---

1. M. le prince de Condé avait fait sa paix et était revenu à la cour.
2. Les princes.
3. M. de Gouffier.
4. M. de Betz.

La maréchale est à Montmorency depuis avant-hier, elle n'en reviendra que le 24, jour à jamais mémorable pour moi, où je versai bien des larmes et qui m'a coûté le plus grand bonheur de ma vie.

On dit que les Beauvau reviennent aujourd'hui. La princesse aura bien de la besogne, il faudra qu'elle fasse un grand usage de son éloquence ; et son crédit sur le chef[1] devient bien nécessaire, car on le croit tout prêt à se rendre.

Je vous avoue, chère grand'maman, que tous ces personnages me paraissent bien peu imposants et intéressants. Tout se ressemble aujourd'hui, tout est plat et fastidieux ; encore si l'on avait quelques bons livres, mais les auteurs sont du même genre. Avez-vous lu rien de moins piquant que cette correspondance d'Horace? Je n'entends plus parler de Voltaire et je ne m'en soucie pas. Je ne désire que la vôtre, celle de l'abbé qui renferme celle du grand-papa et celle de mon ami. Par delà je ne désire rien, je reste dans mon tonneau, je bâille et je me moque successivement. Cette lettre-ci pourra bien vous en faire faire autant.

Adieu, chère grand'maman.

LETTRE CCCCXXV

DE MADAME DU DEFFAND A M. CRAUFURT

*Ce dimanche, 13 décembre 1772,
à 6 heures du matin.*

Vous avez dû arriver jeudi 3, notre ami a reçu ses paquets le lundi 7, et vous n'avez dû le voir que le 8 ou le 9. Je suis un peu plus diligente et plus empressée ; dès le lendemain que j'eus reçu votre commission de porcelaines, elles furent choisies, achetées, emballées, embarquées, et vous devez les avoir actuellement. Je ne vous fais point de reproches ; je n'attribue

---

1. M. le duc d'Orléans.

point votre lenteur à la paresse, encore moins à l'indifférence ; je suis on ne peut pas plus convaincue de votre amitié ; mais je crains, mon cher petit Craufurt, que vous n'ayez été plus malade que vous ne le dites ; faut-il que les deux personnes que j'aime le mieux, et qui devraient faire le bonheur de ma vie, en fassent le tourment? J'attends avec la plus grande impatience la lettre que vous devez m'avoir écrite vendredi après avoir vu notre ami. Vous l'aurez trouvé dans un état pitoyable, je ne puis vous dire à quel point j'en suis inquiète. Tout ressentiment cesse quand on craint pour la vie. J'espère que vous ne me laisserez rien ignorer, que vous ne me cacherez rien, que vous ne me ménagerez pas. Je suis votre amie, oui, votre amie véritable! vous n'en avez point de plus tendre et de plus sincère ; traitez-moi comme je vous traiterais, satisfaites-moi pleinement sur ce que vous savez qui me tient le plus au cœur. Vous et lui, voilà les deux choses qui m'intéressent et qui ne seront jamais *des riens* pour moi. Je serai d'accord avec vous sur tout le reste.

Vous m'avez écrit les plus jolies lettres du monde, et elles m'auraient fait le plus grand plaisir si j'avais été sans inquiétude sur votre santé ; je ne me flatte point que vous souteniez dans notre correspondance un si brillant début. Je n'ai pas le droit de l'exiger et je n'aurai pas l'indiscrétion de vous le demander ; vous devez savoir que vous me ferez un grand plaisir en m'informant des nouvelles de votre santé, de vos affaires, de l'état où vous aurez trouvé M. votre père, de la tranquillité ou de l'agitation de votre âme, enfin de tout, de tout, généralement de tout.

Il y a aujourd'hui huit jours que M. Francis est parti pour la Bourgogne ; je vis hier mesdames de Roncherolles et de Cambise ; la première en visite, la seconde soupa chez moi. Toutes les deux me parlèrent de vous avec infiniment de goût et d'amitié ; je leur donne tout l'honneur de vos regrets, et mets toutes mes espérances en elles pour votre retour.

L'amitié de madame de Cambise pour moi prend assez de consistance. Les assurances, la confiance font d'assez grands pas ; et comme son caractère ne l'y porte pas, j'ai lieu de croire que c'est l'effet du sentiment ; peut-être pas du goût, mais du moins de la reconnaissance ; il me conviendrait fort que vous vous attachiez à elle, elle a la sorte d'esprit qui vous convient. Que sait-on? cela arrivera peut-être. Pour votre madame de Bussy, elle est fort belle ; d'accord, mais qu'est-ce que cela fait à personne? on dit qu'elle est fort malheureuse, que son mari la fait enrager. J'en suis fâchée, je la plains. Madame de Roncherolles m'a dit vous avoir écrit, elle vous rendra compte de ce qui la regarde. Madame de Luxembourg est à Montmorency depuis mercredi, elle y restera jusqu'au 24 ; Pont-de-Veyle y va aujourd'hui, et en reviendra mardi ou mercredi ; madame de Cambise part aussi, elle y restera jusqu'au samedi. Les Beauvau sont de retour, j'ai vu le prince hier et avant-hier, je ne verrai la princesse que lundi qu'elle soupera chez moi. J'eus hier quatorze personnes ; je verrai cet après-dîner mademoiselle Pitt, elle a prié madame de Mirepoix de l'amener chez moi ; elle s'en retournera dans huit jours. Je ne vous parle point des nouvelles publiques, je les mande à M. Walpole, il vous les dira et vous montrera de petits vers faits à cette occasion ; vous lui montrerez de cette lettre ce que vous jugerez à propos. Je vous envoie l'épître de La Harpe. N'oubliez pas le thé, il devient fort à la mode d'en venir prendre chez moi. Adieu, le papier qui me manque m'avertit de finir.

LETTRE CCCCXXVI

DE L'ABBÉ BARTHÉLEMY A MADAME DU DEFFAND

16 décembre 1772.

Le grand-papa est presque entièrement délivré de son rhume. Madame la duchesse de Grammont en a pris un. La grand'maman est forte comme Hercule, et ne s'est jamais si bien portée. Ses talents croissent avec sa santé. Elle joue deux ou trois pièces de clavecin en perfection, il ne lui a fallu que trois mois, et trois heures de leçon par jour, pour venir à ce point.

Je crois que vous devez avoir les oreilles bien rebattues de la demande des princes ou du prince; les motifs, les moyens, les suites de cette démarche, peuvent fournir une infinité de conjectures. Les miennes, dans ces occasions, sont toujours très-courtes, et dans la plupart de ces nouvelles qui font tant de bruit, je me rappelle toujours cette ancienne épigramme:

> Colas est mort de maladie,
> Tu veux que j'en pleure le sort;
> Hélas! que veux-tu que j'en die?
> Colas vivait, Colas est mort.

M. de l'Isle vous dira mieux que moi comment se passent nos journées depuis que nous ne chassons plus. On fait une grande lecture tous les après-midi, et comme nous avons ici des gens de beaucoup d'esprit, nous sommes enfin parvenus, à force de comparaisons, à décider que personne n'écrit comme M. de Voltaire. Il est vrai que nous n'avons encore rien lu de M. Thomas. M. l'évêque de Rhodez nous a parlé de vous. Je pense qu'il vous aime beaucoup, mais pas autant que moi.

LETTRE CCCCXXVII

DE MADAME DU DEFFAND A L'ABBÉ BARTHÉLEMY

Ce 16 décembre 1772.

On me dit dans ce moment qu'il part demain, à cinq heures du matin, quelqu'un pour Chanteloup, je me retire dans mon cabinet et laisse le monde qui est dans ma chambre, pour vous dire que je ne vous dirai rien; il me semble que tant que vous n'aurez pas le libre usage de vos doigts, je n'aurai pas celui de mon esprit; je me trouve en correspondance avec deux mains, dont l'une est estropiée et l'autre est goutteuse, ce n'est que par effort qu'elles écrivent. Cela me blesse l'imagination et me lie la langue, c'est elle qui écrit puisque c'est elle qui dicte.

Vous regorgez sans doute de tout ce qui se dit et tout ce qui s'écrit sur le prince de Condé. Avez-vous vu sa lettre au roi? on dit qu'il en paraît un imprimé très-circonstancié; il y a à parier que vous l'aurez plus tôt que moi.

J'ai vu M. de Stainville, il a soupé chez moi, il m'a rendu très-bon compte de tout; la grand'maman est grasse comme un ortolan; le grand-papa ne tousse presque plus; et vous, mon abbé, à votre main près, vous êtes en très-bon état. Mon ami est toujours à sa campagne, mais j'espère que la première lettre que j'en recevrai sera de Londres; il y a trois mois qu'il souffre comme un damné.

Adieu, il faut, bon gré, mal gré, que je vous quitte.

Mes compliments à M. de Rhodez; qu'il vienne recevoir ma réponse.

L'archevêque de Toulouse sera ici dans huit jours.

Je vous écrirai incessamment.

LETTRE CCCCXXVIII

DE L'ABBÉ BARTHÉLEMY A MADAME DU DEFFAND

Chanteloup, 1772.

CONTINUATION DE LA GAZETTE. — N° 3

AVIS AU LECTEUR

Si les gazettes de France et de Hollande étaient tout à coup interrompues, les politiques, les nouvellistes et même les gens du monde s'épuiseraient en conjectures. On dirait : C'est qu'on avait mal parlé du Grand-Seigneur, du Parlement, des jésuites! on pèserait toutes les paroles des dernières gazettes, on les discuterait pendant huit jours dans les soupers de Paris, on crierait contre la tyrannie, après quoi on oublierait les disputes et les gazettes.

Mon cher lecteur, vous n'avez pas plutôt appris que vous ne recevriez plus la gazette de Chanteloup, que vous en avez su la cause véritable, ce qui prouve qu'il est très-avantageux de n'avoir qu'un seul lecteur, et telle est la morale qu'on doit tirer d'une fracture de la clavicule.

Dimanche, 20 décembre 1772.

A midi précis, on s'est rendu au nombre de plus de cent personnes dans la chapelle du château. M. l'abbé de la Poissonnière, chanoine d'Amboise, a officié sacerdotalement. La musique du roi n'a rien exécuté non plus que celle du pape.

Du salon, à 4 heures.

Le baron de Viomenil est arrivé et nous a remis une lettre du sublime tonneau, que la grand'maman nous a ôtée des mains avec une force de mouche. Nous avons été affligés d'apprendre que le sublime tonneau a la prétention d'avoir perdu l'usage de son esprit, mais nous espérons que la perte sera bientôt réparée.

Du même endroit, à 10 heures du soir.

Je suis arrivé, la grand'maman était seule, c'était le moment du souper. Elle avait les yeux gros : Approchez, m'a-t-elle dit, que je vous conte ce qui m'est arrivé. Vous savez que madame de Mange est morte, que son mari retourne chez nous à Paris et qu'il nous faut un concierge. J'étais convenue avec M. de Choiseul de le proposer à Champagne. Je l'ai fait venir il n'y a qu'un moment. Je lui ai dit que j'étais si contente de ses services, qu'il avait tellement satisfait tous ceux qui venaient ici par son assiduité, son intelligence, l'ordre qu'il entretenait dans le salon, que M. de Choiseul et moi avions profité de la première occasion, et que nous lui donnions la place de concierge. — Je n'en veux point, m'a-t-il répondu vivement, je suis à vous depuis vingt-deux ans, et si mes services vous sont agréables, je ne vous demande que la permission de les continuer. — Mais, Champagne, vous serez également à moi, vous ne sortirez pas de la maison. — Non, madame, je ne puis m'y résoudre, j'entre quarante fois chez vous ou dans le salon, chaque jour j'y vois mes maîtres; quand je serai dans la conciergerie, à peine pourrai-je les apercevoir. — Mais, Champagne, vous nous verrez également. Essayez-en pendant huit jours; si, au bout de ce terme, vous n'êtes pas content de cet état, vous reprendrez l'ancien. — L'épreuve serait inutile, je ne puis être ailleurs que dans votre antichambre. — Mais on dit que cette place est meilleure que la vôtre; je ne suis pas en état de faire votre fortune, je ne puis pas même vous donner des gratifications comme je le désirerais. — Et qu'ai-je besoin de fortune? est-ce que je vous demande quelque chose? que j'aie une croûte et votre service, je ne souhaite rien de plus. Des larmes abondantes lui ont coupé la parole; la grand'maman, qui étouffait, l'a fait retirer et me l'a raconté un moment après, d'une manière bien plus touchante que je ne l'ai rendu. Tout le monde a fait compliment à Champagne. Il a répondu très-simplement que c'était la seule occasion dont il pouvait témoigner à M. le duc et madame la duchesse qu'il leur était véritablement attaché.

Du 21. De Lugny ou de la faisanderie.

On s'aperçoit avec douleur que les faisans qu'on avait élevés avec tant de soins et qu'on avait lâchés ensuite pour peupler la terre, quittent tous les jours le lieu de leur naissance, et se dispersent dans des terres étrangères. On en attribue la cause aux brouillards qui règnent depuis plus d'un mois, et dont l'obscurité ne leur permet pas de retrouver l'endroit d'où ils sont partis. On a proposé plusieurs projets pour les fixer, il en est un qui a réuni tous les suffrages. C'est d'établir à l'usage des faisans, dans toutes les allées et sur tous les arbres de toute la terre, des lanternes et des écriteaux où le chemin et les distances seraient indiqués. On n'allumerait les lanternes que dans les temps nébuleux, ce qui diminuerait fort la dépense.

A 11 heures du matin.

Le grand-papa, à la tête de tous les chasseurs et d'une nombreuse suite de chiens d'Angleterre et de différents pays, s'est rendu au bois de Paradis pour chasser le daim. On n'a trouvé que des daines dont on a respecté le sexe. Il pleuvait ; les chiens étaient mauvais, on n'a rien pris ; mais on a été bien mouillé.

Du salon, à 4 heures.

On a commencé la lecture de *Gil Blas* par le deuxième volume, attendu qu'on n'a pu trouver le premier. Monseigneur l'évêque de Rhodez s'est chargé de la lecture. Il a lu tout couramment avec beaucoup d'intelligence et d'onction.

Mardi 22.

L'article d'aujourd'hui vous satisfera autant que les vers ou la prose de messieurs tel et tel, dont il ne reste rien après les avoir lu.

Mercredi 23. De la cour du commun,
à 9 heures.

Monseigneur l'évêque de Rhodez vient de partir, laissant et emportant beaucoup de regrets. Il va passer deux jours chez monseigneur l'évêque d'Orléans ; de là dans un autre endroit inconnu ; il ne sera à Paris que dans les derniers jours de cette année et à Saint-Joseph dans les premiers jours de la suivante.

Du cabinet de toilette, à 11 heures.

La grand'maman est au clavecin et y restera jusqu'à l'heure du dîner. Elle s'y remettra à sept heures et y sera jusqu'à onze heures. C'est la vie qu'elle mène depuis deux mois, et qui lui plaît infiniment. Elle a un grand objet, celui de se mettre en état de jouer devant le grand-papa, sans avoir de battement de cœur. Il lui faut, pour le remplir, quatorze ans encore, et elle sera contente si à cinquante ans elle peut exécuter deux ou trois pièces sans faute.

Du salon, à 11 heures du soir.

Le courrier arrive. Il apporte une lettre du sublime tonneau, un peu triste à la vérité, mais pleine d'amitié pour la grand'maman et de sentiments pour le gazetier. Nous ne connaissons pas ici l'*Éloge de Racine*, mais nous doutons qu'il vaille celui qui fut fait dans son temps par Athalie, Britannicus, Phèdre et quelques autres auteurs de cette force.

Du jeudi 24.

C'est aujourd'hui l'anniversaire de l'exil, je crois qu'on en parlera un peu dans la journée.

Du salon, à 6 heures.

On a continué la lecture de *Gil Blas* et l'on a lu l'article des homélies de l'archevêque de Grenade. Ce morceau est divin et du meilleur ton. Pourquoi Lesage ne l'a-t-il pas toujours conservé, ce bon ton, puisqu'il le connaissait? C'est ce que je ne conçois pas. On a parlé de l'anniversaire comme on le devait, nous nous sommes rappelés le souper et votre douleur, et la grand'maman s'est attendrie.

LETTRE CCCCXXIX

DE MADAME DU DEFFAND A L'ABBÉ BARTHÉLEMY

Ce 22 décembre 1772.

Je me reproche, mon cher abbé, d'écrire si rarement à vous et à la grand'maman ; il n'y a personne au monde que j'aime autant que vous et elle, mais si vous saviez quel est mon état, quels sont les gens que je vois, quelles sont leurs conversations, les jugements qu'ils portent, leurs absurdités, vous comprendriez que je dois être tout engourdie ; ainsi suis-je, je vous assure. Les affaires publiques ne m'intéressent point, et je dis bien comme vous : *Colas est mort de maladie,* etc.

Les nouveaux ouvrages vous semblent-ils propres à ranimer l'esprit? Que dites-vous de l'*Éloge de Racine?*

Ce matin il m'a pris envie de relire l'*Oreste* de Voltaire ; je l'avais trouvé très-mauvais il y a vingt-cinq ans, et sur ce qu'on m'assurait qu'il y avait fait de grands changements et que cette tragédie était actuellement admirable, j'ai voulu en juger. J'ai trouvé à la tête une épître dédicatoire à madame la duchesse du Maine ; à quelque longueur près je l'ai trouvée parfaite ; faites-en le parallèle, je vous pris, avec l'*Éloge de Racine,* et mandez-moi ce que vous en aurez jugé. J'ai lu après un acte de la pièce, et je m'en suis tenue là ; rien ne me paraît plus médiocre.

Je ne sais plus que lire, je ne sais plus que faire pour me tirer de l'ennui qui m'assiége de toute part ; je ne trouve personne de mon avis sur rien ; il me prend souvent envie de me retirer totalement du monde, mais je me dis que ce n'est pas la peine et que je n'ai pas bien longtemps à attendre pour en être séparée. Mon Dieu, l'abbé, comme toutes choses tournent! Voilà bientôt l'anniversaire de l'événement qui m'a été bien funeste ; la chose publique et moi ne s'en consoleront jamais.

Voilà tout ce que je puis vous dire dans la disposition où je me trouve. Cette lettre devrait bien plutôt être mise au feu qu'à la poste, mais tout insipide et triste qu'elle est, j'aime mieux vous ennuyer que de vous laisser penser que je vous oublie.

Je n'ai point vu M. de l'Isle. Vous ne m'avez point mandé si vous aviez rempli les points d'un petit couplet que je lui avais envoyé.

Mon ami se porte mieux. La grand'maman et vous recevrez les *Mémoires du comte de Grammont* dont il a fait une nouvelle édition et imprimée chez lui.

Adieu, l'abbé, dites à la grand'maman que je l'adore et l'adorerai toute ma vie, mais que je suis trop bête actuellement pour lui écrire.

LETTRE CCCCXXX

DE MADAME DU DEFFAND A LA DUCHESSE DE CHOISEUL

Ce mercredi, 23 décembre 1772.

Quoique j'aie écrit hier une petite sotte lettre à l'abbé pour m'excuser de ne point écrire, je vous écris cependant aujourd'hui, chère grand'maman, parce que, sachant qu'il y a une occasion, j'aurais des remords de n'en pas profiter.

Il me revient de tout côté que vous êtes plus jolie que jamais ; que vous êtes grasse, bien portante, que vous jouez trois pièces de clavecin à ravir ; que le grand-papa ne tousse presque plus, que vous êtes gaie et contente. Le ciel en soit loué et vous maintienne dans cet heureux état ; c'est ce qui peut faire mon bonheur, car pour dans ce qui m'est personnel, je n'en cherche plus. C'est demain l'anniversaire de ce qui fait et fera toujours le malheur de ma vie ; mais détournons cette idée.

Le voyage de Montmorency finit aujourd'hui, il a été le

plus brillant du monde; M. le duc d'Orléans y a couché trois nuits; les princes et les princesses y étaient à foison; je m'en suis tenue à la gloire d'y être invitée; ce n'a point été à cause de la saison, de la distance, ni de mon âge, rien de tout cela ne m'aurait empêchée d'y aller si la compagnie avait été différente et peu nombreuse; je ne vais plus que chez mes plus particuliers amis, quand ils sont presque seuls; mon tonneau est mon centre, je le quitte rarement, et sans me piquer d'être philosophe, je pourrais bien l'être plus que Diogène, car je n'ai point de lanterne, j'en connais l'abus; on ne peut trouver ce qu'il cherchait dans le lieu où j'habite.

Je ne vous demande point ce que vous pensez sur ce qui se passe aujourd'hui, vous ne vous en occupez guère, ni moi non plus en vérité.

Voltaire a fait anciennement un petit écrit dont le titre est: *Sottise des deux parts*; on pourrait dire aujourd'hui : *Sottise de toute part*. Rien n'est moins intéressant que toutes les affaires présentes, et que tous les gens qu'elles regardent.

Vous a-t-on envoyé un extrait d'une lettre du roi de Prusse à Dalembert? Vous m'avez dit que vous ne craigniez point les répétitions, ainsi je vous l'envoie, chère grand'maman, et je vous dis adieu en vous répétant ou sans vous répéter que je vous aime; vous savez depuis longtemps ce qui en est.

LETTRE CCCCXXXI

DE MADAME DU DEFFAND A L'ABBÉ BARTHÉLEMY

Ce vendredi, 31 décembre 1772.

Prenez-vous-en à mes insomnies, si je ne vous écris point; elles me font perdre tout mon temps, je suis éveillée quand tout le monde dort, et je ne m'endors que quand tout le monde se lève; que la grand'maman se souvienne de sa tante Sessac; je suis bien punie de m'être moquée d'elle, car je la remplace. Je me propose cependant de vous écrire longuement par les Beauvau, mais pour aujourd'hui je me borne à vous envoyer une histoire qui vous surprendra, et que, pour le coup, on peut appeler ineffable. Faites-moi savoir si ce sera par moi que vous l'aurez apprise ; je suis persuadée que vous en recevrez huit ou dix copies en même temps que la mienne ; c'est ce qui me décourage. Voilà aussi des couplets ; comme ils ont été faits à ma sollicitation, ils peuvent ne vous être pas parvenus. Je n'ai pu obtenir de personne de m'en faire un pour l'étrenne que je donne à madame de Luxembourg ; elle n'a réveillé aucune imagination ; pour la mienne, cher abbé, elle est entièrement engourdie ; il n'y a que mon cœur qui veille pour vous, pour la grand'maman, pour le grand-papa. Ah ! je crois me souvenir que vous avez reçu autrefois une lettre où il y avait un pareil galimatias.

Je demande la bénédiction à mon grand-père et à ma grand'mère ; je leur souhaite mille prospérités, continuation de gaieté à l'un, meilleure santé à l'autre. Offrez mes hommages à madame la duchesse de Grammont, recevez mes embrassements, et dites à M. de l'Isle qu'il aura de mes nouvelles incessamment.

LETTRE CCCCXXXII

DE MADAME DU DEFFAND A M. CRAUFURT

Ce jeudi, 31 décembre 1772.

Avouez sans rougir, si vous l'osez, que promettre et tenir ne sont pas la même chose ; vous deviez me faire un récit exact et détaillé d'une certaine conversation aussitôt que vous l'auriez eu ; vous l'eûtes et vous m'écrivîtes le lendemain ; vous vous contentâtes de m'en dire un mot et de remettre le surplus à l'ordinaire prochain ; quinze jours se sont passés sans que j'aie entendu parler de vous ; hier je reçus un petit billet, mais vos chevaux étaient à votre chaise, vous alliez chez milord Ossory. L'ordinaire d'auparavant Conty avait reçu une lettre de son frère, qui lui mandait que vous partiez le lendemain 22 pour Bath, je n'en doutai nullement et j'apprends le contraire aujourd'hui; lequel des deux faut-il croire? vous êtes un étrange personnage; vous serez souvent entre M. Francis, madame de Roncherolles et moi, le sujet de nos conversations. Vous n'avez point, dites-vous, reçu vos porcelaines, j'ai envoyé sur-le-champ chez madame Poirier; voici la réponse qu'elle m'a faite : Je remettrai à la payer quand vous m'aurez accusé la réception de son envoi.

J'attends le thé avec la plus grande impatience; je touche à ma dernière heure, c'est-à-dire que je viens d'entamer ma dernière livre; mon thé est devenu fameux ; c'est une espèce de mode, ce qui produit une grande consommation; voilà un petit écrit de M. Saint-Paul qui doit vous servir d'instruction, il faut s'y conformer exactement, j'en ai déjà reçu par lui par la voie qu'il indique.

Comptez-vous ne me point informer de votre santé, ni de celle de M. votre père, ni de vos affaires tant particulières que publiques? par les publiques, j'entends ce que vous ferez au Parlement; y parlerez-vous, n'y avez-vous point déjà parlé? M. Hubert prétend que vous avez commencé à briller. Ne dédaignez point mes questions; j'en fais à fort peu de gens; elles doivent vous prouver beaucoup d'intérêt et c'est la plus grande preuve de mon amitié.

Je suis très-inquiète de la santé de M. Walpole, je me garderai bien de le lui dire; je n'ai reçu de lui qu'un billet qu'il m'écrivit le jour de son arrivée à Londres; ce n'est que par vous que je puisse en avoir des nouvelles, mais vous ne pourrez m'en donner de longtemps; M. Francis prétend que vous ne serez pas à Londres avant le 14, faites pour moi, mon cher petit Craufurt, tout ce que vous savez bien que je ferais pour vous en semblable occasion.....

La nouvelle du jour est le retour à la cour des ducs d'Orléans et de Chartres ; je vous envoie la lettre qui a fait cesser leur disgrâce ; quand vous l'aurez lue, envoyez-la à M. Walpole et dites-m'en votre sentiment ; le mien est de l'approuver infiniment.

LETTRE CCCCXXXIII

DE MADAME DU DEFFAND A LA DUCHESSE DE CHOISEUL

Paris, ce 2 janvier 1783.

C'est à vous que j'adresse cette lettre aujourd'hui. Depuis votre dernière et la gazette du grand abbé, il s'est passé ici des événements auxquels on ne sait quelle qualification donner ; peut-être sont-ils au-dessous de rien, peut-être deviendront-ils très-importants ; c'est ce que le temps nous apprendra, nous verrons comment finira le combat des bêtes féroces ; s'ils pouvaient s'étrangler mutuellement, quel plaisir ce serait !

Qu'avez-vous dit de la dernière lettre ? J'en ai été très-contente, l'autre m'avait paru détestable, amphigourique, basse. Celle-ci est noble, pathétique, claire. Si vous ne l'approuvez pas, je croirai avoir tort. On dit qu'elle est de M. de Belle-Isle. Je n'ai causé qu'avec le grammairien [1], j'évite l'éloquence de l'épouse, la sublimité de sa politique est trop au-dessus de ma portée, ce n'est que par les effets qu'elle produit que j'en puis juger ; je serais bien fâchée d'être admise à son aréopage, non plus qu'à celui du temple [2] qui, comme vous voyez, a son tribunal à part et dont les desseins sont d'acquérir une gloire immortelle, que je leur souhaite au nom du Père, etc.

Le récit que l'abbé m'a fait de l'histoire de Champagne m'a touchée au delà de toute expression. Voilà comme on

---

1. Le prince de Beauvau.
2. La comtesse de Boufflers.

vous est attaché, chère grand'maman; l'abbé et moi nous l'admettons en troisième. J'espère que j'apprendrai par la première gazette quel sera le choix que vous aurez fait. Cette gazette fait le bonheur de ma vie.

Ce n'est point la solitude qui cause mon ennui, je vois assez de monde, je suis rarement seule; mais tout ce que je vois m'est indifférent. Je suis séparée de tout ce que j'aime, et je n'ai pas le bonheur de m'accommoder de ce que j'ai, quand je n'ai pas ce qui me manque.

J'ai reçu hier les livres de M. Walpole; vous savez que ce sont les Mémoires de M. le comte de Grammont. L'avertissement vous dira pourquoi il a fait cette édition; que voulez-vous que je fasse de votre exemplaire et de celui de l'abbé? voulez-vous que je vous les envoie brochés ou que je les fasse relier? vos livres ont-ils une reliure uniforme?

Je dirai à mon ami toutes les choses obligeantes que vous me dites pour lui; je crains bien de ne plus le revoir.

Vous savez la mort de madame de Montblin. Je n'ai point vu M. de Côte, je me suis fait écrire chez lui; on le dit très-affligé.

Il y a mille ans que je n'ai vu la petite sainte; j'en suis fâchée, car je l'aime beaucoup, et puis elle m'est une occasion de parler de vous. Je les mets toutes à profit, et je dois vous dire que madame de Luxembourg me procure souvent cette satisfaction.

Le grand-papa veut-il bien que je l'embrasse? Parle-t-il quelquefois de la petite-fille? Permettez que je dise à l'abbé que ses gazettes me charment, et qu'il m'obligera infiniment, s'il veut bien y employer ses moments de loisir; je sais qu'il en a bien peu, aussi ne doit-il attendre de moi que beaucoup de reconnaissance et jamais de reproches.

LETTRE CCCCXXXIV

DE MADAME DU DEFFAND A L'ABBÉ BARTHÉLEMY

Paris, 8 janvier 1773.

Ah! l'abbé, l'abbé, si j'avais écouté à la porte de la grand'-maman depuis ma dernière lettre, j'aurais entendu de quoi rabattre ma vanité. « Mais, l'abbé, que dites-vous de la petite-fille? — J'en suis surpris, madame. — Trouver cette lettre belle[1], noble, avouer qu'elle en est contente; mais qu'est-ce que cela veut dire? Est-ce politique? — J'avoue, madame, que je ne sais qu'en penser, je sais bien qu'elle est quelquefois absurde, elle n'a sûrement point changé de sentiment, et s'il s'agissait de vos intérêts, elle porterait de meilleurs jugements; son esprit s'égare, mais jamais son cœur. — Ah! l'abbé, vous dites bien, tout ceci ne fait rien au grand-papa, et que sait-on s'il n'en arrivera pas un événement heureux, du moins elle le peut penser. » Oui, chère grand'maman, c'est en effet ce que je pense, et je vais vous dire pourquoi je suis si contente de cette lettre. D'abord elle me paraît fort bien écrite, et je soutiens qu'elle n'est point contradictoire; il y a des occasions où l'on ne conforme pas ses démarches à ses opinions, et quand on veut prouver sa soumission par sa conduite, il y a de la vérité et de la noblesse à déclarer qu'on n'a point changé d'opinion. Des enfants avec leur père, des femmes avec leur mari, des domestiques avec leur maître et des sujets avec leur roi, peuvent se soumettre à ce qu'ils désapprouvent, surtout quand leur résistance serait de toute inutilité, qu'ils l'ont soutenue assez longtemps pour être convaincus qu'elle ne peut produire aucun bon effet, et je trouve alors de la loyauté à déclarer, en se soumettant, que l'on ne change point d'opinion; mais c'est,

---

1. Une lettre de M. le duc d'Orléans au roi.

dit-on, rétracter ses protestations. Ah! oui, j'en conviens. Aussi n'est-ce point la conduite que j'approuve ; mais voulant avoir cette conduite, j'en approuve la manière, c'est-à-dire la lettre, car pour le reste, c'est-à-dire ce qui s'ensuit, je ne pense pas de même ; mais enfin, cher abbé, je veux bien encore convenir que je me suis trompée ; mais si vous entendiez madame la Palatine, elle vous donnerait envie de la contredire ; il n'y a point d'éloquence plus prolixe, plus bruyante, plus dominante. Dans la conversation, je m'avisai de dire : Mais si on intentait des procès aux princes, se laisseraient-ils juger par ce Parlement-ci? — Oui, dit-elle, sans doute, puisqu'il n'y a pas d'autres juges. — Mais, madame, n'est-ce pas cela qui serait contradictoire, et les reconnaître comme juges, n'est-ce pas un acte d'acquiescement ? — Non, madame, Jésus-Christ et Charles Ier font preuve du contraire. Voilà comme madame la Palatine raisonne, et moi, comme madame de Beaufort, je serais tentée d'abréger la dispute par un soufflet pour changer la face des affaires.

On dit que le chancelier chancelle, que le d'Aiguillon l'aiguillonne terriblement, enfin que le combat est un combat à mort. Le ciel en soit loué! qu'ils périssent tous les deux et qu'ils nous renouvellent la Thébaïde.

On a fait un très-méchant couplet, que cela ne vous fasse pas croire qu'il est de moi ; il n'en est pas, je vous le jure, le voici :

> Du d'Orléans et de son fils,
> Que dites-vous, compère ?
> Ne leur trouvez-vous pas l'esprit
> De monsieur leur grand-père ?
> Le pont-tournant, l'abbé fripon,
> La faridondaine, la faridondon,
> Les font honorer dans Paris, biribi,
> A la façon de Barbari, mon ami.

Il n'y a ni rime ni raison ; je ne compris pas d'abord ce que c'était que le pont tournant, et puis leur grand-père, c'est leur grand-oncle qu'il fallait dire; enfin je serais honteuse si vous pouviez croire qu'il fût de moi.

Je vous dis à l'oreille que je ne fais nul cas d'aucun prince; que leur protestation, leur rétractation, leur récrimination, leur contradiction, tout cela me paraît de la bouillie pour les chats. La fermeté de M. le prince de Conti sera un beau trait dans l'histoire [1]; mais il en coûtera bon au pauvre M. de Laborde. Il est enivré du mérite sublime du prince, de qui il croit devoir payer les dettes. Mais c'est assez bavarder sur des choses qui ne me font rien. Vous sentez bien, l'abbé, que je désire que cette lettre ne soit vue que de vous et de la grand'maman, et qu'elle soit jetée au feu tout de suite.

Je ne me porte pas très-bien, mes insomnies continuent, j'ai la tête creuse, je ne puis suivre aucune idée, je suis tout hébétée. Vous dites en vous-même : Pourquoi le dire? on le voit bien. Adieu, vous me devrez deux réponses, l'une à cette lettre-ci, l'autre à celle que j'ai écrite il y a quelques jours à la grand'maman. Faut-il faire relier vos livres?

Continuez votre gazette, je vous en prie.

LETTRE CCCCXXXV

DE MADAME DU DEFFAND A M. CRAUFURT

Paris, ce dimanche, 17 janvier 1773.

Où prenez-vous que je sois déraisonnable et imprudente? C'est un compliment que vous croyez me faire en me flattant de quelque conformité avec vous. J'avais désiré, je l'avoue, que vous fissiez expliquer M. Walpole sur tous ses griefs contre moi, et que vous l'engageassiez à vous montrer de mes lettres, celles

---

1. Le prince de Conti tint bon et ne fit aucun acte de soumission. « Mon cousin l'avocat n'est point las de chicaner, » disait Louis XV.

qui l'avaient le plus choqué depuis son dernier voyage; mais j'abandonne toutes ces recherches et tous ces éclaircissements. Qu'il ait des systèmes de conduite, qu'il ne s'en écarte jamais, à la bonne heure, j'y consens; pourvu qu'il se porte bien, qu'il m'honore de quelque estime, je ne lui en demande pas davantage; mes lettres ne seront pas assez fréquentes pour qu'il en soit importuné; il n'en recevra jamais qu'en réponse aux siennes.

Je n'ai point encore reçu le thé; il m'a mandé que vous lui en aviez envoyé quatre livres; je comptais sur six, et en conséquence, j'en avais promis à deux personnes. Je ne compte point que vous m'en fassiez présent; je vous en tiendrai compte sur l'emplette des porcelaines; je m'étonnais de ce que vous ne les aviez point encore; mais Wiart, qui a envoyé du vin dans le même temps, dit qu'il n'est point parti de bâtiment avant le onze de ce mois; apparemment vous les recevrez à votre retour de Bath. Je compte que vous me raconterez comment se sera passée votre visite, et si vous pouvez vous garantir de ce que vous craignez. M. Francis était chez moi quand votre lettre est arrivée; je lui ai annoncé celle que vous deviez lui écrire; je vous ai beaucoup d'obligations de m'avoir fait faire sa connaissance; son caractère me plaît beaucoup, et je m'accoutume infiniment à lui. Il n'en est pas de même de M. Hubert; il est toujours sur des tréteaux; il a le ton d'un charlatan; il annonce tout ce qu'il va faire, et il ne fait rien; il y a longtemps qu'il n'a soupé chez moi. Je souperai ce soir avec lui chez madame d'Enville, ce qui n'est pas en vérité divertissant.

Je continue à trouver madame de Roncherolles très-aimable; j'ai du plaisir à la voir, mais ce ne sera pas une amie, on n'en fait point à mon âge; c'est une espèce de prodige que vous et M. Walpole le soyez devenus; c'est que les Anglais sont singuliers en tout.

J'ai fait vos compliments à madame de Cambise; je persévère dans mes sentiments pour elle; mais je ne parviens pas à l'amollir; elle est sèche et roide comme un cotret.

Pont-de-Veyle tousse plus que jamais, n'est jamais de mon avis et m'impatiente à mourir.

Parlez-moi donc de vos comédies; quel rôle y avez-vous joué? Était-ce celui des amoureux? Sont-elles françaises ou anglaises? Avez-vous beaucoup vu M. de Lauzun? Je souperai demain chez madame de Luxembourg; La Harpe y lira sa tragédie des *Barmécides*. Voltaire ne m'écrit plus; il est bien maltraité dans un livre nouveau qui a pour titre : *Les trois siècles de la littérature française depuis François I*er; il en sera au désespoir, parce que l'article n'est pas mal fait; c'est un ouvrage de différentes mains; j'ai mandé à M. Walpole que je le lui enverrais s'il le voulait. Je ne lui écris point aujourd'hui, parce que je lui ai écrit mercredi dernier, et je ne répondrai à la lettre que je reçus de lui hier que mercredi prochain. M. Saint-Paul lui fera tenir le manuscrit dont je lui ai parlé; c'est un larcin qui demande le secret et dont il sera le seul recéleur.

On dit que vous parlez à la chambre basse; il faut me rendre compte de tout ce qui vous regarde si vous voulez me faire plaisir; mais si cela vous ennuie, n'en faites rien.

Adieu, mon petit Craufurt; j'ai toujours du penchant à vous aimer; mais je le suivrai ou j'y résisterai, selon votre volonté.

LETTRE CCCCXXXVI

DE MADAME DU DEFFAND A L'ABBÉ BARTHÉLEMY

Ce dimanche, 17 janvier 1773.

Ne dit-on pas qu'il vaut mieux ne rien dire que de dire des riens? je crois que cela est vrai; mais cependant je ferai comme si je ne le croyais pas, il s'agit de trouver des riens et j'y suis fort embarrassée.

Le cardinal de La Roche-Aymon a bien fort la goutte. Qu'est-ce qui sera grand-aumônier, du prince Louis ou du cardinal de Rochechouart? Les paris sont ouverts. Et la feuille, à qui la donnez-vous?

Avez-vous *Les trois siècles de la littérature depuis François I*er? Ce livre a plus d'un auteur. Qui croyez-vous qui a fait l'article Voltaire? Je crois que c'est M. de Pompignan. Si c'était lui, dit-on, il n'aurait point eu l'adresse de ne se pas nommer dans la liste des gens outragés, mais il n'aurait pas pu se nommer sans rappeler le souvenir du genre d'outrage, ce qui aurait été une nouvelle humiliation.

Les articles Thomas, d'Alembert et Saint-Lambert ne sont pas mal faits, mais presque tous les autres sont misérables. Vous avez vu la passion des jésuites, cela est tristement badin, mais assez juste. Il y a des noëls, mais si mauvais qu'on n'est pas tenté d'en prendre copie.

Quand vos *Grammont* seront reliés, faudra-t-il vous envoyer les deux exemplaires? Voulez-vous que le vôtre vous attende ici? Dans quel temps viendrez-vous le chercher? la grand'-maman et vous devriez bien venir à Paris passer le mois de février. Je suis tout étourdie du bruit qu'il y aura dans ce temps-là dans le salon, des puissances et des dominations qui y régneront. Je vous avoue, mon abbé, que ce n'est pas le moment où je voudrais être avec vous.

Le chevalier de Durfort ira vous trouver demain, non couronné de lauriers, car il a préféré le rameau d'olive ou d'olivier; il en tire l'avantage de vous rendre visite. Madame de Poix partira après-demain; peut-être écrirai-je par elle à la grand'maman, pour aujourd'hui cela ne se peut pas, vous voyez bien que je suis trop bête.

Il faut me faire un présent, m'envoyer par la première occasion des petites cerises de Tours.

LETTRE CCCCXXXVII

DE MADAME DU DEFFAND A LA DUCHESSE DE CHOISEUL

Paris, ce lundi, 19 janvier 1773.

Hier, j'eus le plaisir de beaucoup parler de vous, chère grand'maman, je passai la soirée à l'hôtel de La Rochefoucauld. Madame d'Enville ne sait point encore quand elle ira vous voir; je voudrais qu'elle fût avec vous et que la petite sainte et moi nous y fussions aussi, mais cette pauvre petite sainte ne se porte pas trop bien et votre petite-fille forme plus de désirs qu'elle n'ose faire de projets. Vous aurez aussi à la fin de la semaine le fils de la petite sainte; il vous portera le livre de M. Walpole, à qui j'ai écrit tout ce que vous me mandez d'obligeant pour lui; sa santé est bonne pour le présent, mais ses forces reviennent bien lentement.

Il n'y a ici aucune nouvelle, la haine se soutient, la guerre continue, mais on ne voit point encore qui aura l'avantage; on fait de mauvaises chansons, on parle d'un lit de justice qui n'aura point lieu, on ne dit rien du retour des exilés. C'est là le seul point intéressant, tout le reste ne l'est guère. J'entendis dire hier que le mariage de mademoiselle de Lorraine était retardé et que peut-être il ne se ferait pas. Celui de M. d'Aremberg se fera demain. Voilà tout ce que je sais. J'entendrai ce soir chez madame de Luxembourg la lecture de la tragédie des *Barmécides* par La Harpe; si elle ne vaut pas mieux que les *Lois de Minos*, je plains les comédiens. On vous aura beaucoup parlé de la nouvelle actrice, je l'ai entendue dans le rôle de Didon; on en est charmé, elle a la voix sonore, mais elle ne l'a point sensible; sa figure est, dit-on, fort belle, son maintien fort noble, elle écoute bien, son jeu muet est parfait; c'est de quoi je ne peux pas juger. Elle m'a fait peu d'effet, et je croirais qu'elle ne sera que du second ordre, c'est-à-dire dans la classe des Vestris, des Dubois, etc.; mais comme je ne vais plus aux spectacles, je m'embarrasse peu de ce qu'elle deviendra.

Je voudrais qu'on nous donnât de bons ouvrages, je suis désolée de ne savoir plus que lire. Si l'abbé n'a soin de moi et qu'il suspende les gazettes, je ne sais ce que je deviendrai. Il me faut de vos nouvelles, que je puisse être en esprit à Chanteloup, que j'apprenne que vous vous portez bien, que vous pensez quelquefois à la petite-fille, et que vous êtes bien sûre que vous êtes aimée d'elle plus que de personne au monde.

LETTRE CCCCXXXVIII

DE MADAME DU DEFFAND A LA DUCHESSE DE CHOISEUL

Paris, 20 janvier 1773.

Madame de Poix, qui devait partir hier matin, ne part que ce soir à onze heures. On me rapporta hier de chez le relieur les *Grammont*, elle veut bien s'en charger; je crains que vous n'en soyez pas contente; on trouve que les caractères ne sont pas nets, que l'encre est trop blanche et trop grasse, que les lignes sont trop pressées, qu'il y a grand nombre de fautes d'orthographe qui ne sont point corrigées dans l'*errata*; qu'on a écrit partout amiable au lieu d'aimable. J'ai mandé toutes ces critiques à l'éditeur pour qu'il ne retombe pas dans les mêmes fautes, en cas qu'il en fasse une seconde édition, comme il paraît en avoir envie. L'offrande n'est pas digne de vous, mais le cœur de celui qui vous la fait y doit mettre du prix, car il vous est bien dévoué.

J'ai entendu les trois premiers actes des *Barmécides*, les deux derniers ne sont pas encore finis; de cette pièce et des *Lois de Minos* on ne peut dire que hélas! et holà! Ces mots se pourraient répéter cent fois dans la journée. Et vous, chère grand'maman, vous serez bientôt dans le cas d'en faire un duo avec le grand abbé. Si j'étais dans ce temps-là auprès de vous, il faudrait me trouver un troisième mot dans le dictionnaire qui soit assorti aux deux autres.

Pas la plus petite nouvelle. Je souperai demain chez la petite sainte, en petit comité, nous parlerons de vous tout à notre aise et nous serions bien heureuses si vous pouviez écouter à la porte ; mais on ne vous y laisserait pas longtemps, vous n'y courriez pas le risque d'y attraper un rhume, mais bien celui d'être étouffée par nos embrassements.

Avez-vous ouï dire qu'il y a une petite madame d'Amerval qui a la hardiesse de vous ressembler ? je ne le saurais croire, vu mon système sur les physionomies.

Je n'entends plus parler du tout de Voltaire, il faut que l'on m'ait fait quelques tracasseries avec lui. Pour notre baron, qui ne m'écrit plus, je pense qu'il me boude de ce que je lui ai signifié que je ne voulais point être sa bonne-maman. Quelle singulière idée lui avait pris ! je ne suis point d'humeur à vous donner des arrière-petits-fils, je veux être votre unique petite-fille et celle du grand-papa, et rien à personne, à personne au monde, si ce n'est à mon grand abbé dont je veux toujours être la meilleure amie.

LETTRE CCCCXXXIX

DE L'ABBÉ BARTHÉLEMY A MADAME DU DEFFAND

Le 28 janvier 1773.

Le rhume de la grand'maman est très-peu de chose. Quand elle sera indisposée, rapportez-vous-en à mon récit, parce que je vous dirai toujours l'exacte vérité, tous les ménagements dans ce genre sont des perfidies. Je m'en servirais si vous étiez à la Chine, parce qu'il vous serait impossible d'éclaircir les faits ; mais avec la quantité de lettres qu'on écrit tous les jours à Paris de Chanteloup, il serait inutile et ridicule de songer à vous tromper. Soyez donc aussi tranquille que je le suis sur ce rhume.

Ma lettre sera en deux feuilles séparées, parce que mon cornet vient de tomber sur la seconde page et l'a tellement barbouillée qu'elle m'a paru l'écriture d'un nègre.

Madame la marquise de Fleury est ici. La connaissez-vous? je ne l'avais jamais vue, et je crois n'avoir ni assez d'yeux ni assez d'oreilles pour la voir et l'entendre. C'est une volubilité d'idées et de paroles, une chaleur de conversation si grande, que la grand'maman lui disait hier : « Je crains que vous ne vous embrasiez tout d'un coup et que nous ne soyons tous consumés dans vos flammes... » C'est d'elle que M. Walpole le banquier disait au grand-papa : « C'est une femme très-amusante, mais qu'est-ce qu'on fait de ça dans sa maison ? »

Nous ne connaissons pas les étrennes d'un ami de Voltaire, mais elles viendront, car on envoie tout ce qui paraît. La grand'maman me charge de vous raconter une niche qu'elle vous a faite. Vous m'avez écrit qu'il y aurait beaucoup de monde dans ce temps-là à Chanteloup et que ce ne serait pas le moment que vous choisiriez pour y venir; vous en disiez les raisons, qu'on ne pouvait pas lire tout haut, et puis vous ajoutiez que vous seriez bien seule alors. La grand'maman voulut lire votre lettre au grand-papa. Il survint quelqu'un pendant la lecture en question. Embarrassée quand elle vint à l'article, elle crut ne pouvoir mieux se tirer d'affaire qu'en lisant tout de suite : Vous aurez beaucoup de monde à Chanteloup dans le courant de février, je serai bien seule alors; vous devriez bien venir dans ce temps-là à Paris avec l'abbé. Imaginez mon étonnement. Mais ce que vous n'imaginez pas, ce furent des rires inextinguibles, on a trouvé cela très-gai de votre part.

J'ai toujours mille et mille tendresses à vous dire; mille et mille ne font que deux mille, il y en a bien davantage.

LETTRE CCCCXL

DE MADAME DU DEFFAND A L'ABBÉ BARTHÉLEMY

Paris, ce 28 janvier 1773.

Vous ne me donnez plus de nouvelles de la grand'maman, je me flatte que c'est bon signe, mais cependant je serais bien aise de savoir ce qui en est.

J'ai envie, mon cher abbé, de vous écrire à mon tour en forme de gazette; je n'ai pas le talent d'avoir comme vous des styles de tous genres, tout au contraire, je n'en ai aucun ; eh bien! c'est une raison pour me servir de celui-là comme je ferais d'un autre.

Je vous dirai donc que lundi, 25 de janvier, madame de Forcalquier soupa chez madame de La Vallière; je ne sais pas quel était le reste de la compagnie.

Le mardi 26.

Je soupai chez les Brienne avec l'évêque de Mirepoix, M. de Caraman. Vous comprenez bien que l'archevêque de Toulouse y était; on n'y dit aucune nouvelle, il ne fut presque question que du retrait que M. de Senlis avait signifié à M. de Villequier de la terre de Senlis. Je vins me coucher à une heure, et, par parenthèse, je me réveillai à trois et je ne pus jamais reprendre le sommeil, ce qui fit, comme vous voyez, une nuit blanche comme neige. A midi, madame de Caraman envoya chez moi me dire de deviner quelle était la nouvelle dame que madame d'Aiguillon avait menée la veille à Choisy? Je dis d'abord : Ce ne peut pas être madame de Forcalquier. — Pardonnez-moi, me dit-on, c'est elle. Je fis prier madame de Caraman de venir prendre du thé chez moi et me raconter tout cela; elle y vint et elle me dit qu'ayant soupé la veille chez madame de La Vallière, il y était venu plusieurs personnes successivement qui avaient dit que cette dame était à Choisy. Madame de La Vallière voulut le nier, disant que Madame de Forcalquier avait soupé avec elle la veille, qu'elle était dans des dispositions bien différentes, qu'elle parierait que c'était une fausse nouvelle ; et comme on insista à lui assurer que rien n'était plus positif, elle consentit à croire qu'elle y était allée, mais seulement pour la comédie où devait jouer la nouvelle actrice, et qu'elle l'aurait vue dans une loge grillée. — Non, non, madame, elle y doit souper. — Souper ! ah ! je suis bien sûre que non, je sais ce qu'elle pense et je parierai contre qui voudra. — Ne pariez point, madame, rien n'est plus certain. Madame de Caraman fut tentée de m'envoyer un billet chez les Brienne pour m'apprendre cette nouvelle, mais se rappelant que M. de Caraman y soupait avec moi, elle ne douta pas qu'il ne me l'eût apprise. En rentrant chez elle, elle lui demanda ce que j'en avais dit; elle fut fort étonnée qu'il ne m'en eût pas parlé. Voilà ce qu'elle me raconta pendant notre thé. La dame n'y a point couché, mais elle y couchera; elle ne s'est pas engagée à être de tous les voyages, ce n'est pas une femme à tous les jours. Il y avait huit dames à ce souper, quatre de chaque côté, l'une à côté de l'autre : à la droite madame la comtesse (Du Barry), mesdames d'Aiguillon, de Forcalquier et de Mazarin. A la gauche, mesdames de L'Hôpital, d'Harville et de Créné.

Mercredi 27.

C'est ce jour-là que j'ai appris tout ce qui s'est passé le mardi. Je vis assez de monde l'après-dîner : mesdames de Luxembourg, de Lauzun, de Beauvau, de Boufflers, soupèrent chez moi ; les hommes étaient l'archevêque de Toulouse, l'évêque de Mirepoix, MM. de Beauvau, de Broglie, Pont-de-Veyle, l'ambassadeur de Naples, de Beauffremont. La soirée fut fort douce; on ne parla que de la nouvelle du jour.

Jeudi 28, à 2 heures après midi.

Je soupe ce soir chez madame d'Enville avec les Beauvau et je vais me lever; mais non, il est de trop bonne heure, je veux encore causer avec vous. Je quitte le ton de gazette, il me gêne.

Le d'Aiguillon ne soupa point mardi à Choisy; je ne sais d'où cela vient, mais j'ai quelque chose en moi qui m'empêche de le croire vraiment ministre; il me semble qu'il n'est là que pour remplir une place vacante et où il ne doit rester qu'en attendant celui à qui elle appartient ou que celui à qui on la destine soit arrivé. Enfin tout ceci me paraît quelque château branlant, il arrivera quelque coup de vent qui le renversera. Ce qui me paraît le plus stable, c'est le Terray : c'est un rocher; un coup de vent ne suffira pas pour le renverser, il faut un tremblement de terre. Je ne crois pas qu'on doive le désirer.

Voilà, mon abbé, le monde qui va vous arriver à foison, vous aurez plus de temps pour m'écrire et plus de choses à me mander. Je ne sais quand cette lettre partira, la voilà prête pour la première occasion ; j'y ajouterai peut-être.

Ce vendredi, 29.

Cette occasion vraisemblablement sera lundi que M. de Liancourt ira vous trouver. Je n'attends de vos nouvelles que par les petits de Choiseul ; je n'ai point vu la petite sainte depuis leur départ, elle ne se porte pas trop bien. Il n'en est pas de même de madame d'Enville; elle est bien vivante. Elle avait été à la comédie entendre la nouvelle actrice. On ne parle que de cette actrice, on l'élève jusqu'aux nues ; je suis bien trompée si sa vogue se soutient.

Je vous envoie une petite brochure que mon colporteur m'a apportée et que personne ne dit avoir vue, c'est cependant de Voltaire à ce que je crois. Je ne sais s'il fera la sottise de répondre aux trois siècles ; je n'entends plus parler de lui et je ne m'en soucie guère. Comment avez-vous trouvé l'article de La Harpe dans le *Mercure* sur ces trois siècles? J'entendrai lundi sa tragédie des *Barmécides* tout entière; il nous en a déjà lu trois actes; je doute que les comédiens la reçoivent. Tous ces beaux esprits, mon cher abbé, sont bien peu de chose, ils tirent leur gloire de la protection que leur accorde Voltaire; sa mort leur coupera la tête.

Ce dimanche 31.

Je suis honteuse de vous envoyer cette lettre, rien n'est plus long et plus ennuyeux que l'histoire de madame de Forcalquier; mais ce qui est écrit est écrit, je ne puis pas recommencer.

Il y a un siècle que je n'ai eu de vos nouvelles. Ce n'est pas qu'on ne m'aime plus? la grand'maman n'est pas capable d'oublier sa petite-fille, et vous, l'abbé, vous m'aimerez toujours, j'en suis sûre. Cependant, pour prévenir toute inquiétude, *redites-me-le.*

Vous aurez su la maladie et la guérison de la jeune comtesse de Choiseul. La belle-mère ne se porte pas trop bien; elle attendait ses enfants hier ou aujourd'hui. Apparemment qu'ils m'apporteront de vos nouvelles, il y a plus de quinze jours que je n'en ai reçu. Je ne vous en fais point de reproches, je sais qu'on n'est pas toujours en train d'écrire, mais il ne faut pas laisser dans l'inquiétude sur la santé; vous savez comme je pense pour la grand'maman et que la tête me tourne quand je la crois malade. Je lui écrirai par les Beauvau qui partent jeudi. Adieu.

LETTRE CCCCXLI

DE LA DUCHESSE DE CHOISEUL A MADAME DU DEFFAND

A Chanteloup, ce 28 janvier 1773.

Je n'ai pas pu vous remercier par le marquis de Laval, ma chère petite-fille, de vos *Mémoires de Grammont*, parce que la maladie de son fils l'a fait partir si précipitamment que je n'ai pas eu le temps d'écrire. Ce présent de M. de Walpole m'a fait le plus grand plaisir du monde malgré tous les défauts que vous lui trouvez avec raison, et je vous prie de l'en bien remercier de ma part. Comme vous m'en envoyez deux exemplaires, j'ai imaginé que celui de l'abbé était joint au mien et je le lui ai remis. Le mien est déjà dans le sanctuaire, c'est-à-dire dans la petite bibliothèque de ce boudoir où je conserve vos lettres et ce que j'ai de plus précieux. J'ai été fort contente de l'épître dédicatoire qui vous est adressée; ne l'êtes-vous pas aussi? Je suis fort contente aussi de la reliure de nos exemplaires, quoique ce ne soit pas un si bel ouvrage; je vous prie de me faire savoir ce que je vous dois sur cet objet, car il faut payer ses dettes.

Ne m'avez-vous pas demandé des petites cerises de Tours? j'ai recherché cette commission dans toutes vos dernières lettres sans pouvoir la trouver; il faut qu'elle soit dans une de celles que vous avez écrites à l'abbé. Quoi qu'il en soit, je suis bien fâchée de l'avoir oubliée jusqu'à présent. Je ne puis vous en envoyer aujourd'hui parce qu'il n'y en a point dans la maison, mais vous en recevrez par les petits Choiseul avec un fromage de Chanteloup.

Vous prétendez donc, ma chère petite-fille, que, si j'arrivais en tiers entre la petite sainte et vous, vous m'étoufferiez; ah! c'est un risque que je voudrais bien courir. A propos de me trouver entre vous, l'abbé vous a-t-il raconté la ridicule histoire que j'ai faite à M. de Choiseul pour lui cacher un article d'une de vos lettres? il l'a cru et en a ri comme un fol, c'est sa bonne histoire, il la raconte à tout le monde, elle vous reviendra vraisemblablement par madame de Poix ou madame de Beauvau ; je ne vous la ferai pas de peur de me répéter avec l'abbé, et puis parce que je ne sais pas conter.

Je ne sais plus de qui vous m'avez dit qu'étaient les *Barmécides*, n'est-ce pas de La Harpe, ou, comme je vous disais il y a quelques années, d'un M. Fouille-au-Pot [1]? Je trouve qu'il n'y a plus que des fouille-au-pot, et il y a tant de choses sur lesquelles je dirai comme vous hélas et holà ! c'est un duo que nous ferons ensemble tant que vous voudrez.

Je ne suis point étonnée que madame d'Amerval me ressemble ; il faut que j'aie une figure scandaleuse, car voilà la troisième ou quatrième fille qu'on m'a déjà dit qui me ressemblait. Tout ce que je puis vous dire pour ma justification sur cette ressemblance, c'est que, quand j'étais jeune, les hommes ne m'ont pas traitée en conséquence du scandale de ma figure.

Adieu, chère petite-fille, je vous remercie de ne vouloir pas avoir d'autres parents que moi ; je vous assure que je ne veux pas non plus avoir d'autre famille que vous, car je sens à ma tendresse que vous êtes faite pour être mon unique bien, puisque vous réunissez tous mes sentiments.

Je vous prie de tâcher de faire tenir ma lettre à milady Charlotte par une occasion sûre, car la poste n'a jamais voulu me procurer les siennes ni lui rendre les miennes.

---

1. Elle avait ainsi retenu le nom de Fenouillot de Falbaire, auteur de l'*Honnête criminel*.

LETTRE CCCCXLI

DE LA DUCHESSE DE CHOISEUL A MADAME DU DEFFAND

A Chanteloup, ce 28 janvier 1773.

Je n'ai pas pu vous remercier par le marquis de Laval, ma chère petite-fille, de vos *Mémoires de Grammont*, parce que la maladie de son fils l'a fait partir si précipitamment que je n'ai pas eu le temps d'écrire. Ce présent de M. de Walpole m'a fait le plus grand plaisir du monde malgré tous les défauts que vous lui trouvez avec raison, et je vous prie de l'en bien remercier de ma part. Comme vous m'en envoyez deux exemplaires, j'ai imaginé que celui de l'abbé était joint au mien et je le lui ai remis. Le mien est déjà dans le sanctuaire, c'est-à-dire dans la petite bibliothèque de ce boudoir où je conserve vos lettres et ce que j'ai de plus précieux. J'ai été fort contente de l'épître dédicatoire qui vous est adressée; ne l'êtes-vous pas aussi? Je suis fort contente aussi de la reliure de nos exemplaires, quoique ce ne soit pas un si bel ouvrage; je vous prie de me faire savoir ce que je vous dois sur cet objet, car il faut payer ses dettes.

Ne m'avez-vous pas demandé des petites cerises de Tours? j'ai recherché cette commission dans toutes vos dernières lettres sans pouvoir la trouver; il faut qu'elle soit dans une de celles que vous avez écrites à l'abbé. Quoi qu'il en soit, je suis bien fâchée de l'avoir oubliée jusqu'à présent. Je ne puis vous en envoyer aujourd'hui parce qu'il n'y en a point dans la maison, mais vous en recevrez par les petits Choiseul avec un fromage de Chanteloup.

Vous prétendez donc, ma chère petite-fille, que, si j'arrivais en tiers entre la petite sainte et vous, vous m'étoufferiez; ah! c'est un risque que je voudrais bien courir. A propos de me trouver entre vous, l'abbé vous a-t-il raconté la ridicule histoire que j'ai faite à M. de Choiseul pour lui cacher un article d'une de vos lettres? il l'a cru et en a ri comme un fol, c'est sa bonne histoire, il la raconte à tout le monde, elle vous reviendra vraisemblablement par madame de Poix ou madame de Beauvau ; je ne vous la ferai pas de peur de me répéter avec l'abbé, et puis parce que je ne sais pas conter.

Je ne sais plus de qui vous m'avez dit qu'étaient les *Barmécides*, n'est-ce pas de La Harpe, ou, comme je vous disais il y a quelques années, d'un M. Fouille-au-Pot [1]? Je trouve qu'il n'y a plus que des fouille-au-pot, et il y a tant de choses sur lesquelles je dirai comme vous hélas et holà ! c'est un duo que nous ferons ensemble tant que vous voudrez.

Je ne suis point étonnée que madame d'Amerval me ressemble ; il faut que j'aie une figure scandaleuse, car voilà la troisième ou quatrième fille qu'on m'a déjà dit qui me ressemblait. Tout ce que je puis vous dire pour ma justification sur cette ressemblance, c'est que, quand j'étais jeune, les hommes ne m'ont pas traitée en conséquence du scandale de ma figure.

Adieu, chère petite-fille, je vous remercie de ne vouloir pas avoir d'autres parents que moi ; je vous assure que je ne veux pas non plus avoir d'autre famille que vous, car je sens à ma tendresse que vous êtes faite pour être mon unique bien, puisque vous réunissez tous mes sentiments.

Je vous prie de tâcher de faire tenir ma lettre à milady Charlotte par une occasion sûre, car la poste n'a jamais voulu me procurer les siennes ni lui rendre les miennes.

---

1. Elle avait ainsi retenu le nom de Fenouillot de Falbaire, auteur de l'*Honête criminel*.

LETTRE CCCCXLII

DE L'ABBÉ BARTHÉLEMY A MADAME DU DEFFAND

A Chanteloup, le 31 janvier 1773.

La personne qui vous remettra cette lettre m'a pressé plus d'une fois de vous l'écrire. J'imagine qu'elle veut avoir une recommandation auprès de vous. J'aurais du bien à vous en dire, et vous trouverez, je pense, que pour une femme de province elle est assez aimable et ne manque pas d'esprit. J'oubliais de vous dire son nom, elle s'appelle madame la duchesse de Grammont. La présente n'étant à autre fin, etc.

Cependant j'ai bien envie de me plaindre de votre silence; vous me devez au moins deux réponses. J'avais autrefois le département de vos affaires étrangères. M. de La Vrillière ne m'a pas demandé ma démission. Nous avons vu des secrétaires ne plus faire le travail, mais ils ne sont point renvoyés sans en être instruits. Je ne me rappelle point d'avoir jamais dit à M. le prince de Beauvau que je vous écrivais tous les jours : vous seriez trop à plaindre, mais j'ai dû lui dire que je pensais tous les jours à vous.

J'ai reçu une lettre du baron. C'est un chapitre qui manquait à Jérémie et qu'il a découvert dans quelque manuscrit d'Allemagne, l'été à Spa, l'automne je ne sais où.

J'avais beaucoup d'autres choses à vous dire, je ne sais où elles sont à présent, et puis votre silence me glace. J'aimerais mieux être étranglé que d'être boudé. Si vous n'êtes pas contente de moi, envoyez-moi au plus tôt le cordon fatal. Je ne m'en servirai pas, car il est impossible de se pendre à Chanteloup; je l'attacherai à ma fenêtre, j'y suspendrai une clochette, et toutes les fois que le vent l'agitera, elle deviendra le signe de vos vengeances, comme l'arc-en-ciel l'est devenu de l'indulgence divine.

LETTRE CCCCXLIII.

DE MADAME DU DEFFAND A LA DUCHESSE DE CHOISEUL

Paris, le 31 février 1773.

Pendant qu'on portait à l'hôtel de Choiseul un paquet adressé à l'abbé, j'ai reçu votre lettre du 28. Je devrais bien me désabuser de mes inquiétudes. Non, je ne dois jamais craindre votre oubli, il n'y a point de cœur comme le vôtre; mais tous les autres sont si différents, que quelquefois je me laisse aller à croire que l'amitié est une pure chimère. Effectivement, chère grand'maman, si vous, l'abbé et moi n'existions pas, je crois que cela serait vrai. Je ne puis plus supporter d'être séparée de vous; je voudrais détruire, abîmer, anéantir tout ce qui s'oppose à votre retour, jamais je ne vivrai assez pour vous revoir. Venez me trouver, me direz-vous. Hélas! le puis-je? Mais ne parlons pas de cela, cela est trop affligeant.

Voulez-vous que je vous dise ce que m'ont coûté les reliures? Quand j'aurai reçu le fromage et les petites cerises et que vous y aurez joint votre mémoire, je vous enverrai le mien, nous jugerons de quel côté sera la dette.

Ma grand'maman, vous êtes bien étrange de ne m'avoir pas raconté ce qui vous a fait tant rire, et l'abbé est bien indigne de ne me l'avoir pas mandé; il se néglige bien, cet abbé, il abuse de mon indulgence; il est heureux pour lui que je sois devenue stupide; si j'ai jamais quelque retour de gaieté, de sens commun, je le relancerai de bonne sorte. Mais qu'il n'ait pas peur, cela n'arrivera pas sitôt; j'ai des insomnies si maudites, qu'elles éteindraient les génies de tous nos beaux esprits s'ils en avaient de pareilles.

Je ne crois pas qu'on puisse faire un plus plat récit que celui que j'ai fait à l'abbé sur le début brillant de madame de

Forcalquier à la cour ; le grand-papa serait bien aise si je consentais à parier qu'elle ne sera pas dame d'honneur de madame la comtesse d'Artois [1] ; eh bien, en vérité, je ne le crois pas ! Sait-il que la maréchale ne prend point le logement de l'Arsenal ?

J'ai déjà, chère grand'maman, transcrit à M. Walpole ce que vous me mandiez pour lui dans une de vos lettres ; c'est par pure paresse que je n'en fais pas autant de ce qui est dans les siennes pour vous. J'ai eu peine à consentir à son épître dédicatoire, heureusement personne ne m'a reconnue ni ne m'en a parlé. Il fera, je crois, une seconde édition. Je l'ai informé exactement de tous les défauts qu'on trouve dans celle-ci.

Votre lettre sera rendue très-fidèlement à milady Charlotte.

N'avez-vous pas les *Lois de Minos ?*

J'ai déjà entendu les trois premiers actes des *Barmécides*, qui sont de La Harpe ; demain, il nous lira chez madame de Luxembourg la pièce entière, et je suis bien sûre de dire : *Hélas ! holà !*

Vous savez que les Beauvau partent jeudi, je vous en félicite ; je trouverai le prince fort à dire ; il me traite fort bien, il me voit tous les jours, son âme est très-belle et bonne. Vous le garderez un mois. Ah ! que je les envie, que je voudrais être à leur place ! mais venez ici, chère grand'maman, que je me retrouve dans ce petit appartement, que je vous aie à côté de mon tonneau, enfin que je puisse vous étouffer et l'être par vous [2].

---

1. Elle aurait perdu son pari.
2. Elle écrivait cinq jours avant à M. Walpole : « Excepté son mari, soyez sûr qu'elle n'aime rien... »

LETTRE CCCCXLIV

DE MADAME DU DEFFAND A LA DUCHESSE DE CHOISEUL

Ce mercredi, 3 janvier 1773.

Je fis hier mes adieux au prince et à la princesse. Après que vous les aurez embrassés, que vous leur aurez marqué votre joie excessive de les voir, quand cette joie sera calmée, vous lirez paisiblement la lettre de votre petite-fille. Je ne la remplirai pas de nouvelles, chère grand'maman; qu'est-ce que je pourrais vous apprendre de plus que ce que vous apprendrez par ceux qui sont dans la bouteille? Ils vous conteront mille faits et gestes de madame de Mazarin, mille tracas que j'ignore ou que j'oublie l'instant d'après qu'on les a contés, et qui ne m'intéressent pas plus que ce qui se passe à la Chine. C'est ce qui se passe et ce qui se passera à Chanteloup qui excite ma curiosité, qui n'a d'autre source que l'intérêt que donne la plus tendre amitié.

Les petits Choiseul me rendirent visite hier. Je ne sais pas comment vous les trouvez, pour moi ils me plaisent, je leur trouve de l'esprit et l'esprit de leur âge.

Le prince vous porte une lettre ou un discours de Voltaire qu'on lut hier chez moi, que l'ambassadeur de Naples avait apporté et qu'il annonça comme le plus agréable écrit sorti de la plume de Voltaire; il me parut à moi le plus long, le plus froid et le plus ennuyeux. Mais cet homme est fou de la philosophie et surtout des philosophes, l'admirateur enthousiaste des d'Alembert, des Saint-Lambert, des Marmontel, etc., etc., mais plus que tout cela le plus fervent adorateur de la Palatine [1]. C'est un bonhomme qui réunit en sa personne toute la comédie italienne.

---

1. Madame du Deffand désigne ainsi la princesse de Beauvau.

J'attends incessamment une visite d'Angleterre. Ah! ce n'est point Horace, il est repris de sa goutte, elle épuise tellement ses forces que je crains bien de ne le jamais revoir. C'est une dame de beaucoup d'esprit qui s'appelle madame Greville; elle passera ici six semaines ou deux mois, elle logera chez moi; je crains un peu, je l'avoue, que ce ne soit une petite gêne, mais si elle écarte l'ennui, j'aurai fait un bon marché. Vous ne savez pas ce que je prétends, chère grand'maman? Vous savez qu'il y a des gens qui ont dans les entrailles et l'estomac le ver solitaire, et que ce ver absorbe tous leurs aliments et les fait à la fin mourir d'inanition; eh bien, j'ai dans l'âme un ver du même genre qui s'appelle l'ennui, qui fait sur mon âme le même effet que le solitaire fait sur le corps. Si vous dites cela à l'abbé, il m'entendra, non pas tant qu'il est avec vous, mais il se souviendra de l'état où il se trouve quand il en est séparé et alors, je vous le dis, il m'entendra.

J'ai été contente de la lecture des *Barmécides* : il y a une scène qui retrace les belles scènes de Corneille; il y a encore à travailler au cinquième acte. Faites-vous-la envoyer; mais il faudrait que La Harpe vous en fît lui-même la lecture, on ne saurait plus parfaitement lire.

Vous voyez, chère grand'maman, combien j'abuse de votre patience, pardonnez-le au plaisir que je trouve de causer avec vous.

S'il n'y avait jamais que vous qui lût mes lettres, je me permettrais bien des choses dont je m'abstiens.

J'ai reçu une lettre du baron [1], datée d'Avignon; il dit qu'il a quitté l'ennui de Montpellier et qu'il va passer son hiver à Marseille, qu'il est dévoré par des millions de vers, qu'on lui a conseillé comme un remède sûr, des eaux qui sont dans la province d'York, et qu'il compte les y aller prendre cet été.

1. De Gleichen.

LETTRE CCCCXLV

DE LA DUCHESSE DE CHOISEUL A MADAME DU DEFFAND

(Elle dicte d'abord à l'abbé Barthélemy, qui écrit ensuite pour son compte.)

4 février 1773.

Ma chère petite-fille, c'est l'abbé qui écrit et c'est moi qui dicte. Vous vous passeriez bien de la seconde partie, mais en toute chose il en est ainsi : un peu de bien, un peu de mal, voilà le monde, et même le meilleur des mondes possibles, comme le dit un certain livre que je viens de lire, qu'on ne croit pas profond parce qu'il est clair, et qu'on trouve ennuyeux parce qu'en effet il est prolixe (ce livre est intitulé : *Le bon sens*; la grand'maman vous conseille de ne le pas lire).

J'ai à répondre à deux de vos lettres : la dernière vient de m'être remise à l'instant par madame de Beauvau. Je ne vous promets pas beaucoup d'ordre dans ma réponse, parce que j'ai la tête cassée du bruit qui s'est fait chez moi à son arrivée; cette tête n'est cassée que parce qu'elle est faible, mais elle n'est point malade, mon rhume et ma fluxion sont entièrement passés, il ne m'en reste qu'un ébranlement dans les nerfs qui me rend incapable de toute application ; c'est ce qui m'oblige à me servir de la main de l'abbé pour vous écrire les tendresses qui sont toujours dans mon cœur et qui se trouveraient sous ma plume si je la tenais..

Vous voulez donc me donner la reliure des *Mémoires du comte de Grammont?* Eh bien, je l'accepte et je vous envoie un fromage; mais pour des petites cerises, il en faut faire votre deuil, car il n'y en a plus à Tours.

Je suis bien fâchée de ce que vous me mandez du pauvre M. de Walpole. Je n'aime pas à vous voir inquiète pour vos amis, j'aime encore moins à vous voir découragée et décourageante pour eux. Pourquoi me faire entendre que vous ne viendrez pas à Chanteloup cette année? Oh! pour cela si! Vous y viendrez, et vous vous y porterez tout aussi bien que l'année passée, et vous y serez bien plus aimable et bien plus aimée, parce que vous y resterez bien plus longtemps. Pourquoi vous plaignez-vous du récit que vous avez fait à l'abbé du début de madame de Forcalquier? il est charmant, ce récit, toute votre lettre est charmante, elle m'a fait plaisir d'un bout à l'autre.

Pourquoi la maréchale de Mirepoix ne prend-elle pas le logement de l'Arsenal? Je n'ai pas pu le demander encore aux Beauvau, il se pourrait bien que je ne voulusse jamais le leur demander, mais vous me ferez plaisir de me le dire.

Hélas! ils ont déjà conté et raconté, tout le monde s'y est intéressé, l'abbé s'en est amusé et moi j'en ai souffert. On fait donc encore de bonnes choses, puisque vous avez été contente des *Barmécides?* tant mieux pour La Harpe et surtout pour vous. Vous me reprochez de ne vous avoir pas raconté ce que l'abbé ne vous a pas mandé, mais, ma petite-fille, c'est que je ne raconte point, vous le savez bien. Ne vous souvient-il pas que, quand par malheur j'entreprends une histoire, à la première phrase je me retourne et je dis : Dites, dites, l'abbé (oh! cela est vrai); il est mon chancelier d'esprit, et vous conviendrez que je ne les choisis pas mal (la grand'maman est bien polie, mais j'aime mieux être son secrétaire que son chancelier). Après vous avoir bien embrassée, ma chère petite-fille, je vous livre à ce chancelier qui vous contera, racontera, divertira, et moi, j'applaudirai et jouirai d'autant plus que ce sera de votre plaisir que je jouirai.

Nous venons de relire ce commencement de lettre et nous avons ri aux éclats à l'endroit où la grand'maman vous conseille de ne pas lire le livre du *Bon sens.* Ce qu'il y a de singulier, c'est qu'en la dictant et l'écrivant nous n'étions occupés que de la sécheresse de l'ouvrage, sans faire attention au ridicule de la phrase. L'auteur prétend qu'il n'y a point de Dieu, que tout ce qui est a toujours été, de longues excursions sur les attributs de Dieu, sur les disputes des théologiens : vous sentez combien cela peut être amusant.

J'ai lu la réponse d'un ami de Voltaire à M. Clément, elle est peut-être de Voltaire ; mais je suis ennuyé de toutes ces discussions sur le mérite des auteurs, il me semble voir trois ou quatre oisifs sur le Pont-Neuf juger au simple coup d'œil du poids de tous ceux qui vont et viennent ; l'un dit : Madame de Mazarin pèse 300 ; un autre : Elle en pèse 400, et puis ils font imprimer de longues listes de leurs évaluations arbitraires, et puis ils se battent, et puis cette folie, après avoir perdu le mérite de la nouveauté, acquiert celle du plus parfait ridicule.

M. d'Ennery part demain, monseigneur l'évêque de Metz [1] lundi ; ils sont tous deux fort aimables quoiqu'ils aient beaucoup de mérite. Je ne vous ai point remerciée de la belle reliure dont vous avez enrichi mon *Grammont*, car je suppose que vous me la donnez. Malheureusement je n'ai point de fromage à vous envoyer et je ne puis vous offrir qu'une douzaine de *passages grecs* contre l'ennui...

LETTRE CCCCXLVI

DE MADAME DU DEFFAND A LA DUCHESSE DE CHOISEUL

8 février 1773.

Chère grand'maman, vous savez mieux choisir un chancelier que le grand-papa ; c'est très-bien imaginé d'avoir donné cet emploi à l'abbé ; ce mélange m'est très-agréable. J'en fis un hier au soir chez madame de La Vallière qui n'est pas absolument du même genre, mais qui fut fort de mon goût : c'est du cabillaud avec de la purée de fèves rouges ; rien n'est meilleur, je vous assure.

1. Louis-Joseph de Montmorency-Laval.

Vous me demandez pourquoi la maréchale ne prend point l'Arsenal ; peut-on suivre toutes les virevousses de sa tête, et soit dit en passant, faut-il croire tout ce qu'elle dit? Elle n'a jamais pensé sérieusement à l'Arsenal ; elle ne nie point que, s'il lui avait convenu, elle ne l'eût pris ; il est trop petit, trop loin. Ses idées présentes (mais qu'elle n'avoue pas) sont bien plus *conséquencieuses :* l'hôtel de Pompadour, où est actuellement le garde-meuble, qu'on doit transporter à la place de Louis XV ; mais les bâtiments ne sont pas prêts d'être finis, elle aura le temps de bien changer de projets. On dit que sa nouvelle compagne, madame de Forcalquier, doit aller mercredi à Marly ; on ne comprend point les raisons de sa conduite ; pour moi, j'imagine qu'elle n'en a pas eu d'autres que de vouloir afficher les grands sentiments pour madame d'Aiguillon, comptant en tirer une double considération : celle que donnent les grandes passions et un puissant crédit ; mais elle n'en aura tout au plus que l'apparence. Elle n'a rien dans l'âme, et même il est douteux qu'elle en ait une ; elle a un beau visage, et puis (comme dit Marivaux) voilà tout [1].

Je vous prie, ma grand'maman, de parler quelquefois de moi à mon prince (de Beauvau) : j'en suis aimée, je le crois. Examinez si je me trompe, vous savez trop bien aimer pour vous méprendre.

Que dites-vous de la compagnie que vous allez avoir? notre baron. Il me semble qu'il ne pouvait pas plus mal placer son voyage. Protégez-le envers et contre tous, il en aura besoin, si je ne me trompe ; jamais il ne se fera entendre à travers le brouhaha, il passera pour une bête, il est plus triste que jamais. S'il avait attendu ma réponse pour se déterminer, je lui aurais conseillé de remettre son voyage au carême.

Je vis hier la petite sainte ; il y avait cinq nuits qu'une rage

---

1. Madame de Forcalquier était, quoi qu'en dise madame du Deffand, une personne de beaucoup d'esprit.

de dents l'avait empêchée de dormir, elle a eu de la fièvre, elle était dans son lit ; les accidents qui lui surviennent nuisent et retardent sa guérison. Je la plains beaucoup parce que vous l'aimez et parce que je l'aime ; je passerai vendredi la soirée chez elle, et votre oreille droite devra bien vous tinter.

Je ne vois presque plus notre incomparable, il est devenu un vrai automate, mais son Vaucanson ne lui donne pas autant de différents ressorts qu'en a le *Flûteur*.

Je n'ai point reçu de fromage, chère grand'maman ; le porteur, que je crois devoir être M. d'Ennery, en aura fait son profit.

Je n'ai point de nouvelles de M. Walpole, les vents contraires ont arrêté les courriers ; ainsi, depuis le 24 du mois passé, date de sa dernière lettre, je ne sais rien, ce qui m'inquiète beaucoup.

Je vous envoie des rogatons.

Adieu, chère grand'maman ; adieu, monsieur le chancelier, que je sois souvent dans vos conversations, vous êtes souvent dans les miennes et toujours dans ma pensée.

Je reçois dans le moment des nouvelles d'Horace : sa goutte s'en va, dit-il, tout doucement, mais il ne se soutient pas encore sur ses pieds ; il est fort inquiet de son neveu le comte d'Orfort, fils de son frère aîné, qui est à toute extrémité dans un village de province. Il me mande qu'ils n'ont point de nouvelles politiques, que le Parlement ne fait rien, qu'il n'y a point de divorce, qu'on ne joue plus parce qu'il n'y a point d'argent, qu'on ne se tue plus, qu'enfin il ne connaît plus son pays.

Je reçois en même temps une lettre de Lisbonne, de notre petit Robert le Quaker [1] ; c'est le meilleur garçon du monde. Il me demande de vos nouvelles, il compte bien revenir en France, il se flatte que ce sera bientôt, mais je n'en crois rien.

1. M. Robert Walpole.

LETTRE CCCCXLVII

DE LA DUCHESSE DE CHOISEUL A MADAME DU DEFFAND

A Chanteloup, ce 13 février 1773.

Il y a bien du malheur, ma chère petite-fille, sur ce que je vous envoie et sur ce que je veux vous envoyer; vous désirez des petites cerises de Tours, et il ne s'en trouve plus quand j'en fais chercher; je vous envoie un fromage, et il ne vous parvient pas! Je parie que notre petite sainte l'aura mangé, car je lui en envoyais un aussi, et son fils me mande que je lui en ai envoyé *en profusion*. Pour cette fois, j'espère qu'il ne vous échappera pas; je n'en donne qu'un à M. de Durtal et il est pour vous : l'unité ne doit pas laisser lieu à la confusion; s'il vous échappe encore, me voilà convertie au dogme de la fatalité. On me mande que cette pauvre petite sainte a horriblement souffert de sa fluxion sur les dents, cela m'afflige; des maux, des douleurs nouvelles qui se joignent à ses anciens maux l'affaibliront et retarderont les progrès de sa guérison. Ne trouvez-vous pas que les maladies et la mort se placent tout de travers? elles n'affligent que les honnêtes gens et n'emportent que les amis; elles ressemblent aux armes d'un tyran!

Je vous remercie de ce que vous m'avez envoyé; je ne connaissais pas les vers de Voltaire à Pigal, et quoiqu'ils ne me plaisent guère, j'ai été bien aise de faire connaissance avec eux. Quand on est éloigné de tout, on veut tout savoir; cela doit être, la curiosité doit être en raison de l'ignorance ou de la difficulté de s'instruire. Envoyez-moi donc toujours tout ce qui vous tombera sous la main. J'ai lu l'épître de Marmontel sur l'incendie de l'hôpital, il y a deux jolis vers :

> Un roi juste suffit à l'opulent paisible,
> Mais le pauvre a besoin d'un roi tendre et sensible.

et voilà tout. Les *Lois de Minos* n'ont qu'un petit défaut, c'est que la pièce n'a pas le sens commun. Il y a aussi une lettre d'un prétendu avocat sur le sujet du prix proposé par l'Université; il était adroit d'en retourner le texte, mais ne trouvez-vous pas qu'on en aurait pu tirer meilleur parti?

Nous avons ici votre baron depuis quelques jours; n'en soyez point inquiète, il a été on ne saurait plus accueilli de tout le monde; il est trop aimable pour pouvoir venir mal à propos. Je n'ai pas besoin de le protéger, mais j'ai bien soin de lui. Il se porte bien; il croit que l'air lui est bon, et je tâche de le lui persuader pour le conserver plus longtemps. Je lui ai dit vos tendres sollicitudes.

Je ne sais si l'abbé vous écrira aujourd'hui. Je n'ai pas osé vous donner le plaisir de mêler encore son style au mien parce que mes yeux sont revenus, et puis peut-être aussi par amour-propre : je ne gagne pas à me montrer si près de lui; je ne sais qu'aimer ma chère petite-fille, et il faut qu'elle se contente de ma façon de le lui dire.

A propos, j'aurais grand tort d'oublier de vous répondre de l'amour du prince grammairien [1], il est profond et solide; il ne vous sera point infidèle comme le prince incomparable [2]. Croiriez-vous que je n'ai pas entendu parler de celui-ci depuis son dernier voyage à Chanteloup? A propos de Chanteloup, car je ne parle plus que par à-propos (ce qui ne prouve pas que je parle à propos) parce que je n'ai plus de pensée, je n'ai que des réminiscences, cela convient fort à une grand'mère... Chanteloup donc, disais-je, est dans ce moment-ci plus bruyant, plus brillant, et si j'osais je dirais plus fatiguant que tout ce que vous pouvez imaginer. Ce sont tous les jours choses nouvelles, et puis des vers, des chansons réellement très-jolies. L'abbé vous contera, vous enverra tout cela; c'est votre gazetier et mon narrateur. Adieu, ma petite-fille, je suis bien lasse.

1. Le prince de Beauvau.
2. Le prince de Beauffremont.

LETTRE CCCCXLVIII

DE L'ABBÉ BARTHÉLEMY A MADAME DU DEFFAND

13 février 1773.

Depuis ma dernière lettre j'ai été obligé de tourner et retourner une infinité de papiers relatifs à mes affaires, et aujourd'hui même je n'ai cessé d'écrire, mais enfin je vais me reposer et causer avec vous. Demain je recommencerai ma gazette et ne l'interromprai plus jusqu'à mon départ, qui sera vers le milieu du mois prochain, à ce que j'espère...

Ah! mon Dieu, que de monde, que de cris, que de bruit, que de rires perçants, que de portes qu'on semble enfoncer, que de chiens qui aboient, que de conversations tumultueuses, que de polissonneries, que de voix, de bras, de pieds en l'air, que d'éclats de rires au billard, au salon, à la pièce du clavecin! Au milieu de cette tempête[1], la grand'maman, l'abbesse, le baron et moi dans un coin fort tranquille et prenant très-peu de part aux joies de ce monde. Ah! comme il change, ce monde! les plaisirs de cette année sont bien différents des plaisirs de l'an dernier, et cependant, s'ils continuaient, ils finiraient par tuer la grand'maman, car vous sentez aisément que ses nerfs sont bien secoués. A propos, je voudrais bien savoir qu'est-ce qu'on appelle dans le monde le bon ton, la bonne compagnie? ou plutôt je le sais à présent, et je me rappelle une réponse d'un abbé Le Bœuf dont je vous ai parlé une fois. Nous avions été, lui et moi, députés par l'Académie à Clichy pour voir quelques antiquités qu'on venait de

---

1. Madame du Deffand écrit à Walpole le 17 du même mois : « Il y a un monde énorme chez nos parents, c'est un bruit, un tintamarre qui accable la grand'maman. Pour le grand-papa, il en est ravi. Ils auront une bien plus belle visite les premiers jours du carême, M. le duc d'Orléans; cela surprend tout le monde. L'archevêque de Toulouse y arrive aujourd'hui; qui est-ce qui n'y va pas? il n'y a que ceux qui ne cherchent pas la considération. »

découvrir. Je ne sais par quel hasard, nous y allâmes avec M. de Malesherbes, M. Boutin et, je crois, le président de Cotte. Il avait plu, on trouvait plaisant de s'éclabousser, de se poursuivre à coups de mottes de terre et de faire toutes les polissonneries possibles. L'abbé Le Bœuf marchait lentement, je lui dis : Que pensez-vous de tous ces jeux-là ? Il me dit fort naturellement : C'est apparemment là ce qu'on appelle le ton de la bonne compagnie. Il le croyait, il n'était jamais sorti de son cabinet. Eh bien ! je le crois, moi, parce que je suis sorti du mien, et je ne serai plus embarrassé de définir le bon ton.

Ne soyez pas en peine du baron. Vous voyez que son rôle n'est pas difficile. Il suffit d'avoir de la solidité dans les oreilles ; de plus, cette bouffée dissipée, car elle passera, les éruptions du Vésuve ont un terme, le baron sera toujours bien partout où il sera ; il n'est nullement triste, il se porte mieux. Il se couche à onze heures, se lève, je crois, à onze heures ; quand il fait beau, nous allons nous promener, s'il fait vilain, il assiste à la leçon de la grand'maman ; à dîner, il se place auprès d'elle, et quand ils trouvent un instant de silence, ils se disent quelques mots, mais d'une syllabe, car je défie de trouver le temps d'en prononcer deux. Je vois tout cela de l'autre bout de la table et de fort loin ; j'y suis auprès de madame de Boufflers avec qui nous arrangeons aussi, quand nous le pouvons, une petite conversation en monosyllabes. Je reviens au baron. Après le dîner il se place auprès de la grand'maman, où il ferme les yeux, la bouche, les oreilles, et reste impassible. Il est enchanté d'être ici[1]. Il a été fort bien

---

1. Le baron de Gleichen était fort silencieux, ou ne prenait jamais la parole que lorsqu'une pensée se présentait à son esprit. On lui reprochait ses longs silences, et on disait qu'avec lui les interlocuteurs n'avaient l'air de servir que de remplissage. Madame Geoffrin lui disait : « Vous êtes taciturne, vous ne voulez pas souper ; personne ne s'en formalisera si vous ne faites aucune exception ; dans la société il faut se montrer tel qu'on est, on ne vous sait pas mauvais gré d'un défaut avoué. »

accueilli du grand-papa, je ne vous parle pas de la grand'-maman, fort bien aussi de madame la duchesse de Grammont. Si sa santé se rétablissait, il ferait très-bien de prolonger son séjour; c'est son avis, et il fait tant de plaisir à la grand'maman, qu'il faudrait le lui conseiller. Je ne vous ai pas nommé ceux qui sont ici, vingt en tout. Comptez bien : M. et madame de Beauvau, M. et madame d'Husson, mesdames de Poix, de Fleury et d'Ossun ; MM. de Liancourt, de Durtal, de Jarnac, de Montesquiou, de Gleichen, de Boufflers, l'abbé Béliardi et moi : dix-sept, c'est-à-dire quinze. Joignez-y M. de l'Isle, en voilà seize, et le mari, la femme et les deux sœurs. M. de Durtal part ce soir. M. de Liancourt va demain à Saumur pour revenir mardi et partir samedi avec mesdames de Poix et d'Ossun. C'est madame de Fleury qui a introduit ici le meilleur des tons. On appelle ces trois dames les trois Grâces. Leur position n'est pas si tranquille que celle des trois divinités, je voudrais leur trouver des noms. J'ai celui de madame de Fleury, c'est l'Aquilon.

Ma lettre est pleine de ratures et n'a pas le sens commun. Je vous prie de la brûler quand vous l'aurez lue. Je ne veux pas avoir l'air d'un censeur. Je jouis de la liberté de m'ennuyer, je ne veux pas prendre celle de blâmer.

LETTRE CCCCXLIX

DE MADAME DU DEFFAND A M. CRAUFURT

Paris, ce dimanche 14 février 1773.

Je connais votre paresse, je l'attribue en partie à votre mauvaise santé ; ainsi, il entrera dans mes reproches plus d'inquiétude que de colère. Depuis la veille de votre départ pour Bath, je n'ai point eu de vos nouvelles, ni de votre santé, ni de votre visite à M. votre père. Aujourd'hui était le jour que j'aurais dû recevoir une lettre de M. Walpole; je n'en ai point eu ; dans sa dernière il me marquait que sa goutte n'était point finie ; il était dans un grand trouble de l'état de son neveu ; il apprit hier par M. Saint-Paul que ce neveu était mort ; cet événement, sans peut-être avoir trop touché son cœur, peut bien avoir bouleversé sa tête et lui occasionner beaucoup d'affaires. Ce peut être là les causes qui l'ont détourné de m'écrire ; mais cet événement aurait bien pu aussi produire une révolution dangereuse. N'auriez-vous pas dû, mon petit Craufurt, m'écrire quatre lignes qui m'auraient sauvé de l'inquiétude où je suis ?

L'aveu que je vous en fais est une marque de ma confiance dont vous ne ferez nul autre usage que d'avoir plus d'attention à l'avenir. Je ferais pour vous plus que je n'exige que vous fassiez pour moi. Ne me confirmez point dans la pensée qu'il n'y a point d'ami véritable et que, si l'on supprimait les assurances et les démonstrations, il ne resterait rien.

Quand vous recevrez cette lettre, ou plutôt quand j'en aurai la réponse, mes inquiétudes seront réalisées ou détruites, car l est vraisemblable que j'aurai des nouvelles mercredi.

Vous me parlerez de M. votre père et de tout ce qui vous intéresse.

Avez-vous enfin reçu vos porcelaines ? puis-je payer madame Poirier ?

Avez-vous vu madame Greville ? quand part-elle ? je l'attends avec impatience, son logement est prêt.

LETTRE CCCCL

DE MADAME DU DEFFAND A LA DUCHESSE DE CHOISEUL

Ce lundi, 15 février 1773.

A mon réveil, je reçois mon petit fromage, d'où me vient-il ? C'est M. de Durtal qui l'a envoyé. Il y a une lettre. Ah ! c'est de la grand'maman. Lisez, lisez vite. Non, c'est de M. de

Beauvau. Comment est-il possible, chère grand'maman, que vous et l'abbé laissiez partir quelqu'un sans m'écrire une ligne lorsque vous ne pouvez ignorer que j'ai eu de l'inquiétude sur votre santé et sur celle de l'abbé? Mais les reproches ennuient, je m'abstiens d'en faire; j'y ai peu de peine parce que le prince me mande que vous vous portez bien présentement, que vous mangez à table, que vous avez bon appétit.

Je soupai hier chez madame de La Vallière avec l'évêque de Metz; vous avez raison, c'est le meilleur homme du monde, je sens qu'il a dû vous plaire; j'en augmenterais volontiers mon clergé, qui est déjà très-nombreux. Vous allez en avoir la fleur ; le Toulouse [1] part demain; je souperai chez lui ce soir, pour qu'il puisse se rappeler plus facilement tout ce que je lui dirai de vous; et pour vous, vous le garderez jusqu'au 25 ou 26. L'archevêque d'Aix [2] partira jeudi avec M. de Valbelle, et j'écrirai par eux à l'abbé.

Le prince me mande que rien n'égale la gaieté de Chanteloup et qu'il doute que tous nos bals en soient l'équivalent; il a bien raison, ils sont le supplice des mères qui y conduisent leurs enfants et pour celui qui n'avait ni père, ni mère, je n'en sais pas exactement le détail [3]. Je ne vis hier que M. de Carraccioli qui en avait entendu faire le récit au prince des Deux-Ponts; il me baragouina ce qu'il en avait retenu, moi je barbouillerai au prince ce qu'il m'en a appris et ce que je pourrai apprendre encore aujourd'hui.

Est-ce vous, chère grand'maman, qui m'avez envoyé le fromage? Celui-ci était-il pour moi? Ces fromages sont sujets à des méprises. Celui que vous m'annonciez dans la lettre qu'apporta M. d'Ennery a été mangé par la petite sainte, enfin voilà le premier qui me soit parvenu; je voudrais bien le manger chez moi, mais comme je n'y souperai qu'après-demain,

---

1. Brienne.
2. M. de Boisgelin.
3. Bal chez le duc d'Aiguillon pour la favorite.

je crains d'être forcée de le porter ailleurs. Je donnerai à souper mercredi à deux des plus grands esprits de France et d'Angleterre, M. du Bucq [1] et M. Burke. On a attribué à cet Anglais les *Lettres de Junius*; il parle très-mal notre langue et c'est dommage, on sent qu'il serait infiniment agréable s'il avait plus de facilité à se faire entendre. Il nous entend très-bien; il va tous les jours au Palais écouter nos avocats; je ne sais s'il dit ce qu'il pense, mais il prétend en être content.

Savez-vous que M. de Morangies est arrêté comme coupable de subornation de témoins? je ne sais comment il se tirera de ce nouvel incident; mais pour le fond du procès, le jugement ne peut être que celui du singe envers le loup et le renard. C'est la troisième fable du deuxième livre de La Fontaine.

Voilà une lettre bien longue, chère grand'maman, et d'autant plus longue qu'elle n'est pas une réponse. Quand on parle à un muet, on peut craindre de parler à un sourd. Soit dit pour tout reproche.

Adieu, chère grand'maman.

P. S. Si je n'étais pas désabusée des reproches par leur inutilité, je le serais aujourd'hui par leur injustice. Tandis que je murmurais tout bas de votre oubli et de celui de l'abbé, vous m'écriviez l'un et l'autre des lettres charmantes. Ah! sans ma tendresse pour vous, chère grand'maman, je me trouverais bien indigne de votre charmante correspondance, mais l'amour franchit toutes les distances et détruit toute inégalité; qu'il me tienne lieu de tout auprès de vous.

Je n'écrirai point aujourd'hui à l'abbé, ce sera pour jeudi, je tâcherai de ramasser des couplets de la fête Aiguillonne et d'avoir une épître de Voltaire à M. de Richelieu.

---

1. M. du Bucq avait été premier commis de la marine. On citait de lui des observations fines et des mots piquants. Il disait qu'un homme parfait est celui qui ressemble à tout le monde et à qui personne ne ressemble. Après avoir assisté à une lecture de l'abbé Delille : « Vous m'avez, lui disait-il, réconcilié avec la poésie, et brouillé avec les poëtes. »

Votre lettre et celle de l'abbé ne m'ont été rendues que quatre heures après celle de M. de Beauvau, ainsi j'avais lieu de croire que vous ne m'aviez point écrit.

L'abbé me promet de reprendre sa gazette, il ne saurait me faire un plus grand plaisir. Surtout qu'il y ait beaucoup de noms propres, c'est ce qui fait le charme des anecdotes.

Je n'ai pas aujourd'hui, chère grand'maman, l'entière liberté de mon faible esprit, je ne suis pas sans inquiétude sur la santé de mon ami.

Dites à l'abbé, je vous prie, que sa lettre est divine, c'est le Raphaël de Chanteloup. Qu'il ne craigne aucune indiscrétion.

LETTRE CCCCLI

DE L'ABBÉ BARTHÉLEMY A MADAME DU DEFFAND

16 février 1773, à 9 heures du matin,
aux mansardes.

Aujourd'hui recommencent pour la troisième fois les grandes chroniques de Chanteloup comprenant les gestes et dits des preux chevaliers et honorables dames qui sont d'outre-Loire pour festiner, deviser, se promener, se débattre à différents jeux et faire tout ce que font ensemble d'honnêtes dames et de preux chevaliers.

17 février, du salon, à 4 heures.

On a vu arriver un cheval blanc qui courait à toute bride : c'était le courrier de M. de Toulouse; il est entré un moment après avec M. de Brienne [1]. Transports de joie et d'embrassades, nouvelles de bouche et par écrit, tout produit de suite et tout à la fois, de la cour, des bals, des théâtres. Il ne m'en

---

1. Frère de l'archevêque.

est rien resté si ce n'est qu'on tracasse et qu'on danse encore dans ce monde.

Le baron n'a pas paru dans la soirée; j'en ai été inquiet; je suis monté chez lui à dix heures, il était couché et son laquais m'a dit qu'*il était possible* que peut-être il était incommodé...

18, à 9 heures.

Je viens de chez le baron, qui est logé auprès de moi. Je l'ai trouvé radieux. Hier au soir il lui prit une petite tentation de dormir. Il se mit dans son lit, où sur-le-champ il perdit connaissance, et le pauvre homme a dormi tout d'un trait jusqu'à sept heures.

Le reste de la journée comme à l'ordinaire, la lecture des lettres de madame de Sévigné entremêlée du billard.

Les volcans commencent à s'apaiser et depuis quelques jours on n'a plus que de légères éruptions; les cris, les rires, les éclats sont moins fréquents; on commence à se ressentir dans le salon de la tranquillité de la nature.

19.

M. de Montesquiou et M. de l'Isle partent demain matin, et le soir, mesdames de Poix et d'Ossun avec M. de Liancourt.

M. de l'Isle vous dira en prose, en vers, en musique, dans tous les langages qu'il sait si bien parler, combien la petite-fille est aimée à Chanteloup. Le baron compte aller à Paris vers les premiers jours du mois, ainsi que M. et madame de Beauvau, madame l'abbesse, M. de Boufflers et généralement tout le monde, car le mois prochain ce sera une colonie toute différente.

LETTRE CCCCLII

DE LA DUCHESSE DE CHOISEUL A MADAME DU DEFFAND

A Chanteloup, ce 19 février 1773.

Eh bien! ma chère petite-fille, êtes-vous bien revenue de vos injustices envers l'abbé et moi? comment pouvez-vous croire que nous puissions vous oublier? Je ne vous gronderai cependant pas quoique vous méritiez bien de l'être, parce que je ne hais pas trop l'injustice, il me semble qu'elle appartient au sentiment, et si vous réformez l'injustice, gardez-nous du moins le sentiment. Je ne veux pas que vous attribuiez à l'abbé le mérite de toutes les attentions qu'on peut avoir pour vous. Je me suis réservé aujourd'hui le plaisir de vous envoyer les couplets qui ont été faits ici par M. de Montesquiou. La chanson: *Elles sont trois*, est sur mesdames de Poix, d'Ossun et de Fleury. M. de l'Isle en a fait aussi une fort gaie sur le chien de madame de Poix; je ne vous l'envoie pas parce qu'il est là pour vous la montrer; demandez-la-lui, elle vous divertira.

Je suis bien aise que vous ayez été contente de mon évêque de Metz; pour moi, je suis enchantée de votre archevêque de Toulouse, je lui ai surpris un mouvement de sensibilité qui lui a tout à fait gagné mon cœur, il ne manquait plus que cela à son esprit. Quand vous le reverrez, dites-lui combien je l'aime et l'honore. M. de Brienne me paraît le plus galant homme du monde; je sais tant de belles et bonnes choses de lui, qu'il est impossible de ne pas l'aimer. Je ne suis pas du tout contente, ma chère petite-fille, de votre lettre au baron. D'abord pourquoi vouloir nous l'enlever si tôt? s'il ne s'ennuie pas ici, j'aurais été bien aise de le garder plus longtemps; je vous assure qu'il n'est point fait pour être de trop nulle part, vous savez combien je l'aime et je vous réponds qu'il plaît fort à tout le monde ici. Mais ce qui me déplaît le plus dans cette lettre, c'est que vous avez l'air de renoncer à venir cette année. Bon Dieu! quel méchant génie vous souffle cette mauvaise pensée? Est-ce que vous n'avez pas été bien à Chanteloup? que faut-il faire pour que vous y soyez mieux? dites-le, je ne vous acquerrai jamais à trop haut prix. L'abbé ira au mois de mars à Paris, je compte bien que, malgré toutes vos résolutions, il vous ramènera; laissez-vous enlever, ma chère petite-fille, on dit qu'il n'y a rien de si joli. Adieu, quoique je sois bien mécontente de vous, je ne vous en aime pas moins tendrement.

LETTRE CCCCLIII

DE L'ABBÉ BARTHÉLEMY A MADAME DU DEFFAND

19 février 1773.

Je remis hier au soir ma lettre à M. de l'Isle, il est parti ce matin. Sa voiture a cassé à la première poste. Ils sont venus ici pour la faire raccommoder, ils se rembarqueront bientôt et je lui donnerai ce petit supplément.

Hier au soir, le grand-papa reçut une lettre de M. le duc de Chartres, fort polie pour lui et pour madame la duchesse de Grammont. Il lui dit qu'il a toujours désiré de venir le voir, qu'il en a enfin le pouvoir, et que son projet, s'il le trouve bon, est d'arriver dans la première semaine de carême. Tout cela est terminé par de nouvelles protestations d'amitié pour le frère et pour la sœur. Vous croirez peut-être quelque petite politesse pour la femme chez qui il compte venir? pas un mot; on l'a remarqué. Pour moi, je pense simplement qu'il ne croit pas le grand-papa marié.

LETTRE CCCCLIV

DE MADAME DU DEFFAND A L'ABBÉ BARTHÉLEMY

Ce vendredi, 19 février 1773.

Serait-il bien vrai, viendrez-vous ici le mois prochain? aurai-je le plaisir de causer avec vous, de vous accabler de questions, de vous dire tout ce que je pense? J'étouffe de tout ce que je renferme. Il n'y a qui que ce soit ici qui attire la confiance, qui la mérite, enfin à qui on puisse parler.

Recevrez-vous une illustre visite? Vous a-t-on demandé votre consentement? l'avez-vous accordé? la réponse à la permission qu'on a demandée a été faite d'une manière qui, si elle n'est pas un refus, en est à peu près l'équivalent[1]. Voilà du moins comme elle me paraît, mais je n'entends rien à la politique, c'est à la dominante à juger, à décider, et certainement à moi à me taire; c'est ce que je fais, mon abbé.

Ne perdez-vous pas demain deux *Grâces?* Garderez-vous longtemps la troisième? On les chante ici. — Ces couplets ne sont point de de l'Isle, j'en suis sûre, non plus que ceux du petit chien. Tous ces couplets courent Paris; comment ne m'en avez-vous pas envoyé copie?

J'ai reçu par le prince :

> J'entends à gorge déployée
> Rire par-ci, rire par-là, etc.

celui-là est très-joli et je le crois de M. de l'Isle.

On se signale ici par des bêtises, je tâche de les ramasser. J'ai déjà trois couplets de la fête de M. d'Aiguillon; comme cette lettre ne partira que dimanche, j'espère d'ici là en avoir

---

1. Le roi avait répondu : « Faites ce que vous voudrez. »

d'autres. Je dois entendre ce jour-là *le Connétable* de M. de Guibert, il a été lu à Chanteloup, à ce qu'on m'a dit. Pourquoi ne m'en avez-vous pas parlé? Vous avez des réticences, des méfiances insupportables, et qui diminuent beaucoup le plaisir qu'on aurait à s'écrire.

Votre évêque de Metz m'a plu; je lui crois de la candeur, de la bonté et du bon sens, denrée très-rare dans le temps qui court, où l'on ne trouve qu'artifice, malice, extravagance. Mais nous remettrons à traiter cette matière quand vous serez à côté de mon tonneau. Mon rôle est celui de spectateur, et aucun intérêt ne m'aveugle.

Il y aura demain la fête de madame du Barry, ce sera, dit-on, les mêmes dames. Je vous manderai demain ce que j'aurai appris aujourd'hui.

Ce samedi 20.

J'ai une fluxion dans la tête, un commencement de rhume qui pourra bien m'empêcher d'aller souper chez l'incomparable, il y fait un froid horrible et la compagnie n'est pas attirante.

Il n'est bruit ici que de la belle visite qu'on veut vous rendre, les paris sont ouverts. La réponse du grand-papa doit être arrivée, je n'ai vu hier personne qui en eût connaissance; je parierais plutôt pour le refus, cela est embarrassant; il y a cependant des prétextes qui peuvent le rendre honnête; mais, bon Dieu! de quoi me mêlai-je? Que pense la grand'maman? parle-t-elle? garde-t-elle le silence? Je suis sûre qu'elle fait tout ce qu'on peut faire de mieux.

Mon neveu a-t-il été consulté? il n'aura d'avis que celui de la dominante [1]. Je devine le vôtre, j'en suis sûre.

L'on m'avait promis des couplets qu'on ne m'a pas envoyés.

1. La princesse de Beauvau.

J'attendrai jusqu'à sept heures pour fermer cette lettre, si l'on m'envoie quelque chose, je l'y joindrai.

Les faits et gestes de madame de Mazarin sont intarissables. On prétend que madame la comtesse[1] a donné un corps à mademoiselle d'Aumont, ne trouvant pas le sien bien fait. Madame de Mazarin a reparti par une paire de souliers brodés de cara, disant qu'il fallait orner des pieds où tout le monde devait venir se mettre.

La fête de ce soir doit être magnifique, mais ceux qui vous rendront cette lettre, pourront vous en dire des nouvelles.

Je finis, mon cher abbé, j'ai la voix éteinte, j'ai peine à me faire entendre. J'attends de vos nouvelles et de celles de la grand'maman avec impatience, et je suis curieuse de la réponse du G. P.

J'ai encore soupé hier avec votre évêque de Metz ; en vérité, je l'aime beaucoup.

LETTRE CCCCLV

DE L'ABBÉ BARTHÉLEMY A MADAME DU DEFFAND

Ce 24 février 1773.

La grand'maman vous écrivit hier quatre mots par M. de Toulouse, elle veut que je vous écrive le reste aujourd'hui, mais elle ne m'a fixé aucun objet particulier. Elle fut un peu incommodée après dîner, un moment après elle fut mieux, elle a bien dormi, et la voilà tout comme à son ordinaire. Madame de Grammont a eu de la fièvre cette nuit ; elle s'est levée tantôt, le frisson l'a reprise ; elle s'est remise au lit ; il paraît que c'est une courbature.

Madame la marquise de Fleury part demain ; le salon paraît moins bruyant, il l'était déjà moins depuis le départ des jeunes

---

1. Du Barry.

gens qui étaient ici ; ainsi nous allons rentrer dans le repos du père éternel. Ce que je dois dire pourtant de madame de Fleury, c'est qu'il est impossible d'être plus polie.

Nous avons M. d'Aix [1], il est aimable, il a beaucoup d'esprit, mais dites-moi pourquoi je ne l'entends pas toujours. Je m'accommode mieux de M. de Toulouse [2], en quatre mots il me fait voir ce que je sens et ce que je pense, et de cette manière qu'il me semble que je l'aurais dit. Le premier étouffe d'idées et quelquefois ses idées m'étouffent. Ce n'est pas ma faute, c'est que je n'entends rien en métaphysique. M. du Bucq, que j'aime et estime beaucoup, me produit le même effet. Dans les matières les plus terrestres, il m'élève au-dessus des nues, d'où je meurs de peur de tomber, et où il me semble qu'on me tient suspendu par les cheveux. Ces conversations me fatiguent tellement, qu'à présent même les racines des cheveux me font mal.

Je pense qu'on parle un peu à Paris de la réponse du grand-papa. On l'aura sans doute trouvée honnête et polie. Des motifs de prudence l'ont dictée et elle a épargné à la grand'maman le dégoût qu'une telle visite lui aurait procuré. Dans tous les pays où les femmes ne sont pas renfermées, on ne vient pas dans une maison sans en prévenir la maîtresse ; il n'y a pas de rang qui puisse dispenser de cette règle, et la légèreté ne serait point une excuse, puisque dans les occasions un peu importantes, la légèreté ne fait que mettre plus à découvert le défaut d'intérêt et de considération. D'ailleurs, pendant que la grand'maman a été à Versailles, elle a toujours été traitée par M. le duc de Chartres de la même manière, malgré

1. Raymond de Boisgelin, d'abord évêque de Lavaur, puis archevêque d'Aix en 1772 ; archevêque de Tours lors du concordat, et peu après cardinal. Né en 1732, mort en 1804. Caractère conciliant, esprit brillant et cultivé, il remplaça l'abbé de Voisenon à l'Académie française.

2. Ces deux prélats, qui parvinrent tous deux au cardinalat, suivirent deux lignes bien différentes lors de la révolution, et il s'en faut que la comparaison ait été à l'avantage du second.

les avances et les attentions qu'elle croyait devoir à son rang.

Il me semble que je vous écris sur la pointe d'un clocher, car je ne trouve plus rien autour de moi dont je puisse composer une seule ligne. Je n'entends qu'une tempête affreuse et je ne vois que des ardoises qui volent dans les airs, les autres sens ne sont émus par aucun autre objet, et comme vous savez bien que nos idées ne viennent que par les sens, je ne pourrais vous parler que de vent qui ébranle le château, et que de cheminées qui tombent ou qui menacent ruine.

Je suis inquiet de M. le président de Cotte [1], je lui ai écrit, je n'ai point eu de ses nouvelles. Le voyez-vous quelquefois ? Je lui récrirai au premier jour, et c'est ce qui fait que je finis. Cela n'est pas trop conséquent, *mais vela qu'est comme vela qu'est* [2] *!*

LETTRE CCCCLVI

DE MADAME DU DEFFAND A L'ABBÉ BARTHÉLEMY

Ce mercredi, 24 février 1773.

Vous serez bien ravi d'apprendre le succès de votre persiflage ; j'y ai donné tête baissée ; d'abord j'ai consulté l'*Almanach royal* pour voir s'il y avait des instituteurs, qui ils étaient, et quel était celui dont la place était vacante ; n'ayant pas trouvé cette charge dans la maison de nos princes, j'ai demandé si elle existait dans celle des princes étrangers ; on s'étonnait de mes questions, mais je ne m'expliquais point. Enfin quand j'ai vu que tout Paris savait la réponse du grand-papa à l'Altesse, et que vous ne m'en aviez rien dit, j'ai compris que, puisqu'on ne m'avait pas jugée digne de m'en faire la

---

1. De Cotte, président de la Cour des monnaies. Il était fort riche, fort recherché dans la société, et généralement estimé. Il avait voyagé en Italie avec l'abbé Barthélemy.

2. Dicton provençal déjà cité.

confidence, je ne devais pas penser qu'on m'en fît d'aucune sorte, et que par conséquent ce que vous m'aviez écrit n'était qu'un persiflage; mais j'avoue, à ma honte, que je n'y aurais rien compris sans la sagacité de la petite sainte. Votre écolier est donc M. de Beauvau; vous lui apprendrez le grec pour l'instruire à fond des étymologies. Cette petite sainte s'est bien moquée de moi, surtout de la discrétion que j'avais eue de ne confier votre secret à personne. Vous voyez, l'abbé, que si je suis bête je ne suis pas imprudente; mais je ne suis pourtant pas si bête; j'avais jugé que le grand-papa devait faire tout ce qu'il a fait; c'est un joli garçon que cette Altesse, et son oubli de la grand'maman est un joli trait. Démocrite aurait beau jeu aujourd'hui; il ne passerait pas pour fou, en riant de tout ce que l'on dit et de tout ce que l'on fait.

Je vous envoie la chanson où nos princes sont célébrés, nos chansonniers n'ont pas la touche légère, mais elle est assortie à ceux qu'ils chantent.

Adieu, l'abbé, je ne suis pas assez contente de vous pour vous écrire plus longuement. Je ne peux cependant pas m'empêcher de vous dire que je serai bien aise de vous revoir.

Le chevalier de Boufflers est ici depuis avant-hier.

Je n'écris pas aujourd'hui à la grand'maman, parce que je ne lui veux point faire de reproches; je vais essayer de dissiper des petits nuages que j'ai sur le cœur.

LETTRE CCCCLVII

DE MADAME DU DEFFAND A LA DUCHESSE DE CHOISEUL

Paris, ce 24 février 1773.

J'ai écrit à l'abbé de grand matin et je lui ai mandé que je ne vous écrirais pas, chère grand'maman, c'était dans ce moment ma résolution; mais j'en ai bien changé et je n'ai rien de plus pressé dans celui-ci que de vous dire que je vous aime à la folie, que je suis infiniment touchée de tout ce que vous me dites d'obligeant et de tendre dans votre dernière lettre.

Oui, certainement, vous m'aimez un peu, parce que vous savez que je vous aime beaucoup; si je crois quelquefois avoir à vous faire quelques reproches, c'est qu'il ne vous échappe jamais rien dans vos lettres, vous ne dites que ce que vous voulez dire. L'usage où vous êtes de chercher à contenter tout ce qui vous environne, d'être attentive à éviter tout ce qui pourrait déplaire, est devenu en vous une habitude si forte, que quand vous m'écrivez vous ne pensez pas que je ne suis pas une dame du salon.

Toute contrainte, toute réserve de quelqu'un qu'on aime attriste et afflige. J'ai porté mes plaintes à l'abbé de ce que je ne sais jamais rien de ce qui se passe à Chanteloup; les nouvelles que j'en apprends me parviennent par des voies toujours indirectes. Par exemple, avant-hier lundi, je reçus votre lettre du 19, la gazette de l'abbé et un petit supplément du 20. Qu'est-ce que tout cela m'a appris? Que l'on avait reçu la lettre de l'Altesse, et la veille j'avais appris chez madame de La Vallière que le grand-papa n'acceptait pas cette faveur. Hier on me raconta tout ce que contenait la lettre du grand-papa, et c'était à l'hôtel de La Rochefoucauld où l'on en avait été informé.

Je fais peut-être mal, chère grand'maman, d'entrer dans ces détails, mais puisque vous tolérez les injustices de l'amitié, vous devez à plus forte raison tolérer les reproches qui ne sont pas injustes. Mais ce n'est point de vous que je me plains, c'est de l'abbé. Je ne prétends pas assurément qu'il doive se contraindre pour m'écrire, mais quand il en prend la peine, il pourrait me mander les choses qui m'intéressent, ses gazettes en seraient encore plus agréables.

Voilà qui est fait, chère grand'maman, je vous ai dit tout ce que j'avais sur le cœur. Ne craignez point de m'avoir fait de la peine, gardez-vous bien d'en avoir la plus petite inquiétude; je connais vos bontés; je suis persuadée de votre amitié, elle seule me fait supporter la vie. Je ne doute pas que vous ne fussiez bien aise de m'avoir auprès de vous, et si je ne vous vais pas trouver, c'est que cela me sera impossible. Qu'est-ce que je peux faire qui me soit aussi agréable? Où pourrais-je être mieux? Voilà des vérités frappantes, joignez-y ma tendresse pour vous, elle est et sera toute ma vie le sentiment qui dominera dans mon cœur.

Je ne vous mande rien des fêtes de la cour, elles sont si fades, si plates, si bêtes, que le récit en est ennuyeux à mourir.

Vous avez vu M. de Guibert, vous a-t-il lu son *Connétable?* Je ne puis pas même savoir les lectures de Chanteloup et les jugements qu'on porte, il faut qu'on croie que je fais imprimer les lettres que j'en reçois.

LETTRE CCCCLVIII

DE LA DUCHESSE DE CHOISEUL A MADAME DU DEFFAND

A Chanteloup, ce 28 février 1773.

Ah! vous êtes bien fâchée contre nous, ma chère petite-fille, je le vois à votre douceur, à votre modération, à votre retenue bien plus encore qu'à vos reproches qui sont d'une modération touchante, et moi je suis bien fâchée de vous avoir fâchée; je vous assure cependant que nous ne sommes pas aussi coupables que vous le pensez, et quoique l'abbé le soit plus que moi, il est encore fort excusable. Vous savez que je lui ai abandonné le département de l'esprit et des nouvelles; je ne me suis réservé avec vous que celui du sentiment, c'est le seul où je puisse lutter à force égale : j'ai donc cru qu'il vous manderait la lettre de M. le duc de Chartres, la réponse qu'a faite le grand-papa, tout ce qui s'est passé ici à ce sujet, et les motifs de la conduite que l'on a tenue. L'abbé a cru, de son côté, que M. de l'Isle, sous les yeux duquel tout s'était passé, vous en rendrait compte en vous remettant ma lettre. Voilà, ma chère enfant, les véritables causes de ce que vous croyez être une réticence de notre part. J'ai été charmée de voir dans votre lettre à M. de Beauvau combien vous approuvez M. de Choiseul; les avis me paraissent unanimes sur ce fait, et cette réunion me fait sentir encore plus vivement combien une conduite opposée aurait été dangereuse, puisqu'elle aurait été aussi généralement blâmée que celle-ci a été approuvée.

Vous voulez donc absolument mon baron, il faut vous le céder; mais ce n'est pas sans peine, il a eu le plus grand succès ici; il n'est personne qui ne le voie partir avec regret; il m'a promis qu'il reviendrait ici s'il n'allait pas en Angleterre; entretenez-le dans cette pensée, et lui, de son côté, je veux qu'il vous encourage à faire dans la belle saison le voyage de l'année passée; il serait charmant que vous vous trouvassiez ici ensemble. Ne dites point, ma chère enfant, où pourrais-je être mieux, mais dites où pourrais-je être mieux aimée?

Avez-vous remarqué dans la pièce de M. de Guibert deux vers de mademoiselle de Lautrec au connétable, qui devraient servir d'épigraphe à la lettre des princes?

> D'un tyran absolu la puissance exercée
> Peut tout sur la démarche et rien sur la pensée [1].

Le baron vous porte un fromage.

---

1. Si tous les vers de la pièce sont de la force de ceux-ci, on comprend le sort qu'elle éprouva aux deux représentations des 26 août et 30 décembre 1775.

LETTRE CCCCLIX

DE MADAME DU DEFFAND A L'ABBÉ BARTHÉLEMY

Paris, ce 2 mars 1773.

Je vous aime beaucoup, l'abbé, je vous trouve un discernement exquis. Pourquoi en suis-je plus frappée aujourd'hui? C'est que vous jugez de tout comme moi. C'est être bien vaine, me dira-t-on. On aura tort, on n'estime l'opinion et les jugements des autres qu'autant qu'ils sont conformes aux nôtres; on se conformerait aux leurs si on les trouvait meilleurs. Faites-vous expliquer cela par M. du Bucq, il est certainement le grand sauteur et l'archevêque [1] n'est que le Gille. Nous raisonnerons sur mon neveu [2]. Je veux savoir à fond l'effet qu'il fait à vous, à la grand'maman, au grand-papa; ma curiosité se borne là, je sais par cœur ce qu'en doit penser madame la duchesse de Grammont.

J'interromps ma lettre pour en lire une de vous que je reçois dans cet instant.

La voilà lue! l'abbé, l'abbé, vos justifications, vos explications me couvrent de honte. Je suis donc une épilogueuse, un petit esprit qui se formalise, qui se fâche sans raison [3]. Non,

---

1. L'archevêque d'Aix, M. de Boisgelin.

2. L'archevêque de Toulouse. Le jugement de madame du Deffand sur le futur cardinal de Loménie, s'est trouvé moins en défaut que celui qu'on en portait alors généralement dans la Société. — Voici le portrait qu'elle en a fait :

« Je vous ai promis votre horoscope; je ne vous demande point l'heure de votre naissance, je n'ai pas besoin de consulter les astres, il me suffit d'observer votre caractère pour vous prédire affirmativement une grande fortune.

« Vous avez beaucoup d'esprit, et surtout une sagacité étonnante qui vous fait tout pénétrer, tout savoir, sans avoir pour ainsi dire besoin d'aucune application ni d'aucune étude. Vous avez le goût et le talent des affaires, une si grande activité et tant de facilité pour le travail, que, quelque surchargé que vous puissiez être, on dirait que vous avez toujours du temps de reste.

« Vous avez beaucoup de vivacité jointe à beaucoup de sang-froid; jamais vous

non, l'abbé, rien de tout cela, mais j'aime, et quand on aime, on est jalouse en amitié comme en amour, et si vous êtes sincère, vous en conviendrez. Demandez encore à M. du Bucq si cela n'est pas vrai. Je ne vous renvoie point à M. d'Aix, ce n'est qu'un écolier.

Je me suis dénuée de tous mes couplets pour vous, et quand j'ai voulu les envoyer chez les insulaires, je n'ai pu les ravoir. Ils s'en passeront bien, il n'y a que l'intérêt personnel ou national qui puisse les faire trouver bons.

J'ai été très-contente de la lettre du grand-papa, je la relus hier au soir avec la petite sainte chez qui je soupai en petit comité. J'espérais y trouver le président de Cotte, il n'y était pas. Je le vois assez souvent chez elle, chez madame de La Vallière et quelquefois chez moi; il a été fort affligé de sa fille, il m'en paraît consolé. J'ai été touchée de la mort de

---

n'êtes troublé, jamais vous ne faites un pas en avant que vous n'ayez pensé où il pourra vous conduire. Si, par un hasard très-rare, vous êtes forcé de reculer, votre dextérité, qui est extrême, vous fera trouver le moyen de réparer ce petit inconvénient.

« Vous êtes hardi sans être téméraire, franc sans être imprudent. Jamais vous ne faites ni ne dites rien d'inutile; vos paroles ne sont jamais vagues, votre conversation jamais ennuyeuse; quelquefois elle est sèche. Votre esprit est trop occupé pour que vous ne soyez pas souvent distrait.

« L'ambition est le seul sentiment qui remplisse votre âme; je dis sentiment, car je ne crois pas que l'ambition soit en vous une passion. L'ambition est née avec vous; c'est pour ainsi dire un penchant que vous avez reçu de la nature, rien ne vous en détourne, vous suivez le chemin que vous croyez le plus sûr, vous cédez aux obstacles, vous ne cherchez point à les surmonter par la violence, mais rien ne vous rebute; votre âme n'est sujette à aucune secousse, votre humeur à aucune inégalité; votre discernement ne s'exerce que sur ce qui a rapport à vous; vous ne cherchez à connaître que ce qui peut être utile à votre fortune ou à votre plaisir; vous savez très-bien les allier tous les deux, apprécier les circonstances qui doivent faire donner la préférence à l'une sur l'autre.

« Je ne vous crois pas incapable d'amitié, mais elle sera toujours subordonnée à l'ambition et aux plaisirs. Vous cherchez la considération, vous l'avez obtenue; mais votre état, assez contraire à vos goûts, vous en a rendu les moyens difficiles, et c'est en quoi votre dextérité vous est encore fort utile.

« Voilà ce que je pense de vous, et ce qui rend indubitable la fortune que je vous prédis. »

M. de Montclar [1], les circonstances en sont cruelles. La grand'-maman l'aimait et vous aussi : M. de Castellane doit être bien affligé.

Je n'ai pu vous écrire par M. de l'Isle, il est parti subitò, il vous l'aura dit et vous aurez parlé des *Barmécides.* En vérité, je crois qu'on n'a rien fait de mieux depuis bien longtemps. Voltaire en crèvera de jalousie : le mot de jalousie n'est pas le mot propre, c'est celui d'envie. Je souperai demain chez madame de La Vallière avec l'abbesse. J'ai fait des démarches pour l'obtenir ; ce que vous me mandez d'elle me la fait aimer. Je suis fâchée que vous l'ayez perdue.

Je vous attends avec la plus grande impatience ; ce n'est pas sans scrupule, j'ai des remords du plaisir que je me propose et que j'aurai, puisqu'il ne peut être qu'aux dépens de l'ennui qu'il causera à la grand'maman. Sans vous, l'abbé, plus elle est entourée, plus elle me paraît isolée. Je vous renvoie encore à M. du Bucq. Mais à propos, ne l'avez-vous pas avec vous ? Il me dit, il y a quinze jours, qu'il irait vous voir incessamment. Son petit frère coupe-choux, M. de Senac, me vint voir il y a quelques jours ; il est dans une classe au-dessus de M. d'Aix.

Le chevalier de Chastellux est parti, dit-on, pour l'Italie.

Nous avons ici le chevalier de Boufflers. Combien le garderons-nous ? je n'en sais rien, il doit aller à Chanteloup ; quand sera-ce ? je l'ignore. Hélas ! hélas ! on ignore de tout, il n'y a que ce que l'on sent qui soit vrai. Je vous aime, j'aime la grand'maman ; voilà ce que je sais positivement.

Je vous envoie une épître de Voltaire ; l'ambassadeur de Naples me l'avait annoncée comme la plus charmante chose qu'il eût jamais faite : lisez et jugez [2].

---

1. Procureur général au Parlement de Provence. Fameux par ses réquisitoires contre les jésuites.

2. En lisant et jugeant, on trouve que l'ambassadeur avait bien raison.

LETTRE CCCCLX

DE MADAME DU DEFFAND A LA DUCHESSE DE CHOISEUL

Paris, ce 6 mars 1773.

Vous nous renvoyez le grammairien [1]. — Recevez le métaphysicien [2].

Je puis vous répondre que ce dernier est plus profond et plus subtil que jamais. J'espère que l'autre n'aura rien perdu de sa sévère exactitude.

Mais, ma grand'maman, que d'objets, que de caractères différents vous passent en revue! si vous formez des liaisons avec toutes ces différentes connaissances, vous ne pourrez plus habiter votre petit appartement, à peine votre galerie sera-t-elle assez grande. Que j'ai d'impatience de voir ce qui en sera! Savez-vous que je m'afflige de ce que vous serez quelques jours privée de l'abbé? le plaisir que je me fais de le revoir en est empoisonné.

J'ai soupé avec madame l'abbesse [3], elle m'a laissé voir tant d'affection pour vous, elle m'a rendu tant de témoignages de votre amitié pour moi qu'elle m'a charmée. Je suis fâchée qu'elle ne soit pas plus à portée de vous; tout bien considéré, la meilleure compagnie est celle qui nous recherche et nous aime, j'ai mes raisons pour désirer de vous le persuader.

Le baron m'a apporté un petit fromage nouveau, bien fait, auquel je suis fort sensible. Ce baron m'a vue deux jours de suite avec une grande affection, il y en a trois que je n'en ai entendu parler. Je crois qu'il sera malheureux toute sa vie; il ne peut se fixer nulle part; ses idées, ses désirs, ses projets sont plus variables que les girouettes.

---

1. M. de Beauvau.
2. M. du Bucq.
3. L'abbesse de Saint-Antoine, sœur du prince de Beauvau.

Savez-vous que l'incomparable vient de vendre son régiment 160,000 francs à M. de Lambesc? J'ai appris cette nouvelle par la ville. Apparemment que c'est par le conseil, ou du moins avec l'aveu de sa dame. Il compte que son procès sera renvoyé au Parlement de Besançon; je penche à croire que sa dame l'y suivra ou qu'elle s'établira en Lorraine, car qu'est-ce qu'elle deviendrait en son absence? nourriture, voiture, tout lui manquerait.

Adieu, chère grand'maman, l'heure me presse, il faut que je porte cette lettre à votre hôtel avant souper, et il est neuf heures.

LETTRE CCCCLXI

DE LA DUCHESSE DE CHOISEUL A MADAME DU DEFFAND

A Chanteloup, ce 11 mars 1773.

Je ne crois pas, ma chère petite-fille, que l'on puisse répondre avec plus d'exactitude; c'est à l'instant que le métaphysicien vient de me rendre votre lettre et me voilà déjà la plume à la main; après cela, plaignez-vous de moi si vous l'osez.

L'abbesse m'avait aussi mandé qu'elle avait soupé avec vous; elle était déjà occupée de ce souper avant de partir d'ici; elle s'en faisait un plaisir et elle n'a point été trompée dans son attente; je suis charmée qu'elle vous ait rendu témoignage de mes sentiments pour vous, elle les connaît bien; j'ai eu souvent occasion de lui en parler et vous pouvez l'en croire sur ce qu'elle vous en a dit, et si vous ne l'en croyez pas, ma chère enfant, venez-y voir; si la meilleure compagnie est comme vous dites celle où l'on est le plus désiré, je puis me vanter de vous être excellente.

Vous êtes bien généreuse d'être peinée pour moi de la privation où je vais être de l'abbé, quand vous allez jouir de sa présence. Ah! je suis déjà toute triste de son départ, car je ne suis que sensible et point généreuse; parlez du moins de moi ensemble et dites-vous bien l'un à l'autre que vous n'êtes aimés de personne plus tendrement que de moi.

Mille compliments, je vous prie, au baron.

Je ne sais pourquoi la vente du régiment de M. de Beauffremont à M. de Lambesc fait tant de bruit.

J'ai bien peur que ce pauvre prince ne perde son procès et j'en serais bien fâchée.

M. de Choiseul vous embrasse.

LETTRE CCCCLXII

DE MADAME DU DEFFAND A LA DUCHESSE DE CHOISEUL

Ce mardi, 23 mars 1773.

Madame de Bussy part demain; elle veut vous porter une de mes lettres. J'en suis flattée si elle s'imagine en devoir être mieux reçue par vous; dans votre hiérarchie il vous manquait la classe des trônes, il ne vous manque plus rien.

Ne croyez pas, chère grand'maman, que j'aie passé quinze jours sans m'occuper de vous; je vous avais écrit une lettre de quatre à cinq pages, je manquai l'occasion de la faire partir, je la relus, je la trouvai bête, je la jetai au feu. Mais vous, chère grand'maman, vous n'avez point pensé à moi, ne craignez cependant pas mes reproches; je réserve pour l'abbé toutes mes plaintes; je passai hier chez lui, son neveu me fit dire qu'il l'attendait cette après-dînée. Ah! le pauvre abbé! que je vais l'accabler! que de questions, que de réflexions, que de bâtons rompus! il n'aura pas le temps de répondre; nous nous proposons, la petite sainte et moi, de passer bien des soirées avec lui; mais, ma grand'maman, je m'afflige de ce que vous en serez séparée; vous allez avoir les d'Invault; cette compagnie sera plus tranquille que celle du mois précédent; votre séjour à Chanteloup vous aura acquis plus de nouvelles connaissances que si vous aviez fait le tour du monde; on m'a parlé d'un certain portrait d'une certaine madame, dont je suis bien curieuse. Si l'abbé ne me l'apporte pas, j'en serai bien fâchée.

Madame Boucault[1] continue toujours à être offerte et refusée, mais l'abbé vous mandera tout ce qui se fait et ce qui se dit; il débite à merveille, c'est son talent, et moi, chère grand'maman, je n'en ai aucun, et sans mon amour pour vous, je ne m'apercevrais pas que j'existe. Embrassez pour moi ce grand-papa, que j'aime avec autant de passion que s'il le méritait par son amitié pour moi.

LETTRE CCCCLXIII

DE LA DUCHESSE DE CHOISEUL A MADAME DU DEFFAND

A Chanteloup, ce 27 mars 1773.

J'ai très-bien vu, ma chère petite-fille, que c'était par M. de Vaudreuil et non par madame de Bussy que je recevais votre lettre, ainsi que vous aviez recommandé à M. de Boufflers de m'en avertir de peur que je ne m'y trompasse; mais j'en recevrai peut-être une autre aujourd'hui par madame de Bussy, et je ne doute pas que M. de Boufflers ne me donne encore de votre part la marque d'attention de m'avertir que ce ne sera pas M. de Vaudreuil qui me la remettra. Voilà ce que c'est que d'avoir de bons amis, ils préviennent avec une sagacité merveilleuse toutes les erreurs dans lesquelles on pourrait tomber. Je ne connais pas du tout cette madame de Bussy, mais elle est si intéressante par sa figure et le malheur d'être

---

1. Elle était veuve et l'amie intime de madame de Forcalquier, qui, à ce temps, fut nommée dame d'honneur de madame la comtesse d'Artois. Madame Boucault, ayant épousé M. de Bourbon-Busset, eut la charge de dame d'atours.

la femme de M. de Bussy, et l'on m'a dit d'elle des choses si honnêtes que je me sens extrêmement prévenue en sa faveur ; vous dites qu'elle est dans la hiérarchie des trônes : eh bien, je verrai si je peux m'élever jusqu'à elle ou l'engager à descendre jusqu'à moi. Et madame de Choiseul La Baume, vous ne m'en parlez pas, dans quel ordre la placez-vous ?

N'est-il pas incroyable, ma chère petite-fille, que ce soit vous qui vous plaigniez de moi, qui m'accusiez de ne pas penser à vous, quand c'est moi qui souffre de votre silence, et moi qui vous ai écrit, malgré le vide d'idées où vous m'aviez laissée ; je ne me plains pas de ce que vous ne m'avez pas écrit, mais je me plains de ce que vous avez brûlé la lettre que vous m'aviez écrite ; croyez qu'il est impossible que vous fassiez une mauvaise lettre et que les vôtres sont toujours excellentes pour moi.

Vous avez enfin le cher abbé ; il me mande qu'il a été descendre chez vous, que vous l'avez questionné, grondé, caressé ; enfin il est bien content et je le serais de même à sa place. Je voudrais être à ce souper chez la petite sainte entre vous et lui. Hélas ! je n'y serai qu'en esprit.

Nous n'aurons point aujourd'hui madame de Choiseul La Baume ; on vient de me dire qu'elle n'avait pas voulu partir le vendredi. Vous voilà décidée pour la classe où vous la rangerez, c'est celle des esprits forts, et cette connaissance peut vous indiquer sa place dans les hiérarchies célestes. Je doute cependant que *tant de valeur et tant de charmes* la portent au septième ciel.

Voulez-vous que je vous dise ce qui est ici, puisque l'abbé n'y est plus pour faire sa gazette ? D'abord l'évêque d'Orléans[1], qui est gai parce qu'il l'est, parce qu'il veut l'être et parce qu'il croit l'être ; son neveu, M. de Merle, tout aussi triste qu'un merle noir, quoique ce soit un merle blanc, est parti

---

1. M. de Jarente.

avant-hier avec le baron de Bezenval. Un marquis de Lons, Béarnais, oiseau de passage, il part ce soir. Votre métaphysicien, qui sera demain le courrier de cette lettre[1]. J'avouerai avec vous qu'il est quelquefois dans les nues, mais quand il descend sur la terre, il apporte des fruits du ciel, c'est-à-dire des vérités. Je continue le tour de la table. M. et madame d'Invault[2]; je ne sais si vous les connaissez. Madame d'Invault est assez aimable; cependant hier, je l'avais si complétement oubliée, qu'après avoir causé avec elle, la distraction d'une partie d'un quart d'heure me la fit découvrir comme une débutante et me voilà à me récrier : Hé, mon Dieu! madame d'Invault! Et comment est-elle arrivée? on ne l'a pas entendue, il semble qu'elle soit tombée des nues dans cette chambre, et n'est-elle pas bien fatiguée de son voyage? Jugez de l'étonnement d'une part et des rires de l'autre, et de ma confusion. Cela ne s'appelle-t-il pas une maîtresse de maison bien attentive et bien obligeante? Ensuite, M. de Vandeuil, ancien premier président du Parlement de Toulouse; puis M. de Vaudreuil, qui s'en va dans deux jours; madame de Chabannes et le baron de Talleyrand, qui partent la semaine prochaine, les Tingri, qui les suivront de près, l'abbé Billardy resté seul des inamovibles. J'en pourrais bien avoir oublié quelques-uns, mais j'ai toujours la réparation prête en demandant si l'on a fait un bon voyage. Tout cela sera remplacé demain par M. et madame de Choiseul La Baume, leur fils, madame de Bussy, et, à ce qu'a dit votre ami, M. de Stainville. La semaine prochaine, M. Trudaine, l'évêque de Comminges[3]; d'un jour à l'autre, M. de Salis. En retour j'espère le prince de Beauffremont la semaine sainte. Le lundi de Pâques, M. et madame de La Borde, etc., etc. Vous voyez bien que nous ne chômons pas, c'est bien le cas de me dire : Ma grand'maman, on n'a que faire de vous à Chanteloup pen-

---

1. M. du Bucq.
2. Contrôleur général sous le ministère Choiseul.
3. M. d'Osmond.

dant qu'il y tant de monde, vous devriez bien prendre ce temps-là pour me venir voir. Faites-vous conter cette histoire par l'abbé, si je ne vous l'ai pas déjà racontée.

Voilà, ma chère enfant, tout ce que je sais, je crois que vous devez être contente de moi jusqu'à la satiété. Je vous la permets pour mes lettres, mais je ne veux pas que vous soyez rassasiée de ma tendresse, car c'est un sentiment qui ne fait que croître et embellir.

LETTRE CCCCLXIV

DE MADAME DU DEFFAND A LA DUCHESSE DE CHOISEUL.

Ce 2 avril 1773.

Je vous écris bien rarement, chère grand'maman ; je me le reproche ; j'en suis mal avec moi-même ; je n'ai point de bonnes excuses à alléguer ; personne n'est plus désœuvré que moi, mais c'est ce désœuvrement, ce manque d'occupation, qui cause ma paresse, ou, pour parler plus juste, ma stérilité. Je passe des nuits sans dormir, chère grand'maman, et ce n'est, le plus souvent, qu'à midi que j'attrape le sommeil ; je me fais lire cinq heures de suite. Je serais incapable, pendant ces heures-là, de dicter le plus petit billet ; je me prends d'humeur contre tous les livres, et loin de profiter de mes lectures, elles m'ôtent le peu d'idées que je pourrais avoir. Je me lève quelquefois à cinq ou six heures du soir ; la compagnie arrive ; j'ai presque toujours du monde jusqu'à neuf, ou jusqu'à une heure après minuit quand je soupe chez moi, et quand je n'y soupe pas, je sors à neuf. Voilà la vie que je mène, et, sans contredit, la plus ennuyeuse qu'on puisse mener. Quand le cœur n'est pas content, quand l'âme n'est point occupée, on n'est capable de rien. Le seul sentiment qui me reste, c'est le regret ; je ne pourrais vous parler d'autres choses ; vous ne pourriez pas les faire cesser, et ils ne feraient que vous ennuyer.

Depuis quelques jours on a abandonné le mariage de madame Boucault¹, la politique étrangère a pris la place de celle de la cour. Celle-ci pourtant pourra bien l'emporter sur l'autre, et l'intérêt des ministres décidera sans doute des partis que l'on prendra.

Le C. G². se prêtera à tout ce que l'on voudra. Les ressources ne lui manqueront pas. Quelques nouveaux édits aplaniront les difficultés. On parlait mal, ces jours-ci, du Monteynard, il s'est raffermi³. Le Parlement est comme M. Guillaume, il juge tout comme un autre; je ne sais pas si c'est bien ou mal. Il a fait gagner M. de Brunoy; je ne sais pas comment il jugera M. de Morangies; je serais bien fâchée d'être juge dans un tel procès. Je crois la comtesse de Béthune bien mécontente du Châtelet. Prenez-vous intérêt à cette affaire?

Voilà les Beauvau établis à Versailles; de là ils iront vous trouver, et puis après ils iront en Lorraine. Paris sera désert cet été, il ne me restera que madame de La Vallière. La maréchale de Luxembourg fera de fréquents voyages. Vous l'aurez dans le courant de mai. Vous avez actuellement M. de Trudaine; je vis hier sa femme, qui me dit que madame d'Invault écrivait qu'elle ne se couchait qu'à quatre heures du matin. Elle est donc d'une bien agréable conversation? Comment trouvez-vous celle de madame de Bussy? elle me paraît avoir de l'esprit. Son état ne me paraît pas aussi fâcheux qu'à vous. Serait-elle plus heureuse d'être restée dans son chapitre? Elle n'aime point son mari, c'est un malheur assez général; il est..., n'est-

---

1. Veuve de M. Boucault, financier; on voulait la marier à la cour, et la faire dame d'atours de la nouvelle comtesse d'Artois (Thérèse de Savoie), dont madame de Forcalquier était dame d'honneur. Madame Boucault épousa M. de Bourbon-Busset.

2. L'abbé Terray, contrôleur général.

3. « Il lui sera difficile de rester ministre, disait le roi, il n'y a que moi qui le soutienne. »

ce pas tant mieux? Elle fait tout ce qu'elle veut. Oh! le plus grand nombre des femmes est bien plus à plaindre qu'elle.

Que dites-vous du séjour de M. de Lauzun en Angleterre? Il me paraît incompréhensible. Je n'entends plus parler de M. de Gontaut; il n'a eu, pour moi, qu'une bleuette. Mais pourquoi est-ce que je ne vous dis rien du grand abbé? ce n'est pas faute de l'aimer et d'en être occupée. Vous ne nous le laisserez pas longtemps. Personne ne comprend mieux que moi qu'on ne puisse pas s'en passer; nous souperons demain ensemble chez la petite sainte. Nous parlerons de vous tout à notre aise. Demandez-lui, chère grand'maman, de n'avoir pour moi aucune réticence et de me communiquer ce que je voudrai entendre. Il n'y a que la confiance qui soit une preuve non équivoque de l'amitié.

On m'avertit que voilà quatre pages.

Adieu, chère grand'maman.

LETTRE CCCCLXV

DE MADAME DU DEFFAND A LA DUCHESSE DE CHOISEUL

Ce mardi, 6 avril 1773.

Notre correspondance, chère grand'maman, s'est terriblement ralentie; je passe des temps infinis sans apprendre de vos nouvelles; l'abbé ne m'en dit point. Je le chargeai samedi d'une lettre pour vous, il prévoyait qu'elle ne partirait que demain mercredi; elle sera, quand vous la recevrez, de trop ancienne date pour que je n'y joigne pas un petit billet aujourd'hui.

Nous passons des soirées délicieuses chez la petite sainte, vous êtes l'unique sujet de nos caquets. L'abbé nous a communiqué un portrait charmant. Quel pinceau! chère grand'maman. Si ce n'était pas trop l'avilir, je vous prierais de l'employer pour moi, de ne point embellir ni même adoucir les traits.

Apprenez-moi à me connaître, que je voie tous les défauts de mon caractère, les travers de mon esprit, mais dites infiniment de bien de mon cœur; il ne peut être qu'excellent, puisque vous le remplissez. Ah! chère grand'maman, pourquoi faut-il que la fin de ma vie soit si triste? Pourquoi faut-il que je sois séparée de vous? Mais terminons d'inutiles plaintes.

N'avez-vous pas actuellement le chevalier de Boufflers? ne le trouvez-vous pas presque aussi raisonnable qu'il est aimable? Et notre incomparable, n'en êtes-vous pas contente? Dans ce moment-ci beaucoup de mes connaissances se dispersent: Beauvau à la cour; la maréchale de Luxembourg, Pont-de-Veyle et plusieurs autres à l'Isle-Adam; les Brienne dans leur château. Ce sera encore bien pire le mois prochain. Le chevalier de Bouteville vous rendra cette lettre. Ce n'est pas un débiteur de nouvelles; il vous dira à l'oreille que madame de Lillebonne est grosse, et vous priera de ne le pas citer; il devrait vous raconter la joie qu'on a eue du gain du procès de M. de Cambray [1], de l'ordre de supprimer le Mémoire, et de ce que le roi a dit à cette occasion. Le grand-papa jouit de toutes les gloires imaginables. Les événements de sa vie seront une grande et singulière époque dans notre histoire; rappelez-moi à son souvenir; songez l'un et l'autre que toutes mes affections et mon bonheur sont placés sur vous; payez-m'en les intérêts par des marques de souvenir et d'amitié.

LETTRE CCCCLXVI

DE MADAME DU DEFFAND A LA DUCHESSE DE CHOISEUL

Ce lundi, 12 avril 1773.

Depuis le retour de M. de Vaudreuil, ma chère grand'maman, je n'ai eu de vos nouvelles que ce que j'ai pu en arra-

---

[1]. Léopold-Charles de Choiseul, frère du duc.

cher à l'abbé ; il ne refuse point de m'en apprendre, mais il faut que je l'interroge. Nous vous le rendrons bientôt, ce grand abbé, je vous en ferai le sacrifice à la manière de ceux qu'on fait à Dieu. Ah ! j'ai tort, j'y apporterai plus de résignation ; aussi me sera-t-il plus méritoire ; il doit vous prouver la sincérité de ma tendresse.

Je m'en rapporte à l'abbé pour les nouvelles courantes, je me réserve les chansons. Je meurs de peur que l'incomparable ne m'ait prévenue et ne vous ait dit la dernière de madame de Boufflers sur l'air : *Ton humeur est Catherine* [1].

> Dimanche j'étais aimable,
> Lundi je fus autrement ;
> Mardi je pris l'air capable,
> Mercredi je fis l'enfant ;
> Jeudi je fus raisonnable,
> Vendredi j'eus un amant ;
> Samedi je fus coupable,
> Dimanche il fut inconstant.

Le chevalier ne sera plus avec vous quand vous recevrez cette lettre ; on dit qu'il vous quitte après-demain. Vous n'avez pas grand monde présentement. Si j'avais des ailes, je sais bien ce que je ferais. Je ne m'accoutume point à une si cruelle séparation. Je suis sans point fixe, cet état m'est insupportable, ne finira-t-il jamais ?

Faites souvenir de moi le grand-papa ; je l'aime toujours de tout mon cœur.

1. C'était son prénom.

LETTRE CCCCLXVII

DE LA DUCHESSE DE CHOISEUL A MADAME DU DEFFAND

A Chanteloup, ce 13 avril 1773.

Que la paix soit avec vous, tous vos péchés vous sont remis. Voilà un style, ma chère enfant, qui a toute la bonne odeur des fraîches Pâques. Je suis bien aise de vous édifier. La traduction de cette sainte citation est que vous n'ayez plus de remords de m'avoir si longtemps négligée. Les deux lettres que le chevalier de Bouteville m'a apportées de vous, vous ont fait rentrer en grâce avec moi; le plaisir que j'ai eu à les lire vous a fait pardonner un silence qui m'était insupportable. Je vous dirai seulement en passant que je ne trouve pas juste que vous ne m'écriviez pas, parce que vous n'avez rien à me dire; on n'a besoin de penser qu'avec ses connaissances, il ne faut que sentir avec ses amis. Pour moi, qui n'ai jamais rien à dire, il me suffit de sentir que je vous aime; je vous le dis et je crois avoir tout dit. Je n'imagine pas avoir rien de mieux à dire, et je ne vous soupçonne pas d'avoir plus à exiger. Faites de même avec moi; vos lettres seront plus fréquentes et vous coûteront moins, nous y gagnerons toutes deux.

Tant mieux si vous avez été contente du portrait de madame de Chabannes. Je suis bien aise, puisqu'il en est ainsi, que l'abbé vous l'ait montré, mais je n'aurais jamais imaginé de vous l'envoyer, parce que je ne croyais pas qu'il en valût la peine. Je ne peux pas faire le vôtre, je vous aime trop pour vous peindre; la peinture est un art de détail, le sentiment ne détaille pas, il lui faut des masses. Détaillez une passion, vous lui ôterez sa chaleur, ou plutôt son existence; point de passion sans chaleur. La chaleur de la pantomime sera dans un seul geste, dans une convulsion peut-être; la chaleur de l'éloquence dans un cri, dans une exclamation; la chaleur d'une description dans un petit nombre de grands traits rapprochés dont les détails sont confondus dans l'ensemble ; la chaleur d'un tableau dans un seul trait qui n'aura rien de léché ni de fini. Le sentiment et le génie ne se détailleront jamais, et je ne puis, ma chère enfant, me résoudre à vous regarder froidement.

Je ne trouve pas le chevalier de Boufflers si raisonnable qu'il l'était l'année passée, et c'est en cela que je l'aime mieux cette année. Le manteau de la sagesse ne lui seyait point du tout. Je crois qu'il a la sagesse dans le cœur, et cela suffit pour lui, mais non pas pour nous; ce n'est pas l'égide de Minerve qu'il faut montrer aux hommes, c'est la marotte de la folie.

Pour votre incomparable, vous croyez bien que j'en suis contente ; et comment ne le serait-on pas ? on est si reposé avec lui, et cela est si commode à ma paresse ! Je le perdrai bientôt et j'en suis très-fâchée ; il ne nous donnera que le reste de cette semaine tout au plus. Je compte pourtant qu'il attendra l'abbé, que j'attends vendredi ou samedi ; vous allez encore le compter dans la dispersion de vos amis ; mais ma générosité ne va pas jusqu'à pouvoir vous cacher le plaisir que j'aurai de le revoir. J'espère qu'il m'apportera la certitude de vous avoir au mois d'octobre. Ah ! que j'en serai aise ! Je vous renvoie ce soir le chevalier de Boufflers. Je ne sais si vous le garderez longtemps, vous savez qu'il ne fait guère d'établissement solide.

Je suis fâchée de vous savoir si seule, l'ennui est la plus grande maladie. Je vous assure que je vous donnerais de bien bon cœur la moitié de ma compagnie pour vous en soulager, et que de meilleur cœur encore je voudrais pouvoir me livrer à vous la tenir.

Je n'ai pas pu m'empêcher de lire à M. de Choiseul ce que vous me dîtes pour lui au sujet du gain du procès de M. de Cambray, il en a été enchanté ; il vous embrasse bien tendrement, ma chère enfant, et je vous embrasse plus tendrement encore.

Vous ne me parlez pas du baron de Gleichen; je vous prie de lui dire mille tendresses pour moi.

LETTRE CCCCLXVIII

DE MADAME DU DEFFAND A LA DUCHESSE DE CHOISEUL

Paris, ce mercredi matin,
14 avril 1773.

J'ai été bien surprise hier, chère grand'maman, quand l'abbé m'a dit qu'il partait demain; il s'est fait un combat en moi de peines et de plaisirs : de peines, de le perdre; de plaisirs, de celui que vous auriez de le revoir, et ce dernier l'a emporté. Que vous êtes heureuse, chère grand'maman, d'aimer et d'être aimée! Je ne veux point vous ouvrir mon âme, elle est trop remplie d'amertume et de tristesse[1]. Si l'abbé vous rend compte de la vie que je mène, elle pourra vous paraître agréable, mais il s'en faut bien qu'elle le soit. Au fond, il n'y a que malheur pour ceux qui, étant nés sensibles, ne rencontrent que de l'indifférence. Mais je ne m'expliquerai pas davantage.

Je me suis occupée hier à ramasser des découpures que l'abbé vous portera. Je ne sais pas si cela sera dans l'ordre que j'ai recommandé; elles sont de M. Hubert de Genève et de M. de Caraman. Madame de Caraman ne cesse de me demander de vos nouvelles et de me prier de vous dire combien elle vous respecte, honore et aime. C'est le sentiment général, mais ceux qui ont du mérite l'éprouvent bien plus vivement.

Je ne vous écrirai pas plus longuement. Je suis remplie de vapeurs. Je n'ai ni votre esprit ni votre courage. Consolez-moi, chère grand'maman, en me disant que vous m'aimez, c'est le seul remède à mes maux.

---

1. M. Walpole lui avait écrit qu'il aimerait mieux être une de ses connaissances que son ami.

LETTRE CCCCLXIX

DE LA DUCHESSE DE CHOISEUL A MADAME DU DEFFAND

A Chanteloup, ce 17 avril 1773.

Vous m'avez renvoyé mon abbé, ma chère petite-fille, et je vous renvoie votre prince. Je suis bien fâchée de perdre le prince, mais quel plaisir j'ai eu à retrouver mon abbé! Vous serez bien aise de revoir le prince, mais quelle peine vous avez eue à perdre mon abbé! Cependant, le prince veut que je lui donne une lettre pour vous, pour en être, dit-il, bien reçu, et vous savez que je ne me fais pas prier pour vous écrire, quoique vous vous plaignez souvent de mon silence et que vous vous en plaignez quand c'est vous qui me négligez. Osez bien vous plaindre, ingrate, quand vos remords sont consignés dans toutes vos lettres! Oui, vous l'osez, car l'abbé me l'a dit. Plaignez-vous tant que vous voudrez, pourvu que ce soit à moi. Autant vous formerez de plaintes, autant je recevrai de ces lettres qui me charment, même quand elles m'accablent de votre injustice. Je crois vous l'avoir déjà dit, en fait de sentiment, je ne hais pas l'injustice, elle est sensible dans ce moment-ci; cependant, vous êtes fort bien avec moi, et quoique je vous rende justice, je n'en suis pas moins sensible pour vous; il y a un mélange de sensibilité et de générosité dans la manière dont vous m'avez renvoyé mon abbé qui m'a été au cœur; et puis deux lettres de vous en deux jours, voilà le motif d'un grand succès.

Je ne sais si vous savez que mon appartement est la grande rue de Chanteloup; en y passant, le grand-papa s'est habitué à me faire l'éternelle et spirituelle question qui est constamment dans la bouche du roi, notre maître : *Que faites-vous là?* — J'écris. — A qui? — A la petite-fille. — Avez-vous des lettres d'elle? — Oui. — Qu'est-ce qu'elle dit? — Qu'elle est vieille, triste, ennuyée et ennuyeuse. — Et l'abbé, qu'est-ce qu'il en dit? — Qu'elle est jeune de cœur et d'esprit, aimable, gaie, amusée et amusante. — Eh bien! dites-lui que j'en crois l'abbé et que j'embrasse ma petite-fille, puisqu'elle est toujours si gentille.

Vous m'avez envoyé par l'abbé un portefeuille de découpures qui a fait les plaisirs du salon tout l'après-dîner; il y avait deux portraits de vous; madame de Grammont a voulu absolument en avoir un. Je lui ai bien promis de lui en faire une tracasserie avec vous; elle a pris celui de la main, mais comme j'étais aussi attachée à cette main, je vous prie de m'en renvoyer un où elle se trouve.

J'aime à la folie la chanson de madame de Boufflers des sept jours de la semaine. Le prince m'en a montré une sur la grammaire dont le sujet est plaisamment rempli.

L'abbé dit, ma chère petite-fille, qu'il est très-vrai que vous pourriez fort bien venir ici au mois d'octobre. Ah! faites tout ce que vous pouvez, je vous en conjure.

LETTRE CCCCLXX

DE MADAME DU DEFFAND A L'ABBÉ BARTHÉLEMY

Ce vendredi, 23 avril 1773,
à 6 heures du matin.

Faites attention à cette date et jugez de mes nuits; mes insomnies sont insupportables. Je ne sais qu'y faire. Je vais m'en consoler en causant quelques instants avec vous. Je n'écrirai point à la grand'maman; j'attendrai que je sois de meilleure humeur; je n'y fais pas tant de façon avec vous, savez-vous pourquoi? c'est que vous vous affectez moins que la grand'maman, que je l'attristerais, et que vous, vous ne vous embarrasserez pas de ma maussaderie.

J'ai reçu par l'incomparable les lettres de la grand'maman

et la vôtre. D'où vient que vous ne me rendez compte de rien, des gens qui vont et viennent à Chanteloup, de ce qu'on y fait, de ce qu'on y dit? Ces relations suppléeraient à la présence réelle. On me flatte en me disant qu'on me la souhaiterait, et moi je cherche à me persuader qu'elle pourrait n'être pas impossible, mais il faut que le sommeil revienne, qu'il amène des forces; pour la volonté et le désir, n'en doutez pas.

J'ai vu tous les revenants : le chevalier de Boufflers, l'incomparable, M. de Stainville, M. de Trudaine, tous ont été contents de la santé de la grand'maman. M. de Stainville part samedi, le chevalier lundi. On ne parle ici que de mariages; il y en a déjà eu huit ou dix dans cette semaine. Je vous renvoie à la gazette. Celui de madame Boucault est, dit-on, pour la semaine prochaine. On murmure d'un autre pour les premiers jours du mois prochain; il sera plus illustre, quoique le nom soit presque semblable : il faut retrancher une S et un T au nom du futur de madame Boucault. C'est une manière de logogriphe mal énoncé : c'est l'effet de l'insomnie[1].

Madame de Grammont vient-elle à Paris le mois prochain? la pluralité dit oui, un seul dit non, et je ne sais d'où vient que c'est celui-là que je crois.

Adieu, l'abbé, je vais me faire lire *Henri VII*; s'il m'endort, je le préférerai à tous les rois du monde.

Voltaire a écrit à M. de Richelieu. Il se plaint que d'Argental, en faisant imprimer ses *Lois de Minos*, y a inséré des vers de sa façon.

---

1. En retranchant une *s* et le *t* à Bourbon-Busset, reste Bourbon-Buse; madame du Deffand veut parler ici de M. le duc d'Orléans qui était à la veille d'épouser madame de Montesson.

LETTRE CCCCLXXI

DE MADAME DU DEFFAND A LA DUCHESSE DE CHOISEUL

Ce 28 avril 1773.

Je n'entends plus parler de ma grand'maman ; le grand abbé, en qui j'avais mis mes espérances, me laisse là ; je suis tout isolée ; parents, amis, tout m'abandonne ; on me laisse à moi-même, et c'est le pire état où je puisse être, tirez-m'en au plus tôt, chère grand'mamam ; donnez-moi de vos nouvelles, dites-moi que vous m'aimez toujours, c'est le remède le plus efficace, et le seul qui puisse me tirer de ma léthargie.

Voulez-vous savoir ce qui se passe ici. Madame Boucault épousa hier M. de Bourbon-Busset. Nous aurons sans doute bientôt la liste de la maison de madame la comtesse d'Artois, madame de Forcalquier à la tête. Vous savez que l'ambassadeur de Sardaigne[1] est rappelé ; il est au désespoir. Mesdames de La Vallière et de Châtillon[2] en sont très-affligées. On dit que son successeur sera un M. de Viri, qui est actuellement en Espagne.

M. de Chamousset mourut il y a deux jours. N'avez-vous pas été fâchée de la mort de Vernage ? Je le regrette beaucoup.

Madame de Luxembourg doit partir samedi pour vous aller trouver ; il pourrait y avoir quelque retardement, à cause que le mariage de M. de Laval, qui devait être hier, a été différé parce que mademoiselle de Gensac avait la fièvre.

On ne parle ici que de mariage et de départ pour la campagne. La petite sainte partira de dimanche en huit ; je la trouve mieux, je lui envie bien le plaisir qu'elle aura de vous voir.

---

1. Le comte de la Marmora.
2. La mère et sa fille.

Je crois que vous n'avez pas grand monde présentement, et c'est là le temps où je regrette le plus de n'être pas avec vous. Paris va bientôt être désert.

On prétend qu'il doit arriver entre ci quinze jours trois grands événements; je n'en demanderais qu'un pour être parfaitement contente; vous devinerez aisément que ce serait votre retour. Quel bonheur ce serait pour moi! Je me distrais de cette idée pour ne me pas pendre. Vous ne savez pas, chère grand'maman, combien je vous aime et avec quel plaisir je parle de vous. Si le grand abbé ne me donne pas de vos nouvelles, il me mettra au désespoir.

LETTRE CCCCLXXII

DE L'ABBÉ BARTHÉLEMY A MADAME DU DEFFAND

1er mai 1773.

Vous vous plaignez de mon silence et je vais le justifier; j'arrivai ici un samedi, le lendemain je vous écrivis, le lendemain j'eus une indigestion, le lendemain j'eus un accès de fièvre qui dura quinze heures, le jour d'après je restai anéanti, le jour d'ensuite autre accès de fièvre avec frisson, et je fus atteint et convaincu d'avoir la fièvre tierce; le lendemain je pris médecine, le lendemain autre accès, le lendemain l'ipécacuanha; le jour d'après autre accès, dans les intervalles d'un accès à l'autre, toux sèche, dégoût, ennui, faiblesse extrême; enfin, avant-hier que je devais avoir le cinquième accès, je l'attendais la montre à la main : une heure, deux heures, trois heures, je ne sens rien, point de frisson; le médecin et le chirurgien arrivent, ils m'assurent que je suis dans l'accès, mais il était si faible, si doux, que j'ai regardé ce petit mouvement dans le pouls comme une politesse de la fièvre. Elle n'a pas voulu s'en aller sans prendre congé; hier je fus très-bien, ce matin beaucoup mieux; plus de toux, plus de dégoût. Si je ne ressens rien dans la journée, me voilà quitte de cette indisposition, et je vais travailler à la mettre à profit. Nous ferons avec mes docteurs un procès-verbal des réparations qui sont à faire à ma maison, qui, depuis quelques années, se trouve un peu ébranlée ; il faudra récrépir, mettre des étais, comme du petit-lait, des eaux de Vichy, des bains, etc.

Ah ! mon Dieu ! on frappe ; je crois que c'est la fièvre. Point du tout, on vient m'avertir que mon cheval est prêt et qu'il faut le monter. Je vous quitte, et dans un moment je reviens.

Me voilà de retour ; j'ai trouvé le monde bien grand et bien beau ; je parle du monde physique. J'ai pensé, dans ma promenade, que tous les détails de cette fièvre vous excéderont, eh bien ! n'en parlons plus.

Vous demandez s'il y a bien du monde ici. M. de Boufflers, l'abbé Beliardi et moi, depuis cinq à six jours, voilà tout. Cependant, les jours passent comme à l'ordinaire. Oh ! si vous aviez pu saisir ce moment ! Qu'est-ce qu'on fait toute la journée ? on est ensemble et presque toujours dans le salon, car l'âpreté de l'air ne permet pas la promenade. A propos de l'air, je voudrais bien que les gens de Paris et de toutes ces provinces-ci, qui prétendent avoir un printemps, pussent répondre aux exemples multipliés du contraire ! On est vêtu comme au mois de mars, on se tient auprès du feu comme au mois de décembre ; un vent continuel, un air froid et quelquefois très-aigre, voilà l'idée que l'orgueil des Parisiens et des Tourangeaux se fait du printemps.

La grand'maman comptait vous écrire dès que je n'aurais plus la fièvre, et comme elle espérait, ainsi que moi, que le bruit de mon indisposition n'irait pas jusqu'à Saint-Joseph, elle comptait ne vous l'apprendre qu'avec la guérison.

LETTRE CCCCLXXIII

DE MADAME DU DEFFAND A LA DUCHESSE DE CHOISEUL

Paris, 1er mai 1773.

Je ne fais point de reproche, chère grand'maman. Je sais qu'on a des temps de stérilité, que notre âme peut se comparer aux arbres, qu'elle éprouve ainsi qu'eux, divers changements; mais je trouve que la vôtre est trop longtemps sans reverdir. Je voudrais qu'elle poussât des feuilles ou qu'elle en fît pousser à son grand chêne. Je vous envoie les miennes telles qu'elles sont, feuilles mortes en apparence, mais ce sont toujours des feuilles et le tribut de ma saison. Tout ce galimatias veut dire que je voudrais avoir de vos lettres, que je n'en reçois point, et que je vous accable des miennes.

Je vous félicite de l'arrivée de la maréchale de Luxembourg. Je me flatte de n'être point mal avec elle et elle est du dernier bien avec moi. Je lui dois le témoignage que vous êtes démêlée, jugée et sentie par elle aussi parfaitement que par qui que ce soit, et qu'elle me parle toujours de vous d'une manière qui me satisfait pleinement.

Vous croyez bien que je ne m'aviserais pas de vous écrire aujourd'hui des nouvelles; elle est bien plus à portée que moi d'en savoir. Je vous dirai seulement qu'on prétend que M. et madame de Bourbon-Busset s'accordent à vivre ensemble comme Joseph et Marie.

Vous êtes sans doute inquiète de M. de Beauvau; les nouvelles d'hier au soir étaient que, si la fièvre qu'on attendait arrivait, et qu'elle fût un peu forte, il viendrait aujourd'hui à Paris. C'est ce que je ne saurai que cette après-dînée. Ce sera madame la maréchale qui vous apprendra ce qui sera arrivé.

Ne me laissez pas, chère grand'maman, dans l'abandon. Pourquoi, l'abbé n'a-t-il pas repris sa gazette? S'il n'a point de faits à me mander, n'a-t-il pas des fariboles ? pourquoi cette sécheresse, cette aridité ? Je me rappelle des vers que le président aimait à la folie et qu'il ne cessait de chantonner :

> L'indifférence est pour les cœurs
> Ce que l'hiver est pour la terre ;
> L'indifférence est pour les cœurs
> Ce que l'hiver est pour les fleurs.

Pourquoi veut-il que je sois fanée ? C'est sa faute si je vous écris une lettre si plate. Le mieux que je puisse faire, chère grand'maman, c'est de la finir. Je vous dis donc, sans figure ni métaphore, que je vous aime passionnément, que votre amitié m'est nécessaire, et que je mourrais de chagrin si vous ne m'aimiez plus.

A 4 heures de l'après-midi.

Je reçois une lettre de M. de Beauvau. Voyez ce qu'il me mande de dix heures du matin :

« La fièvre m'a pris hier vers une heure et m'a duré
« douze grandes heures, pendant lesquelles je n'ai cessé de
« trembler, de brûler ou de suer. Après cela, j'ai un peu dormi
« par intervalle et me trouve assez bien ce matin que com-
« mence mon bon jour. J'attendrai encore ce qui doit se passer
« demain pour prendre mon parti d'aller à Paris. »

Je vous informerai exactement, chère grand'maman, de la suite de cette maladie ; elle m'inquiète beaucoup. Voici aussi ce qu'on m'écrit d'Angleterre du 27 :

« Nous avons été en guerre avec vous et nous venons de
« faire la paix avec vous, sans, je crois, que vous en sussiez
» rien. Mercredi passé on donna ordre pour qu'on équipât une
« escadre de quinze vaisseaux, qui devait partir d'abord pour la
« Méditerranée pour observer la vôtre et l'attaquer en cas que
« la vôtre voulût attaquer celle des Russes. On nomma un chef
« d'escadre qui n'est pas homme à rester les bras croisés.

« Voilà les actions qui baissent furieusement. Hier votre ambas-
« sadeur assura que vos vaisseaux ne partiraient point. Voilà
« qui est fini, ce n'était qu'une guerre en parenthèse. »

Dieu en soit loué, ç'aurait été un nouveau sujet de chagrin, si la guerre avait eu lieu.

On parle toujours du mariage de madame de Montesson; madame la maréchale en sait plus que moi, ma pensée est qu'il ne se fera pas.

LETTRE CCCCLXXIV

DE LA DUCHESSE DE CHOISEUL A MADAME DU DEFFAND

A Chanteloup, ce 2 mai 1773.

Je mérite tous vos reproches, ma chère petite-fille, j'avoue mon tort et je vous en demande pardon; il y a mille ans que je ne vous ai écrit, je m'en suis très-bien aperçu; je vous en dirai toutes les raisons dans ma première lettre, mais je n'ai pas le temps aujourd'hui, parce que le dîner est servi, et que la poste va partir, et que je ne veux pas vous laisser plus long-temps dans l'inquiétude sur l'abbé, que vous aurez peut-être appris qui a la fièvre tierce. Cette fièvre est très-douce, ne le fait presque pas souffrir, et les médecins la regardent comme un grand bien pour sa santé; il était hier à son cinquième accès, qu'il n'a même eu que par sa faute, par l'imprudence d'avoir monté à cheval; le précédent avait été si faible qu'on croyait que ce serait le dernier. C'est aujourd'hui son bon jour, il en a profité pour prendre médecine; il vous donnera peut-être de ses nouvelles lui-même la première fois, mais je ne vous en laisserai sûrement pas manquer. En attendant, ma chère petite-fille, je vous embrasse de tout mon cœur.

LETTRE CCCCLXXV

DE L'ABBÉ BARTHÉLEMY A MADAME DU DEFFAND

Mardi, 4 mai 1773.

Madame la maréchale de Luxembourg arriva hier au soir avec madame de Lauzun, puis M. d'Onezan. M. le marquis de Contade, qui était arrivé la veille, est parti ce matin. On attend aujourd'hui ou demain M. de Cambray, ensuite M. et madame du Châtelet, ensuite M. l'archevêque d'Aix et madame de Boisgelin.

Je croyais que ma fièvre avait pris congé; elle avait apparemment oublié quelque chose, elle est revenue, j'en ai eu deux accès après ma dernière lettre; j'attends le huitième demain matin; mes docteurs disent qu'il n'y a pas grand mal, et que rien ne purifie plus le sang. Je n'en sais rien, mais toute cette purification est bien incommode et bien affaiblissante; il est triste de passer sa vie comme Phèdre à transir et brûler. On dit que M. le prince de Beauvau a aussi la fièvre tierce : je le plains. La grand'maman compte vous écrire demain; je finis, car j'ai tant de bile dans le corps que mes pensées en sont jaunes. Cependant, j'ai de la patience, j'en aurai jusqu'au douzième accès, après quoi savez-vous ce que je ferai? Je prendrai patience.

LETTRE CCCCLXXVI

DE LA DUCHESSE DE CHOISEUL A MADAME DU DEFFAND

A Chanteloup, ce 5 mai 1773.

C'est aujourd'hui le jour de la fièvre de l'abbé; elle lui a pris à six heures du matin, mais presque sans frisson; l'accès a été court et doux, l'abbé se flatte à cause de cela que ce sera le dernier; mais les médecins prétendent que cette maudite fièvre lui durera tant que nous aurons ce vilain vent du nord qui dessèche, qui brûle et qui perd tout; c'était aujourd'hui son huitième accès. Je vous en avais compté un de moins dans ma dernière lettre, parce qu'il y en avait eu un, dans le nombre, si faible, que l'abbé ne l'avait pas compté lui-même, et depuis, il l'a repris dans son compte. Je ne crois pas qu'il y ait de fièvre tierce qui se passe plus doucement que celle-là, cependant il commence à s'en ennuyer et moi aussi, parce qu'elle l'attriste et l'affaiblit, et que quelque médiocre que soit la souffrance, c'en est toujours une, et il m'est impossible de ne pas partager par le sentiment toutes celles de mon pauvre abbé; cependant je vous assure, ma chère petite-fille, qu'il n'y a pas moyen d'en avoir la plus légère inquiétude. Les médecins prétendent, au contraire, que cette fièvre fera grand bien au fond de sa santé quand elle sera passée. Je voudrais bien que celle de M. de Beauvau fût aussi douce. Les nouvelles que nous en avons eues depuis celles que vous m'avez données, portent qu'elle était toujours aussi violente, mais de nature à ne donner aucun sujet d'inquiétude. Cependant, je le trouve trop délicat pour supporter des attaques violentes, de quelque nature qu'elles soient, et celle-ci me fait beaucoup de peine. Quoique madame de Grammont m'ait promis de ne pas laisser ignorer à madame de Beauvau l'intérêt que j'y prends, je vous serai bien obligée, ma chère petite-fille, de vouloir bien lui en parler encore.

J'ai attisé le feu de vos amours avec madame la maréchale, en lui disant comme elle était bien avec vous; il me semble que vous n'êtes pas moins bien avec elle; quant à moi, j'ai toujours eu à me louer de son indulgence. Cependant, quelque désir que j'aie de lui plaire, il me semble que je ne suis pas en droit de me flatter du succès; je passe fort bien toute une après-dînée auprès d'elle sans proférer une seule parole; la conversation se soutient entre elle et madame de Grammont, et elle est si vive, si animée, si piquante, si éloquente, qu'il ne me reste rien à y mettre.

Je trouve ce qu'on vous a mandé d'Angleterre extrêmement plaisant, cela fait honneur à la force et à la dignité de notre ministère; mais je trouve que ces messieurs ont raison, ce sont de grands philosophes qui préfèrent un peu plus de tranquillité à un peu plus d'honneur.

Les trois grands événements dont vous me parlez dans votre lettre du 28, me paraissent arriver. Voici l'explication que je leur donne : c'est madame Boucault déboucautée, M. de Bourbon-Busset emboucauté et M. de Bourbon-Buse encanaillé. Cependant, madame la maréchale soutient que le mariage n'est pas fait. Mais on a beaucoup de peine à déraciner cette opinion de la tête de nos Tourangeaux qui y sont fort attachés.

Il me reste à présent à me justifier, ma chère petite-fille, du long silence dont vous avez la bonté de vous plaindre. Depuis assez longtemps, nous sommes absolument seuls, et par conséquent, il n'est parti personne d'ici, et je n'ai pas eu d'occasion d'écrire; vous savez que je n'aime point à écrire par la poste, quoique je n'aie jamais rien de bien important à dire, mais je ne veux pas que M. d'Ogny, que je ne connais pas, que le roi à qui je n'ai plus rien à dire, que madame Du Barry, qui n'est point à mon ton, lisent mes lettres. Cependant, j'aurais franchi mon aversion pour la poste, si Ribot, depuis huit jours, n'avait dû partir tous les jours. De sorte que tous les jours je comptais vous écrire; enfin on assure qu'il part demain, et j'en profite, comme vous voyez. De plus, je vous envoie un fromage par lui pour me raccommoder avec vous; d'ailleurs, j'ai su que l'abbé vous avait écrit, ce qui m'a un peu ralenti sur ce devoir, car je regarderai toujours comme le premier devoir de satisfaire à l'intérêt de ce qu'on aime. Vous avez bien raison, ma chère petite-fille, il y a des temps de stérilité pour l'esprit, je l'éprouve plus que personne, c'est mon état habituel, mais il n'y en a pas pour le cœur. Je le sens bien, le mien est toujours rempli de vous, et vous me feriez une cruelle injustice, s'il vous arrivait un seul moment d'en douter.

LETTRE CCCCLXXVII

DE MADAME DU DEFFAND A L'ABBÉ BARTHÉLEMY

Ce mercredi, 5 mai 1773.

Rien n'est plus surprenant, il n'est que deux heures après midi, je suis levée, ma toilette est faite, je suis établie dans mon tonneau, j'effile mes chiffons et je vous écris en attendant... devinez qui?... Un notaire! Pour placer de l'argent, me direz-vous? Oh! pour cela, non. Pour en emprunter? Pas davantage; mais pour faire mon testament. Je vous jure que je n'en suis point attristée. Je l'ai été bien plus en apprenant hier, par une lettre de la grand'maman, que la fièvre vous avait repris; vous m'avez dit dans votre lettre que vous aviez monté à cheval, cela m'avait déplu en me rappelant votre clavicule. En vérité, l'abbé, vous augmentez beaucoup mes regrets de n'être point à Chanteloup; je me ferais votre mie, nous nous soignerions mutuellement. Ah! qu'on passe ridiculement sa vie, séparé de ce qui plaît, recherchant ceux dont on ne se soucie guère et qui, le plus souvent, ennuient! Que ne venez-vous ici? me direz-vous; hélas! hélas! je le voudrais bien, et il faut que je le trouve impossible, puisque je n'y vais pas, car je ne manque pas de confiance dans l'amitié de la grand'maman, dans la bienveillance du grand-papa, et dans la tolérance de madame de Grammont; mais mon abbé, croyez-moi, on ne saurait se déplacer à mon âge; l'idée de n'être point chez soi inquiète et tourmente. Je n'ai d'espoir que dans quelque événement qui vous ramènera tous à Paris; quel sera-t-il? je n'en sais rien, mais tel qu'il puisse être, s'il vous ramène avec mes parents, il me sera infiniment agréable.

Vous savez que dimanche dernier le feu prit au Raincy; chacun vous aura mandé cette nouvelle. Comme il est fort question du mariage, on dit que ce sont les flambeaux d'hymen et d'amour qui ont mis le feu partout.

Si la maréchale est aussi aimable à Chanteloup qu'elle l'était le jour de son départ, je vous félicite de son séjour. Madame de Grammont ne se résoudra pas à la quitter; cependant, je pensais que la maladie de M. de Beauvau pourrait accélérer son voyage ici; je dois souper chez lui ce soir, c'est aujourd'hui son bon jour. Je ne fermerai ma lettre que demain matin, et je vous rendrai compte de son état.

L'abbé, je voudrais vous avoir avec moi, même au moment où je vais faire mon testament.

Je souperai demain chez la petite sainte pour recevoir ses adieux; j'imagine que l'évêque d'Arras y sera; il arriva dimanche sans que je l'attendisse. Je lui demandai s'il me venait prendre pour aller à Chanteloup. « Très-volontiers, me dit-il, je suis prêt à partir. » Voulez-vous que je vous le dise, l'abbé? si cet exil-ci ressemblait aux autres, ma vieillesse et toutes les autres circonstances ne m'arrêteraient pas; je me laisserais aller à croire que je pourrais être un peu utile et agréable, que, privée de toute compagnie, je pourrais en tenir lieu; mais aller à Chanteloup, c'est aller à la cour, c'est chercher le grand monde, les divertissements, se mettre au bon ton, acquérir le bon air. Une pauvre vieille comme moi, qui n'y serait conduite que par l'amitié, quelle place pourrait-elle y avoir? Voilà les raisons morales qui ne me retiendraient peut-être pas si les physiques n'étaient encore plus fortes.

Ce jeudi 6, à midi.

L'accès du prince lui a pris hier à minuit. Je restai auprès de son lit, avec madame de Beauvau, jusqu'à trois heures passées. On me mande qu'il a bien passé le reste de la nuit.

J'oubliais de vous dire que notre baron[1] est parti le 27 pour l'Angleterre. Il doit être un mois à Londres, ensuite à des eaux qui sont dans la province d'York un autre mois, puis un troisième en Hollande. Il sera, dit-il, de retour ici dans le mois de septembre.

On dit que le grand mariage[2] ne sera qu'au retour des eaux, où la dame doit aller incessamment.

Je me suis enrhumée hier parce qu'il faisait très-froid dans la chambre du prince.

J'écrirai demain à la grand'maman.

LETTRE CCCCLXXVIII

DE MADAME DU DEFFAND A LA DUCHESSE DE CHOISEUL.

Ce samedi, 8 mai 1773.

L'abbé m'avait annoncé une lettre de vous ; elle n'est point encore arrivée. Je la préviens pour la hâter. Je sais que vous vous portez bien, que vous avez bon visage, que vous ne maigrissez point, que vous n'êtes point enrhumée, malgré le bizarre déréglement de la saison. Fait-il aussi froid à Chanteloup qu'à Paris? tout le monde ici s'enrhume, tout le monde a la fièvre tierce, et ceux qui ne sont pas malades, malgré les frimas et les glaces, se disposent à partir pour leur campagne. C'est dimanche que la petite sainte se met en marche, vous ne la verrez pas avant vendredi ou samedi ; j'aurais bien voulu pouvoir m'embarquer avec elle, lui tenir compagnie, jouir de la sienne, arriver avec elle auprès de vous, nous trouver l'une à votre droite, l'autre à votre gauche, et avoir le grand abbé vis-à-vis de nous. Mais ce n'est pas ainsi qu'on passe sa vie, elle

---

1. De Gleichen.
2. Du duc d'Orléans avec madame de Montesson.

n'est remplie que de séparations, que de privations, que de regrets, que de souhaits et de désirs impuissants, de chagrins, d'amertume et d'inquiétude. C'est ce dernier état qui me tourmente le plus aujourd'hui; je n'en serai délivrée que quand l'abbé le sera de sa fièvre; j'en suis tourmentée par mon propre intérêt et par le vôtre. Je ne sais ce qui l'emporte en moi ou de ma propre amitié ou de celle que vous avez pour lui. Je m'explique mal, mais vous êtes trop pleine de sentiments pour ne me pas comprendre.

L'accès de M. de Beauvau le prit hier vers les dix ou onze heures du soir; je ne pus me résoudre à aller chez lui où on trouve cour plénière; je crains et je hais le monde. Ah! ma grand'maman, que je regrette le petit appartement, les petits comités! L'heure de la poste presse. Adieu.

LETTRE CCCCLXXIX

DE LA DUCHESSE DE CHOISEUL A MADAME DU DEFFAND

A Chanteloup, ce 10 mai 1773.

Cette lettre que l'abbé vous avait annoncée, ma chère petite-fille, n'a été si longtemps à vous parvenir que parce que Ribot, qui en était le porteur, a été pendant six jours prêt à partir. Vous reconnaîtrez bien là les museries de M. de Choiseul.

Il paraît, par la réunion de toutes les nouvelles, que M. de Beauvau est effectivement mieux, et qu'il compte bientôt être quitte de sa fièvre. Le pauvre abbé est mieux aussi, mais je ne sais quand il sera quitte de la sienne. Il est aujourd'hui à son onzième accès; celui-ci lui a pris à six heures, chacun d'eux est plus faible que le précédent, et le premier même était déjà très-doux, de sorte qu'on croit toujours être au dernier, et qu'on ne comprend pas pourquoi il en revient encore. Par exemple, je suis montée chez lui à près de quatre heures. Jamais je ne lui ai vu si bon visage, les yeux excellents et la voix meilleure, et lui-même convenait qu'il était à merveille ; malgré cela la fièvre lui est revenue à sa période tout comme à l'ordinaire. Il commence à s'en ennuyer grandement, et moi aussi. Cependant, il est impossible de s'inquiéter d'une fièvre qui n'est accompagnée d'aucun symptôme plus fâcheux qu'une petite toux qui l'annonce, un frisson très-léger, très-court et point douloureux, suivi d'une chaleur qui ne produit aucun mal de tête, pas même à peine de l'altération ; ensuite une petite moiteur aussi douce que tout le reste, et tout cela est terminé en sept ou huit heures ; mais il lui en reste après une faiblesse comme s'il avait eu une grande maladie. Voilà au juste son état, ma chère petite-fille, dont le détail est bien plus propre à vous calmer qu'à vous alarmer.

J'ai pensé aussi avoir ma petite fièvre ; j'ai eu un peu de mal de gorge et un assoupissement qui avait l'air de l'apoplexie. C'est un état assez doux, mais il ne rend pas fort aimable. J'en ai été quitte pour dormir et pour faire des excuses de ma maussaderie ; je m'en porte fort bien à présent. On dit que ce petit dérangement est l'effet du printemps, parce que je suis une petite jeunesse sur laquelle il produit encore une effervescence très-marquée. Mais on dit cela parce qu'on ne sait que dire et que la rage des médecins et de tous les hommes est de vouloir expliquer la cause inconnue de tous les effets qui les frappent, et cette rage est la source de toutes les erreurs qui sont dans le monde.

Ah ! mon Dieu, ma chère petite-fille, que n'avez-vous suivi ce bon mouvement qui vous portait à entrer dans le bateau de la petite sainte et à l'accompagner jusqu'ici ! C'était là justement la manière de voyager qui vous aurait convenu. Quelle agréable surprise pour moi si je vous avais vue arriver avec elle ! j'en aurais eu une joie inexprimable. Eh bien ! ma chère petite-fille, puisque vous avez manqué cette occasion, faites vite un autre arrangement avec l'évêque d'Arras, comme vous mandez à l'abbé que vous le lui avez proposé à son arrivée.

Faites-lui de ma part toutes les coquetteries que vous jugerez les plus propres à le séduire : vous savez combien je l'aime. Je le fais votre gouverneur, à la charge de vous venir remettre lui-même entre les mains des parents les plus tendres, qu'aucune petite-fille, quelque jolie qu'elle ait été, ait jamais eus.

LETTRE CCCCLXXX

DE L'ABBÉ BARTHÉLEMY A MADAME DU DEFFAND

10 mai 1773.

Ce serait une prétention de vous envoyer des bulletins de ma fièvre, si je ne me flattais que vous regardez cette attention comme une preuve de ma confiance en vos bontés. Elle dure encore, cette malheureuse fièvre, j'en ai déjà essuyé dix accès. J'attends le onzième dans quelques heures d'ici. Je n'ai point encore fait usage du quinquina, parce qu'on dit qu'il renferme le loup dans la bergerie, et j'aime mieux souffrir encore quelques jours que d'avoir un loup dans ma bergerie. Cependant, j'ai fixé un terme à ma patience, et après le quinzième accès j'emploierai ce remède. Je ne me trouve pas trop faible aujourd'hui ; je l'ai été beaucoup ces jours passés. Mon visage prend successivement toutes les nuances : pâle, jaune, blanchâtre, gris, non pas de lin, mais de fer. Je ne prends plus garde à lui, toutes ces variations m'ennuient.

La grand'maman menace depuis quelques jours d'être incommodée. Le mal de la grand'maman est d'avoir toujours besoin de dormir ; elle a des prétentions à l'apoplexie. Vous sentez bien que c'est une plaisanterie. Le médecin prétend que c'est une révolution de printemps. Effectivement, nous nous sommes rappelé que l'année dernière elle éprouva le même effet sans aucune suite fâcheuse, et comme elle fait sur un clavecin beaucoup d'exercice des doigts, j'espère qu'elle sortira bientôt de cette prétendue léthargie, qui ne l'empêche pas de paraître à table, au salon, comme à l'ordinaire. Je vous prie de ne pas lui en parler, rien ne l'impatiente comme le vent de ses petites incommodités.

M. l'évêque d'Arras est bien aimable, la proposition qu'il vous a faite de vous accompagner est charmante. Toutes vos difficultés nous paraissent du chinois, et quoiqu'on entende beaucoup de langues, on n'entend pas celle-là. — Madame de Greville a eu la bonté de me faire parvenir des marques de son souvenir; je vous prie de l'assurer de ma profonde reconnaissance, ainsi que de tous les sentiments qu'elle a droit d'exiger de tous ceux qui ont l'honneur de la connaître.

LETTRE CCCCLXXXI

DE MADAME DU DEFFAND A LA DUCHESSE DE CHOISEUL

Paris, ce 11 mai 1773.

J'ai reçu, chère grand'maman, par M. Ribot, votre lettre du 5 avec le petit fromage, que je portai sur-le-champ chez madame de La Vallière, chez qui j'allais souper. L'un et l'autre m'ont fait un grand plaisir. Toutes les attentions d'une telle grand'maman sont d'un prix infini. Le lendemain, qui était hier, je reçus deux lettres, l'une de l'abbé, du 6, l'autre de la maréchale, du 7.

D'où vient que l'abbé ne prend-il pas de quinquina? ce remède est donc devenu de la vieille médecine? Depuis qu'il y a des nerfs, la méthode est changée. On l'interdit aussi à M. de Beauvau; on lui donne des apozèmes, des pilules de rhubarbe, et sa fièvre ne finit point; il eut hier son neuvième accès. Les jours d'intervalle il se porte fort bien, il dort bien, et on le tient au filet pour la nourriture. Je dis hier à madame de Beauvau tout ce que vous m'aviez chargée de lui dire; vous devinez aisément tout ce que je dois vous dire de sa part et de celle de M. de Beauvau.

M. Francis, qui vous rendra cette lettre, vous dira toutes les nouvelles. On a des lettres d'Angleterre fort inquiétantes; ils ne désarment point leur flotte. Un de nos amis a reçu une lettre du premier commis de la guerre qui lui mande qu'ils vont avoir la guerre avec nous, quoiqu'ils n'en aient point d'envie, mais que c'est nous qui la voulons. Il ne nous manquait plus que cette calamité.

Ce doit être demain la fin du monde, selon la prédiction de M. de Lalande. Ce serait un grand spectacle; je crois que je ne serais pas fâchée de le voir; nos philosophes jouiraient pleinement du plaisir de l'égalité. N'avez-vous pas trouvé la petite anecdote anglaise du dernier *Mercure* assez jolie?

Quand vous recevrez cette lettre, vous serez avec la petite sainte; vous me donnerez de ses nouvelles, je vous supplie; je suis inquiète de son voyage.

J'écrirai incessamment à l'abbé; je ferai sa commission pour M. de Rhodez, quand je le verrai, et je me charge de le payer. C'est m'obliger que de m'employer, un de mes plus grands malheurs c'est le désœuvrement. Je ne puis me faire une ressource du baguenaudier; la seule que j'aie, c'est mon effilage. Pour la lecture, elle ne m'est plus de rien; je ne trouve pas un livre qui me plaise; n'êtes-vous pas de même, chère grand'maman? Vous êtes encore bien plus difficile que moi, et cela est dans l'ordre; mais vous aimez et vous êtes aimée. Ce bonheur est le véritable et tient lieu de tous les autres, je ne puis le connaître que par vous.

Quand vous aurez vu M. Francis, vous me direz le jugement que vous en porterez. Je voudrais qu'il fût conforme au mien, c'est un fort galant homme et très-franc.

Adieu, chère grand'maman, j'écrirai à l'abbé au premier jour; nous ne manquerons pas d'occasions.

J'oubliais de vous dire que j'ai reçu une lettre du baron de Gleichen depuis son arrivée à Londres; il s'y désespère d'ennui. Tous ses domestiques sont tombés malades en chemin, ils sont éparpillés sur la route; il n'a personne pour le servir. Il est rançonné, il est comme s'il était sourd et muet, il n'entend ni ne peut se faire entendre; il pourra bien abandonner son projet des eaux. Il me demande de vos nouvelles, je lui écris que vous me demandez des siennes. C'est en vérité le plus malheureux des hommes.

LETTRE CCCCLXXXII

DE MADAME DU DEFFAND A L'ABBÉ BARTHÉLEMY

Paris, 11 mai 1773.

Je vous cède M. Francis pour quinze jours; n'allez pas me dire qu'on se serait passé de mon consentement, je le crois. Eh bien! je le lui donne par-dessus le marché.

Votre fièvre ne m'inquiète point, mais elle m'ennuie à la mort. La mode a banni le quinquina; a-t-elle raison? Je ne le crois pas. On suit le même système pour M. de Beauvau; il attend ce soir son dixième accès; il n'est pas trop faible, il est de bonne humeur et plus aimable que jamais. Je voudrais qu'on fît un petit hôpital de vous deux, je m'en ferais la sœur grise.

Vous pouvez affirmer à madame de Grammont que, si elle me fait l'honneur de venir chez moi, elle n'y rencontrera de maréchale que celle qui lui est agréable et qu'elle aime. Mais pourquoi prendrait-elle la peine de me venir chercher? il me suffit qu'elle me permette de lui faire ma cour.

Adieu, l'abbé, j'ai la tête embrouillée de bruit de guerre, je ne puis vous écrire plus longuement.

LETTRE CCCCLXXXIII

DE LA DUCHESSE DE CHOISEUL A MADAME DU DEFFAND

A Chanteloup, ce 14 mai 1773.

Me voici, ma chère petite-fille, auprès de mes deux malades et ne me portant pas très-bien moi-même ; de sorte que mon salon ne ressemble pas trop mal à un hôpital. Je suis auprès de la chaise longue de la petite sainte ; je tousse, et l'abbé me gronde ; je parle, et on me fait taire. Je prends donc le parti d'écrire pour me soustraire aux reproches de toute espèce. L'abbé est au pied de cette chaise longue, prenant du vin d'Espagne avec un petit biscuit pour se réconforter de son treizième accès de fièvre qu'il vient d'avoir et qui l'a laissé dans une grande faiblesse. Cependant, il a été encore plus court que le dernier, il n'a pas duré cinq heures ; il a pris une heure plus tard ou du moins a avancé d'une heure, ce qu'on regarde comme un très-bon signe, ainsi que sa brièveté ; l'abbé croit cependant que ce ne sera pas le dernier ; mais j'espère qu'il n'en aura plus. Pour la pauvre petite sainte, elle n'est point du tout fatiguée de son voyage, et cela me fait encore plus regretter que vous ne soyez pas venue avec elle ; c'est la manière de voyager qui vous convient précisément et vous vous seriez réciproquement amusées sur la route. Je l'ai trouvée pâle et très-maigrie ; mais cependant M. de Choiseul lui trouve meilleur visage qu'elle ne l'avait il y a dix-huit mois, ce qui me donne bonne espérance. Elle n'a éprouvé d'autre inconvénient de son voyage qu'un vent contraire qui l'a prise à trois lieues d'ici, assez violent pour l'obliger à quitter son bateau ; on l'a portée de là sur sa chaise, jusqu'à ce qu'elle ait rencontré ma chaise et mes porteurs.

Ce sera M. de Boufflers qui vous remettra cette lettre, il va à Paris pour voir M. de Beauvau, mais j'espère qu'il le trouvera sans fièvre.

Je vous dirai ce que je pense de M. Francis quand je le connaîtrai mieux; mais j'ai déjà ouï dire assez de bien de son esprit et de son cœur pour être fort aise d'être à portée de faire connaissance avec lui.

Je ne crois pas du tout à votre guerre, ma chère petite-fille. Si c'est nous qui sommes attaqués, nous dirons : que voulez-vous, messieurs? nous n'avons rien à vous refuser! et si c'est l'Espagne qui est attaquée, nous lui dirons :

> T'as le pied dans le margouillis,
> Tire-t'en, tire-t'en, Pierre ;
> T'as le pied dans le margouillis,
> Tire-t'en, Pierre, si tu puis!

Adieu, ma chère petite-fille, je vous laisse sur cette belle citation en vous embrassant de tout mon cœur.

Si votre lecteur ne trouve pas la fin de mes mots à la fin de mes lignes, dites-lui qu'ils sont restés ici sur un autre papier.

Voilà le grand-papa qui me fait rouvrir ma lettre pour vous embrasser; et la petite sainte et l'abbé qui me grondent de ce que je ne vous ai pas dit des tendresses pour eux, car vous voyez bien qu'il faut toujours que je sois grondée.

LETTRE CCCCLXXXIV

DE L'ABBÉ BARTHÉLEMY A MADAME DU DEFFAND

17 mai 1773.

Vous n'aurez que ce petit billet, pas plus long que mon petit doigt. J'eus hier mon quatorzième accès, j'aurai demain matin le quinzième. Croyez-vous que cela finisse? il me semble que j'aurai la fièvre toute ma vie. Je m'y suis si bien habitué que je ne pourrai plus m'en passer. Cependant mon docteur, qui, malgré ce titre, est très-docte, est résolu de me donner après-demain du quinquina. Autrefois on n'aurait fait aucun scrupule de hasarder ce remède après quelques accès, et en Suisse M. Tissot le recommande expressément, mais en France nous en savons plus long.

La grand'maman est incommodée depuis deux ou trois jours ; elle a un peu de rhume, un peu de fièvre, un peu d'imprudence, beaucoup de courage. J'espère qu'elle en sera bientôt quitte. Elle est là dans le salon, à côté de la petite sainte qui dîne sur sa chaise longue, tandis que les hommes sont à la chasse et les autres dames à dîner au réfectoire, je veux dire à la salle à manger. La petite sainte se porte fort bien, quoiqu'elle fasse partie des trois malades qui sont à Chanteloup.

M. Francis réussit très-bien, vous ne devriez pas être en peine du succès.

Vous avez peur de la guerre, mais si nous devons être un de ces jours submergés par une comète, qu'importe de la guerre ou de la paix ? Pour moi, je voudrais être quitte de ma fièvre avant cette catastrophe, afin d'avoir du moins le plaisir de manger encore des petits pois.

La grand'maman et la petite sainte vous disent mille choses, et moi donc, ne vous en dis-je pas autant ?

LETTRE CCCCLXXXV

DE MADAME DU DEFFAND A LA DUCHESSE DE CHOISEUL

Ce lundi matin, 17 mai 1773.

Vous avez eu la fièvre, l'abbé n'en dit rien, il parle seulement d'un petit assoupissement que je regardais comme une migraine. Quand M. de Boufflers est parti, vous n'aviez pas encore le pouls net. Je sens, chère grand'maman, que je ne soutiendrais pas l'inquiétude de vous savoir malade, et je crois en vérité qu'il faudrait que je le fusse dans ce cas-là pour ne pas vous aller trouver.

J'ai reçu beaucoup de vos lettres depuis quelques jours, je crains que cette abondance ne se soutienne pas, et que, dans le temps où elles me seraient plus nécessaires, elles ne deviennent plus rares. Il se peut faire, chère grand'maman, que votre indisposition (et même je l'espère) soit peu de chose ou même rien; mais songez que la séparation fait qu'on ne voit pas les choses telles qu'elles sont. Ayez donc la bonté de ne point ralentir vos lettres.

Je suis ravie que la petite sainte soit entre vos bras et que vous soyez entre les siens; vous êtes bien faites l'une pour l'autre et l'abbé pour être le patriarche de toutes les deux. Il a deux accès par-dessus M. de Beauvau, mais ceux de M. de Beauvau sont plus forts que les siens; on l'a mis enfin au quinquina, il a commencé avant-hier au soir. C'est aujourd'hui son treizième accès; je vous en rendrai compte.

Nous n'aurons point la guerre, les Anglais sont aussi pacifiques que nous : c'était une fausse alarme.

Votre petit dévot[1] se marie mardi, à ce qu'on disait hier; mais on ajoutait que, comme il n'a pas de parent ici, il inviterait tous les ambassadeurs à l'accompagner pour la signature du contrat. Si cela est, ce ne peut être mardi qu'il se marie. On est fort curieux de savoir ce qui se passera à Notre-Dame le jour du service du roi de Sardaigne. Les paris sont ouverts sur ce que feront les princes. Mais la nouvelle du jour, que beaucoup de gens croient véritable, c'est qu'enfin nous avons une dauphine de la nuit du mardi au mercredi; il y a des gens qui en doutent, parce que le jeudi, au souper chez madame du Barry, on n'en parla point.

Madame de Montesson part aujourd'hui. Est-ce avant ou

---

1. M. de Souza.

après son mariage? Les paris sont ouverts. Qu'en pense madame la maréchale?

M. le prince de Conti est chez madame de Laborde avec madame de Boufflers; elle reviendra mercredi et le prince vendredi.

Vous a-t-on envoyé la chanson sur la statue de Voltaire? Comme vous ne craignez point les répétitions, la voici :

> Voilà l'auteur de l'*Ingénu*,
> Monsieur Pigal l'a fait tout nu;
> Monsieur Fréron le drapera,
> Alleluia !

Ce mardi matin.

Le treizième accès du prince a manqué, et voici le bulletin que je reçois ce matin :

« M. de Beauvau n'a pas eu de fièvre hier, a dormi sept « heures cette nuit, et se trouve parfaitement bien aujour- « d'hui. »

Ne différez pas un seul instant, chère grand'maman, à faire prendre le quinquina à notre abbé.

Je n'oserai pas faire mettre cette lettre à la poste à cause de l'article du dauphin, mais j'ai écrit ce matin une lettre à l'abbé.

Cette nouvelle du dauphin devient à rien; on parle d'une petite opération à laquelle on ne peut le résoudre.

J'attends avec la plus grande impatience que vous m'appreniez que vous vous portez tout à fait bien, que la fièvre a manqué à l'abbé, que la petite sainte ne souffre point et prend des forces, et que le grand-papa est toujours aussi gai, et qu'il pense quelquefois à la petite-fille et fût bien aise de la revoir. Assurez, je vous prie, madame de Grammont que, si elle me fait l'honneur de venir chez moi, elle n'y trouvera pas ce qu'elle craint d'y rencontrer[1] ; il ne faudra pas que je prenne

1. La maréchale de Mirepoix.

de grandes précautions pour cela, et je n'en omettrai aucune, s'il est nécessaire.

Avez-vous encore M. de Stainville?

Nous avons ici une milady Spencer qui fait les délices de tous ceux qui la connaissent; tout le monde se la dispute. Elle est réellement fort aimable, et sa fille, qui a quinze ans, a la plus belle figure du monde [1].

Madame Greville, qui loge chez moi, attend ces jours-ci sa fille, qui passe pour être la plus grande beauté d'Angleterre. Nous verrons à laquelle des deux on donnera la préférence. Laissez partir madame la maréchale, qu'elle vienne être juge. J'ai beaucoup d'impatience de la revoir, pardonnez-moi mon peu de délicatesse, chère grand'maman, je ne devrais pas désirer ce qui vous causera de la peine.

LETTRE CCCCLXXXVI

DE LA DUCHESSE DE CHOISEUL A MADAME DU DEFFAND

A Chanteloup, ce 18 mai 1773.

L'abbé a eu aujourd'hui, ma chère petite-fille, son quinzième accès; il a avancé de quatre heures comme les premiers, tandis que les derniers n'avaient avancé que de trois; la fièvre a même été un peu plus forte aujourd'hui, c'est-à-dire que la transpiration a été plus considérable, car d'ailleurs il n'en a pas plus souffert que les autres jours; le frisson n'a pas été plus fort ni l'accès plus long: on se détermine enfin à lui faire prendre du quinquina purgatif, et j'en suis fort aise; il paraît que l'on a pris aussi le même parti pour M. de Beauvau, ce que je crois très-bien fait.

L'abbé vous a mandé hier que j'étais aussi un peu malade, et comme vous auriez la bonté de vous en inquiéter, je vous

---

1. Lady Georgina Spencer, depuis duchesse de Devonshire.

apprends aujourd'hui que je me porte bien ; je n'ai plus de fièvre depuis deux jours et je ne tousse presque plus ; j'attribue la brièveté de mon rhume à cette obligeante fièvre qui en a mangé l'humeur, et à la force que ma poitrine a acquise depuis que j'habite la campagne, qui fait qu'elle se rétablit plus promptement des petits accidents qu'elle éprouve.

Quand vous écrirez au baron, ma chère petite-fille, je vous prie de lui dire un million de choses pour moi ; je prends bien part à tous les différents accidents qui lui sont arrivés pendant son voyage ; il est vrai que c'est un malheureux homme que notre pauvre baron.

Parlez aussi un peu de moi à M. l'évêque d'Arras ; vous savez comme je pense pour lui ; puisqu'il est à Paris, il devrait bien vous venir voir, et quand vous ne parlerez pas de moi, ma chère petite-fille, pensez-y, et pensez que je vous aime, vous me rendrez justice et vous vous ferez plaisir, car il est toujours bon de sentir qu'on est aimé.

LETTRE CCCCLXXXVII

DE MADAME DU DEFFAND A L'ABBÉ BARTHÉLEMY

Paris, ce 19 mai 1773.

Je reçois votre lettre du 17, du lendemain de votre quatorzième et de la veille du quinzième. Vous aurez reçu mon petit billet du même jour dans lequel je vous apprenais le triomphe du quinquina ; j'en ai fait le détail à la grand'maman, ainsi, je ne le répéterai pas. Je vous dirai que le prince en prend une once par jour amalgamé dans du sirop de pomme, qu'on la divise en trois parties, de chaque partie on en fait trois bols qu'il prend de trois heures en trois heures l'une le matin, l'autre l'après-dînée et l'autre le soir, immédiatement avant un petit souper qui est à dix heures, dix heures et demie. Je fus témoin de son souper hier, qui fut une ou deux cuillerées de petits pois; il avait mangé à son dîner un petit poulet de l'année très-petit et un peu d'épinards. Je ne sais pas s'il avait mangé de la soupe.

Je vous fais tout ce détail pour que vous suiviez ce même régime et ce même remède si vos docteurs ne s'y opposent pas. Le prince est faible, il fit cependant hier le tour de son jardin, mais en rentrant dans la chambre il ne put se tenir debout, il sentit de la disposition à se trouver mal.

Mais venons à la grand'maman, j'en suis très-inquiète, son âme use son corps, l'un et l'autre ne sont point assortis, je ne saurais croire qu'elle fasse des imprudences. Donnez-moi de ses nouvelles, je vous conjure; un bulletin suffit, son état, le vôtre et celui de la petite sainte, voilà de quoi je voudrais être informée tous les jours.

On disait hier que la dame d'honneur et la dame d'atours [1] seraient nommées le soir; si je l'apprends aujourd'hui, je l'ajouterai à cette lettre, qui ne partira que demain à midi.

Je relis ma lettre, je crains de né m'être pas bien expliquée: une once mêlée avec du sirop de pomme, on en fait neuf bols dont on en prend trois à la fois.

Ce jeudi, 20, à 6 heures
du matin.

M. de Beauvau prend ses bols de quinquina, la première fois à huit heures du matin, la deuxième à deux heures de l'après-midi, la troisième à dix heures; la fièvre n'est point revenue, et ses forces reviennent.

Madame de Forcalquier fut déclarée mardi au soir dame d'honneur, madame de Bourbon-Busset dame d'atours; le Chabrillan, gendre, premier écuyer; M. de Vintimille, chevalier d'honneur; M. de Belsunce, deuxième menin; MM. de Saint-Georges et de Blarue ont la plaque du cordon rouge; l'abbé Gaston est premier aumônier de M. le comte d'Artois;

---

1. Madame de Forcalquier et madame de Bourbon-Busset.

il est fort question de M. l'évêque de Saint-Omer pour celui de la princesse, mais je ne crois pas qu'il l'accepte.

Je vous écrirai par la première occasion. Aujourd'hui c'est par la poste, je vous donne le bonjour, je vais tâcher de me rendormir.

Comme on allait fermer ma lettre, on me donne celle de la grand'maman du 18. Je suis ravie qu'elle n'ait plus de fièvre et tousse moins, mais il faut que vous me confirmiez ces bonnes nouvelles; je prévois que vous serez bientôt guéri, et c'est une grande bêtise à votre docteur d'avoir tant différé à vous donner le quinquina; dites mille choses à la petite sainte.

LETTRE CCCCLXXXVIII

DE LA DUCHESSE DE CHOISEUL A MADAME DU DEFFAND

A Chanteloup, ce 22 mai 1773.

Le second accès a manqué cette nuit à l'abbé, ma chère petite-fille, la fièvre a cédé à la première prise de quinquina, et j'ai voulu attendre qu'elle eût manqué deux fois pour être en état de vous annoncer avec certitude qu'enfin elle était finie, mais il en est resté à l'abbé une faiblesse horrible et un vernis citron sur le visage qui dépare un peu la beauté de son teint; il paraît que la fièvre de M. de Beauvau a eu le même sort que celle de l'abbé, qu'elle a pareillement cédé au quinquina, et qu'il en reste aussi pareillement faible. On regarde cette faiblesse chez l'abbé comme chez M. de Beauvau, comme une assurance contre le retour de la fièvre; il est vrai qu'il a été terriblement secoué par son quinquina; je ne sais si M. de Beauvau l'a été autant; celui de l'abbé était purgatif, et on lui en faisait prendre trois grands verres le matin, il n'en a pris qu'un aujourd'hui.

Quant à moi, ma chère petite-fille, vous auriez tort d'avoir de l'inquiétude, la petite fièvre que j'ai eue n'a servi qu'à accélérer la fin de mon rhume. Je me porte parfaitement bien à présent.

La petite sainte est émerveillée; elle dit qu'elle n'a pas encore été si bien depuis deux ans; elle vous fait mille tendres compliments; le grand-papa vous embrasse. Je ne vous en dirai pas davantage aujourd'hui, ma chère petite-fille, parce que je compte vous écrire dans trois ou quatre jours par madame la maréchale, mais en attendant je fais comme le grand-papa, je vous embrasse de tout mon cœur.

LETTRE CCCCLXXXIX

DE MADAME DU DEFFAND A LA DUCHESSE DE CHOISEUL

Ce dimanche, 23 mai 1773.

Vous pensez bien, chère grand'maman, que je ne laisserai pas partir M. de Boufflers sans qu'il vous porte un mot de moi. J'ai vu avec un extrême plaisir qu'il vous aime beaucoup et de la façon dont il faut qu'on vous aime; j'ai été si contente de ses sentiments pour vous, que j'ai pris une véritable amitié pour lui. Je regrette beaucoup de n'avoir pas fait plus d'usage de lui pendant mon séjour à Chanteloup. C'est dans ce temps-ci, chère grand'maman, que j'étais avec vous; ce souvenir ne me quitte pas et me dégoûte de tout ce qui m'environne. Je ne cesserai d'interroger la maréchale, et je jugerai si elle a été pour vous comme elle devait être. Oh! ma grand'maman, que cet exil est long! C'est moi qui suis véritablement exilée. Je ne veux pas vous dire à quel point je suis affligée d'être séparée de vous. Hélas! hélas! pourquoi les derniers moments qui me restent sont-ils si remplis d'amertume? Mais changeons de propos.

Mesdames de Forcalquier, de Bourbon-Busset, de Chabrillan, accompagnées de la dame d'Aiguillon, furent hier à Versailles, pour faire aujourd'hui leurs remerciements, d'abord à madame Du Barry et ensuite au roi. On ne revient point d'étonnement de l'extravagance de madame de Forcalquier; elle était indignée il y a trois ou quatre mois qu'on pût la soupçonner de prendre un tel poste, elle le disait hautement et se fondait en raison pour le prouver.

L'évêque d'Arras a dû donner hier au roi une lettre de son frère Saint-Omer, dans laquelle il déduit toutes les raisons qu'il a pour ne point accepter une place qu'il n'a jamais songé à demander : sa mauvaise santé, son état d'évêque, ses services dans l'administration de la province. Cette lettre est très-bien écrite; il est actuellement dans son lit. Je verrai M. d'Arras à son retour de Versailles, et je pourrai vous dire ce qui lui aura été répondu, si je le vois avant d'être obligée d'envoyer cette lettre. Ces prélats sont certainement, à ce que je crois, de très-honnêtes gens; ils ne veulent rien tenir du ministère présent. Il est vrai que ce n'est point M. d'Aiguillon qui a fait nommer le Saint-Omer, il voulait M. de Cahors. J'ai soupçonné que c'était l'évêque de Senlis[1] qui avait fait agir Mesdames, car il croit que c'est elles qui l'ont indiqué au roi. Mais M. d'Arras dit qu'il est sûr que M. de Senlis n'y a point de part.

J'espérais apprendre des nouvelles du quinquina de l'abbé et que l'on me manderait que le seizième accès avait manqué. Je sais que vous n'avez plus de fièvre, que vous vous portez bien. Et la petite sainte, dans quel état est-elle? Combien la garderez-vous encore?

Adieu, chère grand'maman, je finis sans vous renouveler toutes mes amours, vous savez à quoi vous en tenir.

A 7 heures et demie.

Je sors et M. d'Arras n'est point venu chez moi. Apparemment qu'il n'est point encore de retour de Versailles.

---

1. M. de Roquelaure, premier aumônier.

LETTRE CCCCXC

DE LA DUCHESSE DE CHOISEUL A MADAME DU DEFFAND

A Chanteloup, ce 24 mai 1773.

Vous voulez que nous vous renvoyions madame la maréchale, ma chère petite-fille? la voilà! pressez-vous d'en jouir, car vous ne la garderez pas longtemps, elle va à Montmorency; vous ne la verrez qu'un moment, elle ne fera que passer pour vous; sans cela, il ne serait pas généreux d'avoir l'air d'envier vos plaisirs en vous parlant des regrets qu'elle nous laisse; d'un autre côté, il serait indiscret de vous dire combien elle a été aimable, parce que ce serait éveiller ceux qu'elle va vous donner.

Tout le monde assure les prouesses de M. le dauphin auxquelles vous ne voulez pas croire; je suis assez comme vous : je ne crois aux prouesses d'aucun genre venant de ce pays-là.

Le même traitement a eu le même succès pour l'abbé que pour M. de Beauvau; son troisième accès a manqué; hier il était un peu moins faible, un peu moins dégoûté, et les livrées du ministère étaient un peu moins marquées sur son visage. Je compte que le voilà quitte de cette fièvre. La petite sainte est à merveille, elle vous fait mille compliments; je lui parle continuellement de vous, et le plaisir que j'ai à lui en parler ajoute à celui que j'ai de la voir.

Il n'est plus question de mon rhume, mais il est plus question que jamais de ma tendresse pour vous; tout le monde m'en parle et j'en parle à tout le monde. Le grand-papa vous adore. Madame de Grammont n'est occupée que de vous aller voir quand elle sera à Paris. Je lui ai fait toutes vos commissions, et elle vous dira encore, ma chère petite-fille, combien je vous aime.

Si vous voyez M. l'évêque d'Arras, n'oubliez pas de lui dire mille choses pour moi. On dit que M. l'évêque de Saint-Omer sera premier aumônier de madame la comtesse d'Artois. J'en serai bien aise pour les deux frères si cela leur fait plaisir.

LETTRE CCCCXCI

DE L'ABBÉ BARTHÉLEMY A MADAME DU DEFFAND

25 mai 1773.

Madame la duchesse de Grammont part samedi pour arriver dimanche; elle logera dans sa maison et y verra peu de monde. Nous avons arrangé les moyens de vous voir sans que vous vous donniez la peine de l'aller chercher au risque de ne la pas trouver; elle enverra quelque matin chez vous pour savoir si elle vous trouvera dans la soirée. Vous lui donnerez votre heure, et alors vous aurez la bonté de fermer votre porte, ensuite elle vous demandera à souper, ensuite elle ménagera des soupers chez des amis communs et multipliera les occasions d'être avec vous, autant que pourra le lui permettre le peu de séjour qu'elle compte faire à Paris. Êtes-vous contente de cet ordre de bataille? il m'a paru le plus convenable, et c'est elle-même qui l'a dicté; vous savez que les personnes qu'elle ne voudrait pas rencontrer chez vous sont: M. le comte de Boufflers, madame de Mirepoix et madame Valentinois, que vous ne voyez presque jamais.

Je finis en vous faisant hommage de mes langueurs et de mes faiblesses. Hélas! je n'ai pas autre chose à vous offrir. La grand'maman et la petite sainte vous disent ce qu'elles vous ont toujours dit.

M. et madame du Châtelet, M. et madame de Damas, partent aujourd'hui samedi. A dix heures du soir l'accès n'est pas revenu; mais M. de Boufflers vient d'arriver, ce qui vaut beaucoup mieux; il apporte une lettre de vous à la grand'maman, qui vous aime à la folie, et moi aussi.

LETTRE CCCCXCII

DE LA DUCHESSE DE CHOISEUL A MADAME DU DEFFAND

A Chanteloup, ce 26 mai 1773.

Je suis bien aise que vous aimiez M. de Boufflers, ma chère petite-fille, parce que je l'aime, et je suis bien aise que vous l'aimiez à cause qu'il m'aime. Quand on le connaît, il est impossible de n'avoir pas bonne opinion de lui, et sa conduite seule avec M. de Choiseul serait bien faite pour établir une réputation et pour détruire la mauvaise qu'on avait de lui. Jamais prévention ne fut à tous égards plus mal fondée, et cette prévention lui a cependant, jusqu'à présent, nui en tout et lui nuira peut-être encore jusqu'à la fin de sa vie. Cela me ferait craindre que les hommes aiment à penser le mal et n'aiment pas à faire le bien.

Je suis charmée que l'évêque de Saint-Omer ait refusé la place à laquelle on l'avait nommé chez madame la comtesse d'Artois; je trouve son refus noble pour lui, honnête pour son siége, et que la place qu'on lui offrait était au-dessous de lui; je pense assurément bien comme vous que ces deux frères sont de très-honnêtes gens; je ne connais cependant que l'évêque d'Arras, et vous savez combien je l'aime. Je vous prie de ne pas manquer une occasion de le lui dire. Quant à madame de Forcalquier, je ne suis point étonnée qu'une sotte et une bégueule, qui n'a de principe que sa prétention du moment, dise des absurdités et fasse des inconséquences.

Le quatrième accès a manqué hier à l'abbé; je lui trouve meilleur visage, il me paraît plus fort et il est moins dégoûté. La petite sainte est dans son temps; il n'a avancé que de trois jours; elle en souffre moins qu'à l'ordinaire; j'espère qu'il se passera bien; elle vous fait ses compliments.

Il n'est plus question de mon rhume.

Voilà M. de Beauvau à Versailles ; ainsi vous voilà tranquille sur tous vos malades ; il ne faut plus vous occuper, ma chère petite-fille, que du moyen et du moment de revenir ici. Si vous saviez combien le grand-papa le désire et combien je vous aime, vous n'auriez pas la cruauté de nous refuser.

LETTRE CCCCXCIII

DE L'ABBÉ BARTHÉLEMY A MADAME DU DEFFAND

Ce 28 mai 1773.

Madame de Grammont part demain ; comme elle doit s'arrêter à Menars pour voir la maison, le grand-papa l'accompagne jusque-là, et viendra le soir coucher au lieu de son exil, suivant la règle. M. de Boufflers ira et reviendra avec lui. L'abbé Billardy suit madame de Grammont jusqu'à Paris. Ainsi, tout compté, tout rabattu, il n'y aura demain à Chanteloup qu'une, deux, trois, quatre personnes : devinez-les.

La grand'maman ne vous écrit point parce qu'elle vous a écrit ces jours passés. Elle veut que je vous écrive, apparemment parce que ces jours passés je vous ai écrit ; quoi qu'il en soit, c'est en son nom que j'ai pris la plume, je lui ai demandé ce qu'il fallait dire de sa part : — Tout ce que vous voudrez. — Mais encore. — Tout ce qu'il vous plaira. — Mais enfin. — Des amours et des amours.

Pendant ma maladie, j'ai trouvé sous ma main les *Mémoires de Grammont*. J'ai voulu les relire et n'ai pu les achever ; le style en est charmant ; mais toutes ces petites anecdotes galantes de la cour de Charles II sont si insipides et si communes ! mais l'historien relève avec tant d'affectation tous les petits rôles que son petit héros a joués ! M. de Grammont est piquant avec Matha, avec M. de Senante, dans tout le premier livre ; mais quand à chaque occasion il faut que tout le monde se rassemble autour de lui pour l'écouter, et qu'on m'avertit que tout le monde expirait à force de rire, il me prend une envie de pleurer que je ne puis dissiper qu'en jetant le livre. Au reste je me suis peut-être trompé, j'avais la fièvre alors, et quand on a la fièvre, on se soucie fort peu des aventures galantes.

Je vous quitte, parce qu'il est tard, qu'on a soupé, et qu'il faut descendre au salon.

LETTRE CCCCXCIV

DE MADAME DU DEFFAND A LA DUCHESSE DE CHOISEUL

Paris, ce dimanche, 30 mai 1773.

Je profite d'une occasion qu'on m'a dit devoir être aujourd'hui, pour vous dire, chère grand'maman, que je suis ravie du bien que vous me mandez de votre santé, et que la maréchale m'a confirmé; elle soupa jeudi chez moi, elle m'amena sa petite-fille et M. de Gontaut, qui fut très-gai et très-aimable.

Je vous crois très-seule présentement et que vous aurez très-peu de monde jusqu'au milieu de juillet. C'est là le vrai moment où il conviendrait que je fusse auprès de vous; mais le sort en ordonne autrement. Je ne me porte pas assez bien pour sortir de chez moi. Ce n'est point le voyage qui m'effraie, la fatigue n'est pas grande, mais on ne doit point être hors de chez soi quand, avec la vieillesse, on en a tous les inconvénients. Depuis quelque temps je me trouve très-faible, le plus petit effort me coûte. Peut-être cet état ne durera-t-il pas. Si je reprends des forces, si dans le mois de septembre je me porte mieux, je profiterai avec beaucoup de plaisir et d'empressement des bontés et de l'amitié dont le grand-papa et vous me donnez tant de marques.

L'évêque d'Arras, qui est actuellement retourné chez lui, reviendra ici et se fera un grand plaisir de me conduire à Chanteloup; son frère vous plairait autant que lui; ils se ressemblent parfaitement et pour la sorte d'esprit et pour leur son de voix qui est à s'y méprendre. Je les crois tous deux de fort honnêtes gens, quoique assez ambitieux; mais leur ambition ne les conduira pas, je crois, à rien de malhonnête ni de ridicule. L'Arras eut, il y a huit jours, une audience du roi, à qui il remit une lettre de son frère Saint-Omer, qui contenait son refus; il fut très-bien reçu. Il me dit le lendemain à son retour que M. de Marville avait les économats, ce qui ne lui plaisait pas. Je crois que d'ici à quelque temps ils doivent se borner à l'administration de leurs provinces, et à ne rien rechercher ni prétendre pendant le gouvernement présent.

L'abbé m'apprend l'arrivée de madame de Grammont pour ce soir; j'enverrai savoir de ses nouvelles, et puis je me conformerai à tout ce que l'abbé me prescrit, rien ne me sera plus facile. Si elle veut me faire l'honneur de souper chez moi, elle décidera de la compagnie qu'elle voudra. Je suis fâchée que la maréchale de Luxembourg ait choisi ce moment pour être à Montmorency; mais madame de Beauvau, pendant les voyages à Saint-Hubert, pourra être à Paris. Enfin, je laisse au hasard à décider de tout. Pour la maréchale de Mirepoix, je ne la vois presque plus; elle habite peu Paris; elle est actuellement au Port-à-l'Anglais: j'y soupai hier avec madame Greville; il y avait six semaines que je ne l'avais vue; elle est fort refroidie pour moi, et je crois que je lui suis devenue suspecte; cela me fait pitié et je m'en console.

Vous allez bientôt perdre la petite sainte; cette séparation vous affligera l'une et l'autre, et vous aurez bien raison; vous ne trouveriez pas aisément à vous remplacer. Mais, ma grand'maman, vous avez le grand abbé et vous jouissez du plus grand bonheur de la vie, d'avoir un parfait ami. J'estime infiniment M. de Boufflers; que ne puis-je, dans ce moment-ci, faire la partie carrée! Pourquoi faut-il que soixante lieues et cent ans nous séparent! Je ne veux pas m'attrister, ainsi je finis en vous disant que je vous aime autant que vous méritez de l'être, c'est-à-dire infiniment.

Je vous envoie un extrait de la sentence qui fut prononcée avant-hier au soir [1]. Elle excite beaucoup de blâme et de murmure. Pour moi, je m'en tiendrai à celle de la fable de La Fontaine.

LETTRE CCCCXCV

DE MADAME DU DEFFAND A L'ABBÉ BARTHÉLEMY

Ce mardi, 1er juin 1773,
à 6 heures du matin.

Je n'ai pas un moment à perdre, il faut que cette lettre soit avant neuf heures chez madame de Brionne, qui a bien voulu me faire avertir qu'elle partirait à cette heure.

Je me réjouis, l'abbé, de votre rétablissement. Que j'aimerais à en être témoin, et que j'aurais eu de plaisir à être la cinquième samedi dernier ! Madame de Grammont arriva incognito dimanche au soir. Les intimes divulguaient qu'ils ne l'attendaient que lundi ; cela m'empêcha de lui envoyer faire un compliment hier, comme je l'avais projeté le dimanche au soir ; j'eus crainte que l'on ne prît mon compliment pour un espionnage, et je remis cet acte de civilité à la matinée d'aujourd'hui ; mais hier à dix heures du soir elle passa à ma porte, fit descendre Wiart, lui donna votre lettre et me fit faire des compliments. J'enverrai à midi chez elle et vous saurez la suite de tout ceci par la première lettre que j'écrirai. Je rendrai compte de tout à vous ou à la grand'maman.

1. Dans l'affaire de M. de Morangies : elle faisait alors beaucoup de bruit. Le comte de Morangies, officier général et homme de qualité, était accusé de nier une dette de cent mille écus, par lui reçus, disait sa partie, d'un jeune homme nommé Véron. « Je le crois un fripon, écrit le 29 septembre suivant, madame du Deffand à Walpole, il vient de gagner son procès contre des gens aussi fripons que lui. »

Ma situation présente ne me plaît nullement ; je suis ou avec trop de monde ou au moment d'être toute seule. Les gens qui m'environnent sont une manière de spectacle et non pas une société. Je pense à ce que disait Fontenelle en voyant un troupeau de moutons : qu'il n'y en avait peut-être pas un seul de tendre. Je dis plus, il n'y a sûrement pas là un seul ami. J'ai le monde en horreur, mais je tire ce profit de l'ennui qu'il me cause, qu'il me fait trouver du plaisir à voir mes jours s'écouler.

Je prends part au chagrin que la grand'maman aura de perdre la petite sainte. qui, de son côté, aura bien du regret de la quitter ; mais elles se rejoindront ; j'en connais de plus misérables.

Vous voyez la tristesse de mes pensées. Eh bien ! dans cette situation, j'aurai demain quinze ou seize personnes à souper, dont en vérité je ne me soucie d'aucune. D'où vient les prier? me direz-vous. Ah ! l'abbé, par des raisons métaphysiques. Il me faudrait l'éloquence de M. du Bucq pour vous les expliquer.

Adieu ; dites mille choses à la grand'maman, ma première lettre sera pour elle ; dites un mot de moi au grand-papa et à M. de Boufflers.

LETTRE CCCCXCVI

DE LA DUCHESSE DE CHOISEUL A MADAME DU DEFFAND

A Chanteloup, ce 4 juin 1773.

Un million de petites choses m'ont empêchée, ma chère petite-fille, de vous écrire par madame de Grammont. J'ai chargé mon chancelier de vous rendre compte des idées que je n'avais pas, et de vous exprimer les sentiments que j'ai toujours. Les chanceliers sont d'habitude plus éloquents que ceux pour qui ils parlent. Ainsi, ma chère petite-fille, nous aurons toujours gagné à cet arrangement : vous avez reçu une jolie lettre et moi je n'en aurai pas écrite une mauvaise.

Madame de Grammont était fort occupée de vous avant de partir, et je ne doute pas qu'elle ne vous ait marqué beaucoup d'empressement en arrivant. Je la sais accablée de visites et de soins à rendre et à recevoir et très-touchée des marques d'amitié qu'elle reçoit de toute part.

Nous sommes en effet assez seuls dans ce moment-ci, il n'y a que madame de Brionne et madame de Lorraine; nous attendons aujourd'hui madame de Ligne et deux ou trois passants.

Je savais le jugement de M. de Morangies, et j'en suis indignée; je ne puis penser comme vous; je ne trouve pas que la fable de La Fontaine lui soit applicable, car je pense qu'il a été friponné en tout et pour tout par les Du Jonquai, et qu'il n'a jamais touché plus de 50 louis; s'il en a reçu un au delà, il mérite la flétrissure du jugement qu'il a essuyé; mais vous m'avouerez que ses parties n'en méritaient pas moins punition pour ne lui avoir donné que 51 louis sur des billets de cent mille écus. Ce que j'y vois de plus clair, c'est que M. de Morangies est un imbécile, et que l'imbécillité est le pire de tous les malheurs, puisqu'elle conduit non-seulement à la ruine, mais encore au déshonneur. Cela doit faire peur à tout le monde.

Adieu, ma chère petite-fille, le grand-papa vous embrasse et moi je vous adore.

LETTRE CCCCXCVII

DE LA DUCHESSE DE CHOISEUL A MADAME DU DEFFAND

A Chanteloup, ce 8 juin 1773.

Pour cette fois, ma chère petite-fille, vous ne direz point que vous êtes une pauvre malheureuse enfant abandonnée de ses parents, car l'abbé (l'abbé, vous l'adoptez sans doute dans la famille, car les meilleurs amis ne sont-ils pas les plus proches parents?), l'abbé, dis-je, vous a écrit ce matin, et voilà que je vous écris ce soir. Ce n'est pas que j'aie rien de nouveau à vous dire, car que dire après l'abbé? il ne laisse pas même à glaner; mais je veux vous embrasser, je veux vous dire que je suis curieuse de votre première lettre, pour savoir comment s'est passée la visite que madame de Grammont vous a rendue dans votre cabinet, parce que votre chambre était pleine d'étrangers; si vous lui avez donné à souper ou si vous avez soupé avec elle; enfin, mille petits détails que vous rendrez fort bien. Je vous embrasse de nouveau, ma chère petite-fille, parce que voilà le souper qui sonne et qu'il faut aller rejoindre la compagnie. Vous embrasser est toujours mon désir et mon plaisir.

LETTRE CCCCXCVIII

DE L'ABBÉ BARTHÉLEMY A MADAME DU DEFFAND

Ce 9 juin 1773.

Je veux mourir si je sais ce que j'ai à vous dire, j'écris pourtant et je laisse aller ma plume, elle ira où elle voudra. La petite sainte partit jeudi dernier en assez bon état. Elle s'embarqua sur la Loire avec un vent favorable et fort; nous apprîmes le lendemain qu'elle était arrivée à Tours sans s'être noyée. Depuis, nous n'avons plus de ses nouvelles, et nous soupçonnons que la lettre qu'elle a écrite des Ormes, où elle avait été coucher vendredi, est allée à Paris, d'où elle reviendra quand il plaira à Dieu.

Je vois avec chagrin que vous êtes triste; on ne peut pas vous dire : soyez gaie! ce serait dire à quelqu'un qui n'a que quatre pieds de hauteur : ayez-en cinq; mais je partage sincèrement vos peines de quelque nature qu'elles soient; la grand'-maman en est aussi bien affectée; est-ce que vous ne viendrez pas la voir?

Madame la comtesse de Brionne, mademoiselle de Lorraine, madame de Ligne, M. le Prince, M. Hope, Hollandais, M. le chevalier de Chenau, Suisse, voilà l'état actuel de Chanteloup. Le grand-papa me charge de vous dire un million de choses, ainsi que M. de Boufflers.

Vous souvenez-vous qu'un soir à souper chez la grand'-maman, le grand-papa ayant prononcé le mot *émigrant*, vous en fûtes effrayée, et que nous rîmes bien fort de votre surprise? Eh bien! ce mot si souvent employé dans les gazettes, savez-vous où il ne se trouve pas? dans le dictionnaire de l'Académie française, dans celui de Trévoux, dans celui de Furetière, dans celui de Richelet, dans le vocabulaire français, en un mot, dans tous ceux que nous avons consultés. Le grand-papa a écrit à M. de Beauvau qu'il n'était pas content de la définition qu'en donnait le dictionnaire de l'Académie française.

Vous avez vu sans doute madame la duchesse de Grammont, et vous l'aurez trouvée toujours plus aimable; est-ce que vous la garderez longtemps encore? je sais bien qu'elle est nécessaire partout où elle est, mais elle ne l'est pas moins partout où elle n'est pas.

LETTRE CCCCXCIX

DE MADAME DU DEFFAND A L'ABBÉ BARTHÉLEMY

Ce jeudi, 10 juin 1773.

D'abord je vous prie de dater vos lettres à la tête de la première page; j'ai toujours oublié de vous le demander.

Je ne fermerai celle-ci que demain matin, parce que mon intention est de vous rendre compte du souper de ce soir. Vous savez que madame de Grammont n'a fait ni ne fera le voyage de La Ferté, ce qui sans doute accélérera de quelques jours son retour. Je le saurai vraisemblablement plus positivement ce soir; elle m'a déjà fait deux petites visites. Je fais hommage à la grand'maman de toutes ces attentions, sans que je me dispense de la reconnaissance. Tout le monde ici est content d'elle, et elle le doit être de l'empressement qu'on lui marque. Mais, mon abbé, puis-je m'occuper d'autre chose que de la grand'maman? Je ne suis point contente de ce que vous me dites de sa santé. Je juge qu'elle digère fort mal, et j'en attribue la cause non-seulement au mauvais choix des aliments, mais au manque de dissipation et de distraction. Je sais qu'elle étudie la composition, qu'elle passe des journées à écrire; j'aimerais cent fois mieux qu'elle fît des capucins de cartes, qu'elle jouât aux quilles ou au bilboquet. Toute application lui est contraire, son esprit se nourrit aux dépens de son corps. Voilà ce que je lui prêcherais si j'étais auprès d'elle, et mon unique étude serait de la rendre aussi enfant ou aussi bête que moi.

Ce vendredi, à 7 heures du matin.

J'eus hier à souper deux princesses, une duchesse, un prélat, un ambassadeur et l'ami Pont-de-Veyle[1]. La princesse mère et le prélat partirent de bonne heure, l'ami les suivit de près, ensuite la princesse fille; le ministre se préparait à la suivre, mais je le retins. Je jugeais que le tête-à-tête serait trop brusque, qu'il fallait qu'il fût amené. Ces mesures réussirent à merveille; il resta une demi-heure, puis je passai ensuite avec la duchesse, tête pour tête, un temps fort raisonnable. Je fus fort contente d'elle, et elle me donna lieu de croire qu'elle l'était aussi de moi. Je lui trouvai la sorte d'éloquence qui me plaît, s'exprimant à merveille, sans recherche, sans obscurité, sans prolixité. Il fut fort question de vous, de la grand'maman, du grand-papa, et puis de ceux-ci, de celles-là; enfin, comme dit madame de Sévigné, de *tutti quanti*.

---

1. Tous ces convives sont nommés dans la lettre du 12 à M. Walpole. Mesdames de Beauvau, de Poix et de Grammont; l'archevêque de Toulouse, Caraccioli et Pont-de-Veyle.

Il est question de deux soupers pour dimanche et lundi, l'un chez madame de Lauzun, l'autre chez madame de Luxembourg. Je suis invitée à tous les deux, mais il y aura vingt personnes. Je balance sur le parti que je prendrai : il faut choisir entre le ridicule et l'ennui : je préférerai le dernier; oui, je le crois, j'en aurai le courage ; je sauverai du moins le ridicule, et dans l'autre choix, j'aurais tous les deux. Je me rappelle ce que j'aurais pensé à l'âge de vingt-cinq ans si j'avais vu arriver au milieu d'une compagnie de vingt-cinq personnes une vieille quinze-vingts. Il y aura encore cette semaine la répétition du souper d'hier avec augmentation de trois dames, qui sont : les duchesses de Luxembourg, de Lauzun et d'Enville. Je vous jure, mon abbé, que si je pouvais troquer tous ces beaux soupers contre ceux que nous faisions dans le petit appartement, je n'hésiterais pas un moment. Ah! oui, mon abbé, et vous n'en doutez pas. Mais je m'aperçois que voilà trop de soupers et pas assez de sommeil, il est plus de sept heures et je n'ai pas encore dormi, il est temps d'y tâcher.

Adieu; bonjour pour vous, bonne nuit pour moi.

J'écrirai à la grand'maman par la première occasion. Ne vous embarrassez jamais, je vous prie, de votre stérilité; ce qui vous paraît tel, me paraît, à moi, pleine abondance.

LETTRE D

DE MADAME DU DEFFAND A LA DUCHESSE DE CHOISEUL

Ce vendredi, 11 juin 1773,
à 2 heures après midi.

J'ai écrit ce matin au grand abbé, chère grand'maman, et comme mes lettres pour lui sont également pour vous, je comptais vous remettre pour une autre occasion, mais je cède au désir de profiter de celle-ci.

Je mande à l'abbé tous les bons procédés de madame de

Grammont, vous devez certainement lui en tenir compte; je ne doute pas que son intention ne vous ait pour objet, et cela me plaît d'autant plus, qu'il faut qu'elle soit bien persuadée de votre amitié pour moi et qu'elle cherche à vous prouver la sienne. Il est impossible de parler de vous avec plus d'éloge. Je n'aurais pas pu renchérir sur tout ce qu'elle en dit. Toutes ses paroles ont été bien sonnantes. Elle compte partir d'ici au plus tard de lundi en huit; elle soupera encore une fois chez moi, et ce sera mercredi, jeudi ou vendredi. Le reste de son temps est destiné. Elle n'aura pas eu celui de s'ennuyer. Je ne doute pas qu'elle ne demande toutes les nouvelles, si l'on peut appeler nouvelles les spéculations et les conjectures, car de fait il n'en arrive guère. La mort de madame de Gourgues[1] est le plus grand événement; ses amis la regrettent infiniment et en disent des merveilles; elle a laissé à M. de Malesherbes cent mille francs, et tout le monde en est bien aise.

Vous êtes actuellement, chère grand'maman, dans une grande tranquillité. Je ne sais si c'est tant mieux, cela dépend de l'usage que vous en faites; si vous vous livrez à l'application, vous faites très-mal, elle est aussi contraire à la santé qu'un exercice immodéré, et elle est tout ce qu'il y a de pis après l'ennui. A quoi faut-il donc employer son temps? En vérité je n'en sais rien; tout ce que je sais, c'est que je trouverais le mien bien employé si je le passais auprès de vous. Je ne connais qu'un bonheur dans la vie, c'est d'aimer et d'être avec ce qu'on aime, tout le reste ne tient lieu de rien, tout fatigue ou tout ennuie.

On vous aura mandé les succès de madame la dauphine, on a été charmé d'elle, et elle a paru transportée de joie. On dit qu'elle fera souvent des petits voyages, qu'elle viendra aux spectacles, qu'elle fera des promenades sur le rempart; elle est actuellement le sujet des conversations. Il faut qu'il y en ait

---

1. Sœur du président de Lamoignon.

toujours un qui domine. Il n'est plus guère question de M. de Morangies; on ne parle plus de madame de Forcalquier; on dit qu'il y a des chansons contre madame Du Barry faites par M. son beau-frère : si je puis les avoir, je vous les enverrai. En attendant, voilà l'épitaphe du roi de Sardaigne.

Adieu, chère grand'maman, je vous quitte, parce qu'il faut que je me lève.

LETTRE DI

DE MADAME DU DEFFAND A LA DUCHESSE DE CHOISEUL

Paris, ce 14 juin 1773.

Vous avez dû voir, chère grand'maman, que j'avais prévenu les questions que vous me faites dans votre dernière lettre. Je vous ai rendu compte de tout ce qui s'est passé jusqu'au dix inclusivement, et c'est par M. de Gontaut que vous avez reçu ma lettre. J'ai un grand tort de ne vous pas dire le chagrin que j'eus de ne l'avoir pas prié à souper, et mes regrets de ce qu'il ne m'avait pas trouvé chez moi le jeudi après-dîner; il aurait peut-être consenti aux instances que je lui aurais faites d'être du souper. Enfin, il n'y a point de remède ; dites-lui, je vous supplie, combien je me le suis reproché; notre soirée aurait été encore plus agréable, personne n'inspire autant de gaieté et ne rend la conversation plus facile. Cette occasion perdue est peut-être irréparable.

Devinez, chère grand'maman, quel parti j'ai pris sur les invitations de mesdames de Lauzun et de Luxembourg; m'y suis-je rendue? les ai-je refusées? me suis-je laissé entraîner par le plaisir? ou me suis-je guidée par le bon sens? Qu'en pensent le grand-papa et le grand abbé, et M. de Gontaut?

Voilà une belle chose à deviner, dira le grand-papa, qu'importe le parti qu'elle aura pris? Il était très-important pour moi, chère grand'maman; j'étais fortement attirée par le plaisir d'être avec des personnes qui me plaisent infiniment, et éloignée par d'autres qui me déplaisent, parce que je les crois moqueuses, et qui m'auraient trouvée ridicule de me produire dans une compagnie aussi leste et aussi brillante. Ah! je suis devinée, j'en suis sûre. Vous jugez que je n'y ai point été hier, et que je n'irai point aujourd'hui, et cela est vrai.

Je soupai hier chez madame de La Vallière, je soupe ce soir chez moi, mais j'irai rendre une petite visite après souper à madame de Luxembourg; je compte y trouver madame de Grammont et madame de Lauzun, et prendre leur jour pour qu'elles me fassent l'honneur de venir chez moi : ce sera vraisemblablement jeudi ou vendredi. On dit que madame de Grammont part dimanche. Ce sera par elle, chère grand'maman, que vous recevrez la suite de mes relations. L'abbé devrait bien m'en faire de ce qui se passe à Chanteloup, et surtout de l'état de votre santé dont je ne puis m'empêcher d'être inquiète; j'ajoute peu de foi au bien que vous et l'abbé m'en dites; j'espère cependant que l'arrivée du beau temps vous fait du bien, mais il a plus d'influence sur la vieillesse que sur la jeunesse.

Adieu, chère grand'maman, aimez-moi toujours; faites que le grand-papa m'aime. Je me flatte de ne pas déplaire à madame de Grammont : on n'a point d'éloignement pour ceux qui nous trouvent parfaitement aimable.

On a eu des nouvelles de la petite sainte datées d'Angoulême; elle se portait parfaitement bien : on en aura incessamment de son arrivée à Baréges, elle doit y être actuellement. J'ai rendu une visite à son père. Je ne doute pas qu'elle ne le retrouve à son retour.

Vous avez sans doute entendu parler de mademoiselle de Tournon? Lequel trouvez-vous le plus honorable d'épouser un Du Barry [1] et d'en transmettre le nom à la postérité; ou à un

---

[1]. Le nom de Du Barry n'aurait eu rien que d'honorable s'il n'avait été porté

homme de qualité d'épouser mademoiselle de Langeac¹? Lequel de ces deux mariages, s'ils se font tout à l'heure, comme on dit, vous paraît le plus digne d'envie ou d'approbation? Cette lettre a été interrompue par la visite de l'archevêque de Toulouse; il m'a dit que le souper chez moi était pour jeudi. Il fut hier au Raincy. Il n'est pas encore décidé si madame de Montesson ira aux eaux. Il me semble que bien des gens pensent que le mariage est fait.

LETTRE DII

DE MADAME DU DEFFAND A LA DUCHESSE DE CHOISEUL

Ce dimanche, 20 juin 1773.

C'est madame de Grammont, chère grand'maman, qui vous remettra cette lettre. Je vous supplie de ne pas tarder un moment à lui marquer votre reconnaissance de toutes les attentions, de toutes les bontés, et j'ose dire de toutes les marques d'amitié que j'ai reçues d'elle; il n'y a que vous qui puissiez m'acquitter de tout ce que je lui dois; que serais-je pour elle, si je n'étais pas votre petite-fille? Aurait-elle daigné me distinguer parmi tant de personnes empressées à la rechercher? Qui est-ce qui aurait pu l'engager à passer deux soirées chez moi, à me rendre trois visites, chacun de ses moments pouvant être bien mieux employé? Elle a vu combien j'étais touchée de ces faveurs, mais elle peut vous dire que je les ai tou-

---

par Jeanne Vaubernier. Ce nom est le même que celui de La Renaudie, fameux par la conjuration d'Amboise.

1. Elle épousa le marquis de Chambonas. Sa mère s'était appelée Sabbatini, du nom de l'envoyé de Modène, dont il n'était pas bien prouvé qu'elle fût la femme. Elle vivait depuis longtemps dans une étroite intimité avec M. de Saint-Florentin, depuis duc de la Vrillière, qui la maria à M. de Langeac, qui consentit à reconnaître et à adopter une assez nombreuse lignée que cette dame lui apporta en mariage. Ce ne fut pas un des faits les moins honteux de cette époque, qui en fournit beaucoup, et l'on voit que madame du Deffand elle-même en est scandalisée.

jours attribuées au dessein qu'elle avait de faire ce qu'elle croyait vous devoir être agréable. Je l'ai trouvée charmante et je suis bien d'accord de ce que vous et l'abbé m'avez dit souvent de son éloquence[1] : personne n'a plus de facilité, de clarté, d'énergie et moins de prolixité. N'attendez pas, chère grand'maman, que je puisse aujourd'hui vous parler de nulle autre chose. Elle me dit hier que le grand-papa lui avait écrit que vous vous portiez beaucoup mieux ; mais ce mot *mieux* suppose que vous ne vous portez pas encore fort bien : j'en suis dans la plus grande inquiétude. La quantité de monde que vous allez avoir, les comédies où vous devez jouer, m'alarment extrêmement. Abandonnez, je vous conjure, le projet d'être actrice, vous ne résisteriez point à cette fatigue. Je prie le grand abbé de se joindre à moi, et j'intercède le grand-papa pour qu'il vous fasse abandonner cette entreprise.

Savez-vous, chère grand'maman, que je ne suis pas contente de vous, et que je suis très-mécontente de l'abbé ? il y a mille ans que je n'ai point eu de nouvelles ni de l'un ni de l'autre. J'attribue ce silence à la disette d'occasions ; elles vont être à l'avenir très-abondantes, et j'espère bien que je m'en apercevrai et que vous engagerez l'abbé à me donner, pour le moins toutes les semaines une fois, de vos nouvelles. Je vous supplie, chère grand'maman, d'embrasser pour moi le grand-papa. Madame de Grammont s'est chargée de la même commission. Voilà deux embrassades, je voudrais bien y en ajouter une troisième et que ce pût être en propre personne.

---

1. Cette éloquence naturelle ne désarma point les bourreaux quand elle plaida d'une manière si touchante la cause de son ancienne amie, madame du Châtelet, devant le tribunal révolutionnaire.

LETTRE DIII

DE LA DUCHESSE DE CHOISEUL A MADAME DU DEFFAND

A Chanteloup, ce 23 juin 1773.

Madame de Grammont est arrivée hier, ma chère petite-fille, et je commence ma lettre aujourd'hui pour madame de Brionne, qui part après-demain, parce que je n'aurai pas trop de deux jours pour répondre à trois de vos lettres. Pourquoi, me direz-vous, n'avoir pas répondu à chacune à mesure? C'est pour la raison que vous avez très-bien trouvée dans votre dernière lettre pour expliquer le silence de l'abbé et le mien, le défaut d'occasions partant d'ici; vous n'aurez jamais à nous reprocher d'en manquer aucune. Vous ne devriez jamais douter de l'occupation où nous sommes de vous. Nous vous aimons beaucoup, rien ne peut donc nous distraire d'y penser et peu de choses auraient le droit de nous empêcher de vous en entretenir; mais ma manie de la poste fait que je remets toujours à une occasion pour vous répéter tout ce que je pense et je sens pour vous.

Madame de Grammont était, il y a deux jours, la nouvelle de Paris, elle est aujourd'hui celle de Chanteloup; il est juste que je vous parle d'elle avant tout. Premièrement, je dois vous dire qu'elle a la tête tournée de vous, et je lui ai dit que vous l'aviez pareillement tournée d'elle. Je lui ai montré ce que vous m'en mandez dans la lettre qu'elle m'a apportée, et je lui ai dit ce qui était dans les autres. Toutes ces déclarations ont fort bien réussi. Je vous assure qu'à la façon dont elle parle de vous il ne m'est pas permis de croire que ce soit pour moi qu'elle vous ait tant recherchée, et vous êtes trop modeste, ma chère petite-fille, quand vous supposez qu'en vous recherchant on a d'autre objet que vous-même. Vous aurez peut-être ouï dire avant son départ, qu'on avait des inquiétudes sur sa santé qui faisaient désirer qu'elle allât à Baréges. Elle s'y refusa absolument. Elle a le meilleur visage du monde ; elle ne souffre pas, et à l'explication, il paraît que les craintes ont été exagérées et que le régime qu'on lui a prescrit, et qu'elle paraît déterminée à suivre, sera suffisant pour détruire un mal qui ne fait que commencer.

Je reviens à vos lettres auxquelles je vais répondre, date par date, comme un commis de bureau. Vous me mandez dans celle du 11 que vous craignez que je me livre trop à l'exercice et à l'application. J'ai le bonheur de ne pas m'ennuyer, ce n'est cependant pas le plus grand des bonheurs. Le bien suprême est, comme vous le dites, ma chère petite-fille, de passer sa vie avec ce qu'on aime, et je n'en jouis pas complétement, puisque vous passez la vôtre si loin de moi. Madame de Grammont m'a dit qu'elle avait fait ce qu'elle avait pu pour vous déterminer à venir ici pendant le Fontainebleau, comme le temps le plus favorable pour la réunion de la société à Chanteloup et la dispersion de la vôtre à Paris ; je voudrais bien qu'elle vous eût persuadée.

Je n'aime point l'épitaphe du roi de Sardaigne : elle paraît n'être faite que pour dire des injures aux autres rois ; ce n'est point les injures qu'on leur dit que je hais, mais je voudrais qu'elles fussent plus piquantes et mieux amenées.

Nous avons la chanson contre madame du Barry. Elle est charmante (cette chanson). J'aime à la folie : *Drôlesse et Princesse ; ces deux adverbes joints font admirablement.* Leur rapprochement est neuf, mais bien approprié au genre, ce qui rend la chanson de très-bon goût.

J'ai dit à M. de Gontaut ce que vous me mandiez dans votre lettre du 14, du regret que vous aviez de ne pas lui avoir donné à souper le jeudi avec madame de Grammont ; il dit qu'il n'aurait pas pu y souper, mais que cela ne l'empêche pas d'être dans une colère effroyable contre vous, afin de se ménager le plaisir du raccommodement. Le grand-papa a lu votre lettre qui était presque toute pour lui ; il n'approuve point que vous ne vous soyez pas rendue aux invitations de mesdames de Luxembourg et de Lauzun. Il prétend qu'il ne va pas assez mauvaise compagnie dans ces deux maisons pour que vous eussiez pu y trouver des moqueuses, et que s'il s'en fût rencontré, vous en deviez être fort peu en peine, parce que de toutes les moqueuses de l'univers il n'y en a pas une en état de délier les cordons de vos souliers, non pas pour la moquerie, mais pour l'esprit et tous les agréments de l'esprit. Il dit encore, ce grand-papa, qu'il faut toujours aller partout où l'on est désiré, quand on s'y amuse, et que comme vous êtes désirée partout, vous devez aller partout. Il a beaucoup ri du problème que vous proposez sur les mariages de M. du Barry et de mademoiselle de Langeac. Il ne se croit pas assez d'esprit pour décider une question aussi délicate.

Je ne trouve rien pour moi dans votre lettre du 20, si ce n'est que vous m'y conseillez de renoncer au projet d'être actrice ; c'est un conseil dont je suis persuadée que les spectateurs vous seraient fort obligés, mais je crois que vous pouvez vous rassurer sur cet article ; il y a déjà un an que, tout en apprenant mes rôles, je suis persuadée que nos comédies n'auront pas lieu. Je vois aussi que vous êtes inquiète de ma santé, et je ne sais pas pourquoi : je me porte tout aussi bien qu'à mon ordinaire, à un peu de faiblesse près ; par exemple, hier j'ai pensé m'évanouir de fatigue d'avoir essayé une robe.

Le grand-papa a reçu toutes les embrassades que vous lui avez envoyées. Il me charge de vous dire qu'il aurait bien mieux aimé que vous les lui apportassiez vous-même. Je vous les rends de tout mon cœur, ma chère petite-fille, ces embrassades, pour lui et pour moi.

LETTRE DIV

DE LA DUCHESSE DE CHOISEUL A MADAME DU DEFFAND

A Chanteloup, ce 27 juin 1773.

Vous voyez, ma chère petite-fille, que je ne veux pas manquer une occasion, puisque je profite du départ de M. de Gontaut pour vous écrire encore, quoiqu'il me reste bien peu de chose à ajouter à ma volumineuse lettre de l'autre jour. M. de Gontaut dit que je n'ai su ce que je disais dans ce que je vous ai mandé dernièrement de lui, qu'il aurait très-bien pu souper chez vous, qu'il y aurait soupé si vous ne lui aviez pas fait fermer votre porte, et qu'il veut toujours être furieux contre vous jusqu'à ce qu'il vous ait vue pour se ménager le plaisir du raccommodement. Pour moi, je vais me procurer celui de la saignée; j'ai voulu vous écrire avant, pour n'en être pas empêchée par les précautions minutieuses de la faculté d'Amboise et de Chanteloup, pour laquelle ma saignée est une chose importante; M. de Gontaut vous dira qu'elle est de pure précaution, et vous devez bien voir à la façon dont je vous écris que je me porte fort bien. L'abbé vous dira ce soir comment j'aurai soutenu cette grande opération. Je suis persuadée que ce sera avec un courage admirable et surtout une force qui rétablira à jamais ma réputation sur l'article de la vigueur. Ne vous inquiétez donc point, ma chère petite-fille, portez-vous bien, aimez-moi comme je vous aime, et vous m'aimerez beaucoup.

LETTRE DV

DE L'ABBÉ BARTHÉLEMY A MADAME DU DEFFAND

28 juin 1773.

La grand'maman devait être saignée ce matin, vous le verrez par sa lettre. Elle ne l'a pas été, vous le verrez par celle-ci. De la chaleur et des picotements dans la poitrine, un reste de toux et la crainte d'un véritable crachement de sang avaient engagé le médecin à ordonner la saignée. Les lancettes, palettes, bandelettes étaient prêtes quand elle a dit un mot à l'oreille du docteur, qui, sur-le-champ, a suspendu le sacrifice. J'ai soupçonné le mystère. Quand on part, on laisse toujours quelque chose après soi, et n'y a-t-il pas des traîneurs dans l'armée? Dans un ou deux jours on reviendra à cette saignée, qui n'est que de précaution, mais dont la cause néanmoins m'inquiète, non par elle-même, mais par une foule de circonstances. La grand'-maman est incapable de toute attention pour elle, et sa poitrine l'exige; elle a le courage des grandes choses et point celui des petites. Je voudrais bien que ce fût le contraire ; on se fait admirer par le premier, mais on risque de se perdre faute du second. Je ne puis pas souffrir qu'on néglige sa santé : il me semble que rien ne refroidit plus l'intérêt de ceux qui nous aiment. Je suis comme un quaker, je passe ma vie dans la crainte et dans le tremblement. Si j'étais le maître, j'ôterais à la grand'maman la moitié de ses vertus, et j'augmenterais ses forces du double; elle resterait toujours la plus honnête femme du monde, et elle ne serait pas la plus frêle.

M. le duc de Gontaut part demain, mourant d'envie de vous voir pour vous dire combien il est fâché de ce que vous ne l'avez pas prié à souper chez vous, quoiqu'il sache très-bien que ce n'est pas votre faute. M. et madame de Lescure partiront aussi, et il ne restera que M. d'Ossun avec M. de Boufflers et moi. Vous savez que cette solitude ne durera point.

On nous a apporté les œuvres en prose de M. Thomas en trois ou quatre volumes in-12. Je les ai parcourues : c'est la plus belle collection de belles paroles qui existe. Il annonce une nouvelle édition de ses poésies. Je voudrais bien que sa *Péta-rade*[1] y fût, pour voir si elle vaut mieux que la *Henriade*, comme ses partisans le pensent ou ne le pensent pas. Je voudrais encore avoir autant d'esprit que lui, j'en ferais un meilleur usage, et je n'écrirais pas comme lui. Benoît XIV avait un frotteur que nous avons connu, et qui ne lisait que les ouvrages des anciens philosophes et surtout ceux de Sénèque, qu'il savait presque par cœur. Le pape l'appelait *Senequino*, le petit Sénèque. Ne trouvez-vous pas que quelques-uns de nos écrivains, avec beaucoup d'esprit, ne sont que des *Senequini* ou des frotteurs de pensées ? Je vous demande en grâce que ceci ne soit qu'entre nous.

LETTRE DVI

DE MADAME DU DEFFAND A LA DUCHESSE DE CHOISEUL

Paris, ce 30 juin 1773.

Vous réparez bien vos torts, chère grand'maman, et votre petite-fille est une folle et une impertinente quand elle ose se plaindre de vous ; aussi ne commettra-t-elle plus ce crime ! Je serai, je vous proteste, bien tranquille à l'avenir sur vos bontés pour moi. Que ne puis-je avoir la même tranquillité sur votre santé ! Cette saignée dont il était question, et qui sans doute est faite, me déplaît beaucoup : il est bien fâcheux qu'elle vous ait été nécessaire ; je sais par expérience que rien n'affaiblit tant l'estomac. Délicate comme vous l'êtes, c'est un remède violent. Je voudrais, chère grand'maman, que vous fussiez plus

---

[1]. La Pétréide.

scrupuleuse sur le régime; c'est une chose extraordinaire qu'on ait à vous reprocher l'intempérance; il vaudrait mieux être moins bonne et n'être pas gourmande. Je vous déplais à la mort, mais je n'ai pu résister à vous faire une petite leçon, les occasions en sont si rares qu'on ne les veut pas perdre. J'aurais encore bien envie de vous parler des comédies : je les ai prises en grande déplaisance. Le plaisir qu'il en peut résulter ne vaudra sûrement pas la fatigue qu'elles vous causeront.

Je n'ai point vu M. de Gontaut, et j'en suis fâchée; j'aurais eu bien du plaisir à le questionner.

On a eu avant-hier des nouvelles de l'arrivée de la petite sainte à Baréges; elle se portait bien.

J'aurai demain à souper les Beauvau et la maréchale de Luxembourg. Celle-ci m'a rendu visite aujourd'hui à une heure après midi. Il y avait plusieurs jours que je ne l'avais vue; elle court les spectacles, elle se dévoue aux princes, elle ne pouvait venir chez moi l'après-midi, parce qu'à quatre heures elle devait aller avec madame la duchesse de Bourbon dans la petite maison du duc de Chartres. Ne trouvez-vous pas cela admirable? On peut dire : C'est une belle jeunesse.

Ce vendredi, 2 juillet.

Cette lettre ne partira que demain, et ce sera les d'Usson qui en seront porteurs. Rien n'est inutile dans ce monde.

J'eus hier la compagnie que j'attendais. La maréchale devient un vrai agneau ; réellement elle est changée en bien à ne la pas reconnaître. L'éducation que l'on donne en devient une pour soi-même[1], en voilà un exemple. J'en souhaiterais voir un second, vous m'entendez?

Je ne puis chasser la crainte que me causent les six semaines ou deux mois que vous allez passer. Surtout vos comédies me

---

1. Elle avait élevé sa petite-fille, madame de Lauzun, une des plus charmantes personnes de son temps.

déplaisent infiniment, elles ne vaudront rien et vous tueront. Comment le grand-papa peut-il y consentir? Mais il faut me taire, ce n'est pas moi qu'on écoutera, ce n'est pas moi qui persuaderai. Pauvre abbé, je le plains bien! il faut souffrir ce qu'on ne peut empêcher; ah! vraiment oui! mais c'est ce qui me désole.

N'attendez de moi aucune nouvelle, chère grand'maman; qui est-ce qui les sait mieux que tous les gens que vous voyez et que vous allez voir? qui est-ce qui les sait plus mal que moi? Si vous voulez, je vous dirai mon avis sur la tragédie de *Paris sauvé*. Sedaine en fit la lecture, il y a quelques jours, chez les Trudaine. Il y a deux grands caractères : Marcel et Maillard; Marcel le fils est peu de chose, sa femme Héloïse et lui parlent trop souvent de leurs amours et de leur maillot : il n'en devrait être question que par pure nécessité pour l'intrigue; leurs sentiments l'un pour l'autre n'intéressent point, ils ne font qu'importuner. Vous souvenez-vous d'avoir entendu cette pièce il y a trois ou quatre ans? Sedaine se rappelle bien de vous l'avoir lue. Je ne comprends pas comment on en défend la représentation; il me semble qu'on devrait l'ordonner. On a changé le titre du chancelier du roi de Navare en celui de son ambassadeur; après cette correction, il n'en reste point à faire. Ce Sedaine a du génie; il a, dit-on, fait beaucoup de mauvais ouvrages. Je ne les connais pas, mais j'en connais trois qui me plaisent infiniment : Cette tragédie, le *Philosophe sans le savoir*, et le *Déserteur*. Tous nos beaux esprits ne produisent rien d'aussi bon, et j'aime cent fois mieux les manques de correction de Sedaine, que toutes leurs sublimes beautés.

Chère grand'maman, je n'écrirai point à l'abbé. Depuis huit ou dix jours je ne dors pas; j'ai la tête creuse comme un tambour; je ne puis dicter deux lettres de suite. Je le remets à la première occasion; ah! on n'en manquera pas.

Embrassez pour moi le grand-papa, et dites, je vous prie, à madame de Grammont que je l'aime de tout mon cœur; cette déclaration est familière, mais elle est sincère; elle m'a inspiré tant de confiance que je n'ai point la crainte de lui déplaire en m'exprimant de cette sorte. Ne me laissez point oublier de M. de Boufflers.

LETTRE DVII

DE MADAME DU DEFFAND A L'ABBÉ BARTHÉLEMY

Ce dimanche, 4 juillet 1773.

Je me préparais à vous écrire une longue lettre, mais voilà qu'il m'est survenu une fluxion, un rhume de cerveau, une surdité, un embarras dans la parole et une nullité de pensées qui m'ôtent toute faculté; il me reste néanmoins encore un peu de sentiment pour vous, pour la grand'maman et pour le grand-papa. Quand je serai dégagée de ma pituite, de mes catarrhes, je jaserai comme une pie; mais pour le présent, je ne puis être que muette comme une carpe.

Adieu, l'abbé.

Le courrier du clergé, celui avec qui on s'abonne pour se faire écrire, fit hier demander à madame de La Vallière si elle voulait être écrite chez les Du Barry.

Madame de Forcalquier vient d'envoyer demander à Wiart comment je prenais ma casse, et s'il voudrait bien prendre la peine de venir chez elle pour la lui préparer et la lui faire prendre. Ce serait une belle occasion pour l'empoisonner, mais je ne veux pas abuser de sa confiance[1].

1. On se rappelle que ces deux dames, dont les relations remontaient à 1742, comme on le voit par les lettres de cette année du président Hénault, s'étaient brouillées depuis trois ans, à l'occasion de la disgrâce du duc de Choiseul.

LETTRE DVIII

DE L'ABBÉ BARTHÉLEMY A MADAME DU DEFFAND

Ce 4 juillet 1773.

Nous sommes dans la plus grande inquiétude sur votre silence ; il est venu beaucoup de monde de Paris, nous attendions tous les jours quelqu'une de vos lettres : vaine espérance ! Peut-être que M. d'Ayen, qui arrive aujourd'hui, nous apportera de vos nouvelles.

La grand'maman a cédé enfin aux sollicitations de ses docteurs ; elle fut saignée hier matin, et elle n'a pas été plus faible qu'à l'ordinaire ; elle y a gagné d'avoir ce matin une oppression qu'elle n'avait pas ressentie, et d'avoir fort toussé cette nuit. On en attribue la cause à un saisissement qu'elle eut hier après midi. Le grand-papa était parti pour la chasse, il revint deux heures après, et entra chez elle son bras gauche en écharpe ; il montait un cheval un peu ombrageux, qui tout à coup se précipita d'un autre côté, et comme le grand-papa ne retenait la bride que du petit doigt, il fit un si grand effort pour ramener le cheval, qu'il sentit que quelque chose se cassait dans sa main. C'était ce petit os auquel le petit doigt est enchâssé et qui va depuis la racine de ce doigt jusqu'au poignet. Il revint tout de suite chez lui, on mit l'appareil. Il n'y a pas le moindre danger à craindre, il en sera quitte pour garder une écharpe pendant une quinzaine de jours. On le saigna hier au soir ; il a parfaitement passé la nuit.

M. le duc de Noailles arrive dans le moment ; je vous quitte pour voir s'il n'apporterait pas quelque lettre de vous, mais je n'aurai pas le temps de vous en accuser réception, car M. Ribot, qui doit se charger de mes paquets, va partir dans le moment même.

LETTRE DIX

DE MADAME DU DEFFAND A L'ABBÉ BARTHÉLEMY

Paris, ce 8 juillet 1773.

Tout le monde se prépare à vous aller voir, Compiègne sera désert, c'est à Chanteloup que sera la cour. Chantilly, Villers-Cotterets, n'auront que vos éclaboussures. Si l'on envie votre gloire, vous consentiriez volontiers, l'abbé, à la céder en entier ou du moins en grande partie. Pour moi, je l'avoue, je ne voudrais pas en être témoin, et je préfère la solitude où je vais être pendant ces deux mois-ci, au tumulte, à la foule, aux jeux, aux ris au milieu desquels vous allez être. Quand je pense au moment où la grand'maman et vous recevrez une de mes lettres, je m'imagine que votre premier mouvement sera de regarder si elle est bien longue, et que vous regretterez le temps que vous donnerez à la lire. Croyez-vous que cette idée encourage à écrire? elle fait un effet bien contraire. Que peut-on vous mander? Des nouvelles; oh! non, vous les aurez de la première main. C'est de vous que j'apprendrai tout ce qu'il y aura d'intéressant à la cour. Je ne pourrai vous entretenir que des petits événements de la ville; ils vous feront pitié et me feront perdre toute considération. En vérité, l'abbé, je crois que je vais être six semaines sans vous écrire, et qu'il me sera impossible de rien trouver à vous dire; mais ce ne sera pas une raison pour vous d'agir de la même sorte. J'aurai tout le loisir de lire vos lettres, elles suppléeront à tous les plaisirs, les amusements dont je serai privée. Je vous condamne à m'écrire une fois la semaine, et à entrer dans les petits et grands détails sur tout ce qui regarde la grand'maman. D'abord de sa santé, et puis de ses occupations; enfin de ses pensées, paroles et actions.

L'accident du grand-papa[1] m'a surprise et effrayée, et l'effet qu'il a produit sur la grand'maman ne m'a point étonnée. Si vous aviez fait votre devoir, vous m'auriez donné des nouvelles depuis votre lettre du 4.

Les Dominations partiront dimanche; je serai surprise si elles n'exercent pas la plénitude de leur pouvoir. Vous n'aurez madame de Lauzun que vers la fin de la semaine prochaine; on dit qu'elle couchera dans l'intérieur de l'appartement de la grand'maman. Où sera-ce? je ne le comprends pas. Je suis persuadée que sa grand'mère regrette fort de ne pas partir avec elle, et que le séjour qu'elle fera à Villers-Cotterets lui paraîtra bien plat; cette cour deviendra bientôt une société tout à fait bourgeoise. Pour moi, je crois que l'hymen et l'amour sont devenus encyclopédistes : ils établissent l'égalité. Il faut voir ce qui adviendra de Chantilly; mais c'est se donner des airs à la Praline[2] que de parler de tout cela. Vraiment cela m'appartient bien!

Ne répétez point ce que je vais vous dire. Je reçus hier une lettre de province où l'on me disait d'un certain ambassadeur fort à la mode[3] que c'était *une cervelle de singe dans une tête de veau.* Vous le connaissez assez pour trouver cela plaisant.

LETTRE DX

DE MADAME DU DEFFAND A LA DUCHESSE DE CHOISEUL

Paris, ce 10 juillet 1773.

Depuis la lettre du 4 de l'abbé, chère grand'maman, il m'a laissée là, et sans madame de Beauvau, je serais dans l'inquiétude. Il serait bien injuste que je me plaignisse de vous, vous n'êtes que trop occupée pour désirer que vous ajoutiez la fati-

---

1. Le duc de Choiseul avait fait une chute de cheval.
2. Allusion à mademoiselle Sanadon, qui était liée avec les Praslin.
3. Caraccioli.

gue d'écrire à celle que vous donne votre nombreuse compagnie et vos comédies. Je trouve heureux que le temps ne soit pas plus chaud. Vous ne soutiendriez pas d'apprendre, de répéter et de jouer vos rôles, si la saison était comme elle devrait être. Mais l'abbé n'a pas les mêmes raisons que vous; cependant je l'excuse; il est des temps où l'on ne saurait écrire, et en jugeant par moi-même, je sais qu'il serait injuste d'attribuer cette impossibilité à l'oubli ou à l'indifférence.

J'aurai ce soir à souper mesdames de Luxembourg et de Lauzun. Elles partiront toutes les deux mercredi prochain : l'une pour Villers-Cotterets, l'autre pour Chanteloup.

Madame d'Enville passera aussi la soirée chez moi; elle ne restera que très-peu de jours à Paris, elle retournera à Liancourt, et au commencement du mois d'août elle vous ira trouver. En vérité, en vérité, chère grand'maman, une seule raison me fait détester la vieillesse, elle m'empêche d'aller vous trouver. Je ne m'afflige pas de toutes ses autres disgrâces, tout ce qui m'environne ne m'attache point à la vie; vaut-il la peine de vivre quand on est séparé de ce qu'on aime?

J'ai depuis peu une nouvelle hôtesse : elle occupe mon petit logement. C'est une cousine de l'évêque l'Orléans, sœur de madame de la Reynière, la comtesse de Bausset. C'est une grande et belle femme; elle n'a que vingt-neuf ans, n'a point le ton provincial. Voilà tout ce que j'en sais jusqu'à présent. Elle doit rester un an ou deux à Paris; elle cherchait un logement honnête et qui fût à bon marché. J'ai offert le mien qui est tout meublé et dont je lui ai fait bon marché. Je ne sais point encore si j'en tirerai quelqu'amusement; elle ne pourra du moins m'être importune, et si elle ne me convient pas, elle sera pour moi comme toutes les habitantes de Saint-Joseph, que je vois très-peu, excepté mademoiselle Sanadon, qui est actuellement à Praslin et dont elle ne reviendra que d'aujourd'hui en huit. Son absence me fâche et me fait sentir ce que c'est que la force de l'habitude. Que l'on est petit, que l'on est faible, chère grand'maman! on éprouve la vérité de ce que disait madame du Maine : *Qu'on serait heureux de pouvoir se passer des choses dont on ne se soucie pas.* Vous ne sentez pas cela, chère grand'maman, mais bien tout le contraire. Non-seulement vous consentiriez à vous en passer, mais vous désireriez qu'il fût en votre pouvoir de vous en débarrasser. J'en expliquerais aisément la raison.

L'illustre, l'auguste hymenée est, dit-on, pour jeudi [1]. Il se doit faire à Paris, et le couple respectable, l'instant d'après, partira pour Compiègne. Vous savez que Madame viendra mardi à Paris et que madame de Lauzun l'accompagnera.

M. et madame de Beauvau, par qui cette lettre vous sera rendue, ne vous laisseront ignorer aucune nouvelle; ainsi je ne cherche point à me rappeler celles que je puis savoir; il n'y a que celles de Chanteloup qui m'intéressent. Votre tête, votre poitrine, votre estomac, la main du grand-papa, voilà ce qui m'occupe et sur quoi je prie l'abbé de m'instruire. J'appris hier la mort de madame de Vichy, ma belle-sœur [2].

LETTRE DXI

DE L'ABBÉ BARTHÉLEMY A MADAME DU DEFFAND

12 juillet 1773.

M. et madame de Beauvau arrivèrent hier au soir, sans s'être noyés. Avant d'arriver à la dernière poste, un des chevaux voulait absolument se précipiter dans la Loire. Le postillon n'en était plus le maître; heureusement le cheval tomba sur le bord du chemin.

Vous ne parlez plus dans vos lettres de votre rhume et de

---

1. M. du Barry et mademoiselle de Tournon.
2. Mademoiselle d'Albon, dont mademoiselle de Lespinasse était la sœur adultérine.

votre surdité, tant mieux ; mais vous m'accusez de ne vous avoir plus donné des nouvelles du grand-papa, il me semble pourtant que je vous en ai écrit depuis. Sa main continue à bien aller.

Pourquoi prétendre que vos lettres nous ennuient? vous savez tout le contraire; votre modestie me paraît une prétention, et comme vous n'en avez pas d'autre, il faut bien pardonner celle-là.

La grand'maman avait celle de n'être pas détestable en jouant la comédie. Elle a si bien fait qu'elle a le plus grand succès, et en vérité elle le mérite. Vous pouvez m'en croire, car je sens bien que je verrais mieux ses défauts qu'un autre. Madame de Tessé, qui s'y connaît bien, ne revient pas de sa surprise en voyant des progrès si rapides en si peu de temps. La grand'maman paraît avoir douze ans quand elle est sur le théâtre; elle est si peu embarrassée qu'on croirait volontiers qu'elle a joué quinze ou vingt ans; elle se fait si bien entendre qu'on lui croirait une poitrine de Stentor. Je ne vous parle ni de son intelligence ni de sa figure : elle n'a ni l'esprit d'un singe ni une tête de veau. Nous avons bien ri de ce coup de pinceau, mais nous ne l'avons pas divulgué. Le théâtre s'ouvrit mardi dernier, qui était, je crois, le 6. On joua l'*Andrienne* et les *Fausses infidélités*. Madame de Chauvelin fit Glycérée, madame de Tessé, Mysis; M. d'Usson[1], Simon; M. Chauvelin, Chrymes; M. d'Ayen, Pamphile; M. de Meun, Dave; M. d'Onésan, Criton. La pièce fut parfaitement jouée.

Dans les *Fausses infidélités*, ce furent la grand'maman, madame de Chauvelin, M. d'Ayen, un secrétaire de M. de Noailles nommé Poiré, et M. de Poix qui faisait Mondor. Vous pourrez appliquer les noms sur les autres visages si vous avez la pièce, qui fut aussi bien jouée que la première.

---

1. D'Usson de Bonnac, comte de Donegau, frère du marquis de Bonnac l'ambassadeur, avait dans le monde la réputation d'homme spirituel, bienveillant, et de conteur agréable. Il mourut en 1811, à quatre-vingts ans.

Samedi on donna le *Tartuffe*, suivi de *l'Esprit de contradiction*, de Dufresny.

M. de Meun, Tartuffe ; M. d'Onésan, Orgon ; madame de Tingry, madame Orgon ; la grand'maman, Angélique ; madame de Tessé, la suivante ; M. de Chauvelin, Clitandre ; M. de Liancourt, Damis. Jamais peut-être le rôle d'Orgon ne fut si bien joué. La grand'maman se surpassa et força le grand-papa à convenir qu'elle ne laissait rien à désirer : il y eut une scène entre elle et M. d'Ayen, qui faisait Valère, où l'un et l'autre firent des merveilles : c'est la scène de la bouderie. Je ne vous parle pas de madame de Tessé, à qui il ne manque qu'un bel organe pour tout effacer.

Dans *l'Esprit de contradiction :* Madame d'Usson fit la mère ; la grand'maman, la fille ; M. de Liancourt, le père ; M. d'Onésan, Lucas ; M. de Meun, Tibaudois, et M. d'Ayen, Valère. Cette petite pièce, qui est si gaie, fut admirablement rendue, ainsi que *Tartuffe*.

On représente aujourd'hui *la Mère jalouse*, où la grand'maman joue le rôle de la fille ; madame de Tessé, la tante ; madame de Chauvelin, la mère, etc.

Cette pièce sera suivie du *Médecin malgré lui*, où la grand'maman jouera la fille devenue muette. Je vous en parlerai une autre fois.

Samedi nous eûmes une surprise très-agréable dans les répétitions ; le rôle de madame Pernelle avait été donné à une des femmes de madame de Tessé. La pièce allait commencer, on envoyait coup sur coup chez mesdames de Poix et d'Ossun pour les avertir de descendre, quand tout à coup la toile se leva, madame de Poix, suivie de madame d'Ossun, parut jouant le rôle de madame Pernelle ; elle s'en acquitta avec une chaleur, une vérité et une intelligence qui firent le plus grand plaisir du monde. On redonnera cette pièce jeudi pour M. et madame de Beauvau, qui ne sont pas prévenus.

La grand'maman a fort bien soutenu jusqu'à présent la

fatigue des répétitions et des représentations, qui sont très-fréquentes, car il y a deux répétitions par jour, et nous aurons cette semaine trois représentations. Elle me charge de vous dire mille amours, et d'ajouter qu'elle ne pourra peut-être pas vous écrire tant qu'elle sera dans ce tourbillon, mais qu'elle voudrait bien vous voir au nombre de ses spectateurs.

LETTRE DXII

DE MADAME DU DEFFAND A L'ABBÉ BARTHÉLEMY

14 juillet 1773.

Vous m'avez laissée longtemps sans me donner de vos nouvelles, je vous le pardonne, mais à condition que vous reprendrez votre gazette; cette façon d'écrire est la plus facile. Faites-moi savoir, jour par jour, les comédies que l'on joue, les noms et les rôles des acteurs; leur succès en bien ou en mal; enfin, faites que je puisse me croire à la représentation. Êtes-vous le souffleur? le grand-papa le directeur? et la grand'maman la première actrice? Je ne suis point étonnée des éloges que vous lui donnez, je ne doute point qu'elle ne les mérite. J'en suis moins inquiète que je l'étais; puisqu'elle a du plaisir, elle soutiendra cette fatigue qui me faisait tant de peur; mon idée est que l'ennui est la plus grande maladie de l'âme et la cause la plus ordinaire de celles du corps.

Je suis délivrée de mon catarrhe; ce n'est cependant pas que je me divertisse, je dois ma guérison à la casse et à la sobriété; c'est toujours par les privations volontaires que l'on se rend moins malheureux. Cela demanderait une explication, mais je vous laisse le soin de la faire, car si je suis quitte du catarrhe, je ne le suis pas de l'hébêtement; je m'y abandonne de bonne grâce, et à quoi me servirait la faculté de penser? A me tourmenter moi-même et à ennuyer les autres.

J'ai reçu une lettre de la petite sainte du 3 de ce mois; elle était contente de son voyage ; elle ne pouvait pas encore l'être des remèdes. Selon toute apparence, elle ne retrouvera pas son père ; il s'affaiblit chaque jour.

Tout le monde part : les uns pour Compiègne, les autres pour leurs campagnes.

Vous voyez, l'abbé, combien vos lettres me sont nécessaires ; si vous pouviez avoir un secrétaire, j'y gagnerais beaucoup, ce me semble. Il n'y a que votre main que je plains, car pour votre esprit, rien ne le fatigue ni ne lui coûte. Je vois souvent des gens d'esprit et de toutes sortes, personne ne vous ressemble. Mon abbé, vous êtes le seul à qui rien ne manque, le seul véritablement aimable et le seul qui mérite d'être aimé. Après cette vérité je n'ai plus rien à dire.

La grand'maman ajoutera :

L'enfant dit vrai.

LETTRE DXIII

DE L'ABBÉ BARTHÉLEMY A MADAME DU DEFFAND

A Chanteloup, ce 16 juillet 1773.

J'arrive de Chanteloup, j'ai vu le grand-papa, la grand'maman, tout le monde ; j'ai assisté à la comédie, et je suis revenu dans ma retraite pour vous donner des nouvelles de ces beaux lieux. Vous ne comprenez rien à ce début, vous demandez à M. Wiart si ce n'est pas là l'écriture de votre gazetier : il vous répond : Sans doute ! Et comment arrive-t-il de Chanteloup, d'où il date sa lettre ? C'est qu'il y est encore et qu'il n'y est plus. J'occupais un logement aux mansardes du château. A l'occasion de quelques augmentations qu'il a fallu faire dans les basses-cours, on a construit trois appartements qui donnent sur la ferme. J'en ai pris un qui vient d'être achevé ; il est aussi éloigné du salon que l'arcade Colbert le peut être de l'hôtel de

Choiseul[1], mais on peut y aller à couvert par le moyen de divers corridors; il est superbe et la vue en est charmante : une antichambre, une chambre, deux cabinets, une garde-robe, un bouge ; tout cela très-gai, très-clair ; une croisée au levant me donne la vue du bas de la cascade et du jardin, une autre au midi celle du potager, une au couchant celle de la ferme, une au nord celle des bords de la Loire et des coteaux opposés à Chanteloup. J'y suis depuis trois jours, je sens que je puis m'accoutumer à l'éloignement : mais je n'y dors point; dès cinq heures du matin les pigeons, qui sont mes voisins, viennent se placer sur le toit de mon logement et se disent tout haut quantité de choses que je n'entends point ; quantité de moineaux font entendre des cris aigus; en bas, des charpentiers ont établi leur atelier, et puis des coqs qui annoncent tous les quarts d'heure ; des chiens qui, ne sachant que faire, courent et aboient dans la ferme ; des domestiques qui râclent du violon, des charretiers qui jurent et me font jurer avec eux. On m'a fait espérer qu'on pourra remédier à une partie de ces inconvénients, sinon il faudra retourner à mon ancien logement ou mourir dans celui-ci. Toutes réflexions faites, je prendrai le premier parti.

Madame la duchesse de Grammont arriva avant-hier et me remit votre lettre. Je sais pourquoi vous me dites des douceurs, c'est pour avoir plus fréquemment des nouvelles de Chanteloup ; je vous pardonne la ruse en faveur du motif. Je vous écrirais plus souvent si j'en avais le temps, et si à la disette d'esprit ne se joignait quelquefois celle des événements. La vie est ici assez uniforme, soit qu'il y ait beaucoup de monde, soit qu'il y en ait moins ; les comédies y ont jeté de la variété cette année ; elles sont une grande ressource contre la grande affluence, parce qu'elles attirent toute l'attention.

---

1. A l'entrée de la rue Grange-Batelière. L'abbé Barthélemy logeait à Paris, rue Colbert.

On redonna hier vendredi *Tartuffe*, suivi des *Fausses infidélités :* Madame de Poix fit encore madame Pernelle avec un talent et un succès prodigieux. M. et madame de Beauvau n'étaient pas prévenus ; jugez de leur surprise et de leur joie. M. de Meun se surpasse dans le rôle de Tartuffe ; je pense que celui d'Orgon n'a jamais été rendu à la Comédie-Française comme le rend M. d'Onésan. Le cinquième acte, le plus mauvais de la pièce, devient, par son habileté, le plus intéressant de tous, et nous nous surprîmes les larmes aux yeux dans le moment qu'Orgon embrasse sa mère, sa femme et sa fille. La scène de Marianne et de Dorine, dans le deuxième acte, suivie de celle de Marianne et de Valère, jouées, la première par la grand'maman et madame de Tessé, la seconde par ces deux actrices et M. d'Ayen, furent parfaitement exécutées. La grand'maman soutient toutes ces fatigues sans en être incommodée ; elle se porte mieux qu'auparavant ; elle voit que le grand-papa prend beaucoup de goût à ces spectacles et qu'il est content de son jeu.

Ce 18.

On a donné aujourd'hui la deuxième représentation de l'*Andrienne* : mêmes acteurs que la première fois, plus grand succès encore. Pour petite pièce, *le Rendez-Vous de Fagan :* Madame Chauvelin, le rôle de Lucile ; madame de Tessé, celui de Lisette ; M. d'Ayen, Valère ; M. de Meun, le valet ; M. de Poix, Jacquemin. La grand'maman n'a pas joué, elle se reposera pendant quelques jours.

Le 20.

Hier au soir, à une heure après minuit, la grand'maman fut se coucher et toute la compagnie monta à la pièce d'eau ; elle était éclairée par un cordon de lampions placés sur ses bords ; le grand bateau, que, dans le style noble, nous appelons frégate, était couvert de lumières. On y avait attaché des crampons de fer qui soutenaient en dehors trois grandes pyramides de lampions de chaque côté ; dans la chambre était le piano-forté, violons et basses; on s'y promena jusqu'à trois heures après minuit. Madame de Lauzun, madame de Poix, M. de Vaudreuil, M. Poiré, chantèrent plusieurs morceaux et furent infiniment applaudis, à ce qu'on m'a dit, car je me retirai après un premier coup d'œil. Le grand-papa et madame de Grammont, etc., rentrèrent à trois heures; madame de Lauzun, madame de Poix, madame d'Ossun, madame de Tingry, MM. d'Ayen, de Poix, d'Arpajon, de Liancourt, descendirent à la Loire, s'y promenèrent longtemps en bateau, ont vu le lever du soleil, qu'on ne voyait point ici, ont déjeuné sur les bords de la rivière à cinq heures et sont rentrés à sept heures avec la pluie, mais après avoir beaucoup ri, couru et dansé.

Ce 21.

Hier au soir on donna *la Métromanie:* le rôle de L'Empirée est le triomphe de M. d'Ayen; M. d'Usson faisait Baliveau. Je trouve dans tous ces rôles un si grand naturel, qu'en fermant les yeux, je crois en écoutant être dans l'intérieur d'une maison; M. de Meun jouait Francaleu avec une bonhomie, une gaieté et une plaisanterie pleine d'esprit. M. Poiré, Dorante; madame de Tessé, Lisette avec sa supériorité ordinaire; madame de Chauvelin, Angélique ou Marianne, j'ai oublié son nom; vous connaissez ses talents pour le tragique, elle joue parfaitement bien le comique; M. de Poix s'est très-bien acquitté du rôle de Frontin. *La Métromanie* fut suivie de *l'Impromptu de campagne.* Le comte, M. d'Usson; la comtesse, madame de Tingry; Isabelle, la grand'maman; Damis, M. Poiré: c'est le chirurgien; Éraste, M. d'Ayen; Lisette, madame de Tessé; Lucas, M. d'Onésan; Frontin, M. de Poix : même succès que la première fois.

Ce 24.

On vient de donner *l'Avare* et *l'Esprit de contradiction*

pour la première fois; en vérité, je vous le dis, tout cela est exécuté à merveille. J'aime cette petite pièce à la folie, et je l'entendrais volontiers tous les jours, pourvu qu'elle soit toujours jouée par M. d'Onésan et la grand'maman. M. d'Onésan est parfait dans tous ses rôles.

Nous sortons de la comédie, il est neuf heures, on a commencé à six; nous avons eu la deuxième représentation de *la Métromanie* et *la Jeune Indienne*.

Dans cette dernière pièce, la grand'maman faisait Betty; M. d'Ayen, Belton; M. Chauvelin, Monbray; M. Poiré, l'ami de Belton. La grand'maman était mise à ravir, et quand elle a paru, on l'a trouvée si jeune et si jolie, que toute la salle a retenti d'applaudissements; il est impossible de mieux jouer la première scène et d'y mettre plus de surprise, de naïveté et de grâces; dans la deuxième, qui demande la plus grande chaleur, elle a mis tout le sentiment dont elle s'était pénétrée, mais on a pu s'apercevoir dans deux ou trois endroits qu'elle n'était pas assez forte pour le rendre comme elle le désirait. Sa voix, en s'élevant, s'affaiblissait et perdait l'avantage de son médium, qui est aussi sonore que touchant. Malgré cela, cette scène a eu le plus grand succès, ainsi que son jeu, auquel on ne pourrait rien ajouter.

Du 26.

Nous venons de revoir *la Mère jalouse* et *le Médecin malgré lui*, joués par les mêmes acteurs et mieux que la première fois. Enfin voilà le dernier jour des comédies : elles se sont terminées par la deuxième représentation de *l'Avare* et de *la Jeune Indienne*. La grand'maman, qui se portait mieux qu'avant-hier, s'est surpassée.

Le grand-papa s'est réconcilié avec les troupes de province; il me semble, en effet, qu'on serait bien difficile de n'être pas content de madame de Tessé, madame de Chauvelin, la grand'maman, MM. d'Ayen, d'Onésan, d'Usson et de Meun. Je ne suis pas assez habile pour apprécier leurs divers talents, mais on est étonné des progrès qu'a faits la grand'maman, surtout quand on se rappelle que le premier jour elle était embarrassée de sa mémoire, de sa voix, de sa démarche et de ses gestes; aujourd'hui rien n'est gêné, tout est d'accord, elle n'a aucune frayeur, pas même du grand-papa.

Je suis pourtant bien aise que ces spectacles soient finis. La comédie quatre jours de suite, sans compter deux heures de répétition à midi, c'en était assez pour l'épuiser; toutefois, elle n'est pas fatiguée, le temps seul lui a manqué pour vous écrire, elle me charge de vous en assurer, ainsi que de sa tendresse et de son amitié.

Je profite du départ de M. et madame de Chauvelin pour vous envoyer ce journal maigre et décharné. Depuis quinze jours il n'est parti d'ici que madame d'Usson; elle vous porte une lettre de la grand'maman. Je n'ai su que bien tard qu'elle devait partir. Nous aurons à l'avenir plus d'occasions et j'en profiterai, n'en doutez pas, je vous prie.

LETTRE DXIV

DE LA DUCHESSE DE CHOISEUL A MADAME DU DEFFAND

Chanteloup, ce 20 juillet 1774.

C'est vous parler un peu tard, ma chère petite-fille, de la mort de madame de Vichy, mais je n'ai pas trouvé d'autre occasion de vous écrire depuis que vous me l'avez mandée, et quoique mon compliment sur cet événement intéresse peu le ministère, je n'ai pu me résoudre à écrire par la poste, tant j'ai d'aversion pour son inspection sur mes lettres. J'espère que vous n'êtes pas affligée de la mort de madame de Vichy, car si vous l'étiez, il faudrait bien que je le fusse aussi, et ce serait une mauvaise disposition pour monter sur le théâtre. Tels que soient vos sentiments, ma chère petite-fille, et telle que soit ma situation, elle ne m'empêchera pas de les partager avec le plus vif intérêt et la plus grande sensibilité.

Le grand-papa aura encore au moins pour une quinzaine de jours l'importunité de l'écharpe, et cette importunité est pire pour lui que ne le serait un mal réel. On assure que cet accident n'aura aucune suite fâcheuse. J'aurais dû vous le mander sur-le-champ, mais je vous avoue que j'ai eu la tête tournée et que je n'ai pensé à personne. Depuis, je m'en suis rapportée à l'abbé pour vous en donner des nouvelles, et je pense que M. de Beauvau ne vous en laisse pas ignorer à présent; l'un et l'autre vous en auront donné aussi de la comédie; pour moi, je ne puis vous en donner que de mon cœur; il est toujours le même pour vous, ma chère petite-fille, et vous l'occupez également, quoiqu'il ne me reste plus de temps pour vous le dire.

Le grand-papa embrasse bien tendrement sa chère petite-fille; il vous fait son compliment sur la mort de madame de Vichy.

LETTRE DXV

DE MADAME DU DEFFAND A LA DUCHESSE DE CHOISEUL

Paris, ce 24 juillet 1773.

D'où vient, chère grand'maman, prendre la peine de m'écrire? L'abbé ne vous avait-il pas dit que tant que vos comédies dureraient, je désirais, j'exigeais que vous ne vous donnassiez pas cette fatigue? Ne comptais-je pas sur vos bontés? Ai-je besoin que vous m'en donniez des assurances?

La mort d'une belle-sœur doit être, je l'avoue, bien sensible, mais la perte de tous mes parents me le serait bien moins que d'être cause que vous prissiez la moindre peine.

Je sais tous vos succès, chère grand'maman, et j'en ai une joie infinie. Mon système est que le plaisir et l'amusement valent mieux que le régime et tous les remèdes possibles; mais la main du grand-papa vous tourmente, j'en suis sûre, non pas parce que vous en êtes inquiète, il n'y a point sujet de l'être, mais à cause de la contrainte où il est assujetti. Je lui fais tous mes remerciements de la part qu'il prend à mon deuil.

Pour M. l'abbé, il m'oublie parfaitement. Je m'attendais à un beau récit, une belle description de la fête sur l'eau, mais pas un mot de lui ni de M. de Beauvau. Je devrais, pour m'en venger, leur faire le récit de la vie que je mène et leur donner une dose d'ennui pour celle des plaisirs qu'ils me refusent; mais vous, chère grand'maman, comme vous n'êtes pas coupable, vous ne méritez aucune punition : ainsi, je finis cette lettre, ne voulant pas vous faire bâiller.

LETTRE DXVI

DE MADAME DU DEFFAND A L'ABBÉ BARTHÉLEMY

Ce 28 juillet 1773.

Savez-vous, l'abbé, que votre dernière lettre est du 12 de ce mois, et que c'est aujourd'hui le 28? Sont-ce là des procédés, dites-le-moi? Y a-t-il de l'amitié, de l'attention, du souvenir? Il faudrait être fanatique de la tolérance pour souffrir une telle conduite sans s'en plaindre. Quoi! parce que vous vous divertissez, que tous vos moments sont marqués par de nouveaux plaisirs, vous abandonnez à l'ennui, aux regrets, à la douleur une pauvre femme qui ne peut avoir de consolation que par sa correspondance avec Chanteloup; n'y a-t-il donc que ceux qui ont bon pied et bon œil qui soient aimés et recherchés des habitants de ce château? Je suis non-seulement fâchée de votre silence, mais j'en suis surprise et étonnée; il me fait craindre que ce silence ne soit pas occasionné seulement par les plaisirs, mais que vous n'ayez des raisons sérieuses; enfin, que ce ne soit la santé de la grand'maman qui vous inquiète et que vous ne vouliez pas me le dire. Je suis bien aise qu'elle se divertisse, mais la fatigue n'est-elle point trop forte ? Mandez-moi la vérité. Combien les comédies dureront-elles encore ? Le grand-papa a-t-il toujours l'écharpe ? se met-il à table ? quand pourra-t-il monter à cheval ? Voilà à quoi il faut répondre incessamment et y ajouter tout ce qui regarde le reste de la compagnie.

On déclara dimanche dernier que ce serait le comte de Broglie qui irait chercher la comtesse d'Artois. La vicomtesse du Barry ressemble en beau à madame de Châteauroux; elle n'a pas encore été présentée, on dit qu'elle le sera dimanche. Ne m'en demandez pas davantage. Toutes les nouvelles qu'on débite le matin sont détruites le soir, chacun donne ses spéculations comme des faits véritables ; rien n'est plus ennuyeux que les conversations.

Madame de Luxembourg est partie de lundi pour le Havre, dont elle ne reviendra que le 7. On me mande de Spa que M. de Lauzun y est; on le trouve fort aimable, il paraît prendre grand plaisir aux éloges qu'il entend faire à tout le monde de madame de Lauzun.

M. de Guignes arrive incessamment; on m'a dit à l'oreille qu'il retournerait en Angleterre et qu'il n'en reviendrait qu'après le jugement de l'affaire de son secrétaire, ce qui pourra aller jusqu'au mois de mai.

On attend demain M. et madame de Chauvelin; je ne saurais croire qu'ils ne m'apportent pas une lettre de vous, je l'attendrai pour fermer celle-ci; mais si je n'en ai pas avant la soirée, tout est dit, car il faut que cette lettre soit demain au soir à l'hôtel de Choiseul, y ayant une occasion vendredi.

LETTRE DXVII

DE LA DUCHESSE DE CHOISEUL A MADAME DU DEFFAND

A Chanteloup, ce 3 août 1773.

C'est toujours la même chose, ma chère petite-fille, je n'ai pas plus d'esprit que l'autre jour; je n'ai pas plus de choses à dire, mais j'ai toujours autant de sentiment pour vous, j'ai toujours un égal besoin de vous le dire, et je veux que le prince soit mon ambassadeur, mon témoin, mon interprète auprès de vous; je veux de plus qu'il se charge de la négociation de vous faire venir ici au mois d'octobre; la princesse en sera chargée aussi; je ne puis avoir trop ni de trop bons négociateurs pour une chose aussi désirée.

Le grand-papa est mieux de son rhume, sa main va bien; il a encore quelques petites éclisses, mais les grandes ont été levées dimanche; ces dernières le seront dimanche prochain; il n'a plus le bras en écharpe, il a un gant, il fait déjà le joli cœur, dimanche il sera tout à fait grand garçon; il embrasse sa petite-fille tout aussi tendrement que s'il l'était déjà, et moi je l'aime de tout mon cœur, cette petite-fille.

LETTRE DXVIII

DE MADAME DU DEFFAND A LA DUCHESSE DE CHOISEUL

Paris, ce mardi 3 août 1773.

Vous n'avez point, chère grand'maman, aussi mal interprété que vous en faites le semblant, les reproches que j'ai faits au prince et à l'abbé, et vous êtes bien éloignée de penser qu'aucune correspondance puisse m'être plus agréable que la vôtre.

Si vous n'êtes pas convaincue de tous mes sentiments, vous devez douter de tout. J'ai sacrifié le plaisir de recevoir de vos lettres à la crainte d'ajouter à vos fatigues; les voilà finies, je n'aurai plus les mêmes ménagements à l'avenir, et j'ose vous demander de ne plus vous en rapporter à l'abbé pour me donner de vos nouvelles.

J'ai vu M. et madame de Chauvelin, vous jugez combien je leur ai fait de questions; ils y ont parfaitement satisfait, ils ont été très-contents de vos talents; jamais on n'a fait des progrès plus rapides : d'écolière vous êtes tout d'un coup passée maîtresse. Le grand-papa en a été charmé. Ils m'ont dit le répertoire de l'année prochaine. Je ne prends pas plaisir à de tels projets; je voudrais en pouvoir faire d'autres, ou du moins que la scène changeât de lieu. Il me prend souvent des désespoirs d'être séparée de vous, et le temps, qui amène tout, m'ôte à moi toute espérance. Songez, chère grand'maman, qu'une semaine, qu'un mois, ne sont pas pour moi ce qu'ils sont pour vous : tous mes pas sont des pas de géant, il m'en reste peu à faire pour arriver au but. Ces idées sont tristes, et d'autant plus, qu'elles sont bien vraies : elles jettent dans l'abattement sans produire l'insensibilité.

On nous promet un poëme de M. de Saint-Lambert; madame de Beauvau vous en dira le titre, le sujet est : *les Consolations pour la vieillesse*. Pour moi, je n'en connais qu'une, qui serait d'être avec ce qu'on aime : tout le reste m'est importun ou inutile.

Votre compagnie, je crois, s'éclaircit beaucoup. M. de Beauvau ne vous quittera-t-il pas bientôt? on m'a dit qu'il reviendra le 10 et madame de Beauvau le 20 : ils ne trouveront personne à Paris et ils n'y resteront guère.

Madame de Luxembourg est au haras; elle en reviendra samedi pour aller à Villers-Cotterets. On dit que tout est consommé. On ne parle ces jours-ci que de la tragédie et de la comédie de M. Dorat; elles ont une sorte de succès¹. Il n'a pas été sifflé sous les deux espèces, comme on l'avait annoncé. Ce mot n'est point de moi. J'ai fait connaissance avec madame Necker ; j'y soupai hier avec mesdames de Marchais et d'Houdetot. Ah! ma grand'maman, si vous m'aviez vue, vous auriez rougi de mon imbécillité. Je me disais à tout moment : *Qu'allais-je faire dans cette galère?* La crainte de l'ennui fait qu'on se jette dans l'eau de peur de la pluie. Vous souvenez-vous de ce que Gatti vous disait de cette compagnie ? il n'exagérait point.

Notre baron est à Spa; nous ne nous écrivons plus; ce n'est pas que je l'aime moins, mais qu'est-ce que je pourrais lui dire? Je n'écris pas non plus à Voltaire. Je rêve à la Suisse toute la journée en effilant mes chiffons. Je ne trouve pas un livre qui m'amuse. Je vais perdre ces jours-ci un baron allemand d'assez bonne compagnie qu'on appelle Coke; il ne me restera plus rien. Voilà mon histoire, chère grand'maman, et jugez si je peux écrire des lettres amusantes; je suis honteuse de celle-ci, vous ne la montrerez à personne et vous en supporterez l'ennui, parce que vous m'aimez et que vous recevrez toujours avec indulgence et bonté tout ce qui vous assurera de la constance de mon amour pour vous.

Je n'écris même pas aujourd'hui à l'abbé, ce serait trop de deux de mes lettres à la fois. Sa gazette m'a fait un plaisir extrême. Est-il retourné à sa mansarde? Ce pauvre grand abbé, je l'aime bien, c'est bien le véritable antidote contre l'ennui : il ne rame ni ne fait ramer².

---

1. *Régulus* et la *Feinte par amour* jouées le même jour. On a dit à cette occasion :

> Dorat qui veut tout effleurer,
> A prétendu, par un double délire,
> Nous forcer à pleurer et rire ;
> Il nous a fait rire et pleurer.

2. Réminiscences de la cour de Sceaux, que M. de Malezieux appelait les galères du bel esprit. Madame du Deffand et l'abbé Barthélemy se montrent sévères jusqu'à l'injustice pour madame Necker et pour madame d'Houdetot, une

LETTRE DXIX

DE MADAME DU DEFFAND A LA DUCHESSE DE CHOISEUL

Ce 6 août 1773.

Ma grand'maman, je tremble en me mettant à vous écrire, je sens que ma lettre vous déplaira. Pourquoi vouloir me déplaire? me direz-vous. Oh! non, je ne le veux pas, mais il m'est impossible de ne vous pas parler de votre santé, j'y pense sans cesse; je crois que vous vous tuez, et que si vous ne songez pas sérieusement à vous conserver, vous tomberez dans un épuisement où il n'y aura pas de remède. Je ne vous dirai rien des comédies, il ne faut pas rabâcher sur le passé; d'ailleurs elles vous ont amusée et l'amusement est bon pour la santé, mais toutes fatigues qui n'ont point pour but l'amusement sont très-contraires à la santé. Si vous aviez de la confiance en moi, je vous donnerais de très-bons conseils. La faiblesse de la vieillesse a beaucoup de rapport à la délicatesse de votre tempérament; ainsi, mes observations et mon expé-

---

des célébrités du xviiie siècle par sa grâce, son esprit et la passion si vive qu'elle inspira à J.-J. Rousseau. Elle atteignit une grande vieillesse, conservant toujours la même sensibilité et dépeignant l'état de son cœur dans des vers charmants trop connus pour les répéter ici. Les suivants le sont moins : elle les fit en réponse à sa famille et à ses amies qui s'étaient réunies pour lui souhaiter sa fête :

> Que mon destin doit faire envie!
> Que j'en goûte bien la douceur!
> Que je sois mère, amie ou sœur,
> De tous également chérie,
> Je n'aime que pour mon bonheur.
> Quel autre bien ai-je à prétendre?
> Que puis-je demander aux Cieux?
> Ils m'ont fait le cœur le plus tendre,
> Ils l'ont rendu le plus heureux.

Madame d'Houdetot avait des manières de s'exprimer piquantes et imprévues : « A dix-huit ans, quand j'eus un mari, disait-elle, je comptais qu'il allait me mener dans le monde, aux bals, aux spectacles; que j'aurais des parures nouvelles tous les jours; il n'en fut rien. C'était pour me procurer tout cela que je m'étais mariée. J'en fus pour mes frais. »

rience peuvent vous être utiles ; je m'aperçois que tout effort me fatigue; une conversation qui me gêne, une dispute trop vive, m'épuisent, nuisent à ma digestion et augmentent mes insomnies. Toute sorte d'exercice m'est contraire, ce n'est que dans le repos que je me trouve des forces suffisantes.

Un autre article, s'il est possible encore plus important, c'est le choix et la quantité des aliments. Tout ce qu'on ne digère point ou qu'on digère mal, peut causer toutes sortes de maladies, et le moindre mal qu'il en peut résulter, c'est un affaiblissement total. On sait, en général, ce qui est malsain, comme la pâtisserie, les viandes salées : le reste est sain ou malsain suivant la disposition où l'on se trouve. Je crois que l'estomac a sa conscience ainsi que notre âme, il faut le consulter, et quand il ne s'explique pas clairement, c'est-à-dire par quelque répugnance ou par quelque appétit bien marqué, il faut s'en tenir aux choses les plus légères et les plus saines, et bien étudier dans les appétits que nous avons, s'ils ne sont point dépravés et du genre de ceux qu'on a dans les pâles couleurs. Enfin, chère grand'maman, je me jette à vos pieds, j'embrasse vos genoux, que j'obtienne de vous que vous ayez pour vous les mêmes soins, les mêmes attentions que vous auriez pour le grand-papa ; songez combien vous êtes nécessaire au bonheur de sa vie ; je n'ai pas la présomption de parler de moi, mais je ne vivrais pas si j'étais dans l'inquiétude sur votre état. Vous voilà quitte de tout ce que je voulais vous dire, pardonnez-le-moi, je ne vous en parlerai plus.

Vous aurez incessamment madame d'Enville; mais bon! pourquoi vous l'annoncer, puisque c'est elle qui vous remettra cette lettre? elle passera aujourd'hui la soirée chez moi avec M. de Beauvau. Je vous prie de lui faire ma cour, et ne lui laissez pas ignorer toutes vos bontés pour moi ; quoique mon amour pour vous soit très-désintéressé, mon désir est de vous devoir toute ma considération.

Je reçus hier une grande lettre de Voltaire, il y avait mille ans que je n'en avais entendu parler; j'avais donné un billet pour lui à M. de l'Isle qui me l'avait demandé, il lui a servi de prétexte pour recommencer à m'écrire. Il me parle d'une brochure nouvelle qui a pour titre : *Précis des Révolutions de l'Inde*, qui amène naturellement à parler du supplice de Lally, et puis je ne sais comment il y insérera le procès de M. de Morangies. Dès que j'aurai reçu ce petit ouvrage, si vous ne l'avez point reçu d'ailleurs, je vous l'enverrai.

L'on me mande de Villers-Cotterets que madame de Montesson n'a rien changé à sa conduite ni à son maintien.

On disait hier que les Russes avaient été battus à plate couture par les Turcs. Le triumvirat de la cour est fort divisé; le porteur de rabat paraît avoir tout l'avantage, il a été un rabat-joie pour le magistrat à l'occasion d'un nommé Le Brun; mais vous savez tout cela par d'autres mieux que par moi.

Adieu, chère grand'maman, je me soigne beaucoup pour ne pas perdre l'espérance de vous voir encore une fois en ma vie.

Mille amours au grand-papa; j'écrirai demain au grand abbé.

LETTRE DXX

DE MADAME DU DEFFAND A L'ABBÉ BARTHÉLEMY

Ce 7 août 1773.

Je crains bien, mon cher abbé, de déplaire terriblement à la grand'maman par la lettre que je lui écrivis hier, mais on m'a tellement alarmée sur son état que je n'ai pu me refuser les représentations que je lui ai faites. Je mets cette lettre sous votre enveloppe, ne la rendez point si vous croyez qu'elle soit inutile ou qu'elle l'offense, mais en vérité je suis bien inquiète. Je ne me fie point à ce que vous me dites, vous voulez me ménager, et puis la grand'maman vous interdit de me parler de sa santé. Ne doutez point du désir que j'aurais d'être auprès d'elle. Mais, l'abbé, je suis bien vieille. Ce n'est cependant point la fatigue du voyage que je crains, je n'ai point peur d'abréger mes jours, je les lui sacrifierais tous bien volontiers; mais qui me répondra que ma tête ne s'affaiblira pas? Si j'ai à devenir comme le président, je ne veux point en rendre témoin personne. Voilà les considérations qui m'occupent. Vous me connaissez trop pour douter que je serais charmée d'être auprès de cette grand'maman, auprès du grand-papa, avec vous, mon abbé; loin de craindre madame de Grammont, depuis que je peux me flatter de ne lui pas déplaire, elle me plaît infiniment.

Voilà l'exposition fidèle de tout ce que je pense. J'ai été ravie de voir le prince, je l'aime beaucoup, et vous savez que j'ai raison. Je passai hier une soirée fort douce avec lui, madame d'Enville, Pont-de-Veyle et le Caraccioli. On peut trouver celui-ci assez aimable, mais à l'italienne, à la faridondaine, etc.

Vous garderez madame d'Enville quinze jours. Madame de Lauzun vous quittera, je crois, bientôt. La vie n'est qu'une lanterne magique.

Avez-vous changé de logement? Il y a des bruits auxquels on ne s'accoutume point : celui des ânes et des coqs est insupportable; ils ne sont pas tous dans les basses-cours, il en est dans la société qui sont aussi intolérables.

Je mande à la grand'maman que j'ai reçu une lettre de Voltaire; son esprit ne baisse point. J'ai relu ces jours-ci le recueil de sa correspondance; il y a des lettres de la grand'maman parfaitement belles, une, entre autres, où elle lui parle du sauvage de Bougainville. Je vous la ferai lire, à ce que j'espère. Vous faites plus d'un voyage ici par an; n'est-ce pas dans le mois de novembre que vous êtes venu l'année passée?

Je n'espère point voir cette année mon ami d'Angleterre;

son neveu, fils de son frère aîné, est devenu fou, et il est le seul de sa famille qui en prenne soin[1].

M. de Guignes est de retour; il retournera, dit-on, et ne reviendra qu'au mois de mai, mais ce sera tout à fait, et le marquis de Noailles le remplacera.

Adieu, l'abbé.

LETTRE DXXI

DE LA DUCHESSE DE CHOISEUL A MADAME DU DEFFAND

A Chanteloup, ce 8 août 1773.

Non, ma chère petite-fille, je n'ai point du tout prétendu dire que vous aimiez mieux ces messieurs que vous ne m'aimez, parce que vous désiriez plus leurs lettres que les miennes. Je n'ai voulu dire qu'une chose très-simple et très-vraie, c'est que les leurs valent mieux que les miennes, et que, par conséquent, il est très-juste qu'elles vous plaisent davantage; cela ne fait rien à l'amitié. Ce peut être par les agréments qu'elle se détermine, mais c'est surtout par la convenance : une fois établi, le sentiment ne se mesure plus qu'au sentiment. Ainsi, je suis bien persuadée qu'il n'y a personne que vous aimiez mieux que moi, parce que je suis sûre que personne ne vous aime plus que je vous aime. Telle est, ma chère petite-fille, ma confiance et le principe de ma confiance.

Vous avez tort, ma chère petite fille, de croire que vous ne verrez pas nos comédies l'année prochaine, c'est que précisément je suis convaincue que vous les verrez. Vous êtes effrayée de votre âge, vous croyez qu'il ne vous permettra plus de voyager, et vous faites du noir, parce que vous vous ennuyez; mais c'est parce que vous vous ennuyez qu'il faut que

---

[1]. Ce fut à la mort de ce neveu, en 1791, que M. Walpole hérita de la pairie et du titre de comte d'Orford, qu'il n'a jamais, du reste, porté.

vous veniez chercher l'amusement au sein de l'amitié. Ce n'est que par le calcul que vous savez que vous êtes vieille, mais vous ne le sentez pas. Vous êtes délicate et n'êtes point infirme, et chaque année ne vous laisse encore apercevoir d'aucune dégradation sur la précédente. Il faut donc faire l'année présente ce qui ne vous a point incommodée et qui vous a amusée l'année dernière; il faut nous revenir pendant le mois d'octobre, parce que c'est le temps où vos sociétés de Paris sont dispersées, que votre absence ne vous fera rien perdre, qu'il faut les remplacer par celle de Chanteloup, et de même toutes les années, jusqu'à ce que nous retournions à Paris. Cela vous vaut mieux que *les trois furies d'esprit,* comme dit Gatti. Mon Dieu! qu'en voulez-vous faire? cela ne vous convient point du tout, je ne connais d'elles que madame Marchais [1], et on m'a dit que les autres étaient encore pires. Je me divertissais à faire la bête avec celle-ci pour faire paroli à son esprit, car je prétends que tout cet esprit qu'on n'entend pas et qui ne sert à rien, n'est qu'un sot : il ressemble au chaos, qui contient bien le principe de toute chose, mais qui ne présente le développement d'aucune. Point de véritable esprit sans ordre et sans lumière, c'est là l'œuvre de la création. Le cher abbé en est la perfection, voilà pourquoi il ne rame point et ne fait point ramer. Vous le verrez bientôt, ce cher abbé.

J'attends demain madame d'Enville, je compte qu'elle m'apportera une lettre de vous; elle restera peu ici. Vous nous croyez presque seuls à présent, et vous avez raison pour moi; d'ailleurs, le château est presque rempli. J'entends du bruit

---

1. Depuis madame d'Angivilliers. Il en est souvent question dans les Mémoires du temps. Ses bonnes qualités faisaient oublier ses prétentions et le ridicule de sa toilette; et si on s'en rapporte au duc de Lévis, son esprit avait remarquablement gagné en vieillissant. On trouvait en elle, dit-il dans ses souvenirs, une amabilité égale et soutenue, du piquant sans aigreur, du savoir sans pédanterie; dès que le sujet de la conversation devenait intéressant, elle s'animait, parlait avec élégance, justesse, clarté, et on ne se lassait point de l'entendre.

dans le salon, j'y vois beaucoup de mouvement, ainsi je ne puis douter qu'il n'y ait du monde, mais quand l'abbé et madame d'Enville seront partis, il n'en restera plus pour moi.

La main de M. de Choiseul est libre d'aujourd'hui, il vient de prendre une douche. Je compte que dans sept à huit jours il ne s'apercevra plus qu'il ait eu la main cassée; il est encore assez enrhumé. Il me charge de vous dire les plus tendres choses, mais il n'y en a pas, ma chère petite-fille, de si tendres que toutes celles que je sens pour vous.

Connaissez-vous madame de Lauzun? Sachez que c'est une des plus aimables jeunes personnes, des plus à point, que je connaisse.

LETTRE DXXII

DE MADAME DU DEFFAND A LA DUCHESSE DE CHOISEUL

Paris, 16 août 1773.

Je suis dans la crainte et dans le tremblement que ma dernière lettre ne vous ait extrêmement déplu; je m'engageai à vous parler très-longuement de votre santé et à vous donner des conseils dont vous n'aurez fait nul cas; et par l'ennui que je vous aurai donné, je vous aurai fait plus de mal que mes conseils ne pouvaient vous faire de bien. Accordez-moi mon pardon, chère grand'maman, je vous promets de ne plus retomber en pareilles fautes.

Tout le monde se plaint ici de l'excessive chaleur, hors moi qui m'en trouve fort bien : je dors mieux et j'ai plus de force. Mais de quoi je me plains, c'est de la disette de compagnie; il n'y a que deux plaisirs pour moi dans le monde, la société et la lecture, et je suis également privée de l'un et de l'autre.

Est-il vrai que l'abbé viendra bientôt ici? je ne saurais le croire et vous m'empêchez de le désirer. Il me semble que son voyage est toujours placé à la rentrée de l'Académie. A propos d'Académie, M. de Beauvau m'a mandé que M. des Cars avait introduit l'abbé Delille chez madame la comtesse [1], et qu'en sa présence et celle de toute sa cour, excepté madame de Mirepoix, il avait récité sa traduction du quatrième chant de l'*Énéide*. L'assemblée a paru contente, ce qui est la valeur d'un *bon* pour la première place à l'Académie.

Madame Adélaïde a eu une forte indigestion, accompagnée et suivie d'une grosse fièvre; on craignait hier que cette fièvre ne devînt putride. La lettre de M. de Beauvau est du 14 : il ne m'en parle pas. On dit que la cour est remplie d'intrigues; il y a une madame Cassini qui y joue un grand rôle; mais je ne puis me persuader que vous ne soyez pas informée par des gens mieux instruits que moi.

Madame de Montauban, du Palais-Royal, a donné des épis de blé de parfilage à madame la maréchale de Luxembourg avec ces vers :

> Vous avez de Cérès toute la bienfaisance,
> Comme elle vous aimez nos champs et nos moissons;
> Mais de cette déesse ayant fui l'imprudence,
> Vous possédez Lauzun dans toutes les saisons.

Elle trouve que son Pluton est de bon accommodement. Raccommodez le troisième vers ou faites-le raccommoder par l'abbé; je lui écrirai mercredi par M. de Toulouse, qui partira jeudi matin.

Adieu, chère grand'maman.

LETTRE DXXIII

DE LA DUCHESSE DE CHOISEUL A MADAME DU DEFFAND

A Chanteloup, ce 18 août 1773.

Vous trembler en m'écrivant, ma chère petite-fille! Votre lettre me déplaire! ah! pouvez-vous le penser? Non, non, ja-

---

1. Du Barry.

mais vous ne fûtes capable d'une telle injustice. J'ai été au contraire bien sensiblement touchée du sentiment qu'elle respire, mais bien affligée qu'on vous eût inquiétée sur mon état; il n'y avait pas de sujet pour l'être; il est vrai que mon estomac avait été fort dérangé depuis quelques mois, et le dérangement de mon estomac m'avait fort affaiblie et amaigrie; depuis un mois il se rétablit, je commence à rengraisser et je me sens beaucoup plus forte : voilà l'exacte vérité. Je n'ai jamais été aussi déraisonnable qu'on vous l'a dit, et je vous assure que l'intérêt que vous me marquez et la crainte de vous affliger me rendront très-docile à vos conseils, si je suis jamais dans le cas de les suivre à la rigueur.

Nous perdons l'abbé de Breteuil, qui ne dit rien sur le changement d'état de madame de Montesson, mais qui ne le nie pas non plus. On dit pourtant que tout mauvais cas est reniable, mais la notoriété de celui-ci est si publique qu'il serait difficile à nier.

Nous avons eu ici le précis des révolutions de l'Inde. Voltaire annonce dans le titre des réflexions sur le procès de M. de Morangies et il ne parle pas de M. de Morangies. La lettre qu'il vous a écrite n'était donc pas jolie, puisque vous ne nous l'avez pas envoyée? Il en a écrit une fort bonne, moitié prose, moitié vers, à madame du Barry, au sujet de deux baisers qu'elle lui a fait donner par M. de La Borde, le musicien, et de son portrait auquel il a rendu les deux baisers. La prose est assez plate, mais il y a de jolis vers :

> C'est assez aux mortels d'adorer votre image :
> L'original était fait pour les dieux [1].

---

1. Voici la prose et les vers : « Madame, M. de La Borde m'a dit que vous lui aviez ordonné de m'embrasser des deux côtés, de votre part :

> Quoi, deux baisers sur la fin de ma vie!
> Quel passe-port vous daignez m'envoyer!
> Dieux! c'est trop d'un, adorable Égérie,
> Je serais mort de plaisir au premier.

Je crois que je les gâte en vous les écrivant, car ils ne me paraissent plus si jolis. Ce pauvre Voltaire a bien souillé sa plume dans sa vieillesse!

J'ai fait tous vos compliments à madame d'Enville, ma chère petite-fille, et ils ont été parfaitement reçus; elle vous les rendra bientôt elle-même, car elle m'a menacée de ne la pas garder longtemps. Elle vous rendra compte de ma santé et de ma sagesse, et vous en rendra bon compte. L'abbé la suivra de près. Je voudrais qu'il vous ramenât. Que je vous suis obligée, ma chère enfant, de vous ménager pour me revoir! Oh! j'espère bien vous revoir cette année, et je ne puis vous dire à quel point je le désire. Le grand-papa se joint à moi pour vous prier instamment de venir. Madame de Grammont raffole de vous, et moi je vous adore.

Je viens de me mettre dans une fureur horrible contre mon maître d'hôtel. Je me suis avisée de vous envoyer des petites cerises et des prunes de Tours; comme je ne trouvais pas d'occasions prochaines de vous les envoyer, j'ai dit qu'on les mît au coche et qu'on les adressât chez moi, à Paris, d'où on vous les porterait; au lieu de cela, on les a mis directement à votre adresse, et je ne puis pas souffrir qu'il vous en coûte pour des misères que je vous envoie.

LETTRE DXXIV

DE MADAME DU DEFFAND A L'ABBÉ BARTHÉLEMY

Ce mercredi, 18 août 1773.

Les dernières nouvelles que j'ai eues de vous, l'abbé, sont

Il m'a montré votre portrait: ne vous fâchez pas, madame, si j'ai pris la liberté de lui rendre les deux baisers:

> Vous ne pouvez empêcher cet hommage,
> Faible tribut de quiconque a des yeux.
> C'est aux mortels d'adorer votre image:
> L'original était fait pour les dieux. »

du 8; celles que vous avez eues de moi étaient, je crois, du 9 ou du 10. Ainsi, je ne sais point comment ma lettre à la grand'maman aura réussi, et si vous ne me désapprouvez pas; mais ce qui m'inquiète encore davantage, c'est de ne point savoir de ses nouvelles; il est impossible que vous n'ayez pas eu bien des occasions depuis dix jours. Vous n'êtes pas dans l'obligation de n'écrire que des gazettes. Trois ou quatre lignes font un grand plaisir quand on est inquiète.

Est-il vrai que vous soyez dans le dessein de venir bientôt ici? la grand'maman me le dit dans sa dernière lettre. Je ne veux pas me laisser aller à la joie, que vous ne me confirmiez cette bonne nouvelle. Vous ne veniez, il me semble, qu'à la rentrée de l'Académie. J'ai impatience de savoir ce que je dois croire et espérer. J'ai écrit avant-hier à la grand'maman par M. de Bezenval, mais il devait s'arrêter chez madame sa sœur, et peut-être M. de Toulouse arrivera à Chanteloup avant lui. Vous garderez quelque temps le prélat, il n'aura rien à dire de moi, car il n'arrivera que ce soir à Paris et partira demain matin sans m'avoir vue.

On dit qu'on se mange le blanc et le jaune des yeux à Compiègne, que madame de Filierval y joue un grand rôle, qu'elle va sans cesse de Chantilly à Compiègne, de Compiègne à Chantilly; plusieurs de ses négociations ont déjà échoué, on prévoit qu'il en sera de même de toutes les autres. Si ce malheur arrive, elle reprendra son nom, et reparaîtra sous celui de Cassini et s'en tiendra aux intrigues où elle avait plus de succès.

M. de Beauvau est à Compiègne, madame de Luxembourg à Villers-Cotterets, les Caraman et madame de Cambise à Boissy. Il ne me reste que l'incomparable et sa dame. Je ne les vois pas fort souvent.

Oh! je vous ferai faire connaissance avec une des trois furies; celle-là est comme celle d'Isis : *la tranquille Euménide*; les deux autres sont à leur campagne; celle dont je vous parle y est aussi, mais la sienne est à Saint-Ouen, ce qui ne l'empêche pas de venir quelquefois me voir. Son mari me plaît beaucoup, il vous plairait aussi, j'en suis sûre. On dit que c'est lui qui a fait l'ouvrage qui a remporté le prix à l'Académie : l'*Éloge de M. Colbert.* Il veut garder l'anonyme, ne point recevoir le prix, et rester *visiblement caché.*

Il y a un roman nouveau qui s'appelle *Rosalie ou la Vocation forcée.* Je ne l'enverrai point à la grand'maman, elle le trouverait affreux; il l'est, en effet, par l'atrocité des caractères. Je ne le trouve pas mal écrit, il excite la curiosité. Je ne l'ai point encore achevé, mais j'ai lu les dernières pages pour voir comment il finissait; c'est ma manière, je ne puis avoir la patience de lire tous les détails avant que d'en savoir la fin.

L'abbé, je serais bien aise de vous voir. J'ai besoin de quelque chose qui me réveille; mais il faut pour cela que vous quittiez la grand'maman, et j'aime tant cette grand'maman et vous lui êtes si nécessaire que j'ai du scrupule de vous désirer.

Dites mille choses pour moi au grand-papa et beaucoup à madame de Grammont; j'y suis autorisée par ce qu'elle a bien voulu mettre pour moi dans une lettre à M. de Beauvau.

Je serai ravie de revoir le marquis de Boufflers. Pour ma princesse, elle ne doute pas de l'extrême joie que j'aurai de la revoir et de l'embrasser.

J'espère bien que je ferai connaissance avec mesdames Pernelle et Pimbêche : c'est ma plus grande ambition. Rendez-moi vos bons offices. Adieu, l'abbé.

J'ai reçu une lettre de notre baron, il allait quitter Spa pour aller il ne sait où, il est seulement décidé à ne point passer l'hiver en France. Sa lettre est très-bonne, ce sont des récits, des descriptions très-amusantes. Je serais tentée de vous l'envoyer, mais on est dédaigneux, à Chanteloup. Voilà pourtant une chanson; je vous permets de la critiquer :

Sur l'air des trembleurs.

Êtes-vous sexagénaire,
Quittez le dessein de plaire,
Crainte de l'effet contraire
Et d'éprouver des dégoûts.
Pour éviter la tristesse,
Compagne de la vieillesse ;
Livrez-vous à la paresse,
Et ne comptez que sur vous.

Les vers suivants, de la main de l'abbé Barthélemy, se trouvent écrits sur la lettre originale, en regard de ceux qu'on vient de lire.

RÉPONSE DE L'ABBÉ BARTHÉLEMY

Vous êtes sexagénaire,
Mais c'est la saison de plaire ;
Dans tout autre âge, au contraire,
On éprouve des dégoûts.
L'amour produit la tristesse,
Les soins gâtent la vieillesse ;
L'ennui vient de la paresse :
Il faut être comme vous.

Vous êtes sexagénaire,
Mais vous avez l'art de plaire ;
Nos jeunes gens, au contraire,
Donnent souvent des dégoûts.
Bannissez donc la tristesse,
Moquez-vous de la vieillesse :
Fuyez surtout la paresse,
Car nous y perdrions tous.

LETTRE DXXV

DE L'ABBÉ BARTHÉLEMY A MADAME DU DEFFAND

A Chanteloup, ce 18 août 1773.

Je voyais tantôt la grand'maman vous écrire, sa main courait sur le papier ; je disais : elle a beaucoup de choses à dire,

elle les dit comme elle le veut et comme les autres le veulent,
et moi je vais monter dans ma chambre, je prendrai du papier
et puis une plume, et puis de l'encre, et puis du tabac, et puis
je penserai, et quand j'aurai bien pensé, je trouverai que le
papier, l'encre, la plume, le tabac, mes pensées et moi, tout
cela ne vaut pas grand'chose, et après je repenserai, et comme
il me sera démontré que ma stérilité vient de ma perruque,
je prendrai un bonnet, je le placerai sur ma tête, et je lui
dirai : sois un bonnet de docteur et inspire-moi des bêtises, car
on sait bien que la raison ennuie, qu'il n'est pas question ici de
sentiments, et à l'égard des agréments,

Je fus leur ennemi même avant que de naître.

Et je le fus encore quand j'ai pu les connaître. Tout cela est
arrivé comme je l'avais prédit, me voilà dans ma chambre,
plume en main et bonnet en tête; ce dernier allume sur mon
front la lampe du génie; comme dit Diderot, j'écris rapidement
sous sa dictée.

Il pleut, il tonne, tous les vents sont déchaînés, la moisson
est interrompue; elle est très-abondante, nous comptons sur
trente mille gerbes de blé et autant d'avoine, nous aurons de
quoi manger toute l'année. La grange ne suffira pas pour la
récolte; la ferme est dans un mouvement continuel; 60 mois-
sonneurs, 40 laboureurs, charretiers, batteurs en grange, tout
cela déjeunant, dînant, goûtant, soupant aux dépens du grand
fermier, du fermier général, qui est enchanté de ses succès.
Dans la vacherie, des ruisseaux de lait, comme dans la terre
promise, cinq cents pintes par jour. Qu'en fait-on? je n'en sais
rien; je crois qu'on en lave les assiettes de porcelaine tant elles
sont blanches. D'un autre côté, des moutons qui portent des
gigots fort tendres; des truies qui nous donnent tous les jours
de petits cochons; des vaches qui font des veaux comme si de
rien n'était, et le grand Christophe qui entretient le calme au

milieu d'elles, comme Jupiter parmi les déesses; si la comparaison n'est pas d'Homère, elle est de moi.

Dans le château, M. de N... arriva hier, M. de Bezenval doit arriver aujourd'hui; M. l'abbé de Breteuil part demain, madame de Beauvau le 23, madame d'Enville bientôt, ainsi que madame de Poix, madame de Fleury, M. de Boufflers; madame de Liancourt part ce soir, M. de Poix et madame d'Arpajon je ne sais quand. Madame d'Enville vous avait laissée en bonne santé. N'ayez point d'inquiétude sur celle de la grand'maman; rapportez-vous-en à mes lettres, je vous ai toujours décrit son état au juste; vous pensez que je vous ménage, et croyez-vous de bonne foi que, s'il y avait à craindre, je pusse trahir mes sentiments? mes peurs ne sont que trop exagérées, quand elles ont un fondement. J'ai une fort grande vénération pour l'intérêt qui se livre facilement à l'espérance, mais je ne le conçois pas et je le sens encore moins. La grand'maman a souffert pendant plusieurs mois de l'estomac. Il y a bien loin d'elle à madame de Grammont, qui observe le régime le plus austère avec une constance qui ne se dément sur aucun point; c'est qu'elle est absolument maîtresse de son âme, et que la grand'maman est la très-humble esclave de la sienne; elle a le courage des grandes choses et point des petites, et c'est ce qui me fait enrager. Les occasions de montrer le premier sont rares, celles du second arrivent tous les jours. Ceci mérite cependant une distinction, et quand je dis qu'elle n'a pas le courage des petites choses, je ne parle que de ce qui est relatif à sa santé. Car je vois une infinité de petits sacrifices qu'elle fait souvent sans qu'on s'en aperçoive. Je crains d'être obscur, je commence à ne plus m'entendre; savez-vous pourquoi? c'est que le bonnet est de travers.

LETTRE DXXVI

DE LA DUCHESSE DE CHOISEUL A MADAME DU DEFFAND

A Chanteloup, ce 22 août 1773.

Je vous le répète encore, ma chère petite-fille, et avec plus de plaisir que vous n'en avez peut-être à m'entendre : votre inquiétude, vos reproches, vos conseils m'ont attendrie et pénétrée de reconnaissance. Il y avait de l'injustice à vous à craindre qu'ils ne m'importunassent, et c'était une injure que me marquer cette crainte.

Il est vrai que tout le monde nous abandonne; je perds demain madame d'Enville et la princesse, et bientôt l'abbé. De tout cela vous ne profiterez guère que de l'abbé. Je vous empêche, dites-vous, de le désirer; ah! cela est bien généreux. Je ne puis vous dire que vous m'empêcherez de le regretter, mais si vous n'étiez pas à Paris, il me serait insupportable qu'il y allât, et quand je pense que vous profiterez de son absence, j'ai du plaisir à penser que je vous en fais le sacrifice. Je tiens toujours pour qu'il vous ramène. Le grand-papa dit que si vous étiez ici vous ne manqueriez ni de société ni de lecture. Fuyez donc le mal qui vous poursuit pour chercher l'avantage qui vous convient et auquel vous convenez. J'ai chargé madame de Beauvau de vous déterminer : son éloquence mettra toutes mes raisons dans leur plus beau jour, et elles sont fort bonnes. Pourriez-vous y résister?

L'abbé m'a montré votre chanson sur la vieillesse; la chanson est jolie, mais je n'aime pas que vous l'ayez faite, parce qu'elle vous a été inspirée par un retour sur vous-même qui me paraît être contre moi. Rapportez-vous-en à la réponse que vous fait l'abbé; il voit sur cela mieux que vous-même, parce que le sentiment l'éclaire et que la modestie ne lui ferme pas les yeux. La jeunesse est d'aimer et de plaire; vous possédez ces deux avantages, n'abandonnez donc pas vos amis, venez les chercher, puisque vous le pouvez et qu'ils ne peuvent pas vous aller joindre. Jouir, c'est employer la vie.

LETTRE DXXVII

DE LA DUCHESSE DE CHOISEUL A MADAME DU DEFFAND

A Chanteloup, ce 26 août 1773.

Voilà madame de Boufflers, ma chère petite-fille, tous mes fidèles m'abandonnent. Vous aurez l'abbé les premiers jours de septembre ; il ne restera qu'une quinzaine de jours. Sa mission es de vous ramener. Nous avons perdu beaucoup de monde depuis quelque temps. Chaque jour nous en ramène. Chanteloup sera bientôt aussi plein qu'il l'était il y a quelque temps ; les visages y varient beaucoup, mais les choses y sont immuables : on ne trouve ici que des visages nouveaux et non des choses nouvelles, et à l'exception de mes fidèles, je ne m'aperçois guère du changement. Il n'y a que l'abbé qui ait l'imagination assez fertile pour remplir ses lettres des événements de Chanteloup et assez brillante pour vous les rendre intéressants. Pour moi, je ne pourrais vous parler que des événements annuels que chaque saison ramène : aujourd'hui de nos récoltes, demain de nos labours, cet automne de nos vendanges, l'hiver de nos craintes, au printemps de l'espérance de nos moissons, et tout cela vous ennuierait à entendre et ne m'amuserait guère à raconter. Je n'ai ni le talent ni le goût de l'églogue, je ne sais qu'aimer et vous aimer passionnément, ma chère petite-fille, je le dis dans tous les temps, parce que je le sens dans toutes les saisons.

Pourriez-vous me faire le plaisir de faire tenir cette lettre en Angleterre?

Le grand-papa vous embrasse.

LETTRE DXXVIII

DE MADAME DU DEFFAND A LA DUCHESSE DE CHOISEUL

Paris, ce jeudi 2 septembre 1773.

J'ai laissé accumuler mes dettes à tel point qu'il était difficile de les calculer, et il paraîtrait impossible de les acquitter si vous n'étiez pas la justice même, car je n'ai pas besoin de miséricorde. Trois lettres de vous, trois lettres de l'abbé, des quantités de prunes et de cerises, à tout cela pas un mot, pas un billet de remerciement! J'attendais toujours une occasion et puis après cela l'arrivée de l'abbé. Sa lettre du 31, que je reçois aujourd'hui, fait que je n'attends plus rien, pas même son arrivée, et que je me hâte, chère grand'maman, de vous dire que je n'ai cessé de penser à vous, que j'en ai parlé à tous les arrivés de Chanteloup, et qu'actuellement je suis plus occupée de vous que jamais. Vous ne doutez point de ma reconnaissance; vous ne doutez point de ma tendresse; et vous ne devez point douter de mon inquiétude présente. Je n'écris point à l'abbé, parce que, si en effet il part samedi, il ne recevrait pas ma lettre. Si son départ est retardé, je compte qu'il m'en écrira la raison, et que ni vous ni lui ne me laisserez dans l'incertitude qui me tourmenterait fort. Vous m'apprendrez des nouvelles de madame de Grammont. Selon toute apparence sa fièvre se règlera en tierce. Si je ne reçois point de lettre par quelque occasion, je n'en puis avoir avant dimanche. Celle-ci ne sera mise à la poste que demain. Qu'il est triste d'être séparé par soixante et tant de lieues et d'avoir soixante et mille ans! Et l'on veut qu'on soit bien aise d'être né? c'est ce que je ne penserai jamais.

Les Beauvau doivent être partis ce matin.

J'aurai bien du plaisir à revoir l'abbé et bien des choses à lui dire; je n'aurai pas de peine à me justifier de mes torts apparents, et vous saurez par lui si vous devez être contente de votre petite-fille. Vous voudrez bien, chère grand'maman, dire un mot de moi au grand-papa et à madame de Grammont.

LETTRE DXXIX

DE L'ABBÉ BARTHÉLEMY A MADAME DU DEFFAND

Chanteloup, 3 septembre 1773.

J'étais prêt à partir demain; j'avais compté que madame la duchesse de Grammont serait quitte de sa fièvre; elle l'eut encore hier, et comme on vit que la maladie ne prenait pas un caractère déterminé, on écrivit à M. Petit; c'est le médecin en qui madame de Grammont a le plus de confiance. Comme il avait promis de venir le mois prochain, on l'a prié d'avancer son voyage. Madame de Grammont est mieux ce matin, elle n'a point de fièvre; il paraît que ce n'est qu'une fièvre tierce. J'ai cru néanmoins devoir différer mon départ d'un ou deux jours, jusqu'à ce que cela soit bien décidé.

Un autre motif m'arrête. La grand'maman est sur le point de faire une perte réelle, celle de son maître de clavecin, de ce pauvre Phonége, que le hasard lui avait procuré et dont vous avez entendu parler. Il a depuis sept à huit jours une fièvre putride jointe à une humeur affreuse d'une gale qu'il avait eue pendant qu'il était à l'armée et qu'il avait fait rentrer sans précaution. Il s'est fait un dépôt énorme à l'un de ses bras qui grossit à vue d'œil, et que ni les vésicatoires ni des ouvertures pratiquées à propos ne peuvent dégorger ni détendre. Le pauvre malheureux est depuis trois jours dans le délire et lutte entre la vie et la mort. Jamais la grand'maman ne pourra le remplacer. Elle avait fait du progrès au clavecin; elle y passait deux heures le matin, trois ou quatre le soir, et surtout pendant le souper où elle ne peut voir personne. Phonége jouait très-bien du clavecin, composait avec une facilité extrême; il faisait sur-le-champ un accompagnement à une pièce qu'il entendait pour la première fois. D'ailleurs, bon enfant, très-modeste, très-doux, et d'une patience dont il n'y a jamais eu d'exemple. J'ai peur que la grand'maman ne se dégoûte du clavecin, et alors que deviendraient toutes ces heures qu'elle y employait? Elle est véritablement affligée de cette perte, et le grand-papa aussi. Le sort du malade sera tout à fait décidé avant deux jours. Je ne partirai qu'après. Si je n'avais pas de trop fortes raisons pour faire ce voyage, je ne le ferais pas dans ces circonstances. La grand'maman, malgré sa peine, me charge de vous dire un million de choses plus tendres les unes que les autres. Elle va monter à cheval; je vous quitte pour l'accompagner et parler de vous.

Si par hasard M. de Boufflers est encore à Paris et que vous ayez occasion de le voir, je vous prie de lui faire agréer mes excuses. Je ne lui ai donné aucune nouvelle de madame de Grammont. J'ai cru qu'il en recevait de quelque autre part. La grand'maman est dans le même cas; elle est d'autant plus fâchée en cette occasion de ne lui avoir pas donné cette marque d'attention, que personne n'en a plus que M. de Boufflers; mais elle était persuadée qu'il avait un bulletin tous les jours.

LETTRE DXXX

DE MADAME DU DEFFAND A L'ABBÉ BARTHÉLEMY

Paris, ce 6 septembre 1773.

Je prévoyais bien, cher abbé, que vous ne partiriez pas samedi; cependant, je vous attendis hier toute la journée, et avant de me coucher j'écrivis un petit billet à M. votre neveu pour lui demander s'il n'avait point eu de vos nouvelles. Dans ce moment je reçois votre lettre du 3. Vous ne me mandez point de quel caractère s'est réglée la fièvre de madame de Grammont, si c'est en tierce ou en double tierce. Je relis votre lettre, et je vois que vous n'avez pas tort; on croit que c'est en tierce.

Vous comprenez bien, l'abbé, que j'ai grand besoin que vous me donniez exactement des nouvelles, et vous devinez aisément que je ne suis pas sans inquiétude.

Je suis fort fâchée du maître de clavecin : ce sera une vraie perte pour la grand'maman. Qu'elle ne songe point à m'écrire; n'étant pas assez heureuse pour lui être utile, je ne veux point lui être importune.

Je ne vous dirai rien de M. de Morangies, tout le monde vous en aura écrit. Le tiers état, c'est-à-dire les bourgeois et le peuple, sont furieux contre le Parlement. La cour et la haute noblesse triomphent, mais se plaignent de ce que Jonquay et M. Pigeon ne sont pas condamnés à être pendus... On joua hier à la Comédie : *la Réconciliation normande.* Le parterre applaudit à tout rompre à ce trait :

> Souvent dans une affaire obscure,
> Des juges bien payés voyent plus clair que nous !

Je n'ai rien de plus à vous dire. Vous m'obligerez infiniment si vous voulez bien m'écrire tous les jours un billet.

Vous avez M. de Boufflers avec vous, dites-lui mille choses de ma part; je l'estime et l'aime infiniment.

Comme il est possible que cette lettre vous trouve parti, ce que je ne crois pourtant pas, je l'adresse à la grand'maman.

FIN DU TOME DEUXIÈME.

PARIS. — J. CLAYE, IMPRIMEUR, RUE SAINT-BENOIT 7.

TABLE

DU TOME DEUXIÈME.

Pages.

Lettre 250. — De l'abbé Barthélemy à Mme du Deffand. Chanteloup, 24 juin 1771. — Explique pourquoi on ne peut lui envoyer les Mémoires de Saint-Simon. — M. Walpole devrait venir les lire à Chanteloup. — La grand'maman ne veut plus écrire à Voltaire, et charge Mme du Deffand de lui répondre. 1

Lettre 251. — De Mme du Deffand à la duchesse de Choiseul, 28 juin 1771. — M. Walpole ne pourra venir à Chanteloup. — Le duc de Choiseul est bien regretté des étrangers. — Tout ce qui se passe a l'air d'un songe. — Accident arrivé à Mme de la Vallière. 3

Lettre 252. — De la duchesse de Choiseul à Mme du Deffand. Chanteloup, 9 juillet 1771. — Éloge de Mme de Poix. — Mme Churchill. (Note.) — Le roi ne permet ni ne défend d'aller à Chanteloup. — Respecte le caractère de Mme d'Aiguillon, la mère. 6

Lettre 253. — De l'abbé Barthélemy à Mme du Deffand. Chanteloup, 12 juillet 1771. — Compliments pour le baron de Gleichen. — Le manuscrit des mémoires de Saint-Simon est au dépôt des affaires étrangères. — Hôtes de Chanteloup. 9

Lettre 254. — De Mme du Deffand à la duchesse de Choiseul, 15 juillet 1771, a l'intention d'aller à Chanteloup. — Paris se dégarnit tous les jours. — Fera à la duchesse d'Aiguillon les compliments de Mme de Choiseul. 11

Lettre 255. — De la duchesse de Choiseul à Mme du Deffand. Chanteloup 18 juillet 1771. — Ne veut pas qu'on fasse des compliments pour elle à la duchesse d'Aiguillon. 13

Lettre 256. — De l'abbé Barthélemy à Mme du Deffand. Chanteloup, 19 juillet 1771. — Tracasserie au sujet des compliments faits par Mme du Deffand à la duchesse d'Aiguillon pour la duchesse de Choiseul. 15

Lettre 257. — De Mme du Deffand à la duchesse de Choiseul. 22 juillet 1771. — Même sujet que la précédente. — Explications un peu aigres. 16

490 TABLE

Pages.

Lettre 258. — De la duchesse de Choiseul à Mme du Deffand. Chanteloup, 26 juillet 1771. — Même sujet. 18

Lettre 259. — De l'abbé Barthélemy à Mme du Deffand. Chanteloup, 26 juillet 1771. — Même sujet. — L'abbé cherche à apaiser Mme du Deffand qui a pris cette affaire trop au tragique. 21

Lettre 260. — De Mme du Deffand à la duchesse de Choiseul. 27 juillet 1771. — On dit que le roi a le plus mauvais visage du monde. — Que M. Terray va sauter, et que le duc d'Aiguillon est furieux contre lui. 23

Lettre 261. — De la duchesse de Choiseul à Mme du Deffand. 9 août 1771. — Encore les compliments faits mal à propos à la duchesse d'Aiguillon. — Presse Mme du Deffand d'arriver à Chanteloup. 25

Lettre 262. — De l'abbé Barthélemy à Mme du Deffand. Chanteloup, 10 août 1771. — Personnes arrivées à Chanteloup. — Vers de M. de l'Isle. (Note). — Continue à ranger la bibliothèque. 26

Lettre 263. — De Mme du Deffand à la duchesse de Choiseul. 13 août 1771. — Arrange son voyage à Chanteloup avec l'évêque d'Arras. 28

Lettre 264. — De la duchesse de Choiseul à Mme du Deffand. 26 août 1771. — Il y a une épidémie de fièvres à Chanteloup. 29

Lettre 265. — De Mme du Deffand à la duchesse de Choiseul. 28 août 1771. — Ne peut aller à Chanteloup avec l'évêque d'Arras. — On a ôté au prince de Beauvau le gouvernement de Languedoc. — M. Walpole va quitter Paris. 30

Lettre 266. — De l'abbé Barthélemy à Mme du Deffand. 3 septembre 1771. Le roi de Suède a parlé au neveu de l'abbé de Mme du Deffand. 33

Lettre 267. — De la duchesse de Choiseul à Mme du Deffand. Chanteloup, 11 septembre 1771. — Regrette que Mme du Deffand ait renoncé à son voyage. — Noble conduite du prince de Beauvau. 34

Lettre 268. — De Mme du Deffand à la duchesse de Choiseul. 11 septembre 1771. — La situation de M. de Beauvau est terrible, ses dettes considérables. — On attend le renvoi du Terray. 36

Lettre 269. — De l'abbé Barthélemy à Mme du Deffand. 11 septembre 1771. — Regrets sur le retard du voyage de Mme du Deffand. — Chute de cheval de Mme de la Rochefoucauld. 37

Lettre 270. — De l'abbé Barthélemy à Mme du Deffand. Chanteloup, 12 septembre 1771. — La conduite de l'évêque d'Arras est inexplicable. — Est-il vrai que lord Harcourt ait sollicité pour les auteurs de la *Gazette de France*. 39

Lettre 271. — De Mme du Deffand à la duchesse de Choiseul. 16 septembre 1771. — M. de Creutz a raison de dire qu'elle est *un auche*. 41

Lettre 272. — De la duchesse de Choiseul à Mme du Deffand. Chanteloup, 18 septembre 1771. — Conte de M. de l'Isle. — Lettres d'un homme à un autre homme. — Elle défie les gens qui ont l'administration de faire pire qu'ils ne font. 43

Lettre 273. — De Mme du Deffand à la duchesse de Choiseul. 21 septembre 1771. — Regrets du départ de M. Walpole. — Mariage du chevalier de

Beauvau. (Note). — La maréchale de Mirepoix change de logement. — La duchesse de Luxembourg. (Note.) 45

Lettre 274. — De l'abbé Barthélemy à Mme du Deffand. Chanteloup, 23 septembre 1771. — M. de l'Isle arrive à Chanteloup. — Belle conduite du baron de Breteuil. — Arrivant et partant. — Mme de Brionne et Mlle de Lorraine sa fille. 48

Lettre 275. — De la duchesse de Choiseul à Mme du Deffand. 23 septembre 1771.— Elle sait qu'il se renouvelle des sentiments de rage contre le duc de Choiseul, mais elle s'en inquiète peu. — Compliments pour M. Walpole. 50

Lettre 276. — De Mme du Deffand à la duchesse de Choiseul. 27 septembre 1771.— Plaintes sur sa santé. — Se trouverait bien d'être orme ou chêne. — Lettres du chevalier de Boufflers imprimées à Genève. — L'expérience nous est-elle fort utile? 52

Lettre 277. — De la duchesse de Choiseul à Mme du Deffand. Chanteloup, 29 septembre 1771. — Éloges de Mme de Brionne. — (Note.) — Sa fille Mlle de Lorraine est un modèle de grâce. 55

Lettre 278. — De l'abbé Barthélemy à Mme du Deffand. Chanteloup, 29 septembre 1771. — Grande affluence de monde à Chanteloup. — Il s'en inquiète. — Fable de M. de l'Isle pour Mlle de Lorraine. 56

Lettre 279. — De Mme du Deffand à la duchesse de Choiseul. 1er octobre 1771. — Regrette le grand nombre de visiteurs.— Pourquoi les recevoir? — Les amis du grand-papa lui ont fait plus de mal que ses ennemis. — La duchesse douairière d'Aiguillon. — Elle a fait des avances à Mme de Brionne. 58

Lettre 280. — De la duchesse de Choiseul à Mme du Deffand. Chanteloup, 3 octobre 1771. — Regrette les avances qu'elle a faites à Mme de Brionne. — Sa mère lui disait : « N'ayez pas de goût! » Son mépris pour la maréchale de Mirepoix. 60

Lettre 281. — De Mme du Deffand à la duchesse de Choiseul. 7 octobre 1771. — S'excuse aigrement de sa démarche auprès de Mme de Brionne. — Pour supporter la vie, il faut prendre le temps comme il vient et les gens comme ils sont. 62

Lettre 282. — De Mme du Deffand à M. Walpole. 9 octobre 1771. — Il lui a rendu un grand service en la faisant renoncer au voyage de Chanteloup. — Se plaint de sa santé et de ses insomnies. — Bonheur d'avoir un ami sévère. 65

Lettre 283. — De l'abbé Barthélemy à Mme du Deffand. 14 octobre 1771. — Une aile du château s'est écroulée. — Personne n'a été blessé. . . . 66

Lettre 284. — De la duchesse de Choiseul à Mme du Deffand. Chanteloup, 14 octobre 1771. — Même sujet que la précédente. 68

Lettre 285. — De Mme du Deffand à la duchesse de Choiseul. 18 octobre 1771. — Se plaint de n'avoir pas été prévenue avant le public de cet accident. 70

Lettre 286. — De la duchesse de Choiseul à Mme du Deffand. Chanteloup, 20 octobre 1771. — La plaint d'avoir perdu le goût de la lecture. — Elle fait supporter l'ignorance et la vie. — Elle lit les Mémoires de Sully avec un grand plaisir et compare ce temps au temps actuel. 74

Lettre 287. — De Mme du Deffand à la duchesse de Choiseul. 23 octobre 1771. — Réflexions sur le caractère de la duchesse de Choiseul. (Note.) — Le prince de Beauvau ressemble plus à Adam que la princesse ne ressemble à Ève. — La maréchale de Luxembourg se prépare à partir pour Chanteloup. 73

Lettre 288. — De la duchesse de Choiseul à Mme du Deffand. Chanteloup, 27 octobre 1771. — Le maréchal de Brissac singulier gouverneur de Paris. — Le gouvernement d'Auvergne vacant par la mort de M. de Bouillon. . 75

Lettre 289. — De l'abbé Barthélemy à Mme du Deffand. 27 octobre 1771. — Réflexions sur Télémaque. — Il conseille la lecture de l'histoire de de Thou. — N'a pu achever la *Rivalité de la France et de l'Angleterre* . . . 76

Lettre 290. — De Mme du Deffand à la duchesse de Choiseul. 27 octobre 1771. — La maréchale de Luxembourg part pour Chanteloup. (Note.) . . 79

Lettre 291. — De Mme du Deffand à l'abbé Barthélemy. 2 novembre 1771. — Ne se cassera pas la clavicule pour passer le temps. — Le baron de Gleichen est à la cour. 80

Lettre 292. — De la duchesse de Choiseul à Mme du Deffand. Chanteloup, 4 novembre 1771. — La maréchale de Luxembourg à Chanteloup. — Timidité et embarras de la duchesse. 81

Lettre 293. — De Mme du Deffand à l'abbé Barthélemy. 4 novembre 1771. — L'abbé a fait une chute de cheval et s'est cassé la clavicule. — Mme de Grammont a-t-elle vendu ses diamants? — Mariage du comte de Choiseul avec Mlle de Gouffier. (Note.) 84

Lettre 294. — De la duchesse de Choiseul à Mme du Deffand. Chanteloup, 16 novembre 1771. — L'abbé Barthélemy va partir pour Paris. — Détails sur la maréchale de Luxembourg. 85

Lettre 295. — De Mme du Deffand à la duchesse de Choiseul. 19 novembre 1771. — Attend le retour de l'abbé avec impatience. — Le plus grand bien est d'avoir un pareil ami. — La maréchale de Luxembourg se loue de son séjour à Chanteloup. — La petite sainte, personne fort raisonnable. 86

Lettre 296. — De la même à la même. 23 novembre 1771. — Aventure du petit-fils de Mme Geoffrin. (Note.) 88

Lettre 297. — De la duchesse de Choiseul à Mme du Deffand. Chanteloup, 24 novembre 1771. — N'a pas encore eu de nouvelles de l'abbé. — Lui recommande d'aller voir Mme de Château-Renaud. 89

Lettre 298. — De Mme du Deffand à la duchesse de Choiseul. 1er décembre 1771. — Nouvelles de société. — L'ambassadeur de Naples Caraccioli. — Mariage du prince de Lambesc et de Mlle de Montmorency. 90

Lettre 299. — De la duchesse de Choiseul à Mme du Deffand. Chanteloup, 1er décembre 1771. — Le prince de Beauffremont est enfin arrivé à Chanteloup. — Son portrait. — Elle connaît fort peu Caraccioli. — Fait faire des compliments à M. de Souza. (Note.) — Attend le retour de l'abbé. 92

DU TOME DEUXIÈME. 493

Pages.

LETTRE 300. — De Mme du Deffand à la duchesse de Choiseul. 5 décembre 1771. — L'abbé retourne à Chanteloup. — Il n'a pu voir Mme de Château-Renaud. — Cette dame cause une séparation après trente et un ans de mariage. (Note.) — Pension de Mme de Fontenilles 96

LETTRE 301. — De la même à la même. 8 décembre 1771. — L'abbé doit être arrivé à Chanteloup. — Bonheur d'avoir un tel ami. — Elle n'a pas l'égalité d'humeur du prince de Beauffremont. — Ruine des princes. — Réformes auxquelles ils sont forcés. — L'abbé de Voisenon. 99

LETTRE 302. — De Mme du Deffand à l'abbé Barthélemy. 11 décembre 1771. — Regrette de n'être pas à Chanteloup. — Se plaint de sa santé. . . . 102

LETTRE 303. — De l'abbé Barthélemy à Mme du Deffand. 13 décembre 1771. — Le duc de Choiseul a envoyé sa démission de colonel général des Suisses. 103

LETTRE 304. — De la duchesse de Choiseul à Mme du Deffand. Chanteloup, 15 décembre 1771. — Même sujet que la précédente. 103

LETTRE 305. — De Mme du Deffand à la duchesse de Choiseul. 17 décembre 1771. — Même sujet que les précédentes. — Elle prévoyait ce qui vient d'arriver. — La conduite du duc de Choiseul est noble et belle. — La princesse de Beauvau est héroïque. 104

LETTRE 306. — De la même à la même. 20 décembre 1771. — La pension accordée au duc de Choiseul en récompense de sa charge est réversible sur la tête de la duchesse. — Le comte de Provence aura les Suisses. — Désire faire connaissance avec M. d'Esterhazy. 106

LETTRE 307. — De la duchesse de Choiseul à Mme du Deffand. Chanteloup, 29 décembre 1771. — Éloge du prince de Beauffremont. — Elle espère que l'abbé conservera la place de secrétaire des Suisses. 108

LETTRE 308. — Du duc de Choiseul à Mme du Deffand. Chanteloup, 29 décembre 1771. — Il n'avait pas prévu ce qui vient de lui arriver. — Il en prend son parti avec philosophie. 109

LETTRE 309. — De Mme du Deffand à la duchesse de Choiseul. 31 décembre 1771. — Compliments de bonne année. — Elle envoie des étrennes au duc et à la duchesse. — N'a pas trop bonne opinion des affaires de l'abbé. 110

LETTRE 310. — De la duchesse de Choiseul à Mme du Deffand. Chanteloup, 4 janvier 1772. — Elle remercie Mme du Deffand des étrennes qu'elle en a reçues. — Chanson sur le parfilage. (Note.) 111

LETTRE 311. — De la même à la même. Chanteloup, 10 janvier 1772. — Le comte d'Artois a la charge de colonel général des Suisses. — L'abbé ne conserve qu'une partie de son traitement de secrétaire. 113

LETTRE 312. — De Mme du Deffand à la duchesse de Choiseul. — 13 janvier 1772. — Se plaint de ses insomnies. — Nouvelles de ses amies. — Enverra en Angleterre le tiroir d'un bureau dont la duchesse veut se défaire, mais demande le prix qu'elle en veut. 114

LETTRE 313. — De la duchesse de Choiseul à Mme du Deffand. Chanteloup, le 18 janvier 1772. — La prie de chercher à placer quelques domestiques qu'elle est obligée de réformer. — Ne sait la valeur du bureau qu'elle veut vendre. — Le donnera pour le prix qu'on lui en offrira, s'il en vaut la peine. 115

Lettre 314. — De Mme du Deffand à la duchesse de Choiseul. 21 janvier 1772. — L'abbé se dispose à partir pour Chanteloup. — Elle a envoyé le tiroir du bureau à M. de Guignes. — Voudrait pouvoir rendre service aux pauvres gens réformés. — Que deviendra Mlle de Caumont? 116

Lettre 315. — De la même à la même. 27 janvier 1772. — Le roi est malade. — Ne s'accoutume pas à voir partir tant d'indifférents pour Chanteloup, sans y aller elle-même. — La maréchale de Crussol est morte. . 119

Lettre 316. — De la même à la même. 30 janvier 1772. — Encore le bureau à vendre en Angleterre ; ce sera bien difficile. — Tous les hommes sont fous. — Allusion à la maladie du roi. — Vers à Mme du Barry. — M. de la Vauguyon, maître de logis dans l'autre monde. 122

Lettre 317. — De la duchesse de Choiseul à Mme du Deffand. Chanteloup, 4 février 1772. — Elle demande des nouvelles de M. de Pont-de-Veyle. — On dit Mme du Barry malade. — Elle lit Levassor. 125

Lettre 318. — De l'abbé Barthélemy à Mme du Deffand. 5 février 1772. — La remercie de ses bontés pour Mme Ménage. — La presse de venir à Chanteloup. 127

Lettre 319. — De Mme du Deffand à la duchesse de Choiseul. Février 1772. — M. de Gontaut lui a fait une visite. — Billet d'enterrement de M. de la Vauguyon. — Pont-de-Veyle va mieux. 128

Lettre 320. — Du chevalier de Boufflers à la duchesse de Choiseul. Nancy, 13 février 1772. — Veut aller à Chanteloup, et annonce sa visite. 129

Lettre 321. — De l'abbé Barthélemy à Mme du Deffand. 18 février 1772. — Envoie des couplets de M. de l'Isle pour la duchesse de Poix. 131

Lettre 322. — Du prince de Beauvau à Mme du Deffand. Chanteloup, 19 février 1772. — La pièce des *Pélopides* est décidément mauvaise. — P. S. de la princesse de Beauvau. 132

Lettre 323. — De Mme du Deffand à l'abbé Barthélemy. 20 février 1772. — Lui reproche son silence. — Voltaire bâillait en écrivant les *Pélopides*. — Les chansons de M. de l'Isle sont charmantes. — L'évêque d'Arras prendra Mme Ménage. 133

Lettre 324. — De la duchesse de Choiseul à Mme du Deffand. Chanteloup, 22 février 1772. — Chanson de M. de l'Isle à Mme de Poix. — Le fier Gontaut est un de ses adorateurs. 135

Lettre 325. — De Mme du Deffand à la duchesse de Choiseul. 25 février 1772. — Mme de Mazarin admise aux voyages de la cour. — La maréchale de Mirepoix en a de l'humeur et boude. — Mot de lord Sandwich au comédien Foote. — Comparaison de la disgrâce du grand-papa et de la fortune du cardinal de la Roche-Aymon. (Note.) 136

Lettre 326. — De l'abbé Barthélemy à Mme du Deffand. 26 février 1772. — Compliments sur ses lettres. — Couplets de M. de l'Isle. 139

Lettre 327. — De la duchesse de Choiseul à Mme du Deffand. Chanteloup, 29 février 1772. — Elle passe la journée dans son fauteuil sans sortir.

— Compliments sur son intimité avec M. de Gontaut. — Bonheur dont on jouit à Chanteloup. 141

Lettre 328. — De Mᵐᵉ du Deffand à l'abbé Barthélemy. 2 mars 1772. — On ne pourra vendre le bureau en Angleterre. — Elle relit *Clarisse* avec intérêt. 143

Lettre 329. — De l'abbé Barthélemy à Mᵐᵉ du Deffand. 3 mars 1772. — L'uniformité de la vie de Chanteloup se prête mal à la correspondance. — Chanson envoyée par M. de Besenval à M. de l'Isle. — Talent de M. de Lauzun pour les couplets. 144

Lettre 330. — De Mᵐᵉ du Deffand à l'abbé Barthélemy. 8 mars 1772. — Mᵐᵉ de Mazarin a trouvé le moyen de se distinguer entre toutes les femmes. — C'est un prodige. 146

Lettre 331. — De la même au même. 12 mars 1772. — M. de Gontaut se propose d'arriver à Chanteloup avec une perruque en parfilage. — Ses couplets sont charmants. — Un nouveau livre de M. Thomas. 148

Lettre 332. — De Mᵐᵉ du Deffand à la duchesse de Choiseul. 13 mars 1772. — Elle demande un *piano-forte*, si la duchesse en a un à Paris. — On ne peut vendre le bureau en Angleterre. — On parle d'une nouvelle dame qui a soupé avec Mᵐᵉ du Barry. — Demande à voir les lettres de M. de Gontaut. 151

Lettre 333. — De la duchesse de Choiseul à Mᵐᵉ du Deffand. Chanteloup, 20 mars 1772. — Ne veut pas écrire jamais par la poste. — La perruque de M. de Gontaut a produit tout l'effet possible. — Ses lettres sont aussi originales que ses présents. 154

Lettre 334. — De Mᵐᵉ du Deffand à la duchesse de Choiseul. 25 mars 1772. — Mariage de Mᵐᵉ de Valbelle et de M. d'Adhémar. — Duclos se meurt. — On parle de Laharpe pour le remplacer à l'Académie. 156

Lettre 335. — De la duchesse de Choiseul à Mᵐᵉ du Deffand. 30 mars 1772. — Le chevalier de Boufflers est à Chanteloup. — La tragédie de Barnevelt. — L'histoire philosophique de l'établissement des Européens dans les Indes. — L'abbé se dispose à aller à Paris. 159

Lettre 336. — De la même à la même. Chanteloup, 1ᵉʳ avril 1772. — Elle envoie un portrait du chevalier de Boufflers par l'abbé Barthélemy. . . 161

Lettre 337. — De Mᵐᵉ du Deffand à la duchesse de Choiseul. 5 avril 1772. — Mᵐᵉ de Tavannes est séparée de son mari. — Elle n'est rien moins qu'une dame Honesta. — Chanson sur M. d'Aiguillon et le chancelier. — Lamentations. 162

Lettre 338. — De Mᵐᵉ du Deffand à l'abbé Barthélemy. 6 avril 1772. — Elle envoie une lettre de Voltaire et sa réponse. — Prétendu mariage de Mˡˡᵉ de Lévis et du vicomte du Barry démenti. — Le cocher de M. de Verthamon. — Marmontel succède à Duclos comme historiographe. 165

Lettre 339. — De la duchesse de Choiseul à Mᵐᵉ du Deffand. Chanteloup, 14 avril 1772. — Désire que Voltaire ne parle d'eux ni en bien ni en mal. — La réconciliation des princes est manquée. — L'histoire de Mᵐᵉ de Tavanes. — Mariage du vicomte du Barry. — (Note.) 167

Lettre 340. — De Mᵐᵉ du Deffand à la duchesse de Choiseul. 18 avril 1772.

TABLE

Pages.

— Reproche d'avoir montré sa chanson. — Espère qu'on fera quelque chose pour M. de Beauvau........................ 169

Lettre 341. — De Mme du Deffand à la duchesse de Choiseul. 18 avril 1772. — Gratification accordée à M. de Beauvau............... 171

Lettre 342. — De la duchesse de Choiseul à Mme du Deffand. Chanteloup, 19 avril 1772. — L'abbé part pour Paris. — Le prince incomparable s'était annoncé et n'est pas arrivé.................. 172

Lettre 343. — De Mme du Deffand à la duchesse de Choiseul. 26 avril 1772. — L'abbé est arrivé. — Mme de Luxembourg retourne à Chanteloup. — M. de la Rochefoucauld assidu courtisan de Mlle de Lespinasse. (Note.) 173

Lettre 344. — De Mme du Deffand à la duchesse de Choiseul. 27 avril 1772. — Se plaint de ne pas avoir assez vu l'abbé. — Les La Rochefoucauld se disposent à aller à Chanteloup................... 174

Lettre 345. — De la duchesse de Choiseul à Mme du Deffand. Chanteloup, 28 avril 1772. — Se félicite de la gratification accordée au prince de Beauvau. — Mme de Valentinois chez Mme du Deffand. (Note.) — Chanson sur Mme de Luxembourg. (Note.)............... 176

Lettre 346. — De Mme du Deffand à la duchesse de Choiseul. 3 mai 1772. — Bruits répandus à Paris sur une brouillerie de la duchesse et de sa belle-sœur. — Couplets sur le chancelier et M. d'Aiguillon. — Convives à souper............................. 178

Lettre 347. — De la duchesse de Choiseul à Mme du Deffand. Chanteloup, 6 mai 1772. — Assurances de tendresse et regrets de ne pas pouvoir la décider à venir. — La maréchale de Luxembourg, aussi aimable que l'année passée, a apporté le portrait de Voltaire en girouette de parfilage. . 181

Lettre 348. — De Mme du Deffand à la duchesse de Choiseul. 10 mai 1772. — Elle envoie une lettre de Voltaire. — Le roi refuse d'approuver l'élection de l'abbé Delille et de Suard à l'Académie............ 184

Lettre 349. — De la duchesse de Choiseul à Mme du Deffand. Chanteloup, 20 juin 1772. — Regrets du départ de Mme du Deffand qui a passé un mois à Chanteloup. — Tout le monde lui fait faire des compliments. . 185

Lettre 350. — De l'abbé Barthélemy à Mme du Deffand. 21 juin 1772. — Regrette le départ de Mme du Deffand. — Demande des détails sur son voyage............................. 187

Lettre 351. — De Mme du Deffand à la duchesse de Choiseul. 23 juin 1772. — Remerciements et assurances d'amitié. — (Note.) — Nouvelles de son voyage............................. 188

Lettre 352. — De Mme du Deffand à l'abbé Barthélemy. 23 juin 1772. — Rend compte d'une commission.................. 189

Lettre 353. — De la même au même. 24 juin 1772. — Regrette d'avoir quitté Chanteloup où elle a été si bien reçue. — Mot du médecin Sylva. (Note.)............................. 190

Lettre 354. — De la duchesse de Choiseul à Mme du Deffand. Chanteloup, 26 juin 1772. — Tous les hôtes de Chanteloup lui font faire des compliments. — Assurances d'amitié.................... 193

DU TOME DEUXIÈME. 497

Pages.

Lettre 355. — De Mme du Deffand à l'abbé Barthélemy. 30 juin 1772. — Nouvelles politiques. — Envoi de nouveaux ouvrages de Voltaire. 194

Lettre 356. — De Mme du Deffand à l'abbé Barthélemy. 2 juillet 1772. — Elle a plusieurs personnes à souper. — Noms de ses convives. — Prétentions de la maréchale de Luxembourg. 195

Lettre 357. — De Mme du Deffand à la duchesse de Choiseul. 5 juillet 1772. — Elle se trouve comme une nouvelle Ève, bannie du Paradis. — Craint de n'avoir pas plu à la duchesse de Grammont. — Rend compte de commissions. 197

Lettre 358. — De l'abbé Barthélemy au nom de la duchesse de Choiseul, à Mme du Deffand. Chanteloup, 5 juillet 1772. — Elle n'est pas enrhumée. — Il ne faut pas croire l'abbé qui prend son cul pour ses chausses. . . 200

Lettre 359. — De Mme du Deffand à l'abbé Barthélemy. 9 juillet 1772. — Nouvelles du baron de Gleichen. — Partant pour Chanteloup. — Nouvelles politiques. 201

Lettre 360. — De la duchesse de Choiseul à Mme du Deffand. Chanteloup, 9 juillet 1772. — L'abbé part pour Paris. — Sa lettre à Mme de Luxembourg lui a donné beaucoup de peine à faire. 203

Lettre 361. — De Mme du Deffand à la duchesse de Choiseul. 11 juillet 1772. — Que n'est-ce elle qui porte à Chanteloup les lettres des autres! — Divisions dans le ministère. — Le chancelier Lamoignon se meurt, ruiné. — Lettre de Voltaire. 204

Lettre 362. — De Mme du Deffand à la duchesse de Choiseul. 16 juillet 1772. — Mme de Craon, mère du prince de Beauvau, à toute extrémité. 206

Lettre 363. — De l'abbé Barthélemy à Mme du Deffand. 12 juillet 1772. — Plaisante sur le post-scriptum de la lettre qu'il a écrite au nom de la duchesse. — Le grand Christophe a pensé s'en aller. 207

Lettre 364. — De la duchesse de Choiseul à Mme du Deffand. Chanteloup, 17 juillet 1772. — Mme de Château-Renaud arrivée. — Trouve Mme du Deffand trop sévère pour les dettes du chancelier Lamoignon. — Réponse du duc de Choiseul à la demande, s'il voulait rentrer au ministère. — Mme Rouillé. 209

Lettre 365. — De Mme du Deffand à la duchesse de Choiseul. 17 juillet 1772. — Rend compte de diverses commissions. — Mort de Mme de Craon. — A reçu la visite de Mme de Brionne. 212

Lettre 366. — De Mme du Deffand à l'abbé Barthélemy. 19 juillet 1772. — Plaisanteries sur Mme Rouillé. — M. du Bucq. — M. Craufurt. 214

Lettre 367. — De Mme du Deffand à la duchesse de Choiseul. 22 juillet 1772. — Se défend d'avoir comparé le duc de Choiseul avec feu le chancelier de Lamoignon. — L'état où ce dernier laisse M. de Malesherbes crie vengeance. — Procès qu'on intente à Mgr de Rennes. 216

Lettre 368. — De la duchesse de Choiseul à Mme du Deffand. Chanteloup, 31 juillet 1772. — N'a pas prétendu que Mme du Deffand comparait le duc de Choiseul et M. de Lamoignon. — Hôtes de Chanteloup. . . . 219

Lettre 369. — De Mme du Deffand à l'abbé Barthélemy. 31 juillet 1772. —

TABLE

Pages.

Elle les plaint de la nombreuse société qu'ils ont à Chanteloup. — Va toutes les semaines à Roissy avec l'évêque d'Arras. 220

Lettre 370. — De Mme du Deffand à la duchesse de Choiseul. 5 août 1772. — M. de Gontaut porteur de cette lettre. — M. du Bucq a fait une irruption de métaphysique. — Accouchement de Mme de Bourbon. (Note.) . . 222

Lettre 371. — De l'abbé Barthélemy à Mme du Deffand. 8 août 1772. — Il a l'idée du télégraphe électrique. (Note.) — Une phrase des Mémoires de Mademoiselle 224

Lettre 372. — De Mme du Deffand à l'abbé Barthélemy. 11 août 1772. — Mariage du chevalier de Beauvau, prince de Craon, avec Mme Bonnet. — Plaisanterie sur ce nom. 226

Lettre 373. — De Mme du Deffand à M. Craufurt. 19 août 1772. — Elle le presse de revenir à Paris. 227

Lettre 374. — De Voltaire à Mme du Deffand. 15 août 1772. — Il envoie un bouquet pour la Saint-Barthélemy. — Il plaint la première femme de M. de Bombelles. 228

Lettre 375. — De Mme du Deffand à la duchesse de Choiseul. 21 août 1772. — L'abbé bien pressé de retourner à Chanteloup. — On dit le grand du Barry exilé. — Le prince de Beauvau désapprouve le mariage de son frère. 229

Lettre 376. — De l'abbé Barthélemy à Mme du Deffand. 21 août 1772. — S'excuse de ne lui avoir pu aller dire adieu, et lui reproche sa mauvaise humeur. 231

Lettre 377. De la duchesse de Choiseul à Mme du Deffand. Chanteloup, 22 août 1772. — Se plaint d'être obsédée par tant de visiteurs. 232

Lettre 378. — De Mme du Deffand à la duchesse de Choiseul. 27 août 1772. — Elle est honteuse de l'emploi qu'elle a fait de la vie. (Note.) 234

Lettre 379. — De la duchesse de Choiseul à Mme du Deffand. Chanteloup, 30 août 1772. — Elle la rassure sur l'affection de ses amis. — Le chevalier de Beauvau fait un triste mariage en épousant Mme Bonnet. — L'abbé de retour à Chanteloup. 235

Lettre 380. — De Mme du Deffand à la duchesse de Choiseul. 31 août 1772. — Surdité de Mme de la Vallière. — Ne connaît que deux personnes gaies et contentes. — Mme de Caraman et Mme de Beauvau 237

Lettre 381. — De l'abbé Barthélemy à Mme du Deffand. Chanteloup, 1er septembre 1772. — Lui reproche affectueusement sa susceptibilité et son injustice. 238

Lettre 382. — De Mme du Deffand à l'abbé Barthélemy. 4 septembre 1772. — Explications amicales. — Proteste qu'elle n'est pas susceptible. — Mme de Merle a perdu son procès. 240

Lettre 383. — De la duchesse de Choiseul à Mme du Deffand. — 5 septembre 1772. — Mgr de Toulouse à Chanteloup. — Réflexions sur le bonheur et la gaieté. 242

Lettre 384. — De la même à la même. Chanteloup, 6 septembre 1772. — Regrette le départ de l'archevêque de Toulouse, porteur de sa lettre. . . 244

LETTRE 385. — De Mme du Deffand à la duchesse de Choiseul. 7 septembre. — Elle ira demain à Roissy avec Mme de Beauvau. — Observations sur Mme de Beauvau. (Note.) 245

LETTRE 386. — De l'abbé Barthélemy à Mme du Deffand. Chanteloup, 10 septembre 1772. — Suite des explications amicales. — A toujours plus redouté le mal physique que le mal moral. 247

LETTRE 387. — De Mme du Deffand à l'abbé Barthélemy. 15 septembre 1772. — Relation écrite de Suède par M. Barthélemy, neveu de l'abbé. (Note.) 249

LETTRE 388. — De Mme du Deffand à la duchesse de Choiseul. 16 septembre 1772. — La révolution de Suède. — Lettre de M. d'Hessenstein. — Le baron de Lieven a apporté la nouvelle. 250

LETTRE 389. — Du duc et de la duchesse de Choiseul à Mme du Deffand. 19 septembre 1772. — Billet d'amitié. 252

LETTRE 390. — De Mme du Deffand à la duchesse de Choiseul. 21 septembre 1772. — Réflexions sur la révolution de Suède. — Elle écrit de sa propre main. 252

LETTRE 391. — Du comte de Scheffer au comte de Creutz. — Incluse dans la précédente. Stockholm, 28 août 1772. — Se félicite du succès du coup d'état. — Éloge du roi Gustave III. 254

LETTRE 392. — De l'abbé Barthélemy à Mme du Deffand. 24 septembre 1772. — Nouvelles de Chanteloup. — Arrivée de vaches suisses. 255

LETTRE 393. — De la duchesse de Choiseul à Mme du Deffand. Chanteloup, 25 septembre 1772. — Réflexions sur les lettres de MM. d'Hessenstein et Scheffer. — Imprudence de ceux qui encouragent le pouvoir absolu. . . 256

LETTRE 394. — De Mme du Deffand à la duchesse de Choiseul. 27 septembre 1772. — Nouvelles de la petite sainte et de sa belle-fille. 258

LETTRE 395. — De Mme du Deffand à l'abbé Barthélemy. 27 septembre 1772. — Anecdotes de la cour *des Hottentots*. 259

LETTRE 396. — De la duchesse de Choiseul à Mme du Deffand. Chanteloup, 29 septembre 1772. — Le cardinal de Rohan arrive à Chanteloup. . . . 260

LETTRE 397. — De l'abbé Barthélemy à Mme du Deffand. 29 septembre 1772. — M. de l'Isle lui portera les nouvelles de Chanteloup. 260

LETTRE 398. — De Mme du Deffand à la duchesse de Choiseul. 1er octobre 1772. — Voltaire ne lui donne plus signe de vie. — Ses *Lois de Minos*. — Que vient faire à Chanteloup le cardinal de Rohan? — Bon mot dit à Neuilly. — Histoire du postillon de Mme Véron. 261

LETTRE 399. — De Mme du Deffand à l'abbé Barthélemy. 2 octobre 1772. — Spectacle à Roissy, chez les Caraman. — Chanson de M. de Tressan. . . 264

LETTRE 400. — De la duchesse de Choiseul à Mme du Deffand. Chanteloup, 8 octobre 1772. — Obligée de faire les honneurs au cardinal de Rohan. — Compliments pour les Caraman. — Éloge du comte de Chabot. (Note.) 266

LETTRE 401. — De l'abbé Barthélemy à Mme du Deffand. 1er-10 octobre 1772. — Gazette de Chanteloup. 268

TABLE

Pages.

LETTRE 402. — De Mme du Deffand à l'abbé Barthélemy. 12 octobre 1772. — N'a trouvé qu'un exemple d'amitié parfaite. — La vie l'ennuie. — A reçu une lettre de Voltaire qu'on disait mort. 273

LETTRE 403. — De la duchesse de Choiseul à Mme du Deffand. Chanteloup, 14 octobre 1772. — L'abbé Barthélemy s'est cassé la clavicule en tombant de cheval. 274

LETTRE 404. — De Mme du Deffand à la duchesse de Choiseul. 16 octobre 1772. — Son inquiétude de l'accident de l'abbé. 275

LETTRE 405. — De Mme du Deffand à l'abbé Barthélemy. 18 octobre 1772. — Compliments sur son accident. 276

LETTRE 406. — De Mme du Deffand à la duchesse de Choiseul. 18 octobre 1772. — M. Walpole a un grand accès de goutte. 277

LETTRE 407. — De l'abbé Barthélemy à Mme du Deffand. 24 octobre. — Sa fracture va très-bien. — Rien de si avantageux pour se garantir de l'ennui que de se casser la clavicule. 278

LETTRE 408. — De la duchesse de Choiseul à Mme du Deffand. Chanteloup, 25 octobre 1772. — La rassure sur l'accident de l'abbé. 279

LETTRE 409. — De Mme du Deffand à la duchesse de Choiseul. 27 octobre 1772. — Remercie des bulletins de la santé de l'abbé. — La goutte de M. Walpole. — Testament de M. d'Ussé. (Note.) 280

LETTRE 410. — De la duchesse de Choiseul à Mme du Deffand. Chanteloup, 31 octobre 1772. — Détails sur la convalescence de l'abbé. — Mme de Choiseul au désespoir de la mort de d'Ussé. 282

LETTRE 411. — De Mme du Deffand à la duchesse de Choiseul. 1er novembre 1772. — La maréchale de Luxembourg part pour Chanteloup, et y restera un mois. — A reçu une lettre de Voltaire, qui a prié Lekain de venir lire chez elle les Lois de Minos. 284

LETTRE 412. — De l'abbé Barthélemy à Mme du Deffand. Chanteloup, 11 novembre 1772. — Sa fracture va aussi bien qu'elle peut aller. 286

LETTRE 413. — De la duchesse de Choiseul à Mme du Deffand. Chanteloup, 11 novembre 1772. — M. Gayot gravement malade à Chanteloup. — On en est fort inquiet. 287

LETTRE 414. — De Mme du Deffand à la duchesse de Choiseul. 18 novembre 1772. — A partagé les inquiétudes au sujet de M. Gayot. — Extravagances de Mlle d'Ussé. (Note.) — Les Lois de Minos. 288

LETTRE 415. — De la même à la même. 20 novembre 1772. — N'est pas hors d'inquiétude sur la goutte de M. Walpole. — La petite sainte se porte beaucoup mieux. 290

LETTRE 416. — De l'abbé Barthélemy à Mme du Deffand. 22 novembre 1772. — Est obligé d'écrire de la main gauche. — La duchesse le soigne avec une bonté parfaite. 292

LETTRE 417. — De Mme du Deffand à la duchesse de Choiseul. 23 novembre 1772. — Mme du Chatelet part pour Chanteloup. (Note.) — Les lettres de Mme de Maintenon ne sont pas curieuses. 293

LETTRE 418. — De la duchesse de Choiseul à Mme du Deffand. Chanteloup,

DU TOME DEUXIÈME. 501

Pages.

24 novembre 1772. — M. Gayot est parti en bon état. — La gêne et la fatigue contribuent à l'ennui. — Elle n'a pas une heure de liberté. — L'esprit de Mme du Deffand a conservé toute sa jeunesse. 294

Lettre 419. — De l'abbé Barthélemy à Mme du Deffand. 30 novembre 1772. — Premier échantillon de sa belle écriture. — Hôtes de Chanteloup. — M. de Lauzun. 296

Lettre 420. — De la duchesse de Choiseul à Mme du Deffand. Chanteloup, 30 novembre 1772. — Mme du Chatelet arrivée à Chanteloup. — Mme de Luxembourg en repart. — Éloge de Mme de Lauzun. — Les *Lois de Minos* ne sont pas une allusion aux événements de Suède, mais l'éloge du chancelier. 298

Lettre 421. — De Mme du Deffand à M. Craufurt. 2 décembre 1772. — Souhaits de bon voyage. — Nouvelles de société. 300

Lettre 422. — De Mme du Deffand à l'abbé Barthélemy. 6 décembre 1772. — La maréchale de Luxembourg contente de tout le monde. — Jugement sur l'épître de La Harpe. — Les *Lois de Minos* n'ont pas trait au chancelier. 303

Lettre 423. — De l'abbé Barthélemy à Mme du Deffand. Chanteloup, 7 décembre 1772. — Reproches de son silence. — Excuses de n'avoir pas écrit lui-même. — La démarche de M. le prince de Condé. 304

Lettre 424. — De Mme du Deffand à la duchesse de Choiseul. 11 décembre 1772. — Le prince de Condé fait sa paix et revient à la cour. — Soupé chez la petite sainte. — N'entend plus parler de Voltaire. 306

Lettre 425. — De Mme du Deffand à M. Craufurt. 13 décembre 1772. — Il a écrit les plus jolies lettres du monde. — L'amitié de Mme de Cambis pour elle prend chaque jour de la consistance. 308

Lettre 426. — De l'abbé Barthélemy à Mme du Deffand. 16 décembre 1772. Nouvelles des santés. — Son indifférence pour la politique. 310

Lettre 427. — De Mme du Deffand à l'abbé Barthélemy. 16 décembre 1772. — M. de Stainville lui a apporté des nouvelles de Chanteloup 311

Lettre 428. — De l'abbé Barthélemy à Mme du Deffand. Chanteloup, 1772. — Continuation de la gazette de Chanteloup. 312

Lettre 429. — De Mme du Deffand à l'abbé Barthélemy. 22 décembre 1772. — Les affaires publiques ne l'intéressent pas plus que lui. — Ses lectures. — Ne trouve personne de son avis sur rien. 317

Lettre 430. — De Mme du Deffand à la duchesse de Choiseul. 23 décembre 1772. — M. le duc d'Orléans a passé trois nuits à Montmorency. — Sottise de toute part. 318

Lettre 431. — De Mme du Deffand à l'abbé Barthélemy. 31 décembre 1772. — Ses insomnies lui ôtent le courage d'écrire. — Son imagination est engourdie. 319

Lettre 432. — De Mme du Deffand à M. Craufurt. 31 décembre 1772. — Lui reproche son inexactitude à écrire. — Inquiète de la santé de M. Walpole. — Les ducs d'Orléans et de Chartres revenus à la cour. . . 320

Lettre 433. — De Mme du Deffand à la duchesse de Choiseul. 2 janvier

II.   33

1773. — Réconciliation des princes avec la cour. — Elle voit assez de monde. — Est rarement seule. 322

Lettre 434. — De Mme du Deffand à l'abbé Barthélemy. 8 janvier 1773. — Lettre du duc d'Orléans au roi. — Réflexions politiques. — Le chancelier chancelle... — Méchants couplets. 324

Lettre 435. — De Mme du Deffand à M. Craufurt. 17 janvier 1773. — Se défend d'être déraisonnable et imprudente. — Mme de Roncherolles est très-aimable. — Lui demande s'il a beaucoup vu M. de Lauzun. 326

Lettre 436. — De Mme du Deffand à l'abbé Barthélemy. 17 janvier 1773. — Le cardinal de la Roche-Aymon a la goutte. — Les trois siècles de la littérature. 328

Lettre 437. — De Mme du Deffand à la duchesse de Choiseul. 19 janvier 1773. — La guerre se soutient entre les ministres. — On parle d'un lit de justice. — Le mariage de Mlle de Lorraine retardé 330

Lettre 438. — De la même à la même. 20 janvier 1773. — De la tragédie des *Barmécides* et des *Lois de Minos*, on ne peut dire que hélas! et holà! — Mme d'Amerval ressemble à la duchesse. 331

Lettre 439. — De l'abbé Barthélemy à Mme du Deffand. 28 janvier 1773. — L'écriture d'un nègre. — Portrait de la marquise de Fleury. 332

Lettre 440. — De Mme du Deffand à l'abbé Barthélemy. 28 janvier 1773. — Mme de Forcalquier a soupé chez Mme de La Vallière. — Nouvelles de société. — Mme de Forcalquier a été à Choisy. — Grand scandale. . . . 334

Lettre 441. — De la duchesse de Choiseul à Mme du Deffand. Chanteloup, 28 janvier 1773. — Mémoires de Grammont imprimés par M. Walpole. — Les *Barmécides* sont-ils de La Harpe ou de M. *Fouille-au-Pot*? (Note.) 338

Lettre 442. — De l'abbé Barthélemy à Mme du Deffand. Chanteloup, 31 janvier 1773. — Mme de Grammont va partir pour Paris. 340

Lettre 443. — De Mme du Deffand à la duchesse de Choiseul. 31 janvier 1773. — Début brillant de Mme de Forcalquier à la cour. — Les *Barmécides* sont de La Harpe. 341

Lettre 444. — De la même à la même. 3 février 1773. — Faits et gestes de Mme de Mazarin. — Nouvel écrit de Voltaire. — Elle attend M. Walpole. 343

Lettre 445. — De la duchesse de Choiseul à Mme du Deffand. — Dictée à l'abbé Barthélemy. 4 février 1773. — La princesse de Beauvau vient d'arriver. — La presse de venir à Chanteloup. — Elle ne sait pas raconter. — Remercie de la reliure des Mémoires de Grammont. 345

Lettre 446. — De Mme du Deffand à la duchesse de Choiseul. 8 février 1773. — Mélange de cabillaud avec de la purée de fèves. — La maréchale de Mirepoix ne prend pas le logement de l'Arsenal... — Mme de Forcalquier n'a rien dans l'âme, etc. (Note.) — N'a pas de nouvelles de M. Walpole. 347

Lettre 447. — De la duchesse de Choiseul à Mme du Deffand. — Chanteloup, 13 février 1773. — Elle envoie un fromage. — Épître de Marmontel sur l'incendie de l'hôpital. — Le baron de Gleichen à Chanteloup. 350

Lettre 448. — De l'abbé Barthélemy à Mme du Deffand. 13 février 1773. — Grande affluence de monde à Chanteloup. (Note.) — Nom des hôtes de Chanteloup... 352

Lettre 449. — De Mme du Deffand à M. Craufurt. 14 février 1773. — Le neveu de M. Walpole vient de mourir. — Elle demande des nouvelles de M. Walpole... 354

Lettre 450. — De Mme du Deffand à la duchesse de Choiseul. 15 février 1773. — Soupé chez Mme de La Vallière, avec l'évêque de Metz... — Le prince lui écrit que rien n'égale la gaieté de Chanteloup. — M. du Bucq et M. Burke. (Note.) — M. de Morangiés....................... 355

Lettre 451. — De l'abbé Barthélemy à Mme du Deffand. 16-19 février 1773. — Suite de la gazette de Chanteloup............................ 358

Lettre 452. — De la duchesse de Choiseul à Mme du Deffand. Chanteloup, 19 février 1773. — Elle ne hait pas trop l'injustice qui tient au sentiment. — Chanson : *Elles sont trois*, de M. de Montesquiou................ 360

Lettre 453. — De l'abbé Barthélemy à Mme du Deffand. 19 février 1773. — Le duc de Chartres annonce une visite à Chanteloup............... 361

Lettre 454. — De Mme du Deffand à l'abbé Barthélemy. 19 février 1773. — Recevra-t-on une illustre visite? — Couplets de M. de l'Isle. — Faits et gestes de Mme de Mazarin................................. 362

Lettre 455. — De l'abbé Barthélemy à Mme du Deffand. 21 février 1773. — La marquise de Fleury part demain. — L'archevêque d'Aix. (Note.) — L'archevêque de Toulouse. — Que dit-on de la réponse au duc de Chartres?... 364

Lettre 456. — De Mme du Deffand à l'abbé Barthélemy. 24 février 1773. — Elle avait jugé que le duc de Choiseul devait répondre comme il l'a fait au duc de Chartres.................................... 366

Lettre 457. — De Mme du Deffand à la duchesse de Choiseul. 24 février 1773. — Tendresses. — Se plaint de n'être pas informée de ce qui se passe à Chanteloup. — Le *Connétable* de M. de Guibert........... 367

Lettre 458. — De la duchesse de Choiseul à Mme du Deffand. Chanteloup, 28 février 1773. — Se justifie de n'avoir pas écrit, et proteste contre toute réticence. — Deux vers de la tragédie du *Connétable* cités.... 369

Lettre 459. — De Mme du Deffand à l'abbé Barthélemy. 2 mars 1773. — Son jugement sur l'archevêque de Toulouse. (Note.) — Elle a été très-contente de la lettre du grand-papa. — Épître de Voltaire......... 371

Lettre 460. — De Mme du Deffand à la duchesse de Choiseul. 6 mars 1773. — Le prince de Beauffremont a vendu son régiment à M. de Lambesc.. 374

Lettre 461. — De la duchesse de Choiseul à Mme du Deffand. Chanteloup, 11 mars 1773. — L'abbesse de saint Antoine, sœur du prince de Beauvau. — Triste du départ de l'abbé........................... 375

Lettre 462. — De Mme du Deffand à la duchesse de Choiseul. 23 mars 1773. — A jeté au feu une lettre de cinq pages qu'elle trouvait bête. — Mme Boucault offerte et refusée. (Note.)..................... 376

Lettre 463. — De la duchesse de Choiseul à Mme du Deffand. Chanteloup,

27 mars 1773. — Mme de Bussy. — L'abbé a été descendre chez elle à Paris. — Hôtes de Chanteloup. — On n'y chôme pas. 377

Lettre 464. — De Mme du Deffand à la duchesse de Choiseul. 2 avril 1773. — Elle passe des nuits entières sans dormir. — Le mariage de Mme Boucault abandonné. (Note.) — Nouvelles politiques. — Séjour de M. de Lauzun en Angleterre. 380

Lettre 465. — De la même à la même. 6 avril 1773. — Elle lui demande de faire son portrait. — Toutes ses connaissances se dispersent. . . . 382

Lettre 466. — De la même à la même. 12 avril 1773. — Une chanson de Mme de Boufflers. 383

Lettre 467. — De la duchesse de Choiseul à Mme du Deffand. Chanteloup, 13 avril 1773. — Tous ses péchés lui sont remis. — Elle a fait le portrait de Mme de Chabannes. — Ne peut faire celui de Mme du Deffand. — Pourquoi. — Le chevalier de Boufflers. — L'incomparable. 385

Lettre 468. — De Mme du Deffand à la duchesse de Choiseul. 14 avril 1773. — L'abbé part demain pour Chanteloup. — Il portera des découpures. — Elle est triste. (Note.) 387

Lettre 469. — De la duchesse de Choiseul à Mme du Deffand. Chanteloup, 17 avril 1773. — Le duc de Choiseul lui fait faire des amitiés. — L'abbé a remis les découpures. 388

Lettre 470. — De Mme du Deffand à l'abbé Barthélemy. 23 avril 1773. — Se plaint de ses insomnies. — A vu tous les revenants de Chanteloup. — Plaisanteries sur le mariage de Mme Boucault. 389

Lettre 471. — De Mme du Deffand à la duchesse de Choiseul. 28 avril 1773. — Mariage de Mme Boucault avec M. de Bourbon-Busset. — Mort de Vernage. 391

Lettre 472. — De l'abbé Barthélemy à Mme du Deffand. 1er mai 1773. — Il a la fièvre tierce. — Il y a peu de monde à Chanteloup. — On passe la journée ensemble dans le salon. 392

Lettre 473. — De Mme du Deffand à la duchesse de Choiseul. 1er mai 1773. — La maréchale de Luxembourg dira toutes les nouvelles politiques. — M. de Beauvau a la fièvre tierce. — Nouvelles d'Angleterre. 394

Lettre 474. — De la duchesse de Choiseul à Mme du Deffand. Chanteloup, 2 mai 1773. — Nouvelles de l'abbé. 396

Lettre 475. — De l'abbé Barthélemy à Mme du Deffand. 4 mai 1773. — Sa fièvre continue. 397

Lettre 476. — De la duchesse de Choiseul à Mme du Deffand. Chanteloup, 5 mai 1773. — Même sujet. — Elle se sent gênée avec la maréchale de Luxembourg. — Mariage de M. de Bourbon-Busset et de Mme Boucault. — Ne veut jamais écrire par la poste. 397

Lettre 477. — De Mme du Deffand à l'abbé Barthélemy. 5 mai 1773. — Elle attend un notaire pour faire son testament. — Le feu a pris au Raincy. — Aller à Chanteloup c'est aller à la cour. — La fièvre de M. de Beauvau. 400

DU TOME DEUXIÈME.

LETTRE 478. — De Mme du Deffand à la duchesse de Choiseul. 8 mai 1773. — Tout le monde s'enrhume et a la fièvre. 402

LETTRE 479. — De la duchesse de Choiseul à Mme du Deffand. Chanteloup, 10 mai 1773. — L'abbé à son onzième accès. — Il est mieux. 403

LETTRE 480. — De l'abbé Barthélemy à Mme du Deffand. 10 mai 1773. — Sa fièvre dure encore. — Nouvelles de la duchesse. 405

LETTRE 481. — De Mme du Deffand à la duchesse de Choiseul. 11 mai 1773. — On ne donne plus de quinquina depuis qu'il y a des nerfs. — Ce doit être demain la fin du monde. 406

LETTRE 482. — De Mme du Deffand à l'abbé Barthélemy. 11 mai 1773. — Se désole de cette fièvre. 408

LETTRE 483. — De la duchesse de Choiseul à l'abbé Barthélemy. Chanteloup, 14 mai 1773. — Le salon ressemble à un hôpital. — Nouvelles de l'abbé; de la petite sainte... — Elle ne croit pas à la guerre. 409

LETTRE 484. — De l'abbé Barthélemy à Mme du Deffand. 17 mai 1773. — Nouvelles de sa fièvre. — La grand'maman incommodée. 410

LETTRE 485. — De Mme du Deffand à la duchesse de Choiseul. 17 mai 1773. — On n'aura pas la guerre. — Mariage de M. de Souza. — On a enfin une Dauphine. — Petite opération à laquelle le Dauphin n'a pu se soumettre. 411

LETTRE 486. — De la duchesse de Choiseul à Mme du Deffand. Chanteloup, 18 mai 1773. — Quinzième accès de l'abbé. — Nouvelles de santé. . . . 414

LETTRE 487. — De Mme du Deffand à l'abbé Barthélemy. 19 mai 1773. — Triomphe du quinquina. — Mme de Forcalquier dame d'honneur, et Mme de Bourbon-Busset dame d'atours. 415

LETTRE 488. — De la duchesse de Choiseul à Mme du Deffand. Chanteloup, 22 mai 1773. — La fièvre de l'abbé a cédé au quinquina. — Elle-même se porte bien. 417

LETTRE 489. — De Mme du Deffand à la duchesse de Choiseul. 23 mai 1773. — Nouvelles de la cour. — Extravagance de Mme de Forcalquier. — Lettre au roi, de l'évêque de Saint-Omer. 418

LETTRE 490. De la duchesse de Choiseul à Mme du Deffand. Chanteloup, 24 mai 1773. — La maréchale de Luxembourg retourne à Paris. — Promesses de Monsieur le Dauphin. — Elle n'y croit pas. 420

LETTRE 491. — De l'abbé Barthélemy à Mme du Deffand. 25 mai 1773. — Mme de Grammont part pour Paris. 421

LETTRE 492. — De la duchesse de Choiseul à Mme du Deffand. Chanteloup, 26 mai 1773. — Éloge de M. de Boufflers. — M. de Saint-Omer a bien fait de refuser une place dans la maison de la comtesse d'Artois. . . . 422

LETTRE 493. — De l'abbé Barthélemy à Mme du Deffand. 28 mai 1773. — Mme de Grammont part demain. — Critique sévère des Mémoires de Grammont. 423

LETTRE 494. — De Mme du Deffand à la duchesse de Choiseul. 30 mai 1773.

— Elle se propose d'aller à Chanteloup au mois de septembre. — Elle attend Mme de Grammont à souper. — Sentence dans l'affaire Morangies. (Note.).................... 424

Lettre 495. — De Mme du Deffand à l'abbé Barthélemy. 1er juin 1773. — Arrivée à Paris de Mme de Grammont. — Un mot de Fontenelle sur des moutons................... 426

Lettre 496. — De la duchesse de Choiseul à Mme du Deffand. Chanteloup, 4 juin 1773. — Mme de Brionne et sa fille, seules hôtes de Chanteloup. — Elle est indignée du jugement de M. de Morangies.......... 427

Lettre 497. — De la même à la même. Chanteloup, 8 juin 1773. — Elle demande des détails sur Mme de Grammont............ 428

Lettre 498. — De l'abbé Barthélemy à Mme du Deffand. 9 juin 1773. — Le mot « émigrant » employé dans les gazettes ne se trouve pas dans le dictionnaire.................... 429

Lettre 499. — De Mme du Deffand à l'abbé Barthélemy. 10 juin 1773. — Détails sur Mme de Grammont. — Convives à souper......... 430

Lettre 500. — De Mme du Deffand à la duchesse de Choiseul. 11 juin 1773. — La duchesse de Grammont soigneuse et empressée. — Succès de Mme la Dauphine.................. 432

Lettre 501. — De la même à la même. 14 juin 1773. — Soupé chez Mme de La Vallière. — Visite à Mme de Luxembourg. — Mlle de Tournon épouse le vicomte du Barry. Note. Mlle de Langeac. (Note.)......... 434

Lettre 502. — De la même à la même. 20 juin 1773. — Mme de Grammont retourne à Chanteloup. — Elle se plaint d'être négligée......... 436

Lettre 503. — De la duchesse de Choiseul à Mme du Deffand. Chanteloup, 23 juin 1773. — Mme de Grammont de retour à Chanteloup. — Charmée de Mme du Deffand. — Le bonheur est de passer sa vie avec ce qu'on aime.................... 438

Lettre 504. — De la même à la même. 27 juin 1773. — Elle va se faire saigner................... 441

Lettre 505. — De l'abbé Barthélemy à Mme du Deffand. 28 juin 1773. — Nouvelles intimes de la santé de la duchesse. — Les œuvres de M. Thomas, collection de belles paroles............. 442

Lettre 506. — De Mme du Deffand à la duchesse de Choiseul. 30 juin 1773. — Conseils de santé. — Les d'Usson porteurs de sa lettre. — La maréchale de Luxembourg devient un vrai agneau. — Tragédie de *Paris sauvé*, de Sedaine. — Éloge de cet auteur............. 443

Lettre 507. Mme du Deffand à l'abbé Barthélemy. 4 juillet 1773. — Le courrier du clergé fait demander à Mme de la Vallière si elle veut se faire écrire chez Mme du Barry............. 446

Lettre 508. — De l'abbé Barthélemy à Mme du Deffand. 4 juillet 1773. — La grand'maman a été saignée. — Accident arrivé au duc de Choiseul. 447

Lettre 509. — De Mme du Deffand à l'abbé Barthélemy. 8 juillet 1773. —

DU TOME DEUXIÈME.   507

Pages.

Compiègne désert. — C'est Chanteloup qui est la cour. — Mme de Lauzun va partir pour Chanteloup. 448

Lettre 510. — De Mme du Deffand à la duchesse de Choiseul. 10 juillet 1773. — Elle attend à souper Mme de Luxembourg, et Mme d'Enville. — Mme de Bausset à Saint-Joseph. — Mot de Mme la duchesse du Maine. 449

Lettre 511. — De l'abbé Barthélemy à Mme du Deffand. 12 juillet 1773. — Arrivée de M. et Mme de Beauvau. — Comédies à Chanteloup. — La grand'maman très-bonne actrice. — Pièces jouées et acteurs. 451

Lettre 512. — De Mme du Deffand à l'abbé Barthélemy. 14 juillet 1773. — Demande des détails sur les comédies de Chanteloup 454

Lettre 513. — De l'abbé Barthélemy à Mme du Deffand. Chanteloup, 16 juillet 1773. — Il a changé d'appartement dans le château. — Pièces jouées: le *Tartuffe*, les *Fausses infidélités*, etc. 455

Lettre 514. — De la duchesse de Choiseul à Mme du Deffand. Chanteloup, 20 juillet 1773. — Mort de Mme de Vichy, belle-sœur de Mme du Deffand. 460

Lettre 515. — De Mme du Deffand à la duchesse de Choiseul. 24 juillet 1773. — Compliments sur ses succès de théâtre. — La mort de sa belle-sœur lui est sensible. 461

Lettre 516. — De Mme du Deffand à l'abbé Barthélemy. 28 juillet 1773. — Il n'écrit pas assez souvent. — Le comte de Broglie va chercher la comtesse d'Artois. 462

Lettre 517. — De la duchesse de Choiseul à Mme du Deffand. Chanteloup, 3 août 1773. — Assurances d'amitié. — Nouvelles du grand-papa. . . . 464

Lettre 518. — De Mme du Deffand à la duchesse de Choiseul. 3 août 1773. — Elle a vu M. et Mme de Chauvelin. — Poëme de Saint-Lambert: *Consolations pour la vieillesse*. — Comédie et tragédie de Dorat. (Note). . . 465

Lettre 519. — De la même à la même. 6 août 1773. — Inquiétudes sur la santé de la duchesse. — Conseils de régime. — Elle a reçu une lettre de Voltaire. — Mme de Montesson. 467

Lettre 520. — De Mme du Deffand à l'abbé Barthélemy. 7 août 1773. — Elle a relu le recueil de la correspondance de Voltaire. — Il y a des lettres de la grand'maman parfaitement belles. 469

Lettre 521. — De la duchesse de Choiseul à Mme du Deffand. Chanteloup, 8 août 1773. — La rassure et la presse de venir à Chanteloup, malgré son âge et ses souffrances. — Mme Marchais. — Le château est presque rempli. — Mme de Lauzun, une des personnes *les plus à point*. 471

Lettre 522. — De Mme du Deffand à duchesse de Choiseul. 16 août 1773. — M. des Cars a introduit l'abbé Delille chez la comtesse du Barry. — La cour est remplie d'intrigues. — Vers de Mme de Montauban à la maréchale de Luxembourg. 473

Lettre 523 — De la duchesse de Choiseul à Mme du Deffand. Chanteloup, 18 août 1773. — Elle se porte beaucoup mieux. — L'abbé de Breteuil ne dit rien sur le changement d'état de Mme de Montesson. — Lettre de Voltaire à Mme du Barry. (Note). 474

Lettre 524. — De Mme du Deffand à l'abbé Barthélemy. 18 août 1773. —

On se mange le blanc des yeux à Compiègne. — Les trois furies. — Une chanson de Mme du Deffand, et réponse de l'abbé. 476

Lettre 525. — De l'abbé Barthélemy à Mme du Deffand. Chanteloup, 18 août 1773. — La moisson est très-abondante. — On compte trente mille gerbes de blé, et autant d'avoine. — Arrivant et partant. — Mme de Grammont maîtresse de son âme; la duchesse de Choiseul esclave de la sienne. . 479

Lettre 526. — De la duchesse de Choiseul à Mme du Deffand. Chanteloup, 22 août 1773. — Tout le monde part. — Elle charge M. de Beauvau de déterminer Mme du Deffand à prendre ce moment pour arriver. — Jouir, c'est employer la vie. 482

Lettre 527. — De la même à la même. Chanteloup, 26 août 1773. — Chaque jour ramène du monde à Chanteloup. — Les visages y varient; les choses y sont immuables. 483

Lettre 528. — De Mme du Deffand à la duchesse de Choiseul. 2 septembre 1773. — Demande des nouvelles de Mme de Grammont. — Elle attend l'abbé Barthélemy. 484

Lettre 529. — De l'abbé Barthélemy à Mme du Deffand. Chanteloup, 3 septembre 1773. — Il a retardé son départ à cause de la fièvre de Mme de Grammont. — Le maître de clavecin de la grand'maman est au plus mal. 485

Lettre 530. — De Mme du Deffand à l'abbé Barthélemy. 6 septembre 1773. — Jugement dans l'affaire de M. de Morangies. — Les bourgeois et le peuple sont furieux. — Allusion saisie au théâtre. 486

FIN DE LA TABLE DU TOME DEUXIÈME.

PARIS. — J. CLAYE, IMPRIMEUR, RUE SAINT-BENOIT, 7.

www.ingramcontent.com/pod-product-compliance
Lightning Source LLC
Chambersburg PA
CBHW071712230426
43670CB00008B/982